石阡县传统村落志

石阡县传统村落志编纂委员会 编

方志出版社
Publishing House of Local Records

图书在版编目（CIP）数据

石阡县传统村落志 / 石阡县传统村落志编纂委员会编. —北京 ： 方志出版社， 2023.12

ISBN 978-7-5144-6002-5

Ⅰ. ①石… Ⅱ. ①石… Ⅲ. ①村史—石阡县 Ⅳ. ①K297.35

中国国家版本馆CIP数据核字（2023）第241599号

责任编辑：程倩
责任校对：张玉霞
责任印制：梅中英
出 版 者：方志出版社
地　　址：北京市朝阳区潘家园东里9号（国家方志馆4层）
邮　　编：100021
网　　址：http://www.zgfzcb.cn
发　　行：方志出版社图书营销中心（010-67110500）
印　　刷：云南美嘉美印刷包装有限公司
开　　本：787毫米×1092毫米　1/16
印　　张：25.5
字　　数：620千字
版　　次：2023年12月第1版
印　　次：2023年12月第1次印刷
定　　价：280.00元

石阡县传统村落志编纂委员会

顾　　问　田运栋

主　　任　曾奕辉

副 主 任　冉飞鸿　黄　晋　周　胜　潘大权

委　　员　涂建廷　黄　勇　任　坤　强　文　赵运金　曹　令　李　根　甘大胜　付光亮　蔡文冲　杨　军　杨启东　冯　华　杜　超　郭继军

石阡县传统村落志编辑部

主　　编　勾　昆

执行主编　强　文

编　　辑　姚　芬　汪德高　张尔斌　杨　康　张蓝心　徐大勤　马光珍

图片编辑　卢绍全

特约审稿　郭永忠　祝廷远　饶　莉

特约编纂单位　云南美嘉美印刷包装有限公司

石阡县传统村落志编纂委员会

各村提供资料者

马桑坪村民小组：王国锐　王国海　王世栋

箱子坪村民小组：杨宗钦　杨宗永　杨廷松　杨廷彪

楼上村：周华廷

高桥村民小组：黎启扬　黎文强　黎启州　黎永华

小高王村民小组：徐培华

黄泥坳村民小组：杨秀成　谢　飞

廖家屯村：廖益良　廖益献　廖益俊

瓮水屯村：何非洋　李仕林

公鹅坳村：张　胜　吴廷胜

大寨村民小组：杨昌勇　王　翌　黎　康

施场村民小组：梁祖记

董上村民小组：胡安慧　邓德江

指甲坪村：曹定伦

青山村：苏晓鹏

石榴坡村民小组：陈育波　陈育宽　陈育汉　陈春明

深溪村：黄家金　黄　明　黄永喜　黄达友　任小洪　任明金

铺溪村：冯井儒　冯井发　冯运余　冯从强

大鸡公村：勾定山　张天雄　李茂平

周家村：陈永科　张尔海　冯远飞　张尔河　陈正海

克麻场村：钟志坤

高塘村：胡定锋

红岩村民小组：蔡以铭　蔡　敏

石阡县传统村落分布图

0 2.4 4.8 7.2 9.6(千米)

审图号：图黔D（2024）001号

石阡县传统村落志

SHIQIANXIAN CHUANTONGCUNLUOZHI

村寨全景

白沙镇大岩村马桑坪村民小组航拍图　　　　（县住房和城乡建设局　提供）

白沙镇化塘村箱子坪村民小组航拍图 （县住房和城乡建设局 提供）

楼上村全景 （冯世荣　摄）

高桥村民小组航拍图　　（县住房和城乡建设局　提供）

河坝镇高屯村小高王村民小组航拍图　　（县住房和城乡建设局　提供）

聚凤仡佬族侗族乡枫香屯村黄泥坳村民小组航拍图　　（县住房和城乡建设局　提供）

聚凤仡佬族侗族乡廖家屯村航拍图　　（县住房和城乡建设局　提供）

聚凤仡佬族侗族乡瓮水屯村航拍图　　（县住房和城乡建设局　提供）

石固仡佬族侗族乡公鹅坳村航拍图　　（县住房和城乡建设局　提供）

伍德镇桃子园村大寨村民小组航拍图　　（县住房和城乡建设局　提供）

花桥镇凯镇村施场村民小组航拍图　　（县住房和城乡建设局　提供）

伍德镇地印村董上村民小组航拍图　　（县住房和城乡建设局　提供）

聚凤仡佬族侗族乡指甲坪村航拍图　（县住房和城乡建设局　提供）

青阳苗族仡佬族侗族乡青山村航拍图　　（县住房和城乡建设局　提供）

坪地场乡凯余沟村石榴坡村民小组全景　　（郭永忠　摄）

甘溪仡佬族侗族乡铺溪村全景　　（郭永忠　摄）

河坝镇深溪村航拍图　　（县住房和城乡建设局　提供）

伍德镇大鸡公村航拍图　　（县住房和城乡建设局　提供）

周家村航拍图　　（县住房和城乡建设局　提供）

龙井仡佬族侗族乡克麻场村航拍图　　（县住房和城乡建设局　提供）

青阳苗族仡佬族侗族乡高塘村航拍图　（县住房和城乡建设局　提供）

甘溪仡佬族侗族乡铺溪村红岩村民小组航拍图　　　　（县住房和城乡建设局　提供）

历史底蕴

1967 年，石阡县人民政府在甘溪人民公社红星生产大队（后更名甘溪仡佬族侗族乡铺溪村）与中心生产大队（后更名甘溪村）交界处的 1934 年 1 月红六军团甘溪遭遇战羊东坳主战场遗址修建红军烈士纪念碑，图为 2016 年 8 月的羊东坳红军烈士陵园　（郭永忠　摄）

石固仡佬族侗族公鹅坳村建于元代的公鹅副长官司衙署遗址

（县住房和城乡建设局　提供）

2013 年 3 月 5 日，以楼上古寨梓潼宫为核心的国荣乡楼上村古建筑群被国务院公布为第七批全国重点文物保护单位，图为楼上古寨梓潼宫（勾昆　摄）

铺溪村冯氏侗族“悄悄年”祭祀之“躲兵”现场（县住房和城乡建设局　提供）

白沙镇大岩村马桑坪自然村王氏将朱元璋赐予马桑坪村王氏祖先王实的敕命刻于村中墙壁上

（勾昆 摄）

始建于清嘉庆八年（1803）的石榴坡村民小组陈氏古墓群 （勾昆 摄）

黄泥坳村民小组陈家大院福寿龙门残存的“寿”字石雕 （勾昆 摄）

深溪村任氏族人建于清道光十九年（1839）的文明地（字库塔）

（县住房和城乡建设局　提供）

建于清道光二十四年（1844），占地 80 平方米的河坝镇深溪村“任德裔之母倪氏节孝坊”
（县住房和城乡建设局　提供）

建于清道光三十年（1850）的坪地场仡佬族侗族乡凯余沟村石榴坡村民小组汪河侗族风雨桥
（县住房和城乡建设局　提供）

建于清光绪三十一年（1905），占地100余平方米的青阳苗族仡佬族侗族乡青山村苏氏古墓
（县住房和城乡建设局　提供）

石固仡佬族侗族乡公鹅坳村七姓祠堂龙门遗址　（县住房和城乡建设局　提供）

国荣乡葛荣村高桥村民小组桅桩
（勾昆　摄）

指甲坪村茶灯表演　　　　　　　　　　　（县档案馆　提供）

2008 年楼上古寨清明会傩戏表演
（县档案馆　提供）

伍德镇大鸡公村“石阡傩戏”面具
（县住房和城乡建设局　提供）

河坝镇高屯村小高王村民小组村民编扎毛龙
（县档案馆　提供）

河坝镇高屯村小高王村民小组毛龙表演　　（县档案馆　提供）

2012 年 4 月，国荣乡楼上古寨清明会举行，图为活动现场　　（县档案馆　提供）

廖家屯村“北斗七星”古枫香树 （勾昆　摄）

青阳苗族仡佬族侗族乡高塘村古香果树，为世界最大的古香果树之一

（县住房和城乡建设局　提供）

聚凤仡佬族侗族乡瓮水屯村溶洞钟乳石景观 （勾昆　摄）

序（一）

党的十八大以来，以习近平同志为核心的党中央高度重视传统村落工作。习近平总书记指出："农村是我国传统文明的发源地，乡土文化的根不能断，农村不能成为荒芜的农村、留守的农村、记忆中的故园。"

传统村落拥有丰富的文化与自然资源，蕴藏着丰富的历史文化信息与自然生态景观资源，具有历史、文化、科学、艺术、经济、社会价值，是传承中华优秀传统文化的宝贵"基因库"。

石阡现有22个村寨被收录为中国传统村落，文化厚重、源远流长。这里有入选联合国教科文组织人类非物质文化遗产扩展遗产代表性项目名录的石阡"说春"，国家级非物质文化遗产仡佬毛龙、木偶戏、仡佬民歌，有省级非物质文化遗产11项；有万寿宫古建筑群、府文庙、楼上村古建筑群等全国重点文物保护单位；有甘溪烈士陵园，困牛山战斗遗址，红二、红六军团指挥部旧址等诸多革命遗址遗迹。这些文化遗存，是中华优秀文化的组成部分，是祖先遗留的自然遗产"博物馆"，置身其中，犹如一座立体活态的优秀传统文化宝库，充满了魂牵梦绕的乡愁记忆。

随着时间流逝和现代文明的高速发展，村落印迹正在逐步消失，村落文化、民间技艺、民俗事项濒临失传，一些古老村落在历史进程中逐渐被湮没、遗忘。面对新发展阶段的新机遇和新挑战，保护和弘扬中华优秀传统文化是时代赋予的光荣使命，是推动经济社会高质量发展、现代化建设的必然要求。我们务必要始终秉承以传承和弘扬中华优秀传统文化为核心，将传统村落保护发展与乡村振兴有机结合、统筹推进，加大对古村落、古建筑、文物古迹的保护力度，深入挖掘民间艺术、手工技艺、民族服饰、民俗活动等非物质文化遗产，让有形的村落文化留得住，让活态的乡土文化传下去。

《石阡县传统村落志》的编纂工作，以习近平新时代中国特色社会主义思想为指导，坚持辩证唯物主义和历史唯物主义的立场、观点和方法，从中华优秀传统文化中汲取经验智慧，萃取思想精华，真实客观反映传统村落文化和社会发展演变历程，观点正确、体例科学、资料翔实，具有时代特点、地域特色和历史文化特征，是弘扬传承中华优秀传统文化、赓续乡土文明的有力举措，也是探索乡村振兴发展经验、发展模式、发展道路的有益尝试，必将极大地提升全县各族人民的文化自信和精神动力，奋力谱写石阡中国式现代化建设新篇章。

历经千辛终成志，在此，表示祝贺！

是为序。

中共石阡县委书记　田运栋

2023 年 6 月

序（二）

修史立典，存史启智，是中华民族延续几千年的光荣传统。编纂出版《石阡县传统村落志》，是石阡县委、县政府保护、传承、利用传统村落，弘扬优秀传统文化、特色民族文化、红色文化的有力举措。这部志书的出版，对传承历史文明、繁荣地方文化有着十分重要的意义。

石阡县古老而年轻，秦始皇嬴政二十八年（前219年）置夜郎县，元置长官司，明永乐十一年（1413年）贵州建省设石阡府，1914年改府为县，1992年被列为贵州历史文化名城。在这2173平方公里丰饶美丽的土地上，承载着19个乡镇（街道）315个行政村（社区），哺育着40多万勤劳质朴的石阡人民，汇聚着仡佬族、侗族、苗族、土家族等12个少数民族，享有温泉古城、矿泉水都、苔茶故里、长寿之乡的美誉。石阡悠久的历史沉淀出22个形态各异、风情各具、文化厚重的中国传统村落，造就了1项人类非物质文化遗产、3项国家级非物质文化遗产代表性项目、11项省级非物质文化遗产代表性项目，犹如一颗颗璀璨明珠镶嵌在石阡大地，散发着迷人的光芒。走进石阡，便是走进了一个自然山水与人文景观交融、红色文化与传统村落辉映、古朴与现代并存的历史文化名城。

《石阡县传统村落志》是一部较为全面、准确、完整反映村落历史与现状的资料性文献。在编纂过程中，始终坚持以习近平新时代中国特色社会主义思想为指导，坚持辩证唯物主义和历史唯物主义的立场、观点和方法，记述传统村落自然、政治、经济、文化、社会建设的历史和现状，它将为人们了解、研究石阡文化，激发爱国爱乡情怀，服务乡村振兴战略等提供历史智慧和现实借鉴，必将推动乡土历史文化薪火相传、绵延不绝。书中记述的自然环境、古迹文物、方言俗语、节庆活动、风俗物产等文化标识，彰显出传统村落的独特价值和迷人魅力，村落中的一砖一瓦、一石一木、一花一草，记载着一代代石阡人弥足珍贵的记忆，也承载着一辈辈石阡人挥之不去的乡愁。

盛世修志功在当代、利在千秋。这部志书能顺利问世，得益于上级地方志部门的大力指导、各行业的支持、编纂者的倾心，是集体智慧的结晶，是众手成志、众目审志、众口评志的成果。在此，谨向全体编纂人员和所有关心、支持、帮助本志编纂工作的单位和有关人员表示崇高的敬意和诚挚的谢意。

“治天下者以史为鉴，治郡国者以志为鉴。”《石阡县传统村落志》是有益当代、惠及子孙的历史文献，它让我们能够穿越千百年历史云烟，见证新时代山乡之变；它让我们目睹一代石阡人在全面推进乡村振兴进程中，为了让传统村落焕发勃勃生机，始终坚持保护与开发并重原则，强机制、拓产业、兴文化，促进文化遗产与经济社会的有机融合，奋力铺展出一幅传统村落振兴的壮美画卷。深望各级干部群众仔细阅读《石阡县传统村落志》，从中察往知来，鉴古识今，扬长补短，开拓进取，奋发向上，为实现石阡经济社会高质量发展和乡村振兴献智出力，谱写更加灿烂辉煌的石阡历史新篇章！

是为序。

石阡县县长　曾奕辉

2023 年 6 月

凡 例

一、《石阡县传统村落志》（以下简称“本志”）以马克思列宁主义、毛泽东思想、邓小平理论、“三个代表”重要思想、科学发展观、习近平新时代中国特色社会主义思想为指导，坚持辩证唯物主义和历史唯物主义的立场、观点和方法，力求客观、系统、真实地记述和反映石阡县22个中国传统村落发展历史和现状。

二、本志以石阡县22个中国传统村落为记载对象，记载时间上限自有史料记载之时起，下限至2022年12月。

三、本志由述、记、志、图、表、录组成，以志为主，图、表穿插其中。

四、本志采用纲目体，设类目、分目、条目3个层次，横排门类，纵述各项事物的历史和现状。除“艺文杂记”分目下面因收录文章有诗歌、散文、对联、新闻等不同文体体裁外，其余全书均以条目为基本记述单位，部分条目下设有子目，条目、子目以不同字体区分。

五、本志中华民国成立以前的纪年，使用朝代纪年，括注公元年份；中华民国成立以后的纪年，均使用公元纪年。

六、本志数字用法、标点符号分别采用国家标准《出版物上数字用法》（GB/T 15835—2011）、《标点符号用法》（GB/T 15834—2011），计量单位采用国家技术监督局1993年12月发布的《量和单位》系列国家标准。历史上使用的计量单位在引文中照录，不特别换算。

七、本志资料来源于档案资料、文件汇编、地方志、年鉴等，经过考证鉴别入志，不再一一注明出处。

八、本志中国传统村落排列顺序按住房和城乡建设部等部门公布的第一至第五批中国传统村落名录顺序排列，同一批次按其名录前后顺序依次排列。

九、除书中已标明时间的图片外，本书其他图片均拍摄于2021年1—12月，图片拍摄者及提供者见图片说明。

石阡县传统村落志

SHIQIANXIAN CHUANTONGCUNLUOZHI

目录

概 述

石阡县位于贵州省东北部，铜仁市西南部，东邻江口、岑巩二县，南接镇远、施秉二县，西连凤冈、余庆二县，北靠印江、思南二县，面积2173平方千米，是一个多民族聚居的传统山区农业县。

截至2021年末，石阡县户籍人口41.36万人，常住人口28.97万人。全县下辖19个乡（镇、街道）共315个行政村（社区），有仡佬族、侗族、苗族、土家族等12个少数民族，占全县总人口的74%。2021年，石阡县实现地区生产总值126.12亿元。是年，石阡县城镇居民人均可支配收入35432元，石阡县农村居民人均可支配收入12022元。

2012—2019年，石阡县共有11个乡（镇）22个村（村民小组）被住房和城乡建设部等七部（局）列入第一至第五批中国传统村落名录，分别是白沙镇大岩村马桑坪自然村、白沙镇化塘村箱子坪村民小组、国荣乡楼上村、国荣乡葛容村高桥村民小组、河坝场仡佬族侗族乡高屯村小高王村民小组、聚凤仡佬族侗族乡枫香屯村黄泥坳村民小组、聚凤仡佬族侗族乡廖家屯村、聚凤仡佬族侗族乡瓮水屯村、石固仡佬族侗族乡公鹅坳村、五德镇桃子园村大寨自然村、花桥镇凯镇村施场自然村、五德镇地印村董上自然村、聚凤仡佬族侗族乡指甲坪村、青阳苗族仡佬族侗族乡青山村、坪地场仡佬族侗族乡凯余沟村石榴坡村民小组、甘溪仡佬族侗族乡铺溪村、河坝场仡佬族侗族乡深溪村、五德镇大鸡公村、国荣乡周家村、龙井仡佬族侗族乡克麻场村、青阳苗族仡佬族侗族乡高塘村、甘溪仡佬族侗族乡铺溪村红岩村民小组。

一

回顾石阡县22个中国传统村落发展的历史，就是一部来自五湖四海的“异客”客居在石阡这块陌生的他乡土地上，通过数代人筚路蓝缕的艰苦奋斗，与邻里和睦相处，最终实现整个家族繁衍壮大，并将整个家族后代蜕变成为土生土长的石阡人，进而各民族、各家族团结协作，共同开发家乡、建设家乡的辉煌奋斗历史。

据可信史料，石阡县建立最早的传统村落为始建于元朝的公鹅坳村。公鹅坳村童氏侗族是最早移居石阡的移民之一。

明朝建立后，朝廷不断派兵追剿南逃的苗族及其他异己势力，扩大疆域，不断移民实施军屯，巩固对所占领云贵地区的统治。尤其是明末清初的军事战乱与人口大迁移，很多汉族先民怀着“苟全性命于乱世”的卑微念想，从江西、湖南、江苏、浙江等富庶发达、战火不断的兵家必争之地迁往相对闭塞落后却远离战火的荒凉之地石阡县，选择适宜居住之地安家落户，以宗族为单位建村立寨。明清时期为石阡县传统村落发展的鼎盛时期，董上村、楼上村、铺溪村、马桑坪村、廖家屯村、石榴坡村、高塘村、青山村、高桥村、小高王村、瓮水屯村、箱子坪村、指甲坪村、施场村、深溪村、大鸡公村均始建于明代初年至清代初年。

作为客居石阡的“异客”，石阡县22个中国传统村落的先祖要想在人生地不熟的石阡立足，困难无疑是巨大的。无论是因为各种情况无法返乡，无奈滞留客居石阡各地的征伐将士（铺溪村、马桑坪村、廖家屯村、瓮水屯村、施场村先民）；或是因躲避战乱主动选择定居石阡的汉族先民（楼上村、高桥村、小高王村、石榴坡村、指甲坪村、青山村、高塘村、大鸡公村、董上村）；还是世袭公鹅坳副长官司署长官400余年、最终家道中落的公鹅坳村童氏后人，均将石阡县居住之地当作自己的家乡，不断适应石阡县新居住地的气候、地理条件。除坚持以宗族立寨自保，选择有险可依、易守难攻之处定居外，为人低调，诚信守诺，广结善缘，与邻居和睦友善相处也成为全县22个中国传统村落先祖们不约而同的处世原则。进而通过与当地民族通婚，繁衍壮大家族，改善家族发展环境——这也正是全县很多仡佬族、侗族、苗族家族均强调家族祖先来自湖南、江西、江苏、安徽等地的原因；并通过“认干亲”“拜把子”等方式，努力为自己构建更友善的发展环境，有效拓展家族的生存空间。在此基础上，他们继承发扬祖先的先进生产技术与优秀文化，不断向他人学习，不断挖掘潜力，提高生产技能，在当时石阡这片略显荒凉的土地上插牌划地、指手为界，采集野果、狩猎捕鱼、开荒引水、纺线织布、建房盖屋、春种秋收，一代代努力发展生产，达到丰衣足食、繁衍子孙、壮大家族的最终目标。

虽然石阡县绝大多数中国传统村落以宗族立寨，但却并不封闭自守，各家族、各村寨、各民族间和睦相处。其间，出现了不足170户、不足600人却有着5个民族、24种姓氏杂居，违背黔东村落“以宗族立寨”原则的另类——指甲坪村；出现了公鹅坳村不可思议的七姓祠堂。1934—1936年，王恒一及大克麻场村大土坪村民小组先辈甚至甘冒被砍头的风险，收容接纳失散的红军战士。如此包容、接纳、待人以善的心态，不仅使22个中国传统村落建造者家族在石阡异地他乡扎根生长、繁衍壮大的愿望真正实现，更有效促进了石阡县各民族、各家族、各村寨间社会经济文化的相互传承、学习、交融。

民国时期，贵州全省动荡、土匪横行、军阀混战，面对朝不保夕的恶劣生存环境，各个传统村寨先民在积极修筑各种躲避土匪之“屯”保命护财的同时，仍竭力发展生产，谨慎地与外界和睦交往，恪守家规族训，加强对子女的教育，邻里间互相帮助，共同渡过难关。

大家只有一个心愿，希望乱世早日过去，各民族、各家族子孙能平安地生活，凭自己的能力创造更美好的明天。公鹅坳村先民在躲避土匪的腊岩洞屯中所刻下的“太平千古”大字，正是全县22个中国传统村落先民在乱世中的共同心声。

一代代人奋斗下来，数百年过去，当年客居石阡的“异客”后代早已经变成如假包换的石阡人。尽管今天各个传统村寨都不断通过族谱、清明会、“悄悄年”祭祀等形式，强化各自的家族认同，强调祖先来自江西、安徽、江苏等地，强调与他人不同的民族成分，但始终无法改变外人对他们的认知——因为在外人眼里，他们都有一个共同的名字——石阡人。

二

回顾石阡县22个传统村落的发展历史，就是一部全县各民族在石阡这块热土上共铸中华民族共同体、共同塑造中华民族辉煌文化的历史。

数百年来，客居石阡的汉族人与当地民族的频繁交流、通商，他们所带来的汉文化与当地少数民族文化在石阡县不断地交流融合发展，各个家族在坚持自己家族道德理念的同时，兼容并蓄，学习汲取其他民族、家族的长处，更好地发展完善自我。哪怕在苗族农民起义（史称“苗乱”）和军阀混战期间，大都遵循“各美其美，美人之美，美美与共，天下大同”原则，求同存异，谨慎处理不同民族、文化间的分歧与纷争。在漫漫的历史长河中，创造出绚丽多姿的传统村落文化，并推动石阡经济社会的发展。

在村落建筑风格上，在“地无三尺平”的石阡县各地，22个中国传统村落先祖在村寨（民居）选址时，均注重选择依山就势、面向开阔，森林茂盛、靠近水源，水资源丰富、方便引水灌溉，且有险可依，易守难攻之处。

石阡县传统民居建筑遵循“就地取材”原则，继承传统侗族民居设计理念及建筑工艺。传统民居均以穿斗式木结构五柱四瓜的堂屋配三柱二瓜厢房，下层为牛、猪居所，二层为人居，顶层为贮藏室的干栏式建筑。并融合汉族民居建筑文化——如各族民居建筑匠人必备的鲁班尺、建房开工及之后每一道重要工序时都必须祭奠鲁班师。全县各民族传统民居在动工之前，均以堂屋居中进行房屋设计，建好之后以堂屋为中心进行房屋功能区划布置，均在堂屋居中位置首先安置祭祀“天地君亲师”的神龛，作为家庭精神生活中心。各民族间建筑文化的交融还反映在引进炉灶、安排单独的厨房上，原来作为家庭生活议事、交流中心的火塘渐渐地仅作为一个实用性不强的传统文化象征符号保留在仡佬族、侗族、苗族民居之中。各民族住宅均汲取汉族传统建筑理念，因地制宜地采取三合院、四合院建筑形式（大多并无围墙）等。

受汉文化影响，全县各民族传统村落宗族族群意识强烈，重视清明会等祭祖仪式，甘溪仡佬族侗族乡铺溪村冯氏侗族“悄悄年”祭祀已经延续600余年，22个中国传统村落各家族均热衷于族谱编修、续编与祠堂修建等事务。

受汉文化影响，全县各民族传统村落高度注重教育，高桥村、公鹅坳村、铺溪村、廖家屯等村均立有桅桩，勉励家族后来者发愤读书，为家族增光。清嘉庆二十二年（1817），高皇村（今小高王村民小组）徐培深与石阡县同乡成世瑄、张海澜同科考中进士，被誉为“十里三进士，隔墙两翰林”；楼上古寨周氏家族则留下“九子十秀才”的佳话；楼上古寨周氏家族的“耕读传家”理念延续十余代人；石榴坡村民小组陈氏侗族将书写对联作为族人春节、红白喜事必不可少的一大乐事。重视文化、重视教育的理念深植在22个中国传统村落各个家族的血脉之中。

在接受先进汉族文化的同时，全县仡佬族、侗族、苗族、壮族等民族继承并发扬各自祖辈“万物有灵”的原始理念，在重视祭祀祖先的同时，还不忘祭拜“四官”大神。重视村寨四周山林、树木、河流、古井的保护。改革开放后，外来商贩屡次看中铺溪村的多棵古树，想高价购买，均遭到全村村民的拒绝。截至2021年末，全县22个中国传统村落均森林繁茂，山清水秀，红豆杉、青杠树、榉木等珍稀古树保护较好。国家一级保护野生动物黄嘴白鹭长年在大寨村、大鸡公村古树上繁衍生息；而地印村周围山林中，生活有红腹锦鸡、穿山甲、野山羊等野生动物。绿树成荫，鸟语花香，树木、民居、河流、稻田有机统一，相映成趣，环境宜人。

数百年来，全县22个中国传统村落村民与其他各民族互相帮助，互相学习借鉴，勤劳奋斗，共同进步，创造出丰富多彩的民间民族文化。如入选联合国教科文组织人类非物质文化遗产扩展名录的石阡“说春”；入选国家级非物质文化遗产代表性项目名录的石阡仡佬毛龙和石阡木偶戏、石阡“说春”、仡佬族民歌；入选省级非物质文化遗产代表性项目名录的清明会、石阡茶灯、仡佬族丧葬习俗、“悄悄年”祭祀、石阡仡佬族情歌、薅草锣鼓等；全国重点文物保护单位楼上村古建筑群，幸存700余年的公鹅坳副长官司署衙遗址；国家级历史文化名村楼上古寨；被称为“戏剧活化石”的傩堂戏等。留下石榴坡村民小组气势恢宏的陈氏古墓群与河坝镇深溪村文明地（字库塔）、贞节牌坊等文物遗迹。

三

中华人民共和国成立以前，石阡县22个中国传统村落的建立、发展与村落保护都是建立在传统封建宗法制度基础之上的。中华人民共和国成立后，公鹅坳村村民当年嵌刻在腊岩洞屯卡门上的“太平千古”祈愿终于得以实现。进入社会主义建设时期后，全县22个中国传统村落在交通、教育、文化与卫生等各方面都有了质的飞跃，但对于传统村落的保护与文化传承工作，在很长一段时间内没有得到应有的重视。

改革开放后，随着党的民族政策的不断落实，各种民族文化习俗逐渐恢复，全县传统村落保护工作陆续展开。

2000 年以后，石阡县在全县范围内开展传统村落普查，摸清全县传统村落传统民居、古树等家底及保护的重点、难点所在。在此基础上，对症下药，持续开展传统村落保护工作。

2006 年起，按照“生产发展、生活富裕、乡风文明、村容整洁、管理民主”的社会主义新农村建设目标，石阡县大力开展农村环境整治工作。在此过程中，结合传统村落保护工作要求，持续开展传统民居保护、古树保护，并向村民宣传传统村落保护工作的重要性，争取村民的支持与配合。

石阡县持续的传统村落保护工作成效显著，2008 年 11 月，国荣乡楼上村被住房和城乡建设部、国家文物局授予“中国历史文化名村”称号。2012—2019 年，石阡县共有 22 个传统村落被列入住房和城乡建设部、文化部、国家文物局、财政部、国土资源部、农业部与国家旅游局联合发布的第一至第五批《中国传统村落名录村落名单》，为铜仁市被列入“中国传统村落名录”村寨最多的县（区）。

2010 年后，石阡县开始聘请第三方专业机构编制传统村落保护规划。2013 年 1 月 26 日，《省人民政府关于石阡县国荣乡楼上历史文化名村保护规划的批复》发布，原则同意《石阡县国荣乡楼上历史文化名村保护规划》，规定核心保护范围用地 7.75 公顷。此后，先后编制楼上村、铺溪村、公鹅坳村、马桑坪自然村、箱子坪村民小组、高桥村民小组、瓮水屯村、廖家屯村、黄泥坳村民小组、青山村、小高王村民小组、大寨村民小组、董上自然村、施场自然村、石榴坡村民小组、指甲坪村、深溪村共 17 个中国传统村落 2014—2030 年传统村落保护发展规划，并按规划在各村持续开展严格的传统村落保护工作，对全县传统村落特色民居及古树登记造册并挂牌进行保护。

2014—2017 年，石阡县先后利用中央专项资金，完成 17 个传统村落保护项目建设，共投入中央专项资金 2605 万元。实施传统村落消防、环保项目建设，硬化村内道路，修建村民活动场所，进一步改善各传统村落居住环境。

在传统村落保护过程中，石阡县根据各村落的不同问题，寻找有效的应对之策，争取村民（或房屋所有者）支持，取得较好的效果。比如，深溪村针对全村在外工作安家者甚多，这些人家的老房子长时间得不到通风、修缮等实际情况，经与房产所有者沟通协商，采取政府和个人共同出资的办法，由村委会出面，取得房产所有者授权，对房上腐朽的檩条、瓦皮、楼幅进行更换，对毁坏的瓦块进行维修添补，使这些老屋经风雨而不损其原貌。

2000 年以后，石阡县以古建筑集中、特点鲜明的楼上古寨为打造重点，利用各种时机持续开展宣传营销，进行古村落“保护 + 开发利用”试点，发展乡村旅游业，效果很好。2006 年“五一”黄金周，恰逢反映红二、红六军团长征的电视连续剧《雄关漫道》剧组在楼上古寨取景拍摄，全村共接待省内外游客 3197 人，村民日收入达 1 万余元。

之后，楼上古寨旅游发展呈现出“芝麻开花节节高”的良好态势，有效推动了当地产业发展，持续带动农民脱贫增收。在此基础上，石阡县认真总结楼上古寨发展旅游的成功经验，并综合考虑全县各个传统村落的文化内涵、民族特色和地方差异，于2016年启动以黄泥坳村民小组陈家大院、字库文笔等景点为核心的马屯河大峡谷景区建设。截至2021年末，马屯河大峡谷景区建设仍在持续推进中。

2018—2021年，结合全县脱贫攻坚决胜战与巩固拓展脱贫攻坚成果同乡村振兴有效衔接工作，石阡县持续有序推进全县22个中国传统村落的保护工作。截至2021年末，全县22个被列入中国传统村落名录的村落均已安装微型消防设施，增设垃圾箱。村内古树、传统住宅均造册挂牌实施保护，并出台相应管理措施。

四

石阡县传统村落保护工作开展20余年来，成效显著，有效地提升了各传统村落村民的文化自信，增强了民族自豪感，并为下一步开发利用各种文化资源、促进传统村落产业升级发展并带动村民增收奠定坚实基础。

总结20余年来石阡县传统村落保护工作的成功经验，就是一切从实际出发，实事求是，科学制定切实可行的保护规划，责任落实到人，切实保护村民利益，加强宣传教育，发动群众参与，做好传统村落保护的工作。

与所取得成绩相比，石阡县中国传统村落保护工作所面临的挑战更大，随着22个中国传统村落中更多村民到城市务工，各村传统文化保护人才出现断层。公鹅坳春节期间的龙灯已多年未举办，因为没有人玩；而随着生活条件的改善，青山村草鞋、传统竹编品编织技艺没有年轻人愿意学习；高桥村民小组、高塘村的民族刺绣也由于无人愿意学，濒临失传。随着经济条件的好转，除旅游产业发展较好的楼上古寨等少数村落外，各村村民对在中国传统村落核心区内不准拆除老房、建盖新房改善居住条件的传统村落保护规定并不理解甚至产生抵触情绪；定居城市的深溪村村民后代对故乡老宅保护缺乏动力，因为父母早已过世，回老家为父母扫墓也是百忙之中才抽空回来一趟……

22个中国传统村落特色民居均为木结构建筑，大多数房屋为清朝中后期至民国时期建造，建造年代久远，保护难度大。全县22个中国传统村落亟待进一步采取保护措施的房屋数量巨大，历史欠账多，资金缺口大。

总之，石阡县中国传统村落保护工作任重而道远。无论有多大困难、挑战，相信在各级党委、人民政府的领导下，全县各族干部群众认真贯彻落实习近平总书记强调的发展乡村旅游不要搞大拆大建，要因地制宜、因势利导，把传统村落改造好、保护好的指示精神，相关主管部门做好调查研究，因症施策，对症下药，将中国传统村落保护措施落实与兼顾中国传统村落核心区村民合理的利益诉求有机结合，进而做好各村落村民的教育引导工作，引导其主动参与其中，积极引导社会各方力量参与，形成合力，就一定能做好全县传统村落保护工作，真正为石阡县各族人民“留住乡愁”。

大事记

元至元二十二年（1285） 元朝政府在公鹅坳设置公鹅坳副长官司衙署，童栾出任公鹅坳副长官司衙署首任土司长官。

明洪武二十七年（1394） 明朝皇帝朱元璋赐予马桑坪村王氏先祖、昭信校尉锦衣卫王实敕命，敕命记述昭信校尉锦衣卫王实从军战功履历，赠其父为昭信校，分别封其母亲及妻子为安人。

明弘治六年（1493） 楼上村周氏始祖周伯泉及其弟周伯卉在思南府蛮夷属地寨纪（后更名楼上），花白银 170 两购买高攀田土一庄，建村。

明天启元年（1621） 周家村陈家寨陈氏始祖举家搬迁至小水寨（后更名为周家村陈家寨）定居。

明天启三年（1623） 黄泥坳陈氏始祖陈国宾举家搬迁至黄泥坳村定居。

清顺治元年（1644） 小高王村徐姓始祖徐学搬到红坪子（后更名“小高王村”）居住，由此徐氏定居小高王村。

清康熙四十七年（1708） 黄泥坳陈氏族长陈登坤首次组织修建陈家大院；清同治元年（1862），陈家大院被土匪烧毁；清同治二年（1863）黄泥坳陈氏家族族长陈文科组织修复陈家大院；1922 年，土匪再次烧毁陈家大院；1923 年黄泥坳陈永元区长组织再次修复陈家大院。1983 年 1 月 20 日，黄泥坳陈家大院突发火灾，陈家大院三个中院七柱六瓜长五间并列三栋及福寿龙门被烧毁，仅残存基座。

清嘉庆八年（1803） 位于坪地场仡佬族侗族乡凯余沟村石榴坡村民小组寨后 600 米山地上的石榴坡陈氏墓群开建。至清光绪年间，共建有 25 座陈氏墓葬，占地约 4000 平方米。

清嘉庆二十二年（1817） 高皇村（后更名小高王村）徐培深与石阡县同乡成世瑄、张海澜同科考中进士，被誉为“十里三进士，隔墙两翰林”。

清道光十九年（1839） 深溪村任氏族人集资修建文明地（字库塔）。

清道光二十四年（1844） 占地 80 平方米的深溪村“任德裔之母倪氏节孝坊”建成。

清咸丰五年（1855） 贵州省全省陷入动荡，土匪横行，对老百姓肆意烧房、杀戮、抢劫、绑架，地方政府无力管制，铺溪村、马桑坪村、箱子坪村、高桥村民小组、公鹅坳、大公鸡村、地印村、高塘村、廖家屯村等各村村民纷纷筑屯避祸保命。

清咸丰十一年（1861） 楼上村遭遇兵灾，全村房屋大部被烧毁。

1914 年 据省政府令，石阡县与凤冈、湄潭、镇远、思南等邻县划拨插花地段。原属思南县的葛容村高桥村民小组、楼上村、周家村陈家寨、石榴坡村与原属印江县的公鹅屯村、铺溪村（含红岩村民小组）并入石阡县。

1923 年 黄泥坳村陈正常创办黄金坳“陈家书院”私塾，随后创立马屯小学。

1925 年 1 月 23 日 此日为 1925 年农历除夕，岑巩注溪匪首罗矮子带匪众 50 余人到大鸡公村抢劫，全村人躲入吉营屯避难，最终匪徒攻破吉营屯，杀死唐、李、张三姓 50 余人，抢走 1 名张姓女子。

1933 年 石阡县在五德乡桃子村创办桃子园保国民小学。

1934 年 10 月 5—19 日 红六军团从瓮安县猴场（后更名草塘）出发，分两路进入石阡县河坝场。7 日，在甘溪乡铺溪村等地遭遇占据有利地形、有备而来的桂军阻击，力战后陷入桂军、黔军、湘军的重重包围之中，先后经过多日苦战，红六军团主力先后经过铺溪村、铺溪村红岩村民小组、马桑坪村、楼上村、公鹅坳村等地，成功突围，离开石阡县。

1936 年 1 月 10—24 日 开始长征的红二、六军团进入石阡县，在石阡县进行约 10 天的休整。24 日，途经河坝场乡小高王村后，红二、六军团全部离开石阡县，进入余庆县。

1938 年 楼上古寨村民集资修建天福井。

1941 年 贵州省政府对全省行政区划进行裁撤、合并析置，地印村由岑巩县属地变更为石阡县属地。

1948 年 石阡县在地印村成立地印小学。

1952 年 石固乡第七村划归五德区青阳苗族仡佬族侗族乡管辖，更名为五德区青阳乡养牛塘村（后更名为高塘村）。

1967 年 石阡县人民政府在甘溪人民公社红星生产大队（后更名甘溪仡佬族侗族乡铺溪村）与中心生产大队（后更名甘溪村）交界处的羊东坳（1934 年红六军团甘溪遭遇战主战场之一）修建红军烈士纪念碑，20 世纪 80 年代又重新进行整修。1984 年秋，原红六军团军团长、开国上将萧克为甘溪红军烈士纪念碑题词“甘溪死难烈士永垂不朽”“牺牲决胜勇当长征先遣队，浩气长存信是中华好男儿”。

1972 年 永和公社光明生产大队（后更名为河坝镇深溪村）修通公路。

是年 高坪生产大队（后更名为高塘村）在林老壳成立高坪小学。

1973 年 中坝公社与甘溪公社、扶堰公社抽调劳力修建由中坝经铺溪至扶堰全长 25.4 千米的乡村公路，为等外公路，1974 年末，公路建成通车。

1974 年 甘溪人民公社建成 1 万千瓦的甘溪大川洞电站，铺溪村通电。

1981 年 高塘村通电。

1983 年 施场村通电。

是年 青山村通电。2003 年，青山村接入全县电网。

1992 年 高塘村修通通村公路。

1996 年 五德镇集资 80 万元，架设 10 千伏输电线 18.6 千米，低压线 18.6 千米，新安装变压器 36 台，地印村通电。

1998 年 大寨自然村开通闭路电视，为全县范围内第一个全村覆盖闭路电视的村寨。

1999 年 施场村村民投资投劳修通从青岗坳到施场村长 5 千米、宽 3 米有余的泥石公路。

2002 年 石阡县人民政府将楼上村列为传统古村落加以保护。

是年 国家投资 220 万元，在五德镇吴家大土修建 35 千伏变电站 1 座，当年投入使用，地印村董上自然村、大鸡公村、桃子园村大寨自然村并入国家电网。

2004 年 8 月 县人民政府全面展开楼上村梓潼宫古建筑修缮工作。

2004 年 12 月 石榴坡村民小组汪河风雨桥被列为石阡县重点文物保护单位。

2005 年 12 月 29 日 流行于廖家庙村、瓮水屯村、黄泥坳村等地的石阡仡佬族毛龙节，流行于高桥村民小组的石阡木偶戏被列入贵州省首批非物质文化遗产代表作名录。

2006 年 4—5 月 讲述红二、六军团长征故事的电视连续剧《雄关漫道》在国荣乡楼上古寨、葛荣村高桥村民小组取景拍摄。

2006 年 5 月 20 日 经国务院批准，流行于瓮水屯村、廖家庙村、黄泥坳村等地的石阡毛龙节，流行于高桥村民小组等地的石阡木偶戏被列入第一批国家级非物质文化遗产名录。

2006 年 12 月 铺溪村及红岩村民小组接通自来水。

是年 公鹅坳副长官司署衙被县人民政府认定公布为石阡县重点文物保护单位。

是年 小高王村修通出村公路。

2007 年 1 月 15 日 铜仁地区首批地区级非物质文化遗产代表性项目名录公布，流行于瓮水屯村、廖家庙村等地的石阡县仡佬族毛龙节，流行于高桥村民小组等地的石阡木偶戏，流行于指甲坪村等地的茶灯，流行于楼上村、大寨村等地的“说春”，铺溪村冯氏侗族“悄悄年”祭祀，流行于廖家屯村、瓮水寨村等地的仡佬丧葬习俗被列入铜仁地区首批地区级非物质文化遗产代表性项目名录。

2007 年 5 月 29 日 铺溪村冯氏侗族“悄悄年”习俗、流行于楼上村等地的“说春”、流行于指甲坪村等地的石阡茶灯、流行于廖家屯村等地的石阡仡佬族情歌与流行于廖家屯村等地的石阡仡佬丧葬习俗被列入贵州省第二批非物质文化遗产代表作名录。

2008 年 10 月 14 日 国荣乡楼上村被住房和城乡建设部、国家文物局授予“中国历史文化名村”称号。

2008 年 高塘村举办第一届高塘村民俗文化活动。

2009 年 7 月 24 日 铜仁地区第二批地区级非物质文化遗产代表性项目名录公布，流行于青山村等地的石阡民歌、流行于小高王村的传统石阡土法造纸被列入铜仁地区第二批地区级非物质文化遗产代表性项目名录。

2011 年 6 月 8 日 《黔中早报》刊载《石阡县发现“三叶虫”化石群》的新闻，报道翁水屯村关口村民小组对面的山坡上存在疑似 1.8 亿年前就完全灭绝的三叶虫化石，面积达 0.4 公顷。

2012 年 4 月 15—19 日 中央电视台军事农业频道（7 频道）摄制组到国荣乡楼上古寨拍摄文化旅游专题片。是年“五一”国际劳动节期间，时长 20 分钟的文化旅游专题片在《聚焦三农 · 乡村旅游新观察》栏目中播出。

2012 年 12 月 17 日 住房和城乡建设部、文化部、国家文物局、财政部、国土资源部、农业部与国家旅游局联合发布第一批列入中国传统村落名录的村落名单，石阡县白沙镇马桑坪村、白沙镇箱子坪村、国荣乡楼上村、国荣乡葛容村高桥自然村、河坝场仡佬族侗族乡小高王村、聚凤仡佬族侗族乡黄泥坳村、聚凤仡佬族侗族乡廖家屯村、聚凤仡佬族侗族乡瓮水屯村、石固仡佬族侗族乡公鹅坳村、五德镇大寨村被列入。

2013 年 1 月 26 日 《省人民政府关于石阡县国荣乡楼上历史文化名村保护规划的批复》发布，原则同意《石阡县国荣乡楼上历史文化名村保护规划》，规定核心保护范围用地 7.75 公顷。

2013 年 3 月 5 日 楼上村古建筑群被国务院公布为第七批全国重点文物保护单位。

2013 年 8 月 26 日 住房和城乡建设部、文化部、财政部联合发布第二批列入中国传统村落名录的村落名单，石阡县花桥镇施场村、五德镇董上自然村、聚凤仡佬族侗族乡指甲坪村、青阳苗族仡佬族侗族乡青山村、坪地场仡佬族侗族乡石榴坡村、甘溪仡佬族侗族乡铺溪村被列入。

2014 年 6 月 14 日 铜仁市第三批市级非物质文化遗产代表性项目名录发布，流传于大寨自然村、指甲坪村等地的石阡苔茶传统制作技艺，流传于大寨自然村、大鸡公村、董上自然村与高塘村的薅草锣鼓，流传于楼上村、大鸡公村等地的石阡傩堂戏被列入。

2014 年 9 月 23 日 国家民委《关于命名首批中国少数民族特色村寨的通知》发布，石阡县国荣乡楼上村被列为“首批中国少数民族特色村寨”。

2014—2017 年 石阡县先后实施楼上、施场、马桑坪、箱子坪、董上、青山、石榴坡、铺溪、高桥、小高王、黄泥坳、廖家屯、瓮水屯、公鹅坳、大寨、指甲坪、深溪 17 个中国传统村落保护项目建设，共投入中央专项资金 2605 万元。

2015 年 1 月 5 日 中央电视台 7 套“农业军事”频道《乡土》栏目播出《聚凤人的意外之财》专题片，全面介绍聚凤仡佬族侗族乡廖家屯村油茶从昔日柴火山到今日聚宝盆的转变。

2015 年 1 月 15 日 《省人民政府关于公布第四批省级非物质文化遗产代表性项目名录的通知》发布，流传于大寨村、大鸡公村、高塘村等地的石阡薅草锣鼓，流传于指甲坪村、大寨村、董上村、大鸡公村等地的石阡苔茶制作技艺，流传于楼上村、大鸡公村等地的石阡傩戏被列入。

2015 年 1 月 在贵州省非物质文化遗产数字化保护试点工作（第二批）会议上，“石阡木偶戏”被列为全国第二批非物质文化遗产数字化保护试点项目。

2015 年 5 月 贵州省档案馆编纂的《史志林》2015 年第二期收录石阡县聚凤仡佬族侗族乡廖家屯村厨师廖益彪研制的“石阡全茶宴”。

2015 年 11 月 26 日 由省洞穴协会、省洞穴工程中心与中央电视台科教频道《走进科学》栏目摄制组组成的联合科考队到石阡县河坝场仡佬族侗族乡小高王村等地，对小高王村徐家营溶山坳洞等石阡县多个溶洞进行科学考察。2016 年 3 月 12 日，中央电视台科教频道《走进科学》栏目播出《寻找神鹰洞》，对石阡县河坝镇徐家营洞穴等全县多个溶洞情况进行报道。

2015 年 11 月 22 日 “美丽中国，生态科考”探秘佛顶山国家级自然保护区生态民族文化线科考队伍来到贵州省石阡县石固仡佬族侗族乡公鹅坳村，走访元、明、清各个朝代设在边远少数民族区域的特殊统治机构——公鹅坳副长官司署衙。

是年 石阡县以聚凤乡廖家屯村 200 公顷野生油茶为核心成功申报贵州省油茶产业示范园区。

2016 年 5 月 《铜仁市石阡县白沙镇马桑坪村传统村落保护发展规划（2014—2030）》《铜仁市石阡县白沙镇箱子坪村传统村落保护发展规划（2014—2030）》《铜仁市石阡县国荣乡楼上村传统村落保护发展规划（2014—2030）》《铜仁市石阡县国荣乡高桥村传统村落保护发展规划（2014—2030）》《铜仁市石阡县聚凤乡瓮水屯村传统村落保护发展规划（2014—2030）》《铜仁市石阡县河坝场仡佬族侗族乡小高王村传统村落保护发展规划（2014—2030）》《铜仁市石阡县聚凤乡廖家屯村传统村落保护发展规划（2014—2030）》《铜仁市石阡县聚凤乡黄泥坳村传统村落保护发展规划（2014—2030）》《铜仁市石阡县石固乡公鹅坳村传统村落保护发展规划（2014—2030）》《铜仁市石阡县五德镇大寨村传统村落保护发展规划（2014—2030）》《铜仁市石阡县花桥镇施场村传统村落保护发展规划（2014—2030）》《铜仁市石阡县聚凤乡指甲坪村传统村落保护发展规划（2014—2030）》《贵州省铜仁市石阡县青阳乡青山村传统村落保护发展规划 2014—2030》《铜仁市石阡县坪地场乡石榴坡坪村传统村落保护发展规划（2014—2030）》《铜仁市石阡县五德镇董上自然村传统村落保护发展规划（2014—2030）》《铜仁市石阡县甘溪乡铺溪村传统村落保护发展规划（2014—2030）》先后编制完成。

2016 年 7 月 13 日 农业部公布第六批全国一村一品示范村镇名单，贵州省铜仁市石阡县聚凤仡佬族侗族乡指甲坪村（石阡苔茶）被列为全国一村一品示范村镇与示范品牌农产品。

2016 年 9 月 29 日 由中共贵州省委统战部、省民族宗教事务委员会、省旅游发展委员会主办的全省少数民族特色村镇保护与发展工作现场会在镇宁布依族苗族自治县召开。在会上，石阡县国荣乡楼上村被命名为全省首批少数民族特色村寨。

2016 年 11 月 30 日 中国“二十四节气”正式列入联合国教科文组织人类非物质文化遗产名录，流传于楼上村、大寨村等地的“石阡说春”作为“农历二十四节气”习俗最具代表性扩展习俗，入选联合国教科文组织人类非物质文化遗产扩展名录。

2016 年 12 月 9 日 住房和城乡建设部、文化部、国家文物局、财政部、国土资源部、农业部、国家旅游局联合发布第四批列入中国传统村落名录的村落名单，石阡县河坝场仡佬族侗族乡深溪村被列入。

是年 铜仁市交通道路运输局在铺溪河大河口渡口遗址下游约 50 米处修建人行便桥 1 座，为宽 2 米、长约 100 米四跨的混凝土桥梁。年内，通过竣工验收，投入使用，命名为“安靖桥”。

2017 年 4 月 3 日 廖家屯村举办以“回忆乡愁 体验农耕 同步小康”为主题的石阡县聚凤仡佬族侗族乡“农耕文化节”，举行山门迎宾客、长号队、毛龙灯队展演、手工榨油茶、背篓抓鱼、扬风 、卷晒席、打年糕、现场采茶炒茶等系列农耕体验活动。

2017 年 9 月 廖家屯村仡佬族厨师廖益彪创制的苔茶神汤被贵州省商务厅评为“2017 年贵州省十大名菜”。

2017 年 12 月 14 日 全省少数民族特色村镇保护与发展工作现场会在贵定县召开。省委统战部、省民族宗教事务委员会和省旅游发展委员会联合发文，石阡县聚凤仡佬族侗族乡廖家屯村被命名授牌为全省第二批少数民族特色村寨。

2017 年 12 月 26 日 铜仁市第四批市级非物质文化遗产代表性项目名录发布，以楼上村清明会、箱子坪村清明会、廖家屯村清明会为代表的石阡清明会被列入。

2018 年 2 月 施场自然村举办第一届春节联欢晚会。

2018 年 12 月 7 日 《省委统战部 省民宗委 省文化和旅游厅 关于命名全省第三批少数民族特色村寨的通知》发布，石阡县石固仡佬族侗族乡公鹅坳村被命名为“贵州省第三批少数民族特色村寨”。

2019 年 1 月 由青阳苗族仡佬族侗族乡高塘村脱贫攻坚队主办的“感党恩战贫困暨高塘村第二届民俗文化活动”举行。

2019 年 6 月 2 日 贵州省第五批省级非物质文化遗产代表性项目名录发布，以楼上村清明会、箱子坪村民小组清明会、廖家屯村清明会为代表的石阡县清明会被列入。

2019 年 6 月 6 日 按照《住房和城乡建设部办公厅关于做好第五批中国传统村落调查推荐工作的通知》，住房和城乡建设部、文化和旅游部、国家文物局、财政部、自然资源部、农业农村部联合发布第五批列入中国传统村落名录的村落名单，石阡县五德镇大鸡公村、国荣乡周家村、龙井乡克麻场村、青阳苗族仡佬族侗族乡高塘村、甘溪乡铺溪村红岩村民小组被列入。

2019 年 5 月 深溪村被中共贵州省委农村工作暨实施乡村振兴战略领导小组办公室列

为“贵州省‘十县百乡千村’乡村振兴示范工程示范村”。

2019 年 6 月 由铜仁学院美术系教授周正文撰写，43.3 万字的《膴膴楼上》由光明日报出版社公开出版发行。

2019 年 11 月 27 日 《省委统战部 省民宗委 省文化和旅游厅关于命名贵州省第四批少数民族特色村寨的通知》发布，石阡县国荣乡周家村陈家寨、甘溪仡佬族侗族乡铺溪村与青阳苗族仡佬族侗族乡高塘村被命名为“贵州省第四批少数民族特色村寨”。

2020 年 1 月 14 日 根据国家民委《关于做好第三批中国少数民族特色村寨命名相关工作的通知》，石阡县聚凤仡佬族侗族乡廖家屯村委会被命名为“第三批中国少数民族特色村寨”。

2020 年 7 月 5 日 温氏生猪示范养殖小区项目在公鹅坳村开工落地。项目占地面积 7.47 公顷，总投资 3000 万元，项目由石阡温氏畜牧有限公司全额投资建设。

2020 年 8 月 14 日 贵州省首批 10 个“最美红军村落”名单发布，石阡县国荣乡楼上村上榜。

2021 年 5 月 24 日 第五批国家级非物质文化遗产代表性项目名录发布，流传于黄泥坳村民小组、廖家屯村、瓮水屯村等地的石阡县仡佬族民歌被列为国家级非物质文化遗产代表性项目。

2021 年 5 月 聚凤仡佬族侗族乡多地遭遇暴风袭击，黄泥坳村民小组共有 57 棵古树被大风刮断；廖家屯村 2 棵“七星古树”被刮倒。

2021 年 12 月 18 日 石阡县楼上生态博物馆、楼上数字乡村创意产业园正式启动运行。

2022 年 3 月 28 日 经财政部、住房和城乡建设部组织专家综合考虑文化内涵、民族特色和地方差异等因素进行全面评审，贵州省石阡县入选 2022 年传统村落集中连片保护利用示范县。

2022 年 7 月 周家村传统村落集中连片示范区集聚区建设工程开工典礼在周家村陈家寨举行。

2022 年 9 月 根据住房和城乡建设部等七部（委、局）公布的第一至第五批中国传统村落名录和国家民族事务委员会命名的少数民族特色村寨名录，铜仁市人民检察院、铜仁市中级人民法院、铜仁市住房和城乡建设局联合发布铜仁市传统村落司法保护名录，石阡县 22 个中国传统村落被列入。

有故事的古村落——马桑坪

马桑坪自然村是个有故事的村寨，从王实到王恒一，马桑坪村王氏世代均为石阡县望族。而王恒一与红军的故事，还有天心屯、梭米洞的传说，令人回味无穷。除故事外，马桑坪村村民还保存有明太祖朱元璋的敕命等文物。

基本村情

行政区划　白沙镇大岩村马桑坪自然村距镇人民政府所在地1.5千米，距县城39.5千米。由龙门沟、马桑坪2个村民小组组成，当地又称龙门沟马桑坪。全村面积2.7平方千米，村寨占地面积10余公顷。

村名由来　村名因当地马桑树较多而得名。据传马桑坪自然村王姓始祖王实初到大岩时，见这里土地肥沃，地势平坦，适宜人居，漫山遍野都是生机勃勃的马桑树，便命令随行士兵将马桑树作为建房材料，修建房屋，并将此地命名为“马桑坪”。

村寨沿革　清乾隆七年（1742）五月，贵州裁分守贵东道，石阡府改称归粮储道兼管，时石阡府分设七里，马桑坪村属七里之苗半里。

1917年，石阡县奉省令将全县划分为10个区，马桑坪村属第八区管辖。

1943年，石阡县实行新县制，废除区级组织及联保，设置乡（镇）保甲，马桑坪村属白沙乡管辖。

1950年2月8日，石阡县人民政府成立，将民国时期18个乡（镇）划分为3个区，区设区公所，马桑坪村属第三区。

1958年，全县推行人民公社制，实行政社合一管理体制，马桑坪村改称石阡县白沙区白沙人民公社红星生产大队管理委员会马桑坪生产队。

1984年，根据中共贵州省委、贵州省人民政府《贯彻中共中央 国务院〈关于实行政社分开，建立乡政府的通知〉的意见》，白沙区白沙人民公社红星生产大队马桑坪生产队改为白沙区白沙乡大岩行政村马桑坪自然村。

日落时的马桑坪自然村（大岩村委会　提供）

1992年3月7日，根据省人民政府文件批复，石阡县实施建镇并乡撤区工作，成立白沙镇，为白沙镇大岩行政村马桑坪自然村。

2004年6月，全县撤并行政村工作结束，白沙镇将白沙、大岩、小岩、花泥田共4个行政村合并为白沙行政村，马桑坪自然村属白沙行政村管辖。

2010年12月，石阡县完成建制村调整，将原来全县87个行政村、5个社区调整为302个行政村、8个社区。重新设立大岩村，辖马桑坪自然村。

自然环境

地理位置　马桑坪自然村位于白沙镇东北面，东临龙凤岩，西抵天星屯，南靠大树子，北至大山顶将军坳。

地　形　大岩村马桑坪自然村海拔800～900米，地处乌江水系地带，属石阡龙川河上游。

气　候　马桑坪自然村处于黔东北地区，亚热带湿润季风气候。在气候区上，属黔北副热带温暖湿润气候区，由于海拔较高，纬度较低和受东南风影响，气候温和，雨量充沛，气候温暖湿润，水热条件好，空气清新，气温变化小，年平均气温 15℃，冬无严寒、夏少酷暑、春秋温凉。

族群族源

人口民族　截至 2021 年末，马桑坪自然村有 135 户（含四组、五组），500 余人，村民以汉族居多。

主要居民溯源　全村居民姓氏以王姓为主。据大岩王氏族谱记载和祖传“帖黄”记载，大岩村王氏奉为始祖的昭信校尉王实，生于元至元二年（1336），19 岁参加朱元璋反元队伍，明洪武二十二年（1389），王实奉命率部从安徽入黔，首先驻防镇远卫中所管垛集军，而后调偏桥（今施秉县城郊）卫左所。王实在偏桥退役后与其子王会明来到石阡县白沙大岩村马桑坪，看到大岩土地肥沃，地势平坦，适宜人居，从此就在这里定居，繁衍生息。

基础设施建设

道　路　截至 2021 年末，马桑坪自然村通村道路及村内道路均完成硬化。

电　力　截至 2021 年末，实施农村电网改造工程，村内道路安装太阳能路灯。

自来水　截至 2021 年末，村内各户接入自来水。

通　信　截至 2021 年末，手机通信 4G 网络覆盖全村。

村域经济

经济作物　马桑坪自然村主导产业为茶叶等经济作物种植。20 世纪 60 年代，全村开始种植苔茶，建有苔茶母本园。截至 2021 年末，全村共有茶园 11.33 公顷，种植油茶 20 余公顷；种植黄金蜜李 16.87 公顷。

畜牧业　马桑坪村畜牧业以饲养牛、羊、猪为主。2017 年以后，全村依托石阡龙凤岩商贸有限公司风味腊肉加工厂，大力发展生态猪养殖，带动村民增收。

村民生活

村民收入　马桑坪自然村村民收入来源很多，一般有以下几种：

出售农产品收入　除种粮食外，村民还种植茶叶、黄金蜜李等经济作物，捡拾油茶果，除自给外，剩余部分出售以补贴家用。

家畜家禽养殖　村民适量养殖马、牛、猪、羊、鸡、鸭、犬、鹅等。除部分用于改善生活外，其他出卖以增加收入，养殖是家庭主要经济收入来源。

外出务工　外出务工是村民增加家庭收入的另一个主要来源。20 世纪 90 年代以前，一些木匠、铁匠在农闲时走村串户，挣钱补贴家用。20 世纪 90 年代以后，家庭中的青壮年劳动力均到省内外大中城市的工厂、工地、矿山、公司等处务工，获得劳务收入。

集体经济务工收入及分红　未外出务工的劳动力到农民专业合作社参加劳动，获得劳动报酬或贫困户获得集体经济分红等。

其他非农收入　部分有条件的村民从事工业、商业等第二、第三产业增加家庭收入。

工资及退休金　公职人员工资性收入、退休人员退休金及农村社会养老保险待遇兑现等。

村民支出　马桑坪自然村村民经济支出主要有：

教育支出　主要是家庭儿女及孙辈学业教育支出，包括学前教育、九年制义务教育、高中（中职）、大专以上教育等；其他还包括家庭成员成人后机动车驾驶证等职业资质培训费用。

房屋及维修　买房或建房、维修房屋的必要支出。

交通出行　交通出行历来都是马桑坪自然村村民的一大支出项，从以前的马、马车，到之后的自行车，再到 2021 年末的电动车、摩托车、汽车及喂马的草料、车辆保养、油料支出，交通出行支出都不是一个小数目。

通　信　20 世纪 90 年代以前，马桑坪自然村村民的通信支出基本上只是平时邮寄的邮费。进入 21 世纪以后，智能手机等通信设备变成每个成年的家庭成员的必备装备，通信设备购置费用及每月通信费用也逐渐增加，成为马桑坪自然村村民家庭消费的一个主要固定支出项。

子女婚嫁支出　女儿出嫁支出　主要有陪奁（部分家具、部分家用电器、部分衣物、床上用品等）、定庚（定亲）酒席及结婚酒席费用，包括烟、酒、茶、娱乐用具、宴席菜肴费用、帮忙人工红包等。

儿子娶妻支出　儿子娶妻支出（不包括建房、买房开支及婚房装修、购买家具等费用）前期主要支出有六礼，包括问话、定庚、下书、递报书（报日子）、迎亲等礼品费用，定庚酒席费用，包括礼品（肉、酒、烟、茶等）与其他象征性的礼仪礼金红包等；正式举行婚礼时支出主要有彩礼、“三金”（金手镯、金项链、金戒指）、改口费；婚纱摄影、婚礼支出（包括婚礼现场布置费用、新郎新娘礼服及双方父母礼服、新郎新娘化妆费用、迎亲车队车辆费用及人员红包、乐队费用、婚礼主持费用、婚礼全程摄像及录像制作费用）等。定庚酒席及结婚酒席支出包括烟、酒、茶、娱乐用具、宴席菜肴费用，帮忙人工红包等。视双方家庭经济条件，少则十几万元，多则数十万元。

其他支出　其余还有医疗支出、人情来往支出。

医　疗　20 世纪 60—70 年代，马桑坪生产队有 1 名赤脚医生王国安，负责社员群众基本医疗卫生保健，他热心为社员服务，随时叫随时到。

1975 年，红星生产大队按上级统一部署，建立农村合作医疗制度，设立红星生产大队卫生室，负责马桑坪生产队社员的基本卫生保健及医疗工作。1981 年，实施家庭联产承包责任制后，红星生产大队卫生室名存实亡。1994 年，按全县统一部署，重建大岩村卫生室，负责马桑坪自然村村民的基础卫生医疗工作。2000 年，按全县统一部署，马桑坪自然村开始实施新型农村合作医疗制度。

社会保障　2012 年，按全县统一部署，马桑坪自然村开始实施实行个人缴费、集体补助和政府补贴相结合的新型农村社会养老保险制度。

风土人情

饮食习惯　马桑坪自然村村民主食为大米，兼食玉米、红薯、面粉等杂粮，喜食洋芋（马铃薯），菜肴嗜辣，喜食并擅长腌制腊肉及各种腌菜。

秘制腌肉　马桑坪自然村秘制腌肉是用红苕叶、白菜叶、萝卜叶、苞谷、洋芋、红苕杂粮精心喂养的土猪猪肉腌制，完全按照传统民间炕腊肉方法，经过传统腊肉腌制、熏烤、脱水等制作流程。熏炕好的腊肉煮熟切成片，透明发亮，色泽鲜艳，黄里透红，吃起来味道醇香，肥不腻口，瘦不塞牙，嚼在口里满嘴生津，“一家煮肉百家香”，深受消费者青睐。

马桑坪自然村村民肩扛铧口下地干活（大岩村委会　提供）

“神仙”豆腐　顾名思义，“神仙”豆腐用忍冬科六道木属神仙叶制作，神仙叶有特殊香味，把神仙叶用开水消毒后捣碎，置于纱布内挤压出汁，加入干净灶膛灰制成的碱水，搅拌均匀放置 1 小时凝固后，切成丝条放碗内配蒜海椒，暑热天吃一碗可以消暑解渴。

风味小吃　马桑坪自然村村民喜欢推绿豆粉，小吃有甜粑、糍粑、米豆腐等，制作工艺跟全县其他地方并无不同。

衣　着　马桑坪自然村村民衣着与其他地方汉族穿着并无不同，均从市场上购买成衣。

传统农具　在马桑坪自然村，春碓、铧口、连杆、石磨、风畚等各种传统生产工具保存较好，村民仍不时使用。

传统村落保护

村寨布局 全村布局特点为依山而建，随坡就势，网状路，屋宇包山，梯田辽阔。村落肌理清晰，格局完整，与地形、地貌、山水等自然风光和谐统一，具有较高的历史价值和审美价值。马桑坪自然村落所处地形为山地，地势陡峭。村寨坐西北向东南，呈梯形排列，带状分布，面向开阔，村前随坡就势辟有梯田。整个村寨民居集中，房屋布局密集，纵横交错，疏密有致，掩映在大片古松柏之间。村落以自然山势布局，空间结构灵活多样，其结构、风格及其蕴涵的民俗文化韵味独特，自然景观和人文景观得以较好融合。青翠的山，高大的树，辛勤的人，古朴的穿斗式青瓦房，村旁有静静流淌的小溪，勾勒出一幅淡雅而祥和的传统村寨素描图。

传统民居建筑特色 马桑坪自然村虽是一个汉族居多的村寨，但延续侗族建筑特征。马桑坪自然村传统建筑多以五柱八瓜（5 根柱子与 8 根横梁的穿斗式结构）房为正房，正房前两侧或一侧建翘角的吊脚楼，亦称“厢房”或“楼子”，形制为正房与厢房配对，墙体主要为木板墙，屋顶为悬山式双坡顶（由于马桑坪村地处多山地区，民居屋顶坡度较大）、覆小青瓦，正脊两侧设鳌尖，窗户为木窗，部分建筑设有宽廊。中间为院坝，形成三合院式的建筑特点。马桑坪村的三合院结构并无院墙，只是通过台地、正房、厢房构成。

马桑坪自然村落中保存较好的各类木结构住房，除少量为明末清初建造外，大多数为民国时期修建，均保留当地侗族传统建筑风格。截至 2021 年末，存留的 200 余栋民居（内有古代传统民居 50 栋，吊脚楼 20 栋）建筑全部为穿斗式木结构青瓦房，形制为正房与厢房配对，具有独特的工艺水平和建造技艺，保存状况较好。

马桑坪自然村局部（县住房和城乡建设局　提供）

被列入第一批中国传统村落名录　2012 年 12 月 17 日，住房和城乡建设部、文化部、国家文物局、财政部、国土资源部、农业部、国家旅游局联合发布第一批列入中国传统村落名录的村落名单，石阡县白沙镇大岩村马桑坪村被列入。

保护发展规划编制　2016 年，编制完成《铜仁市石阡县白沙镇马桑坪村传统村落保护发展规划（2014—2030）》。确定规划范围即马桑坪传统村落建设控制地带范围，总面积 10.76 公顷（包括核心保护区），包含已有建成区域、山体林地及部分能体现当地农耕文化的田园环境。保护范围分为核心保护范围和建设控制地带。其中，核心保护范围面积 2.61 公顷，包括传统民居建筑群及周边历史环境要素所在的完整区。

保护项目实施　2015 年，白沙镇马桑坪自然村被列为 2015 年度传统村落保护项目实施单位，利用国家下拨资金完成传统村落消防设施、污水处理设施安装。

2020—2021 年，投入 100 余万元对村落进行修缮，硬化村中道路，增添木围栏，美化环境，完善消防和污水处理等设备设施，增设垃圾处理设施。

截至 2021 年末，马桑坪自然村古树、传统民居均已造册挂牌保护，并出台相应保护措施。

马桑坪自然村传统民居（勾昆　摄）

古迹胜境

王氏祠堂遗址　王氏祠堂始建于明朝，“文化大革命”期间被毁，仅存遗址。

天星屯遗址　天星屯原名黄瓜屯，位于白沙镇北郊大岩村西面丛山之中，距离马桑坪自然村约 1 千米。山顶开阔呈圆形，面积约 5000 平方米。明朝初年，王实修建黄瓜屯，在此屯兵。清朝末年，为躲避匪患，白沙镇大岩村村民王仕俊（王恒一之父）组织村民重新修建天星屯。王仕俊组织村民将整个山顶用条石堆砌成环形的“屯”。石墙高约 10 米，环墙四周建有炮台、垛口，南面、北面各建卡门 1 个，门框柱子用整块条石建造，为当时石阡县境内面积最大、最坚固的防御性建筑。19 世纪末至 20 世纪初，天星屯为保护当地百姓的生命、财产安全曾发挥过较大作用。天星屯内有简易住房和较为完备的生活设施，曾经历多次地方武装和流窜匪寇的袭扰，从未被攻破，使当地百姓在匪患不断的年代免遭屠戮。

古　树　马桑坪村古树较多，多分布于村落西部及民居之间。古树枝叶繁茂、优美挺拔，与建筑交相辉映。马桑坪村古树以刺楸最为出名，其叶形美观，叶色浓绿，树干通直挺拔，在树木中独树一帜。刺楸木质坚硬细腻、花纹明显，是制作高级家具、乐器及进行工艺雕刻的良好材料。

古　井　截至2021年末，马桑坪村西部、南部共存有5口古井，全部用石块或石板堆砌而成。古井中水源除满足村民日常所需之外，还承担着农耕用水的部分需求。

龙凤岩　当地有一座小山峰，形状酷似直立的大白鲨鱼头，宽大嘴形的四周呈乳白色，嘴没有下唇，俗称白沙（鲨）岩。白沙岩上有一块石头酷似龙头，旁边一块石头形似凤凰，村民见两岩相连，犹如龙飞凤舞，故习惯称两块岩石为“龙凤岩”。当地有“龙凤岩下藏龙凤，白沙乡里无白沙（鲨）”说法。当地人说，有龙凤岩的护佑，白沙镇人杰地灵，人才辈出。白沙境内有仙境，龙凤岩上送清凉。到龙凤岩春可赏花、夏可避暑、秋可登高、冬可观雪，是人们采风、避暑、健身、休闲和高山体验的好去处。大岩景区面积36平方千米，有文庙、古墓群、仙风台、文笔峰、菜籽洞、猫耳洞、扑起洞、梭米洞、风洞、牛角洞、夹夹洞20余处景点。景区集山、水、洞、岩于一体，错落有致，浑然天成。优美的自然景观和丰富的人文景观自然融合，是中国现代画家、美术教育家邱石冥的故乡。据传当年有一得道高僧途经龙凤岩，留下“龙凤岩上生文笔，文笔峰下有英才”的预言。小时候的邱石冥经常在岩下放牛玩耍，常常以芦苇秆作笔，在岩壁上画画，终成一代国画大师，令人称奇。

传统文化

傩　戏　又称“端公戏”或“傩堂戏”，是“端公（巫师）”为“春傩还愿”等演出的一种祀神娱人的戏。因演出多在百姓堂屋之中，又称“傩堂戏”。石阡傩戏源于宋元时期，在马桑坪村，傩戏得到较好传承。

石阡仡佬毛龙　虽然马桑坪村是以汉族为主的村寨，但也有仡佬族同胞居住。元宵节期间，村民喜欢舞仡佬毛龙。每到正月初十左右，村里玩灯人就会舞着毛龙走街串巷闹新春。每天晚上都是人山人海，礼花、鞭炮齐鸣，锣鼓喧天，五彩“毛龙”上下飞舞、左右翻滚，时而舞成“二龙戏珠”，时而舞成“两龙抢宝”，犹如腾云驾雾，气势撼人，场面十分壮观。马桑坪村制作的“仡佬毛龙”造型独特，毛龙形如蛇，尾似鱼，整条毛龙用四五百根火草秆扎成，看上去满身是毛，与全县其他村寨制作的毛龙有较大差别。2016年，马桑坪自然村毛龙队曾代表大岩村委会获得石阡仡佬毛龙节优秀表演奖。

王姓家族祖传记事文帖　截至2021年末，王姓家族祖传记事文帖（当地称“帖黄”）保存完好，距今有600余年的历史。文帖字迹娟秀，年代久远，记录着马桑坪王姓家族的家规家训，是马桑坪自然村王姓家族的传家宝。

《王氏家谱》 截至2021年末，《王氏家谱》保存完好，较为完整地记载了马桑坪王氏家族600余年世系繁衍及重要人物事迹。

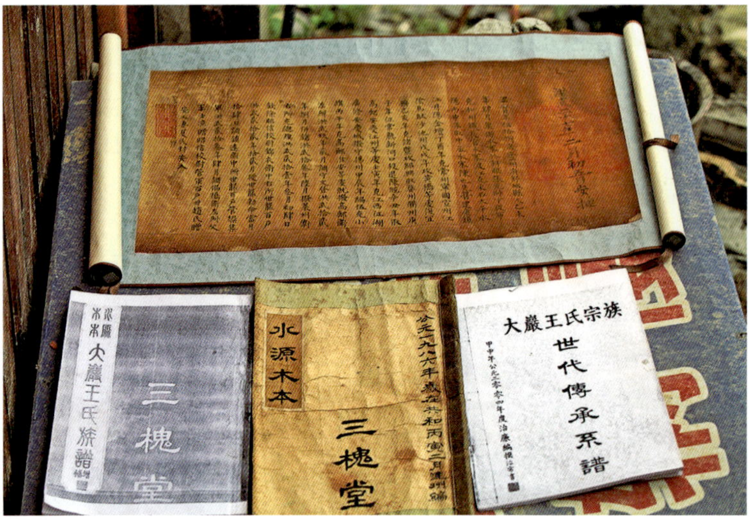

王姓家族祖传记事文帖（当地称“帖黄”）和家谱（县住房和城乡建设局 提供）

明洪武帝敕命 用黄色粗绢制成。长65厘米，宽30厘米，文字为楷书，花边为云龙图案，收藏于白沙乡大岩村村民王廷荣处。敕命于明洪武二十七年（1394）颁发，记述昭信校尉锦衣卫王实从军战功履历。敕命赠其父为昭信校，封其母为安人，封其妻为安人。

艺文杂记

红军与王恒一

1934年，石阡县县长兼民团指挥李采书奉贵州省主席王家烈命令，在各区组织反共民团。是年10月，红军先遣队红六军团第一次转战来到石阡县。李采书等积极配合湘、桂、黔三省国民党军队，不遗余力围剿红六军团，企图将红六军团一举全歼在石阡县境内。

当石阡县各区民团配合国民党军队围追红军最为猖狂之时，白沙区（当时为八区）大岩村乡绅王恒一却按兵不动。身为石阡、余庆、瓮安、黄平等8个县联防大队大队长，王恒一严禁部下阻击追打路经白沙地区的失散红军，下令不许殴打、屠杀失散红军，他还收容保护了一些失散红军战士。王恒一称霸一方，县长李采书亦拿他无可奈何。1934年10月7日，红六军团十八师五十二团经过甘溪战斗后，几经转战，来到龙塘川岩坝的黑滩河一带，又遭到湘、桂、黔三省国民党军包围。10月18—20日，在困牛山与国民党军队浴血奋战三昼夜，因寡不敌众，伤亡惨重。20日下午，师长龙云带领五十二团200余名战士，经多次奋战，突破重围，向五德方向转移。10余人在突围中掉队，准备从龙井老君山沿黑滩河经白沙苏家屋基、斗子沟、樊家坝沿白马坡梁子去甘溪与红六军团主力会合。

当时与白沙相邻的均田乡（原属思南县）乡长赵华清得知10余名失散红军已到苏家屋基，赶忙派人向在天星屯的王恒一报告。王恒一急派当时任小队长的王占魁前往均田乡接应，他令王占魁务必要将所有失散红军安全带回来。王占魁与这些失散红军取得联系后说明来意，并带着红军经灵口桥到马桑坪村，先安置在马桑坪村养伤。两天后，王恒一考虑到失散红军的安全，又将这几名红军接到距离马桑坪约 1 千米的天星屯（又名黄瓜屯）休养。10 余名失散红军在天星屯得到王恒一的精心护理，未受伤人员和轻伤人员很快恢复体力，他们心系大部队，王恒一给他们准备干粮。这些红军沿着白马坡梁子去聚凤与甘溪来聚凤的红军会合后，又踏上长征征途。另外 3 名重伤的红军战士，一个叫龙三元，一个叫刘少廷，还有一个身材魁伟、满脸胡须、面黄肌瘦的红军，王恒一问他："是哪里人？叫什么名字？干什么的？"那位面黄肌瘦的红军满不在乎地看着王恒一和周围的人，回答说："我只知道自己姓刘，从小在外，家在何处，家中是否有人，一概不知。"王恒一再问，回答亦是如此。王恒一将他留下来，屯上的人见刘身材高大，大家都叫他"大老刘"或"刘大哥"（"大老刘"真实姓名刘进生，红六军团十八师五十二团战士）。他们 3 人在屯上养伤，时逢冬天，见他们穿得单薄，王恒一便给他们做青棉布棉衣，还不时与他们同桌共食，听他们讲红军故事、共产党政策，同时劝他们安心养伤。

"大老刘"一向寡言，不喜欢和别人来往，每天有空就为屯里做一些力所能及的事。到第二年（1935）农历腊月，红二、红六军团长征经过白沙乡，"大老刘"重新踏上长征征途，中华人民共和国成立后，"大老刘"被安排在江西省人民政府工作。1958 年，江西省人民政府曾派人到白沙乡外调"大老刘"1934—1935 年在此养伤时的情况。

由于当时伤势太重，龙三元、刘少廷仍留在屯上养伤。后来在参加王恒一的民团围剿地方土匪时，二人不幸在宝山洞被土匪杀害，被当地群众埋在关山岭。作为白沙镇中小学生爱国主义教育基地，二人的墓于 2017 年迁移至石阡甘溪红军烈士陵园。

天星屯名字的来源

据老一辈讲述：清朝末期某年农历六月，白沙镇大岩村及周边村民遭受到来自凤岗的一股悍匪的侵袭，全村百姓及周边部分村民皆到黄瓜屯避难。匪徒们一路追杀掠夺，来到黄瓜屯山脚，通过查看地形，知道屯内避难人数众多，存储饮水有限，便分派兵力东、南、北三面（西面是悬崖）围困，欲控制水源，将百姓困死在"屯"内。围困长达半月之久，果然不出匪首所料，屯内用水告急，匪徒们大喜过望。但就在屯里的百姓因缺水而开始恐慌，匪首们十分得意的时候，奇迹出现了，在天气酷热的六月竟然下起一场罕见的大雪，更奇特的是，下雪范围仅以黄瓜屯为中心，纵横约 2 千米范围之内。屯内百姓喜出望外，赶快将积雪收储于盛水器皿之中，以解决饮水之急，渡过难关。匪首们哀声长叹："天星在此，徒劳无功矣！"随即撤围，败兴而去。避难于屯内的百姓则朝天不停膜拜："苍天佑我！苍天佑我！"从此，村民便把原来的"黄瓜屯"改名"天星屯"，并做成横匾，悬挂于天星屯大卡门上方，天星屯因此而得名。

龙凤岩梭米洞的传说

龙凤岩位于马桑坪村南面，其上有一个洞，据说原来此洞可以借出米、面及碗筷等，等庄稼收割后再去洞中归还，帮助穷人渡过饥荒难关。但由于有的人不讲信用，以谷壳冒充大米去还从洞中所借的米、面，山神大怒，一把火将那些谷壳烧掉。山神烧谷壳的时候还流下难过的眼泪，为自己再也不能帮助讲诚信的穷人而叹息。岩石为红色，据说就是山神烧谷壳后留下的，后人将此洞就称为“梭米洞”。

双树朝塘的传说

很久很久以前，双树朝塘与羊角山的碌荫塘是姊妹塘。这两口塘的水源互通，碌荫塘的水位降低了，则双树朝塘的水位就会涨高；双树朝塘的水位降低了，碌荫塘的水位就会涨高。相传明清时期双树朝塘中一对草鱼成了鱼精，每年农历六月初六晚上，就会有两个美如天仙的女子从双树朝塘途经天星屯往碌荫塘去聚会，不到天明又将返回双树朝塘。

19 世纪末 20 世纪初，贵州匪患猖獗，到处烧杀抢掠，无恶不作，大岩村的老百姓只能到天星屯上躲避匪患。某年农历五月正值天旱，土匪闻知大岩村百姓将所有能搬的东西都搬到了屯上，知道屯上水源不足，便将天星屯围了个水泄不通，想将百姓渴死在屯上。快一个月了，屯里的饮水渐渐变少，眼看就不得不出屯挑水了。恰好这一天双树朝塘的鱼精要到碌荫塘去聚会，走到天星屯旁一看，周围很多人将屯围着，便隐身上了屯墙。一看屯里面有很多人，水不够喝，快渴死人了。屯中有人看到两个美女上了屯墙，一会儿又不见了，认为是屯中的人翻墙找水喝。不到半夜，天突然阴沉下来，一会儿便下起了鹅毛大雪，不到天明，天星屯上便是白茫茫的一片雪，土匪们冻得浑身打战，只好悻悻而归。有人看到黎明之时，两个疲惫不堪的大姑娘往双树朝塘方向而去，双树朝塘的水几乎干枯。天亮后，人们见土匪退去，都想回去看看家。一姓刘的年轻人回家途中，看见美女想要跳下水塘，但无力跳下，以为是寻短见的年轻人。把这美女救下，后来成了亲，繁衍后代。每年的六月初六这天，美女还买鱼到塘里放生。临终时，她讲述自己的经历，传于后人。

双树朝塘的南边有一座小山其形状就像一个蒸饭的甑子，人们把这口塘喻为一口天锅，孕育着马桑坪古寨的人们。双树朝塘原有十来亩大，周围树大林密。20 世纪 50 年代，“大炼钢铁”时周围的树木被砍伐一空，塘高的部分被开挖成稻田。由于周围的山坡被开挖成稻田后，水土流失，原来 10 余米深的塘，最后只有 1 米多深了。

（陈廷孝　史勋志　收集整理）

人　物

王　实（1336—？）　19 岁参加朱元璋反元队伍，明洪武二十二年（1389），王实奉命率部从安徽入黔，首先驻防镇远卫中所管垛集军，而后调偏桥（今施秉县城郊）卫左所。明洪武二十七年（1394），为表彰昭信校尉王实从军战功，朱元璋敕命赠其父为昭信校，封其母及妻为安人。王实在偏桥退役后与其子王会明来到石阡县白沙大岩村马桑坪，看到大岩马桑坪土地肥沃，地势平坦，适宜人居，从此就在马桑坪定居，为马桑坪自然村王氏始祖。

王恒一（？—1935） 曾任贵州石阡、余庆、瓮安、黄平等8个县联防大队大队长，第八区（白沙区）区长。1934年10月，红军第六军团路过其辖区时，王恒一积极救助、收留多名红军伤病员，对任天星屯自卫队队长的养子王国权积极执行进剿红军命令的行为大光其火，当众扇王国权耳光。1935年，怀恨在心的王国权充当内应，引来王恒一的仇家，将王恒一杀害于天星屯内。

王治廉（1929—2015） 石阡县白沙镇大岩村马桑坪自然村人，新疆八一农学院研究生毕业，曾担任石阡县政协副主席。他48年如一日，节衣缩食捐资16万元，帮助120余名学生延续学业。2016年，被评为第一届铜仁市（地区）“助人为乐”道德模范。

王国安（1938—2017） 马桑坪生产队赤脚医生。20世纪60—70年代，在农村医疗条件极差的情况下，王国安努力钻研医术，到山上采集中草药材，热心为全村男女老少服务。

王治海 1936年生，石阡县白沙镇大岩村马桑坪自然村人，小学教师。1988年，获小学高级教师职称。2016年，获教育部、人力资源和社会保障部联合颁发的“乡村学校从教三十年”荣誉证书。

王治常 1936年生，石阡县白沙镇大岩村马桑坪自然村人。原名王品，笔名“石人”“云盘山陋室”，中级专业技术职称。贵州省书法家协会会员、贵州省文光书画研究会理事。

人物名录 1979年中越边境自卫反击战参战人员 翁兴江、王世用

荣获“光荣在党50年”纪念章人员 王治宇、王治礼

石阡县传统村落志

SHIQIANXIAN CHUANTONGCUNLUOZHI

满山是宝的箱子坪

箱子坪村民小组物产丰富，满山都是宝。村里珍藏着一口不能随便敲响的奇特大钟，据说这钟一旦敲响，连远在数里之外的地方都能听到。

基本村情

行政区划 白沙镇化塘村箱子坪村民小组全村总面积 1 平方千米，村寨占地面积 13.33 公顷。

村名由来 箱子坪村民小组因箱子崖上的两块天然而成的酷似木箱的长方形岩石而得名。传说这两块酷似箱子的大石头，饥荒年村民可以从中

白沙镇化塘村箱子坪村民小组（黄树定 摄）

借出粮食。另一说法为，相传明永乐年间，在一个月明星稀的夜晚，一位村民路过箱子崖对面时，突然发现在村寨边山崖上多了两口闪闪发光的箱子，其中一口箱子金灿灿、一口箱子白如玉。他迅速跑回寨中，向族长报告，族长立即带众人前去察看，结果真发现岩上突然多了一口金箱子、一口银箱子，于是族长带领众人叩拜，便将居住的寨子取名为“箱子坪”。

箱子坪村旁山上岩石酷似箱子的石头，箱子坪村名由此而来（勾昆　摄）

村寨沿革　1917 年，石阡县将全县调整为 10 个区，箱子坪村属第八区管辖。

1943 年，石阡县实行新县制，废除区级组织及联保，设置乡（镇）保甲，箱子坪村属白沙乡管辖。

1950 年 2 月 8 日，石阡县人民政府成立，将民国时期 18 个乡（镇）划分为 3 个区，区设区公所，箱子坪自然村属白沙区白沙乡管辖。

1953 年，箱子坪村曾改制为箱山乡公所，后拆并取消。

1958 年，全县推行人民公社制，实行政社合一管理体制，箱子坪村民小组改称石阡县

白沙区白沙人民公社化塘生产大队管理委员会箱子坪生产队。

1984 年，根据中共贵州省委、贵州省人民政府《贯彻中共中央 国务院〈关于实行政社分开，建立乡政府的通知〉的意见》，白沙区白沙人民公社化塘生产大队箱子坪生产队改为白沙区白沙乡化塘行政村箱子坪村民小组。

1992 年 3 月 7 日，根据省人民政府文件批复，石阡县实施建镇并乡撤区工作，撤销白沙区，成立白沙镇，白沙镇下辖化塘等 23 个行政村，其中化塘村辖箱子坪等 8 个村民小组。

2004 年 6 月，全县合并行政村工作结束，白沙镇将化塘村、柿坪村、大堰村 4 个行政村合并为谷米行政村，箱子坪村民小组属谷米行政村管辖。

2010 年 12 月，石阡县完成建制村调整，将原来全县 87 个行政村、5 个社区调整为 302 个行政村、8 个社区。重新设立化塘村，下辖箱子坪等 8 个村民小组。

自然环境

地理位置 箱子坪村民小组位于白沙镇西南部，距镇人民政府所在地 5 千米。全村东至月亮岩峡谷，南临黑山沟河流，西抵省级农业示范园区羊角山万亩茶园及莲藕养鱼基地，北接谷米寨村石榴园。

地形地貌 箱子坪村民小组属典型的喀斯特地貌，所处地形为残留高原，边缘地势陡峭，原面地势较开阔。境内以低山、中山为主，海拔 900 ~ 1000 米。

河　流 箱子坪村民小组地处乌江水系地带，是石阡县龙川河水发源地之一。

气　候 箱子坪村民小组处于黔东北地区，亚热带湿润季风气候。属于黔北副热带温和湿润气候区，由于海拔较高，纬度较低和受东南风影响，气候温和，雨量充沛，水热条件好，空气清新，气温变化小，年均气温 15℃，冬无严寒、夏少酷暑、春秋凉爽。

自然资源 箱子坪村民小组生态环境好，水资源丰富；物产丰富，有大量野生洋桃、野生油茶、野生板栗，还有野生天麻。

族群族源

人　口 截至 2021 年末，白沙镇化塘村箱子坪村民小组共有 85 户、264 人。

民　族 箱子坪村民小组为石阡县白沙镇化塘村委会下辖的一个仡佬族村寨，村民均为仡佬族。

主要居民溯源 箱子坪村民小组主要村民姓氏为杨氏，村寨始建于明末清初。从建村起，杨姓家族一直在箱子坪村民小组聚族而居，繁衍生息。

基础设施建设

道　路　截至2021年末，贯穿箱子坪村民小组东北、西南方向的道路是全村唯一的对外交通通道，通往白沙镇，并与邻村相连。道路宽4 ~ 6米，道路已硬化。

水电通信　截至2021年末，箱子坪村民小组已实施农村电网改造工程，村中道路已安装太阳能路灯。全村接入自来水。手机通信4G信号覆盖全村。

村寨景观建设　2014年以后，上级投入100余万元对箱子坪村民小组进行全面修缮，硬化村中道路，新建寨门、篮球场、观光栈道、公共厕所，并在村中建设面积0.67公顷的鱼塘。

村域经济

主要产业　箱子坪村民小组经济产业主要是种植业和养殖业，主要种植茶叶、中草药、烤烟等经济作物，及辣椒、脱毒马铃薯为代表的时鲜蔬菜。截至2021年末，全村发展高粱种植13.33公顷。

经济林种植　截至2021年末，箱子坪村民小组经济林种植主要有核桃、李子、茶叶、油茶。

村民生活

村民收入　箱子坪村村民的经济收入主要有：出售农产品、家畜家禽养殖、外出务工、财政补贴、集体经济务工收入及分红、其他非农收入、工资及退休金等。

主要支出　箱子坪村村民的经济支出主要有：日常生活、教育、房屋及维修、交通出行、通信、子女婚嫁以及其他支出。各项支出内容与马桑坪自然村相同。

医疗保健　1975年，化塘生产大队按上级统一部署，建立农村合作医疗制度，设立化塘生产大队卫生室，负责箱子坪生产队卫生保健工作。1981年，实施家庭联产承包责任制后，化塘生产大队卫生室名存实亡。1994年，按全县统一部署，重建化塘村卫生室，负责箱子坪村民小组卫生保健工作。2000年，按全县统一部署，箱子坪村民小组开始实施新型农村合作医疗制度。

社会保障　2012年，按全县统一部署，箱子坪村民小组开始实行个人缴费、集体补助和政府补贴相结合的新型农村社会养老保险制度。

风土人情

饮食习惯　箱子坪村民小组村民饮食以大米为主，兼食玉米、红薯等杂粮，菜肴嗜辣、酸、咸。

清明会　每年清明节，箱子坪村民小组杨氏族人都要聚在一起，杀猪宰羊，隆重地祭奠先祖，之后大家聚餐。

风味小吃　箱子坪村民小组风味小吃与白沙镇其他村寨基本相同。

清明粑粑　用清明菜（一种野菜，清明节前后成熟）掺在糯米面里做的粑粑，其味清香可口。

洋芋粑粑　把洋芋（马铃薯）切成小颗粒状，掺在泡过的糯米里一起磨成糊状，用油煎制（或蒸熟）而成。

着　装　中华人民共和国成立前，箱子坪村民小组仡佬族穿着均为自制的仡佬族传统服装，成年女性喜筒裙，上衣短仅及腰，袖背上有鳞状花纹，中段为羊毛织成，染成红色。穿戴时，许多妇女还喜欢在外罩上青色无袖长袍，长袍前短后长，穿时从头上套下来，同时系上绣花围腰，形成一套搭配协调、漂亮美观的民族服装。男性着"破肚衣"，即仡佬族青壮年男子夏秋常穿的对襟短衫，无领，有的钉布扣 7 ~ 9 粒，也有的不钉扣子，因肚子常露在外面，故称"破肚衣"。中华人民共和国成立后，尤其是 20 世纪 80 年代以后，随着各民族交流的不断深化及经济的发展，箱子坪村仡佬族同胞无论男女，所穿服饰均为市场上购买，与外界无异，民族传统服饰已无人穿着。

传统村落保护

村寨布局　箱子坪村民小组所处地形为山地，地势陡峭，依山而建，随坡就势，辟有梯田，负阴抱阳，村前民居集中。村寨房屋布局密集，整体坐西向东，呈南北带状分布，东至映山红山，西临永安屯，南抵箱子崖，北接轿子顶。村内保存有清代石拱门、连五间老宅，村中道路、巷子呈"井"字形分布，连接各家各户。村落肌理清晰，格局完整，与地形、地貌、山水等自然风光和谐统一，峡谷、山川、梯田、古道、小巷、古树、石阶、传统民居建筑完美地融合在一起。村寨通过公路与邻村相连，村庄开敞、明亮，四周青山绿树，环境宜人。高低错落的小青瓦屋面，与青山、绿水、农田构成一幅安静祥和的山水田园图。

传统民居风格　虽然箱子坪村民小组属于仡佬族村落，但风格却具有明显的侗族建筑特点。箱子坪村传统建筑多以五柱六瓜房为正房，五柱二瓜或三柱二瓜厢房，正房前两侧或一侧建有翘角的吊脚楼，亦称"厢房"或"楼子"，中间为院坝，形成三合院式建筑特点——但箱子坪村的三合院结构并无院墙，只由台地、正房、厢房构成。房屋依山而建，呈梯形排列，翘角楼弯挑梁，如同一把长大的弯刀，翘角结构使房屋外形显得美观大气、威武壮观，又保护厢楼不受雨水浸湿。反映侗族房屋建筑追求实用性的同时讲究造型美观、工艺精益求精，并吻合村民侗族房屋建造必须能驱瘟避邪的心理需求。随着对居住空间的需要，箱子坪村民

箱子坪村民小组传统民居（勾昆　摄）

箱子坪村民小组村中清代古石梯（县住房和城乡建设局　提供）

小组传统侗族建筑从简单的一开间发展为两开间、三开间，乃至于长屋。

箱子坪村民小组始建于明末清初，截至2021年末，箱子坪村民小组仍保存有60余栋以五柱六瓜正房配五柱二瓜或三柱二瓜厢房的传统侗族风格穿斗式木结构青瓦房，形制为正房与厢房配对，具有独特的工艺水平和建造技艺。

侗族传统民居建筑特点　侗族传统民居建筑的最大特点是建材以杉木和松木为主，建筑不论规模大小，均不用“一钉一铆”，全靠榫卯衔接。侗族传统民居房屋依山傍水而建，结构合理，紧密坚固，建造工艺精湛——箱子坪村民小组侗族传统风格建筑完美地体现了这一点。由于箱子坪村民小组用地有限，为创造更多的使用空间，在建筑过程中，建筑师因地势而布局设计，手法独具匠心，造就了箱子坪村民小组传统侗族建筑平面空间的多样性。但就其类型而言，侗族传统民居属于干栏式建筑，用柱子把房屋下部托起，使其下部架空。“人处其上，畜居房下”。

被列入第一批中国传统村落名录　2012年12月17日，住房和城乡建设部、文化部、国家文物局、财政部、国土资源部、农业部、国家旅游局联合发布第一批列入中国传统村落名录的村落名单，石阡县白沙镇化塘村箱子坪村民小组被列入。

传统村寨保护规划制定　2016年，白沙镇制定《铜仁市石阡县白沙镇箱子坪村传统村落保护发展规划（2014—2030）》，建设控制地带面积6.69公顷（包括核心保护区2.35公顷），

箱子坪村民小组村民先辈当年躲避土匪的永安屯（县住房和城乡建设局　提供）

包含已有建成区域及山体林地，还有部分能体现当地农耕文化的田园环境。按照“保护为主，兼顾发展，尊重传统，活态传承，符合实际，农民主体”的基本原则，坚持保护箱子坪作为中国传统村落的真实性、完整性、传统生产生活和文化形态的延续性，并进行合理开发利用。采取严格控制整体保护、分级分类整治的措施，实现文化遗产保护、改善居住条件、发展旅游经济的目标，使箱子坪村村容村貌得以改善，生活质量得以提高，民俗文化得以发展。

项目实施　2015 年，箱子坪村民小组被列入石阡县 2015 年度中央农村节能减排资金支持传统村落保护工程项目实施村寨。

截至 2021 年末，箱子坪村民小组利用国家下拨资金完成村寨消防和污水处理等设备设施建设，对古树、传统民居一一登记造册并实施挂牌管理。

古迹胜景

杨氏祠堂遗迹　杨氏祠堂坐落于村寨南侧，始建于清朝后期，在清朝末期毁于火灾，民国初期进行重修。整幢房子为五柱八瓜式木质结构，墙板主要为木墙板，屋顶为悬山式青瓦双坡顶，正脊两侧设鳌尖，正中设脊花。屋内有巨大石凳，是杨氏村民祭祀先祖的场所。祠堂前面是一块空地，用加工好的石板铺成的石地面。宗祠、石地板与周边环境，营造出一个开阔、庄严的空间。截至2021年末，杨氏祠堂已不复存在，祠堂前空地改建为篮球场。

永安屯遗址 位于村寨西北山上，为当年村民为躲避土匪骚扰而修建的避难处所。修建于清朝后期，前身为永安寺。永安屯修建在三面是悬崖的山顶之上，四周由石头砌成，设有3个岗亭、2道石门、1道水动门。石墙高2米，有瞭望口和炮台。其中，1道石门从地下进入永安屯，石门外一条陡峭石路通往村寨附近。由于年久失修，石门和岗亭部分垮塌，屯上房屋已毁。

自然景观 箱子坪村民小组属典型的喀斯特地貌，溶洞较多，村寨周围有神仙洞、轿子顶、将军山、将军洞等自然景观。

古井、古树 在村寨南侧杨氏祠堂外坎处和村北侧各有1口古井，古树掩映，终年不涸。

古墓葬 截至2021年末，全村共有5座清代、民国时期古墓。其中，最古老的一座为清道光二十年（1840）年修建的杨氏古墓，碑上书有“皇清待赠”（等待朝廷追赠）四字。

古物件 箱子坪村民小组原有一口神奇的大钟，据说大钟原来置于明永乐年间（1403—1424）修建的永安寺内。永安寺坍塌后，箱子坪杨氏族人一直保存着这口大钟，传说这口大钟一旦敲响，数里之外的地方都能够听到洪亮的钟声。因此不能轻易敲钟，此钟后被石阡县万寿宫收藏。截至2021年末，箱子坪村民小组保存有清朝时期的瓷陶甑子与鱼骨烟杆等古物件。据说，直到20世纪中期杨氏村民家中还有保存完好的4道清朝皇帝的圣旨，直至“文化大革命”时期被毁。

传统文化

“石阡毛龙” “石阡毛龙”原是石阡县以仡佬族民间“龙神”信仰为主的一种祭拜民俗活动，主要流传于石阡县大部分乡（镇）仡佬族村寨，逐渐辐射到全县侗族、苗族、土家族各民族。“石阡毛龙”活动时段主要在每年大年三十夜至元宵节（正月十五、正月十六）。首先是准备阶段，时间为大年三十夜至正月初二、初三，由当年“堂主”带领2～3名有文化修养、有声望的人到各家各户集资，俗称“化公德”。然后，指定办事能力较强的青年采购无法就地采集的“扎龙”所需材料，主要是各种各样的竹、纸和浇烛所用的石蜡。其次是请篾匠师傅烧纸“破竹”，选定一个适当的场所，请艺人“扎龙”，同时召集全村男性老少共同参与，亦为自发传承“扎龙”技艺。最后是“玩龙”。扎好“毛龙”，先请先生选定一个好日子（一般在正月初六、初七），举行开光、请水仪式后，才能走村串寨或集中表演。“开光”时，在堂主（头人）家屋内焚香烧纸，先生要念咒语，在“龙头”“龙尾”上用香各烧三孔，谓之“通气”（即成为“龙神”），接着出门到本寨附近的祠堂、洞、有水的河沟或水井处“敬祖请水”。然后才到村寨或城内家家户户“玩龙”。“毛龙”到达各家，先由主人家烧纸放鞭炮迎接，这时“毛龙”在震耳欲聋的锣鼓声、鞭炮声中翻滚舞动。

箱子坪村民小组毛龙表演（县住房和城乡建设局　提供）

待锣鼓声一停，执龙宝的人便在主人家大门前说起“龙句子”。若遇主人家讲究燃烛，则需“开财门”进入主人家堂屋，相关仪式完毕后，方可出门。出门时，主人家也要放鞭炮欢送。毛龙队伍到哪一家，无论早饭、晚饭、宵夜时，主人家均会热情招待，其中宵夜是最热闹、最有乐趣的场景。由于“仡佬毛龙”独特的信仰中集中反映了生殖崇拜的原本性，所以“玩龙”期间，有“交宝”的习俗，这主要是满足婚后长期未生育儿子的夫妇盼子心愿而形成的“祈求生子”信仰活动。“交宝”这个场面是非常讲究的，对玩毛龙的艺人要求也很高。“交宝”不是每年都可以看到，必须是有人家许下愿诺后才能办的。

初九之前玩灯要看日子，初九出玉皇灯，一般到正月十五、十六，便是“化灯（烧龙灯）”的日子，但“化灯”之前也要看日子。烧龙灯时，要排列好毛龙队伍，敲锣打鼓（有的燃放鞭炮），行至事前选择好的地点（箱子坪村民小组固定在神仙洞“化灯”），把事前写好的疏文（用黄纸折成的小长方形盒，内装署有灯首姓名及全村出钱玩龙灯的人名、祝告上苍文表及所烧的龙灯、供品）焚烧。表示本寨诚心诚意玩毛龙，敬奉天神，祈求保佑全村男女老少全年平安大吉、万事顺利的意思。

与烧灯同时举行的仪式是“放路烛”，即在烧龙灯的路上每隔约 1.7 米插上自己浇的路烛，并将其点燃。寓意放路烛后，“一年六畜兴旺、五谷丰登、家家户户平平安安”。烧完毛龙，将衣箱、锣鼓、剩余钱物送到下届堂主家中，进门后新“堂主”招呼大家抽烟、喝茶，招待吃夜宵。最后，大家向主人告别各自回家，这一年玩龙灯就宣告结束。

传统儿童游戏 箱子坪村民小组杨氏族人经常玩的传统儿童游戏有跳猫猫、甩手帕等。

跳猫猫 即“躲猫猫”“藏猫猫”。首先选定一个范围作为大家躲藏的区域，躲藏者不能超出此区域躲藏，否则即为犯规。然后大家经过“石头剪刀布”猜拳，确定一个人先蒙上眼睛或背着大家数数，可长可短，而其他人必须在这段时间尽快找到一个地方躲藏。规定时间到后，那个人去找其他人，最先找到的人为下一轮找躲藏者的人。没有被找到，且最后回到出发点没有被寻找者发现的人，将不参与第二局的“石头剪刀布”猜拳，直接成为躲藏者。游戏可反复进行。

甩手帕 即“丢手绢”。游戏开始前，大家利用“石头剪刀布”找出首先甩手帕的那个人，其余人围成一圈坐下（或蹲下），甩手帕的人要神不知鬼不觉地将手帕甩在其中一人的背上。被甩了手帕的那个人则必须迅速地发现甩在自己背上的手帕，然后迅速起身去追逐甩手帕的人。甩手帕的人沿着大家围成的圆圈外沿奔跑，跑到被甩手帕人的位置时蹲下，如被抓住，则甩手帕的人就失败了，认罚；如果被甩手帕的人一直未发现身后的手帕，而让甩手帕的人转了一圈后抓住（或者起身没有追上甩手帕的人，让他在自己原来的位置坐下的），就认输，成为下一轮甩手帕的人，游戏继续。

人 物

杨宗跃（1932—2002） 仡佬族，原籍石阡县白沙区白沙乡箱子坪村，1953 年入伍，1956 年立功获昆明军区奖状，1958 年考入富锦农业大学（后合并为合江农垦农业技术学校）就读，曾任石阡县总工会主席等职。

硕士研究生名录 扶世芬 西南大学思想政治教育专业

石阡县传统村落志

SHIQIANXIAN CHUANTONGCUNLUOZHI

佛顶山明清古寨——楼上村

楼上古寨集古楼、古屋、古巷、古桥、古井、古墓、古书、古树于一体，被誉为“佛顶山中罕见的明清古村落”。

基本村情

行政区划 国荣乡楼上村总面积5.04平方千米，辖任家寨等10个村民小组。

村名由来 周氏先祖在寨纪（后更名“楼上”）繁衍生息至六世祖周易。周易饱读诗书，酷爱品茶、吟诗、赏月，他在寨纪右边水沟处修1座小楼，名曰“听水楼”，门上有一联：滚滚山泉惊午梦　幽幽庭树畅生机，内有一联为：诗书消永日　风雨送流年。闲暇之时，周易便在听水楼上阅读经书，研习书法，揣摩地理，客人们常常慕名来访，家人便说：“周易在楼上。”一日，居于任家寨的同辈堂兄周镜从火石丫犁田回来，路过听水楼下，因口渴，便想到周易的听水楼上喝茶，便在楼下大喊：“有人吗？”但沟边水声太大，周易未听见，周镜便不停地在沟边大声叫，最终周易听到叫声，但应声答道：“怎么无人，我在楼上。”周镜便上楼喝茶聊天。自此“我在楼上”被传为佳话，久而久之，人们被周易高尚的人品和刻苦学习的精神所感动，大家就把他的居住地取名为“楼上”，“楼上”转为地名，其原名“寨纪”渐渐被淡忘。还有一种说法，“楼上”之名是因周易在水沟边跨沟修建听水楼，楼层不高，路从楼下木桥巷经过，名之“楼巷”，因谐音以讹传讹，久而久之得名“楼上”。

村寨沿革 明弘治六年（1493），楼上村周氏始祖周伯泉及其弟周伯卉在思南府蛮夷属地寨纪（后更名楼上），花白银170两购买高攀田土一庄，包括亚秧寨、代家山、黄泥田等地。支世居塘头文昌阁右边，建村。

国荣乡楼上村雪景（县住房和城乡建设局 提供）

1914 年，原属思南县的葛容、楼上等地并入国荣乡。

1943 年，石阡县实行新县制，废除区级组织及联保，设置乡（镇）保甲，楼上村属国荣乡管辖。

1950 年 2 月 8 日，石阡县人民政府成立，将民国时期 18 个乡（镇）划分为 3 个区，区设区公所，楼上村属第三区国荣乡管辖。

1958 年，全县推行人民公社制，实行政社合一管理体制，楼上村改称石阡县白沙区国荣人民公社联合生产大队管理委员会。

1984 年，根据中共贵州省委、贵州省人民政府《贯彻中共中央 国务院〈关于实行政社分开，建立乡政府的通知〉的意见》，白沙区国荣人民公社联合生产大队改为白沙区国荣乡楼上行政村。

1992 年 3 月 7 日，根据省人民政府文件批复，石阡县实施建镇并乡撤区工作，成立国荣乡，国荣乡下辖楼上等行政村，其中楼上村辖 10 个村民小组。

2003 年 12 月，根据中共石阡县委文件精神，国荣乡撤销管理区合并行政村，将 14 个行政村合并为 4 个行政村，其中楼上村与灯山村、葛冲村、山口村合并为楼上村。

2010 年 12 月，石阡县完成建制村调整，将原来全县 87 个行政村、5 个社区调整为 302 个行政村、8 个社区。重新设立楼上村，辖 10 个村民小组。

楼上古寨（任家寨） 人们常说的楼上古寨是楼上村任家寨村民小组，楼上古寨山清水秀，气候宜人，景观独特，环境优美，空气清新，山水风光得天独厚。古寨风貌保存较为完好，民俗民风淳朴。2008 年 10 月 14 日，楼上村被住房和城乡建设部、国家文物局公布为第四批中国历史文化名村；2013 年 3 月 5 日，楼上村古建筑群被国务院公布为第七批全国重点文物保护单位。此外，楼上古寨还先后被认定（或命名）为国家 AAA 级旅游景区、中国最美观景拍摄点、贵州 100 个最具魅力民族村寨。

自然环境

地理位置 楼上村位于国荣乡西南部，距离石阡县城 15 千米，与贵州佛顶山国家级自然保护区相连。

地形地貌 楼上村属典型的喀斯特地貌，村寨三面青山环抱，前临千亩良田，并有廖贤河与对面青山相隔。村内地势北高南低，有山地，也有沟谷盆地、丘陵。

河流、冲沟 楼上村地表河流发育完整，廖贤河从村旁流过。冲沟密布坡降大，多急流、跌水积瀑布，水资源丰富。

气 候 楼上村属亚热带湿润性季风气候，年平均气温 16℃，年平均降水量为 1095 毫米，雨量充沛。全年无霜期 280 ~ 295 天，日照较多，光照充足，气候温和，四季分明，无霜期长。

族群姓氏

人口民族 截至 2021 年末，楼上村共有 313 户、1607 人，均为汉族。其中，楼上古寨（任家寨，下同）共有 103 户、528 人。

周氏定居楼上 楼上村主要姓氏为周姓。明弘治六年（1493），周氏始祖周伯泉（周氏原籍江西南昌府丰城县祠名大本堂。其先祖于四川威远县为官，后世居于威远县洛阳乡大坡里，地名晒金坡。后移居潼川乐至县天井坝仁义乡）与其弟周伯卉因避难图存，入黔择地居住，行至寨纪（楼上村古称），十分中意此地环境，遂出资买下寨纪，自此周氏定居寨纪。截至 2021 年末，周氏一族发展至 19 代 4000 余人。

失而复得的寨纪村 周伯泉定居寨纪后，先后娶妻龚氏、王氏、文氏、梁氏、雷氏，均未能如愿生子。再娶张氏，得朝隆、朝贵二子。但不幸周伯泉中年寿夭，张氏因幼子无所依靠，田产无人耕食，便将田产租佃给高姓耕种管理，带二子改嫁到铺溪村冯姓，此时朝隆只有3岁。朝隆长大后，娶妻成家，想回寨纪村恢复家业，却不料土地文契遗失，高姓居心不良，欲借机将寨纪村占为己有。朝隆孤掌难鸣，只得韬光养晦，仍客居铺溪村，后得六子：长子周喜、次子周富、三子周嵩、四子周琦、五子周珩、六子周凤，其中前四子与后二子为同父异母，周凤少亡。

周喜、周富、周嵩、周琦、周珩兄弟5人长大成人后，想上承祖父之业，下创子孙之基，于是请凭亲邻李氏、辜氏及里长罗氏商议复业，然只有周喜和周嵩愿出头，因高姓仍欲吞谋周氏寨纪村产业，遂与之构讼。不料构讼3年，周喜亡故，唯有周嵩念及祖先创业之艰难，不甘轻易失去，与高姓在思南府争讼20余年才将田业夺回，复业归家，田业尽归周嵩执掌。

基础设施建设

道　路　2005年，县交通局修建新寨至楼上公路，长4.6千米，宽4.5米，泥结碎石路面。2022年末，楼上村有通往县城柏油公路1条，楼上村道路及村内道路已硬化。

电力能源　2002—2004年，国荣乡在楼上古寨修建沼气池118口。截至2021年末，楼上村实施农村电网改造，村内道路安装太阳能路灯。

自来水　截至2021年末，全村接通自来水。

通　信　2004年1月，中国移动通信集团贵州有限公司石阡县分公司投资95万元建移动通信发射铁塔1座，村内开始使用移动电话。2010年，3G网络信号覆盖全村。截至2021年末，4G网络信号覆盖全村。

村域经济

传统耕地分片轮作　楼上村周氏一族在500余年的发展过程中，重视“耕读传家”家风传承。楼上村坐拥大片梯田，周氏族人巧妙利用龙洞湾、天福井、野猫洞等天然泉眼，以分导建渠的方式，依循地势与水源高程差异，将耕地分为稻田和旱地分片轮作，有序合理地利用不同空间和时间的水资源和土地资源，为楼上古村周氏一族的迅速繁衍发展奠定坚实基础。

村级集体经济　21世纪以后，楼上村围绕抓实壮大村级集体经济，积极探索“公司+合作社+大户+农户”发展模式，以茶产业为主导，以烤烟、畜牧业、精品水果、蔬菜产业为辅助，通过发展辣椒、优质烤烟、花生、中药材与经济林果种植等产业，有效解决村民增收问题。

旅游业及第三产业　2000年以后，楼上村依托楼上古寨历史底蕴与品牌知名度，持续发展旅游产业，开办村级集体经济餐饮美食工坊，制作传统手工艺品300余件，创建石阡楼上夜郎文创馆、刺绣馆，开发以楼上古寨为载体的簸箕画、石头画、原木画等传统文化创意产品，并培育仡佬印染、古法制陶、刺绣等手工作坊，共同研制楼上传统文化创意产品 120 余种，注册“楼上古寨”商标。

楼上数字乡村创意产业园　楼上村将楼上古寨核心区规划成生态博物馆，成立石阡县楼上数字乡村创意产业园，利用互联网技术，通过“楼上千年古寨”“楼上 @ 味道”和“乡间敏敏”等新媒体公众号持续开展内容营销，进一步打造楼上乡村旅游知名度。

2021 年 12 月 18 日，石阡县楼上生态博物馆、楼上数字乡村创意产业园正式启动运行。通过本土主播带货直播，销售自制的糟辣椒、石阡苔茶等农特产品，以及布绣、丝绣、木石雕刻等民间传统手工技艺制品。

村民生活

村民收入　楼上村村民的经济收入主要有：出售农产品、家畜家禽养殖、外出务工、财政补贴、集体经济务工收入及分红、其他非农收入、工资及退休金等。

主要支出　楼上村村民的经济支出主要有：日常生活、教育、房屋及维修、交通出行、通信、子女婚嫁以及其他支出。各项支出内容与马桑坪自然村相同。

医　疗　1975 年，联合生产大队按上级统一部署，建立农村合作医疗制度，设立联合生产大队卫生室。1981 年，实行家庭联产承包责任制后，联合生产大队卫生室名存实亡。1994 年，按全县统一部署，重建楼上村卫生室。2000 年，按全县统一部署，楼上村开始实施新型农村合作医疗制度。

社会保障　2012 年，按全县统一部署，楼上村开始实施个人缴费、集体补助和政府补贴相结合的新型农村社会养老保险制度。

风土人情

“耕读传家”理念　500 余年前，楼上村周氏宗族自四世周国祯立训“不愿儿孙去做官，唯愿子孙个个贤”，抑制子孙对功名的欲望，同时强调子孙教育。至六世周易“尔等儿孙，有庐舍避风雨，有桑田给衣食，有学校治身心”，将周氏独特的“自给自足”耕读文化发挥至极致。《楼上周氏宗谱》强调“以耕读为业”，告诫子孙“然耕者读之本，勿贪外财，忘乎财之所自有；休贪便利，以损种利之深根，天道四季不息，功亦与为不息”，对子孙后代的教育强调“举凡食息起居之微，洒批应对之末，时时引以正大之规，养成德性，则俗理明而圣贤之理易入，虽下愚，可近中材”。楼上周氏家族子孙多能读书以养心立德，追求人格精神，安心于耕作，以诗书丰富、调剂人生，使“耕读传家”理念代代相传。

清明会 “清明会”是楼上村世代流传下来的民俗活动，活动时间在每年清明节，主要目的是世居楼上周氏族人为弘扬传统、沿袭传统礼教而举办的家族盛会。清明会祭祖活动的核心组织成员以家族进行认定，在商定当年活动规模形式和内容后，对人员及事项进行提前分工，在主持人（族长）协调下，宗族共同完成祭文撰写、场地布置、祭祀程序安排、文化活动节目编排等工作，以保证清明会如期进行。活动一般在楼上村周氏始祖墓地或家族宗祠灵位前举行。活动程序依次为接祖、迎祖祭祖、送祖、扫墓及踏青、荡秋千、插柳、吃清明饭等。

2014 年 4 月，楼上古寨周氏举行清明会（县档案馆　提供）

2003 年之后，楼上村利用楼上古寨周氏族人清明会契机，持续举办“中国泉都・石阡楼上古寨清明会”。通过媒体宣传，进一步提高楼上古寨知名度，做强做大旅游业。2008 年 4 月 5 日，“中国泉都・石阡 2008 楼上古寨清明会”在国荣乡楼上村举行，活动吸引 7000 余名游客。2012 年 4 月 2 日，“中国泉都・石阡 2012 楼上古寨清明会”在国荣乡楼上村举行，第十一、十二、十三届全国人大代表，省文联主席、省作协主席欧阳黔森出席。

风味食品 楼上古寨的风味食品与石阡县其他村寨大同小异，主要有腊肉、神仙豆腐等，风味小吃有绿豆粉、豆腐乳、黄粑等。

传统村落保护及利用

村寨布局 楼上古寨始建于明弘治六年（1493），是一座以周氏家族为主的血缘村落，楼上村选址遵循“背山、环水、面屏”原则，依靠山势而建，周围山体将楼上村环抱，村南面的廖贤河绵延蜿蜒，注入乌江。整个村寨坐东北面西南，背山临水，布局严谨，周围千年翠柏耸立，郁郁葱葱。

楼上古寨依山而建，三面青山环抱，以“北斗七星”树林为中心，划分为不同的 4 个分区，其东南象限为生产区，西南象限为居住区，西北象限为娱乐区，东北象限为墓葬区，功能分区明确。居住区的道路结构为一“寿”字形。“寿”字的起点为村中明代马桑木老宅三合院中心，结束点为村寨的水源（天福井）。水井位于“寿”字形尽端，是全寨的另一处水源。

掩映在森林中的国荣乡楼上村楼上古寨（勾昆 摄）

寨内古巷以青石铺就，屋舍门窗上雕刻着梅花、蜻蜓、蝴蝶、喜鹊等吉祥图案，精致优美。

古寨历史悠久，以楼上古寨为中心，散向四周居处。

楼上古寨建筑群由传统民居、梓潼宫、城隍庙、周氏宗祠、戏楼、书院、楠桂古石桥等多座古桥，天福井等多座古井以及碑刻、古墓葬、屯堡遗址等不同类型的历史文化遗存组成。传统民居建筑包括明、清、民国、中华人民共和国成立后等不同历史时期的建筑 400 余栋。其中，明代至民国时期所建造民居约占总量的一半。各建筑均传承有序，并一直在使用，是典型的明清古村落。

楼上村民居通过“斗”字形古巷相连，各巷道均以青石板铺路，斑驳凹凸，巷宽 2 ~ 3.5 米，并有 0.3 ~ 0.4 米宽的排水沟与之平行。全村的天然雨水和生活污水通过水沟汇入廖贤河，注入乌江。

楼上古寨村中巷道及排水沟（勾昆 摄）

巷道也是楼上村最好的防火带。一旦发生火灾，人们只需借巷道两边的石墙便可直上屋顶，把瓦掀开，就能使火苗上窜，从而截断火路，阻止火势蔓延。楼上村庭院两边各修有一口用石条砌成的消防池，牢固的防火设施使楼上村 500

余年未出现过大火灾。

四合院古民居家家户户都有龙门，只要把龙门关上，便可以防盗。

传统民居特色 楼上古寨民居多为穿斗式木结构青瓦房，巷道中多为四合院、三合院式建筑，龙门均朝巷道。院中正房明间均为六合门，次间为隔扇窗，多精雕人物、鸟兽、虫鱼、神鹿、凤凰、花卉等，独具民族特色。

歪门斜道 楼上村古寨传统民居以“歪门斜道”著称，永远歪着开的“八字”龙门，皆不正对堂屋，而是对着厢房，青石板古巷斜着走。相传在以前，歪门四合院是大户人家财不外露的表现。

《雄关漫道》在楼上村取景拍摄 2006 年 4 月 27 日至 5 月 21 日，讲述红二、红六军团长征故事的电视连续剧《雄关漫道》在楼上村取景拍摄。拍摄电视剧每天都需要群众演员，国荣乡、楼上村加大宣传力度，向群众介绍剧组到楼上村拍摄，可很好地宣传当地的风光、风情，在全乡范围内召集群众演员达 1000 人次，协助拍摄。《雄关漫道》在楼上村拍摄恰逢“五一”假期，楼上村的古树、古墓、古井、古巷吸引大量外地游客，其间楼上村接待省内外游客 3197 人，村民日均获取旅游收入 1 万余元。

2006 年 4—5 月，反映红二、红六军团长征的红色电视连续剧《雄关漫道》在楼上古寨拍摄，图为拍摄现场（县档案馆　提供）

被列入第一批中国传统村落名录 2012 年 12 月 17 日，楼上村被住房和城乡建设部、财政部、文化部、国土资源部、农业部、国家文物局、国家旅游局列入第一批中国传统村落名录。

楼上村古建筑群成为全国重点文物保护单位 2013 年 3 月 5 日，以梓潼阁为核心建筑的楼上村古建筑群被国务院公布为第七批全国重点文物保护单位。

传统村落保护规划制定 2013 年 1 月 26 日，《省人民政府关于石阡县国荣乡楼上历史文化名村保护规划的批复》发布，原则同意《石阡县国荣乡楼上历史文化名村保护规划》，规定核心保护范围用地 7.75 公顷。

2016 年，有关部门完成《铜仁市石阡县国荣乡楼上村传统村落保护发展规划（2014—2030）》编制，确定的规划范围即楼上村建设控制地带范围，总面积 26.84 公顷。楼上村已有建设用地为本次主要规划内容。保护范围分为核心保护范围和建设控制地带。包括楼上古寨，还有部分能体现当地农耕文化的梯田。其中，核心保护范围面积 10.22 公顷，包括侗族民居建筑群及周边历史环境要素所在的完整区域。

保护措施 2002 年，石阡县人民政府将楼上村列为古村落并加以保护，梓潼宫作为核心组成部分进行重点保护。

2004 年 8—12 月，由湖北省大冶市景苑园林仿古建筑工程有限公司投资 20.29 万元，先后对梓潼宫戏楼、正殿、两厢、后殿及天福井、地坪进行维修。是年 11 月，贵州省城乡规划设计研究院对楼上村进行规划。

2006 年 3 月，国荣乡人民政府投资 5 万元，修建楼上古寨寨门牌坊，为木质结构，穿斗式三间，青瓦屋面。

2014 年，国荣乡楼上村被列入石阡县 2014 年度中央农村节能减排资金支持传统村落保护工程实施单位。楼上村用国家下拨资金实施传统村落保护工程，完成消防设施及排污设施安装。

截至 2021 年末，村内安装微型消防设施，增设垃圾箱。村内古树、传统民居均造册挂牌保护，并出台相关保护措施。

《膴膴楼上》出版 2019 年 6 月，由铜仁学院美术系教授周政文撰写，43.3 万字的《膴膴楼上》由光明日报出版社出版。《膴膴楼上》以“中国历史文化名村”“中国传统村落”贵州省石阡县楼上村周氏家族 500 余年的发展历史为脉络，以大量田野调查素材为依据，高屋建瓴，书写楼上环境之美、人情之美、文化之美，及周氏家族的精神追求与奋斗历程，勾勒出周氏家族亦耕亦读、向善求美的家族文化，彰显楼上古村作为明清时期西南汉族移民典型遗存的重要历史、文化价值。

被评为贵州省首批“最美红军村落” 2020年8月14日，贵州省首批10个“最美红军村落”名单发布，石阡县国荣乡楼上村上榜。

古迹景观

梓潼宫 梓潼宫总占地面积约3000平方米。始建于明万历年间，清顺治十一年（1654），周国祯捐资建阁 1 座、圣像 4 尊。清康熙三年（1664），周国祯捐资重修；嘉庆六年（1801）修建左右配殿、圣像 5 尊。同治二年（1863）在兵灾中被烧毁，之后一位住持禅师邀集民众于同治六年（1867）重修。《重修梓潼宫序》石刻碑记详细记载了此段历史。两边的配殿，曾经是周国祯与和尚的住所，传说周国祯为方便朝拜神灵而居住在此，而和尚则是为看护神像和每天敲钟。梓潼宫前过去有一口大钟，敲击时声音洪亮，几十里之外都能听见钟声。早上三下，晚上四下，喻为“朝三暮四”。当年梓潼宫僧众出入，晨钟暮鼓，香火旺盛，

全国重点文物保护单位——国荣乡楼上村楼上古寨梓潼宫（县住房和城乡建设局　提供）

成为一方朝拜之地。

戏　楼　为穿斗抬梁式二层歇山青瓦顶建筑，坐东向西，左右厢楼配有走廊，居中凸出舞台，置“福”“禄”“寿”彩绘屏风，正面及两侧梁枋下饰卷草纹挂落，檐下装鹤颈椽及板。楼上古寨戏台一直以来就是石阡县木偶戏演出的重要舞台，尤其是20世纪40—50年代，太平班、兴隆班、杨本家班、泰洪班等石阡县有名的木偶戏班子均在楼上古寨戏台演出。

正　殿　为抬梁穿斗混合式悬山小青瓦顶建筑，坐东向西，面阔五间，两次间老檐柱间正中为对开板门，两侧为槛窗。两稍间廊柱间装板，正中开直棂窗。明间后檐金柱间装板至穿枋，上装走马板，置神龛。两山面带披檐。前檐廊间铺墁青石，两稍间后檐处分别有石梯下至后殿。北次间廊间立有《重修梓潼宫序》石碑一通。

两厢及院落　南北两厢均面阔二间，为穿斗式悬山青瓦顶。院落呈长方形，地面青石板铺墁，横向对齐，竖宽不等。后殿为两重檐四角攒尖小青瓦顶建筑，面阔三间，明间二层，为双重檐四角攒尖顶。两次间为穿斗式梁架。后殿前檐带廊，两山有披檐。明间屋面卷草纹饰屋脊，葫芦宝顶，小青瓦屋面。大梁题记为“皇清光绪八年正月初七汝南族等共修”。

明代马桑木古建筑　为楼上村最古老的民居之一，始建于明代中期，据说是用马桑木（一种不易燃烧的木材）修建，清咸丰十一年（1861），楼上村遭遇兵灾，全村房屋大部被烧毁，此建筑幸得完整保存。古宅占地面积约800平方米，建筑面积约300平方米，院落坐北面南，

国荣乡楼上古寨明代马桑木古建筑，为第七批全国重点文物保护单位（县住房和城乡建设局　提供）

正房出檐低矮，用材宽厚，手法简洁，与寨内其他建筑迥异，五开间，通面阔 24 米，通进深 8 米，两稍间与厢房相连，形成一个小三合院。八字龙门位于院落东南侧，六柱落地，登 11 级台阶可进入小院。

楠桂古石桥　据传楠桂古石桥为周国祯修建于明崇祯二年（1629），桥身为一整块青石板，长约 3 米，厚约 0.3 米，重约 20 吨。据说石板是从 3 千米以外的山上采来的，因前面有 1 棵楠树和 1 棵桂花树，因而取名“楠桂桥”。两棵树高大挺拔，四季常青，相距 10 余米，就像一个别具一格的寨门，但两棵树已在 10 余年前被大风刮断。

天福井　1938 年，楼上古寨村民集资修建天福井，天福井水从龙舌状的水孔中流出来，经两口露天井再流向远方。泉水清凉甘甜，从不浑浊，也不枯竭。当地老百姓曾流传这样的说法，天福井井水会给人带来六大好运：添福、添寿、添子女、桃花运、升官、发财。

古墓葬　楼上古寨古墓很多，有名的有周国祯四方碑古墓等。

周国祯四方碑古墓　因墓前左右各有一座方碑，高约 2 米，每边宽约 40 厘米，四面方正，故名“四方碑”。周国祯是楼上村周氏第四代祖先，这座坟墓是一座假坟，周国祯遗体被埋葬在岩穴里，当地人称之为“岩穴葬”。四方碑古墓以一处绝壁为天然屏障，周围由参天大树覆盖，色深如黛，浑然一体。前面有东西流向的廖贤河和玉立河畔悬崖间的倒栽松。关于倒栽松的来历，据说是当年周国祯的侄女在 8 岁时被掳至云南，后许配给张龙。她的儿

子张文标在任清代绿营武官时，出兵行至思南板桥，手持母亲书信，在不妨碍军务的情况下到楼上村顺便寻亲，却遭奸佞陷害。有人向官府禀报说他擅自停兵，于是他被责令革除职务返回原籍。为帮他筹集路费，周国祯等变卖田产帮助他。后来，周国祯寻亲至云南，回来时，背来3棵松树栽下。相传这松树要倒着栽，但唯一活下来的便是悬崖峭壁间的这棵倒栽松。

文林郎古墓　为文林郎周学颐夫妻合葬冢，墓联曰，“老树经霜晚节犹贞古干，奇花醉雨瑶池尚播余辉”。文林郎老儒清健的长者形象与女墓主惊艳容颜跃然眼前，“奇花醉雨”则令人浮想联翩——当年一对老夫少妻，老夫风流倜傥，少妻绰约妩媚，解语怜人，二人恩爱常新，是一对相倚相倾相笑语的人间仙侣。此联原为悼亡挽联，却无丝毫悲伤哀苦，而是对逝者的恩爱生活、惊世容貌的追忆赞叹。其主碑两侧另有一附碑，刻联：“报春晖名垂寿藏，悼萱容泪洒碑铭”，抒发子孙的怀念与悲伤之情。

“九子十秀才”古墓　墓主人为周氏六世祖周易之妻黄氏，石碑立于清嘉庆八年（1803），六世周易有儿子4人、孙子12人及女婿刘之珠相继入泮，被称为“九子十秀才”，其古墓有一对联：“案多黄卷曾传子，箧有熊丸又授孙”。

周氏宗祠　建于清光绪十九年（1893），坐北向南，面阔三间，大梁题记为“贵州思石二府新二甲所楼上住居”“大清光绪拾玖年岁在癸巳仲冬月上旬建立”。西廊间有《轮水石碑记》石碑一通。

小屯寺　坐北向南，建造年代不详，整个寺庙建筑精细、布局得体、陈设典雅、殿宇壮观。由于战火匪盗，仅余存正殿、寺院基址、和尚墓群、天井院落，其石墁院坝、石阶、石凳、石鼓、石缸保存完好。

“北斗七星”古树　楼上古寨古树较多，最著名的是“北斗七星”古树林，面积约4公顷，由紫薇、丹桂、红枫、柏树组成。其中，有7棵古枫树，高达40米，胸径约1.5米。奇特的是它们呈“北斗七星”状分布，在这7棵枫树上栖息着上千只白鹭，林前白鹭成群，上下翻飞。截至2021年末，“北斗七星”古树林仅存5棵。

姊妹树　梓潼宫前生长着一株巨大的桂花树，枝干苍劲，四季常青。此树同根分叉，因此当地人形象地叫它“姊妹树”。花开时节一边开白花，一边开黄花，恰如一边挂满金锭，一边挂满银锭，象征富贵荣华，因此村民又叫它“金银桂”。最为奇特的是，遇到好年景，两边都会开黄花，村民说这是吉祥的象征，意味着一年“遍地黄金”。

楼上村“北斗七星”古树（县住房和城乡建设局　提供）

甘溪至楼上红军行进线路 1934年10月7日，红六军团在甘溪与有备而来的桂军遭遇，展开突围战，红五十二团在完成掩护红六军团主力突围任务后，朝红军主力撤离的相反方向，沿甘溪经牛皮沟至楼上古寨道路撤退，继续牵引敌军。甘溪至楼上红色线路是石阡县境内保存较长、路貌保存较为完好的一条红色线路，公路建设未对原路线造成大的破坏，沿途人文景观、自然景观原生态保存较好。

传统文化

国荣乡楼上村楼上古寨傩戏面具（县住房和城乡建设局　提供）

楼上村傩戏 楼上村傩戏历史悠久，地域特色鲜明，社会基础广泛。以楼上村傩戏为代表的石阡傩戏从演出形式、剧目、唱腔、面具、服饰、道具、观众等各方面来说，是全国保存最完整的古戏曲之一，堪称“戏曲活化石”。

长号唢呐 楼上村长号唢呐已有数百年历史，属自然形成、自由组合的民间民族乐队。截至2021年末，全村有2个长号唢呐队，可吹喜怒哀乐、生活情趣的曲子80余曲。每逢婚丧嫁娶、乔迁进宅、拜寿类庆典仪式，必请长号唢呐队烘托气氛，是反映当地民众喜怒哀乐的真实写照。

楼上村刺绣 自从周氏定居寨纪（楼上）之后，自给自足的男耕女织生产方式就成为整个家族的标准生产模式，纺织刺绣为周氏女眷的必修课程。其间，她们通过与附近仡佬族、侗族妇女交流学习，编织刺绣技术水平持续提高，绣品有绣球、荷包、烟袋、头巾、围裙、鞋垫等，除保证全家穿用外，还可拿到市场上交换钱粮，补贴家用。2000年以后，楼上古寨旅游业发展提速，传统刺绣产品受到游客青睐，楼上村因势利导，创建刺绣馆，出售各种布绣、丝绣产品。2021年12月18日，石阡县楼上生态博物馆、楼上数字乡村创意产业园正式启动运行，通过互联网销售楼上村传统刺绣产品。

国荣乡楼上村楼上古寨刺绣作品（县住房和城乡建设局　提供）

艺文杂记

乡村遗产：田野中的家国情怀（节录）

复旦大学　刘邵远　杜晓帆

凝结人与自然的相处经验

运用文化景观的方法和视角重新认知乡村遗产的价值，将乡村视为变化着的活态景观系统，注重挖掘人与自然相处过程中产生的一系列土地利用模式、景观内涵和文化观念，是近年来乡村保护的一个重要突破。

对当地居民来说，乡村文化景观是他们悉心培育的结果，蕴含着他们和自然共处中摸索的生存智慧与相处模式。在西南地区的一些村落中，我们可以看到当地居民对各类自然要素的灵活运用，包括气候、土壤、水体、石材、动植物等，如红河哈尼梯田文化景观、榕江大利村古建筑群、石阡楼上村古建筑群等。与之互为表里的是敬畏自然、亲近自然的观念，这是他们所秉持的遗产观念，或者说一种生活态度。

贵州石阡县楼上村就是典型代表。贵州省地形以山地为主，拥有典型的喀斯特地貌，少数民族文化内涵丰富。楼上村，不同于侗寨苗村，是典型的汉族移民村寨。明弘治六年（1493），一支源自江西的汉族周氏在“江西填湖广”“湖广填四川”的历史移民潮中辗转入黔，最终定居于贵州思南府寨纪（楼上村古称）。楼上村在与廖贤河保持距离的山坡处选址，坐拥大片梯田，其间的山水草木，不仅给予了人们基本的生存载体，还为人们提供了丰富便利的物质材料。龙洞湾、天福井、野猫洞等天然泉眼，是楼上村民主要的耕作与生活之源。村民以分导建渠的方式，依循着地势与水源高程的差异，将耕地分为稻作、旱作分片轮作，有序合理地保证了不同空间和时间下水和土地的有效利用。

2008年楼上村成为中国历史文化名村，2012年入选第一批中国传统村落名录，2013年“楼上村古建筑群”被公布为第七批全国重点文物保护单位。在编制楼上村国保单位的过程中，编制团队通过探析村落的地理载体、生物圈层、人文圈层等几个物质层级与生产生活的关系和作用，确立了人与自然和谐共处的核心遗产价值，这就使保护范围不再局限于国保名单上的几处重要建筑，还囊括了建筑空间、田园山水与自然环境。

（原载于《人民日报》2020年6月27日第8版）

古寨传“新声”引客寻乡愁

《贵州日报》天眼新闻记者　田　勇

“说楼上，游楼上，小朱带您看楼上……”今年5月，26岁的朱碧霞从石阡县国荣乡文广站负责人变成了楼上古寨“守村人”。她在这里的主要工作是通过短视频，向广大网友推广寨子的人文风情和秀美风光。

楼上古寨位于国荣乡廖贤河畔的楼上村，是一座百年历史的汉族古村落，不仅有梓潼宫、明代马桑木民居建筑、楠桂桥、天福井等历史文物古迹和人文景观，还传承了民间布绣、丝绣、木石雕刻等传统手工技艺，是中国传统村落、中国历史文化名村和全国重点文物保护单位。

打开短视频平台搜索“楼上千年古寨”，跟随朱碧霞的脚步漫游，迎面而来的是一阵阵凉爽清风。穿行在古朴小巷，三五成群的游客正享受着田园慢生活。随着游客的到来，戏楼广场周围，村民的小生意也变得有声有色。加上朱碧霞的诗意解说，网友可沉浸式地惬意“云游”。

“‘楼上千年古寨’账号由乡文广站安排专人负责运营，我主要做策划、出镜、剪辑等工作。”朱碧霞说，为了更好地把农人生活和古寨底蕴分享给大家，楼上古寨还有由国荣乡罗家寨村党支部副书记朱俊逸拍摄运营的“楼上@味道”和自媒体运营者冯敏拍摄运营的“乡间敏敏”两个新媒体账号，一个主要挖掘乡间美食民风民俗，另一个则注重展示朴素的农家生活。

“通过新媒体推广，来的游客多了，小卖部的生意更好了。现在，我每年有近 10 万元的收入。”古寨村民李喜芬高兴地说。

近年来，依托楼上古寨独有的人文特色，国荣乡推出了“乡居慢村”旅游线路，引进培育精品民宿、餐馆等，做好旅游服务供给，并依托耕读文化与多所高校合作，推出特色研学项目。

此外，国荣乡还与夜郎文创团队合作，共同开发以楼上古寨为载体的簸箕画、石头画、原木画等文创产品，并培育仡佬印染、古法制陶、刺绣等手工作坊，丰富游客在古寨的游览体验。

如今，楼上古寨乡土文化、乡村美景、农特产品、地方美食、休闲旅行等元素在新媒体传播中得到有力推广，打开了一条数字媒体赋能乡村振兴的新思路。

白鹭绕树，田园葱郁。完成一天的拍摄工作，朱碧霞登上观景台，放眼望去，古寨全貌尽收眼底。她说：“作为‘守村人’，希望能借助互联网的力量，不断整理发掘特色文化资源，让古寨被更多人认识。”

（原载于《贵州日报》2022 年 8 月 12 日第 4 版）

楼上古寨

黄阔登

石阡有很多美景，而楼上古寨，却是我造访最多的一个去处。这里山水如画，古木参天，白鹭绕树，田园葱郁，村寨古朴，身临其境总能让人忆古抒怀，心旷神怡。

古寨村口是一片神奇的古树林，由紫薇、丹桂、红枫、柏树组成。据说，这些古树树龄全在300年以上，令人惊奇。而最令人称奇的是这片树林中7株高达40米、胸径约2米的古枫树，它们掩映在浓荫蔽日的古树群中，如不仔细分辨，不易察觉，无数白鹭筑巢栖息其中。每当朝霞和余晖映红天际时，在袅袅的轻岚中，白鹭的婉鸣不绝于耳，无数白鹭或展翅高飞，或是以优美的弧线滑翔归巢。

古树林边的高坡上建有梓潼宫，梓潼宫有一个戏楼。戏楼保存完好，这是相当少见的。仰望戏台木柱木枋上为世人所传诵的“二十四孝”雕刻图案，让人觉得修造者真是良苦用心；而那宽阔的舞台，把人带到当年的辉煌岁月，台上文进武出，台下声声喝彩，好不生动。

寨子里，石板巷道曲折错综，幽深神秘。古寨人家，青条石板，苔藓依依，门庭古朴，宁静舒雅妙不可言。有趣的是，这里所有院的门都是歪的，路是斜的，可谓“歪门斜道”。古寨的建筑错落有致地分布在山南向阳之处，坡势起伏，因此寨子的小巷歪曲扭斜。而小巷两侧的人家，为了避讳龙门对冲，各自把门的方向开朝一边，因此每家每户的门都是歪的。这“歪门”同时也寓意着周氏族人“财不外露”的生活理念。

寨子草木旺盛，泉水自然丰沛，不少人家门前都流着山泉水，“清泉石上流”的景象随处可见。村民们饮用山泉水，并用山泉水洗菜涤衣，润泽田土，使得这古寨有了的活力和灵性。如若是夏天，游人到此，喝上几口泉水，清热祛暑，生津解渴，真是惬意万分。

龙井里的山泉水滋润出楼上姑娘的一双双巧手，纺织刺绣，更是她们的拿手好戏。一根根彩色的丝线，经姑娘们的巧手一阵翻飞，变魔术似的就成了一件件精巧的工艺品，有绣球有荷包有烟袋有头巾有围裙有鞋垫，要啥就有啥。

登上古寨的观景台，举目四望，众山低首，犹如仙境。放眼望去，但见古寨依偎在廖贤河峡谷一侧，栋栋木楼参差错落于一片深深浅浅的绿色之中。山下，廖贤河似青龙腾舞，粼光闪烁。北岸的梯田，锦铺翠叠，那线条如行云流水，潇洒柔畅，宛如律动的旋律。村头古木，绿荫如盖，生机盎然。眼前的一切，简直就是一幅浑然天成的泼墨山水画，所谓的“天人合一”“诗意地栖居”，也许就是这番境界吧？

（原载于2020年5月27日“天眼新闻”）

楼上古寨——古屋古树古韵

聂　洁

我去过楼上古寨很多次，每一次去，都会发现新变化。而这一次去，是源于一条路。

路的这一端，连接着美丽的楼上古寨，路的那一端通往石阡县甘溪乡，路上有一串串80多年前的红军足印，引人追思。

80多年前，一支让当地百姓深感陌生，被官方渲染得极其恐怖，却异常年轻的队伍，曾在这条路上留下过步履匆匆。经过 80 多年的时光洗礼，尤其近年来，历经轰轰烈烈的脱贫攻坚（被誉为一场没有硝烟的扶贫战争），广大农村面貌已发生了翻天覆地的改变，特别是道路的改造，达到了前所未有的程度：村村通、组组通、串户路硬化实现全覆盖，高速公路实现县县通。无数山间小路废弃在荒野间，被疯长的野草覆盖，难寻踪迹；抑或被水泥路取代，了无痕迹——这条山路，却还完好无损地存在于此。

这条保持了原貌的山路，曾经是甘溪乡、国荣乡两地百姓互为往来的重要通道。小道全长不过十来公里，沿途有极具地方口语化的小地名，以方便表述路径里程：沿甘溪河，进入“牛皮沟”，经寨苗村寨，到达“少女峰”，继续前进，到达名叫“屁股痛”的山坳处（大概这段路比较辛苦，行走到此，已经走得屁股发痛，于是一句描述性的口语，精简成了一个地名），到达国荣乡地界，再从山坳处下坡，穿过一个十来米长的自然山洞，迂回至下葛宋村寨，最后到达国荣乡楼上村。

因为它葆有原貌，更因为多年前发生在路上的红色故事，我想去看看。终择于一薄阴的秋日，如愿来到它跟前。

重走红军路

车即将到达甘溪街道，拐进右首一条支路。只见宽阔的一片大坝里，赫然出现了一个场地，装扮类似军营。原来这是一个军营体验场，平时会接待一些团体举办红色文化活动或开展青少年夏令营活动等。

营地里面有一会议室，墙壁上贴满了红军经过石阡时的老照片，其中有一组人物头像，是部分失散在石阡的红军老人照片。我在这组照片前伫立良久——他们当年失散在石阡时，大多只有十七八岁，甚至更小。而照片上，都已是耄耋老人，神情跟当地百姓毫无差别——这些当年的红军战士，因病、因伤跟不上队伍，四散在石阡各个乡村，被当地百姓收留，有幸活下来，就地娶妻生子，完全融入了当地生活。这些人像大多拍摄于 20 世纪 80 年代初。更多的人，他们的生命在十七八岁已戛然而止，有的连姓名都没有留下。时至今日，照片上这些老人，也已不在了——要是他们还活着，都已是一百多岁。

凝视着这些黑白照片，遥想当年发生在本地那场激战，不由让人肃然起敬。

走在当年那条小道上，路窄得仅容一人经过。遥想当年，红六军团进入石阡，辗转于各条山间小路时，其中就在这条山路上往返穿行过。史料记载，1934 年 10 月 16 日（跟我站在小道上是同一季节），红六军团的其中一支队伍从朱家坝南撤，经过核桃湾、关口、十二山柏杨乡、分水岭、二堂，重新攻占葛荣乡（后更名国荣乡）。在楼上古寨，由农民周永之带路，经上葛宋、穿洞、少女峰、牛皮沟（就是我脚下这条山路），于 10 月 17 日晨到达甘溪。在甘溪，遭遇数倍于红军的敌军伏击，发生了那场惨烈的甘溪战役。史料上载：据亲历过那个夜晚的甘溪老乡描述，那夜的枪声像放鞭炮一样，噼里啪啦响了很久。战斗异常惨烈，红军部队遭受重创，无数年轻的生命长眠于此。突围出去的一支小分队，沿这条小路撤回楼上村，在楼上得到短暂休整后，继续向龙塘镇方向进发。历经周折，红六军终在印江木黄与红三军部会师。

收回思绪，只见眼前四野清朗，水环绕，山妩媚。特别是在途经葛宋村时，沿途只见漫山遍野缀满郁郁葱葱的苗木——这是村集体经济项目。这是个美好的项目：为绿化美化大地提供苗木、花卉。这也是个非常成功的项目，美化了别人，富裕了自己。

终行至楼上古寨。古寨铺展在一片舒缓的山坡上。站在寨子的任何方位，都可看见绕在山脚、绿莹莹的廖贤河。对岸，群山连绵，一片深浅不一的青翠，山峰有的尖锐似锯齿，有的浑圆如馒头。偶有长相奇特的崖石，当地百姓定会根据其形象编撰出一个民间故事，并会赋予一些朴素的道德意义在里头。

深山中的楼上古寨

楼上古寨有着深厚的人文景观。据寨里的族谱记载，周氏先民为躲避战乱，从遥远的中原地区迁徙而来。行至此处，见这一带土地肥沃，水源丰沛，坡度平缓利于耕种，具备生存所需最基本的物质保障。于是停下了疲惫的脚步，放下行囊，就此安顿下来。从周氏第一代老祖公算起，历经十九代人，已在此延续了几百年。周家老祖带来中原汉文化，重视诗书礼仪传承，训导积善行德，以耕读传家。后嗣繁荣昌盛，一方面得益于优渥的自然环境；另一方面，得益于家教严谨。后人谨遵祖训，勤劳自律，人与自然，互为依托，和谐发展。经过历代农人的精耕细作，加之自然条件宜于农作物生长，这里出产品质优良的水稻，村民生活富足，方圆几十里内，令人羡慕。

楼上古寨，是一个去了还想去的地方。古寨吸引人的地方，除了自然风物，还在于构建规整的村貌。

寨子里的老木房，一律三合院，都朝着同样的方向，而串联这些房子的石板小道，斜斜延伸。在寨子里穿行，一股幽深安宁的古意，从木房的板壁上、雕花窗里、瓦檐间散发出来。周氏老祖带来的中原文明，含蓄内敛，待人谦和，行事低调。这些特征体现在房屋建造上，就是有名的“歪门斜道”：各家各户龙门斜开，石板铺砌的古巷斜着走。这也体现农耕文化谨小慎微的特征吧，寓意“财不外露”。此地民房还有一个特点，就是宽檐低屋：房屋建得比较低，而留比较宽敞的屋檐。大概这也是一种内敛的体现吧。

寨子里还保存有一栋建于明朝中期的马桑古屋。这栋古屋的特点不仅仅在于它的古老，还由于整栋房屋用了一种特殊材质——马桑木建造。马桑木是一种生长十分缓慢的树木，正是生长缓慢，造就了它异常坚硬的材质。农人一般寻来作锄柄，因它很难长大，能用作锄柄的马桑木，已经是生长多年的了。

而这栋民居居然全是用马桑木建造，可见，这是生长了好几百年甚至上千年的古树啊！这栋民居已经作为全国重点文物保护单位被保护起来。你若有心，可循着古寨那石板铺砌的斜巷，找到这栋古屋。

正是因为积淀了这些人文景观，楼上古寨成为电视连续剧《雄关漫道》的取景地之一。漫步古巷里，不经意间从一户人家的台阶上去，推开微掩的“歪门斜道”龙门，进入整齐的庭院，抬眼即可看见悬挂在堂屋上方的发黑老匾，散发出陈年气息；四壁垂挂的书法作品，透出一股书卷气。我知道石阡曾经有位很有名气的书法家，就出自这里。靠读书走出去的楼上村周氏后人，更是无数。

这里，不仅居家木房年代久远，有序规整，寨子中央还保留有完好的古建筑。这些古建筑都是当年在外做官、衣锦还乡的周氏先辈周国祯出资修建。荣归故里的周国祯，年老而突遭妻亡子殒的人生变故，老先生痛不欲生，深感命运无常，看破红尘，几欲出家为僧。幸而好友相劝，并帮他续弦。年过花甲的周老先生老来得到三个孩子，大喜。于是广做善事：修桥铺路，精心建造梓潼宫，虔诚供奉菩萨；又出资在梓潼宫脚下的空地上修建戏台，每遇农闲或重大节日，请来戏班子供族人观看，丰富村民们的精神生活。

这些古建筑历经漫长时间的洗礼，得以完好保存下来，完全基于它们的实用价值：解放后，为解决这个人口密集的村寨孩子们的上学问题，需要就地建造一所学校。新社会破除迷信，梓潼宫的菩萨被推倒，只剩一间空房，闲置起来。村民“废物利用”，把它改造成学堂，围绕梓潼宫，又建造了两栋木质楼房，用作教室、教师宿舍、办公室等等，另开辟了操场——一个乡村学校该有的设施，一应俱全。梓潼宫建在高处，相应地，学校位置也就较高。周围嘉木成荫，环境幽静，实在是个适宜读书的好地方。

难怪这里出读书人。

今年 8 月，楼上古寨被评为“最美红军村落”。这个“养在深闺人未识”的美丽村寨，正由传统农耕文明转身，向文旅融合发展。这不，位于古寨上方的观景台已经建好。信步走上去，古寨全貌尽收眼底，远眺廖贤河，绿水悠悠，对岸青山连绵，可任人追忆或遥想。位于寨子楼下方，两棵浓荫蔽日的金丝楠木，一左一右，似寨门。那里确实也是古寨曾经的大道入口。这一次我就是循着红军步道从这里进入村子的，此刻这里正在重修寨门——如今的楼上古寨，这位“深闺美女”，正在以全新的面貌，款款走进人们视野。

（原载于 2021 年 4 月 2 日“天眼新闻”）

周氏建桥（传说）

常言说，侗乡有河必桥，这话不假，自古人们以修桥补路为美德。石阡县西南国荣乡灯山、楼上一带周氏祖先周国祯，一家建造 5 座石拱桥，一直传为佳话。

相传明朝时期，周国祯在当地安居乐业，家境丰裕。不幸在他 60 岁时，老伴和儿子都死了，他万念俱灰，成天伤心难过。

周国祯有个姐姐，早年嫁到甘溪乡佐纪李家。一天，她回娘家看见周国祯孤苦伶仃的样子，于心不忍，回去后就对丈夫说：“我们倒好，舅舍？……一个人在廖堤河边钓鱼！”

周国祯于明崇祯二年（1629）出资修建的楠桂古石桥（勾昆　摄）

“我们有什么法子呢？”

“叫满妹去服侍他吧。”

她丈夫同意了。不久，周国祯托人说媒，将李氏满妹娶了去。虽然是老夫少妻，但人们都明白仡纪李氏的一片真意，无不表示同情。几年之中，李氏满妹连生三个男孩，周国祯高兴至极，他要感谢上苍的保佑，感谢父老乡邻的关怀，于是倾其家产，大修其桥。先后修建了塘池寨前的“多子桥”、隘门关干沟的“多男桥”、葛冲河上的“凉亭桥”、葛冲杨家当门的“多福桥”、江坡到蜂岩之间的“多寿桥”。还在灯山、楼上一带建造 5 座侗乡亭阁，成为人们聚会、纳凉的场所。

摘自石阡县文化局所编《石阡县文化志》

人　物

周国祯（1605—1686）　为楼上村周氏第四代祖先，周国祯系省上房书时中人书。周氏发展到周国祯这一代，已经成为当地殷实大户，土匪猖獗至极，为保护自家家业，周国祯步入仕途，官至上省藩署参房，但恰逢贪官污吏多如牛毛。康熙年间，遭吴三桂兵变，贵州各地玉石俱焚，周氏祖先遭其毒害，仅存家丁几人，唯独周国祯全家安然无恙。故此，周国祯立训“不愿儿孙去做官，唯愿子孙个个贤”，首树周氏家族“耕读传家”家风。

周　易　生卒年不详，为楼上村周氏第六代祖先，他夫妇二人努力耕作，努力支撑家业，实现“尔等儿孙，有庐舍避风雨，有桑田给衣食，有学校治身心”的理想，鼓励儿孙潜心学业，相传他的 9 个儿子、孙子和女婿中，儿子 4 人、孙子 12 人及女婿刘之珠相继入泮，号称“九子十秀才”。石阡府罗公特赐予周易夫妇“燕山丸熊训子，积厚流光”之匾。他将周氏独特的“自给自足”耕读文化发挥至极致，在他的影响下，楼上村周氏家族书香门第之家比比皆是，但无一人做官。楼上村村名的定名也与他有关。

周永澍（1866—1941）　字召风，号肇南。光绪十二年（1886），从学政杨宗师入泮。光绪十八年（1892）蒙贵州学政叶在琪赏识，考取一等文生第四名。光绪十九年（1893）恩科乡试未第。光绪二十九年（1903），授明经进士。

周正纪（1898—1937）　周永澍第三子，聪慧敏学，受父熏陶，以诗书为继，出经入史。民国时期，石阡县挑选教员，考取甲等第三名，开馆授学，亦喜诗文。

周正典（1935—2010） 生性聪慧天纵，好学不倦，为人正直，弱冠有文名。14 岁从石阡中学毕业，为全班年龄最小，考试却科科交头卷、科科考第一，并因此闻名全县。15 岁回生产队劳动，认真揣摩各种农业生产技能，精益求精，据说他从事的近 10 项农活都是 4 个生产队前一、二名。后从事粮管所会计工作，认真钻研业务，谨慎行事，40 余年工作从未出现差错。工作之余，仍潜心诗律，诗词楹联、琴棋书画均造诣颇深，擅楷书，箫、笛、二胡、三弦样样皆通。

人物名录 1979 年中越边境自卫反击战参战人员 周其东 周其规 周正芑（已故）

获“光荣在党 50 年”纪念章人员 周其勋 周其欣 周正修 周永成（已故）

石阡县传统村落志

SHIQIANXIAN CHUANTONGCUNLUOZHI

村在画中的高桥

春夏秋冬，无论什么时候到高桥村民小组，这儿的风景都会让人真正体会到什么是“人，诗意地栖居”。

基本村情

行政区划 高桥村民小组属国荣乡葛容村，全村面积 4 平方千米，村寨占地面积 5.33 公顷。

村名来源 关于高桥村的来源，传说“南山寺梁子上中间一山耸出像个人在桥上”，故名“高桥”。另有传说曰，黎氏先人在高桥村安家建造第一栋房子时，请地理先生看此地“风水”，地理先生认为，高桥地形缺陷，青龙山对面山有深沟，云台青龙脉在此隔断，须以“桥”接龙脉，故取名为“高桥”。老祖宗们希望子孙发达，因编顺口溜在寨邻乡村传唱：“高桥十八洞，洞洞十八家，家家八爷崽，个个吃十八个汤粑。”还有一种说法是，此处有一天生桥，地势较高，故名高桥。久而久之，以此桥名冠名村寨。

村寨沿革 1914 年，葛容由思南县划归石阡县管辖，分属石阡县第五区四、五团，葛容村高桥自然村属石阡县第五区四团。

1936 年，置葛容联保，葛容村高桥自然村属葛容联保。

1943 年，置葛容乡，辖葛容及葛宋、楼上、高桥、石榴寨、老鹅山、坪旺等地，共 7 保、81 甲，高桥自然村属葛容场管辖。

1950 年 2 月 8 日，石阡县人民政府成立，葛容村高桥自然村属第三区管辖。

1953 年，分置国荣乡，葛容村高桥自然村属白沙区国荣乡管辖。

1956 年，重新调整设置国荣乡，葛容村高桥自然村属国荣乡管辖。

1958 年，国荣乡改国荣管理区，葛容村高桥自然村属国荣管理区管辖。

1962 年，国荣管理区改为国荣人民公社，葛容村高桥自然村改为国荣

国荣乡葛容村高桥村民小组全景（县住房和城乡建设局　提供）

人民公社中心生产大队第五生产小组。

1985 年，国荣人民公社改为国荣乡，国荣人民公社中心生产大队第五生产小组改为葛容村高桥村民小组。

1992 年 3 月 7 日，根据省人民政府文件批复，石阡县实施建镇并乡撤区工作，成立国荣乡，高桥村民小组隶属国荣乡葛容村。

2004 年 6 月，全县行政村撤并工作完成，国荣乡葛岸、葛容、大堰光、葛坪 4 个行政村合并为葛容村，高桥自然村属葛容村管辖。

2010 年 12 月，全县完成建制村调整工作，国荣乡重新设立葛岸、葛容、建英、葛坪 4 个行政村，葛容村辖高桥村民小组。

自然环境

地理位置 高桥村民小组位于国荣乡人民政府驻地葛容村东南，距离乡人民政府仅1千米。

地形地貌 高桥村民小组背靠海拔1099米的南山，山南为石崖，南山山脉全长1千米。因处于居住地之南，故名南山，有南山寺。高桥村民小组属典型喀斯特地貌，村内有风洞等多个溶洞，地形为梯状斜坡。

山林植被 高桥村民小组生态良好，为贵州省珍稀古树保护区，全村被森林环绕，郁郁葱葱，鸟语花香，环境舒雅。黎启扬诗曰："高树嫩芽翠岩屏，桥边壁画缀彩云，楼台赏风家家暖，庭外观景处处春，南龙翡翠连天外，深居陋室琴弦鸣，幽径林荫啄鸟脆，踏青寻味蝶知情。"

气　候 高桥村民小组多年平均气温15℃，1月平均气温10℃，7月平均气温29℃，平均气温年较差5℃。无霜期年平均286天。年平均降水量1200毫米。

族群族源

人口民族 高桥村民小组主要居民为黎族（20世纪80年代石阡县民族识别时认定为壮族，但村民仍坚持认为自己为黎族），全村共有135人。

主要姓氏溯源 高桥村建寨时间为明末清初。主要居民为黎氏，高桥村黎姓始祖黎应琦碑文记载：黎氏始祖黎应琦生于蜀西，独身入黔，长于黔帮，始居住石阡县城东门坡，后迁至汤山镇银丰村毛家坡。后迁至葛容枫香湾，与朱氏成婚后迁居至高桥村，就一直在高桥村定居。

基础设施建设

道　路 1970年，始建石阡县城至国荣公社公路，从中心生产大队第五生产小组旁通过。截至2021年末，石阡县城至国荣乡公路已实施道路硬化工程。

2010年，高桥民小组实施"一事一议"村内道路硬化。2016年，高桥村被列入中国传统村落保护项目实施单位。高桥村民小组用国家拨款再次进行村内道路硬化，铺设石板、石梯，并安装护栏。

电　力 2016年，高桥村民小组被列入中国传统村落保护项目实施单位，在村内主要道路安装路灯。

饮　水 高桥村民小组水资源丰富，水利设施完善。截至2021年末，每家每户都用上了干净方便的自来水。

广电通信 截至2021年末，高桥村民小组广播电视“村村通”工程已实施完毕。手机通信4G信号覆盖全村。

村域经济

主要产业 高桥村民小组以种植业为主，粮食作物主要种植稻谷、玉米、洋芋（马铃薯）等，还种烤烟、茶叶等经济作物；养殖业主要是养牛，养猪主要解决家庭肉食及用油；其他产业还有石材开发、花卉苗木培育。

新产业培育 2018年以后，高桥村民小组充分发挥国荣花卉苗木产业园带动作用，持续发展花卉苗木产业。截至2021年末，国荣花卉苗木苗圃产业园共有储备苗70余个品种，共1700余万株，为贵州省最大的苗木基地。

高桥村民小组还依托村寨旅游资源，走农业与文化旅游产业一体化发展道路，开发乡村旅游业。

村民生活

村民收入 高桥村民小组村民的经济收入主要有：出售农产品、家畜家禽养殖、外出务工、财政补贴、集体经济务工收入及分红、其他非农收入、工资及退休金等。

主要支出 高桥村民小组村民的经济支出主要有：日常生活、教育、房屋及维修、交通出行、通信、子女婚嫁以及其他支出。各项支出内容与马桑坪自然村相同。

教　育 1971年，公社中心小学改为初中，另设中心大队小学，在第五生产小组设一年级，教师为黎永秀。1972年，黎启扬任教。1973年，撤销第五生产小组所设一年级。所有学生都到距第五生产小组1千米的中心大队小学就读。

医　疗 1959年，国荣乡卫生院成立，高桥村距离乡人民政府驻地仅1千米，到乡卫生院看病很方便。2000年，按全县统一部署，高桥村民小组开始实施新型农村合作医疗制度。

社会保障 2012年，按全县统一部署，高桥村民小组开始实施实行个人缴费、集体补助和政府补贴相结合的新型农村社会养老保险制度。

风土人情

饮食习惯 高桥村民小组村民主食为大米；副食为玉米、红薯、洋芋（马铃薯）；肉食以猪肉为主，烹饪习惯和汉族饮食习惯无太大区别。

民族服饰　中华人民共和国成立前，高桥村黎氏黎族老一辈服装多用当地自制的黎布制成，色调以青、蓝、白为主。男子多穿长衣长裤，裤子以白布围腰，大裤脚，称为“扎扎裤”；包头巾，有的头留顶发。妇女上身有大襟无领盘扣上衣，也有的衣长至膝，下穿百褶裙或管裤，多束腰带、绑裹腿，衣襟、衣滚等处绣有花纹；部分年长女性裹脚。妇女、幼儿多梳盘发包头，喜爱佩戴银等饰品。

中华人民共和国成立后，男性村民穿着向汉族靠拢，穿着军衣、中山装、解放鞋者逐渐增多。20世纪80年代以后，黎族、汉族服饰文化融合加快，村民服饰穿着和汉族并无差别，延续至今。

风味小吃　高桥村民小组风味小吃有吊浆粑、苞谷粑等。吊浆粑将糯米、籼米按比例混合加水浸泡后，用石磨磨成浆装入布袋，吊起来滤水后，用它来做粑粑，故名“吊浆粑”。“吊浆粑”油炸、蒸食均可。

苞谷粑则是取当地新成熟的嫩苞谷脱粒，用石磨磨成浆后用适量苏打粉和匀，蒸熟即食，或用油炸，味道清香，让人食欲大开。

把孩子寄拜给古树　高桥村民小组黎氏族人有为孩子认干亲（过房）的风俗，因古树常绿常青，故高桥村黎氏把孩子寄拜给古树，让孩子认古树为“干爷”，寓意孩子顺利成长、长命百岁。每年春节，家长要带孩子到认作“干爷”的古树前祭拜、烧纸、挂红、放鞭炮。尤其是村中那棵树龄达500余年的银杏古树，有很多孩子认它为“干爷”，一年到头都有红布缠身。

传统村落保护及利用

村寨布局　高桥村民小组整体生态优美，环境舒雅。截至2021年末，高桥村民小组独具黎族特色的传统民居保存完好。村寨布局呈斜坡梯状分布，民居建设依山就势，错落有致，层次感强。古树与民居有机结合是高桥村最大特征，四周群山环抱，参天古树环绕，整个村寨都在青山绿树包围中，郁郁葱葱，悬崖叠层。

传统民居特色　高桥村民小组黎族传统民居汲取当地侗族、仡佬族、汉族传统民居建筑的优点，根据气候条件，就地取材。高桥村大多数黎族民居建筑为穿斗式干栏木楼结构吊脚楼，其底层以饲养牲畜或堆放杂物为主，二层是主要生活面层，有宽廊、卧室等。顶层通常为堆放粮食或杂物的阁楼。高桥村黎族传统民居建筑居以“斗”字形木质结构、五柱四瓜为主，集中连片分层建造，正房前两侧或一侧建翘角的吊脚楼，亦称“厢房”或“楼子”，中间为院子，形成三合院式建筑。截至2021年末，全村共有传统民居8500平方米。其中，共有传统三合院建筑18栋。

《雄关漫道》在高桥村取景拍摄　2006年5月，讲述红二、红六军团长征故事的电视连续剧《雄关漫道》在高桥村民小组取景拍摄。拍摄电视剧每天都需要群众演员，国荣乡、高桥村民小组加大宣传力度，向群众介绍，剧组来拍摄，能很好地宣传当地的风光、风情，在全乡范围内召集群众演员，协助拍摄。

国荣乡葛容村高桥村民小组传统民居三合院（勾昆　摄）

被列入第一批中国传统村落名录　2012年12月17日，住房和城乡建设部、文化部、国家文物局、财政部、国土资源部、农业部、国家旅游局联合发布第一批列入中国传统村落名录的村落名单，石阡县国荣乡葛容村高桥村民小组被列入。

贵州省珍稀古树保护区　高桥村生态环境保存较好，黎氏家族从移居高桥村起，均不允许乱砍滥伐，尤其是村寨周围树木。数百年下来，村寨留存有很多古树，整个村寨都在青山绿树包围中，古树成为村寨的招牌。除野生银杏之外，还有红豆杉、榉树等古树，全村共有200余棵珍稀古树。2015年，高桥村民小组被贵州省林业局命名为贵州省珍稀古树保护区。

传统村落保护发展规划制定　2016年5月，有关部门完成《铜仁市石阡县国荣乡高桥村传统村落保护发展规划（2014—2030）》编制。

传统村落保护措施　2016年，高桥村民小组被列为石阡县2016年度传统村落保护项目实施单位。高桥村民小组利用国家拨款修建污水、垃圾处理设施，并再次进行村内道路硬化，设立道路两旁护栏，添置路灯，改造农户厕所、圈舍等。

截至2021年末，村内安装微型消防设施，增设垃圾箱等环保设施，村内古树均造册挂牌保护。

古迹胜景

风　洞　从高桥村民小组往西行200米，有一个风洞，洞外四壁悬崖，洞内是典型的喀斯特溶洞地貌，清泉流淌，景观奇特，洞内形态各异的钟乳石琳琅满目、绚丽多姿，石笋、石幔、石瀑布美不胜收；石禽、石兽、石佛、石猴惟妙惟肖；晶莹透亮的石花、石果、石蘑菇、石葡萄令人垂涎欲滴。黎启扬《咏风洞诗一首》云：“四壁悬崖一风洞，笑语回声惊洞神。

高桥村民小组风洞（县档案馆　提供）

清泉虾影伴鱼游，翠鸟松枫和歌声。一汪梯田无稻米，却又神仙自耕耘。虚怀古人作战争，述说典故随云蒸。”早年黎氏族人利用洞中水利之便，在此设有碾坊。泉水出洞口处设有2处门阀，水流急时两边均打开，水流不足时只开其中一侧。

“万卷书”悬崖叠层　在高桥村民小组西面有一道悬崖绝壁，四周古树参天，悬崖层层叠加，仿佛是摆放整齐的万卷书，故有“万卷书”之称。黎启扬诗云：“悬崖叠层于家西，四书五经置案几，古树遮荫藏万卷，人才辈出无定期。”

观音岩　观音岩位于高桥村民小组东侧，山石奇特险要，山岩鬼斧神工，其中一块山石酷似观音，故取名“观音岩”。

古　树　高桥村民小组四周生长着80余棵野生银杏，多数银杏树成双成对，当地人形

高桥村民小组被称为“夫妻树”的银杏树（勾昆　摄）

高桥村民小组“影木树”（县档案馆　提供）

象地比喻为“夫妻树”。黎启扬诗曰：“同根白果生两枝，恰似夫妻勤耕耘。金枝挂满百果子，根深叶茂延后人。”传说高桥村黎氏鼻祖黎应琦带着新婚妻子到高桥村开荒种地时，因无钱购置陪送物品，其岳父朱公只能在地上捡起一颗银杏种，交给女儿与女婿，语重心长地祝福道：“银杏又叫白果，谐音为百个崽，你们就此成为夫妻，望你们子孙发达，万代富贵。”自此之后，高桥村所生长的银杏树都以“夫妻树”居多。

“影木树”传说 影木树生长在高桥村水井湾对面，树围约4米，高数十米，直径1.5米，据传此树影子竟照在印江县的水井里，清晰可见树下有一座土地庙，旁有大石紧靠。印江县人请人依照水井影子图像四处寻找，最终在高桥村水井湾找到这棵树，故称之为“影木树”。印江县人认定这棵树就是他们的“风水”树，自愿出钱参与此树的保护工作。20世纪中期，“影木树”停止生长，春无树叶，大家都以为它已经枯死。但之后“影木树”突然焕发生机，老树新枝，非常茂盛。10余年来，一年发两次嫩芽，6月中旬落叶，7月中旬又发新芽。

青龙山屯 青龙山名为青龙嘴，是当年黎氏先人躲避土匪之处所，有屯堡、寨门石墙，用于躲避土匪侵扰。截至2021年末，寨门与部分石墙保存完好。

桅　桩 古时竖桅桩，表示这家有人考中进士。截至2021年末，葛容村高桥村民小组共有2处保存较好的桅桩，分别位于村寨东南角和西北角。高桥村民小组2处桅桩均为分列的两块石板，上部外侧呈云纹状，云纹象征高升如意。石板上下分别开有1个方形和1个圆形小孔。桅桩竖起来后，在2个小孔中横向插入短木，对桅桩起到固定作用。

古石碑 古碑原址位于高桥村民小组中部偏北处，碑身为一整块加工过的完整石板，长3米、宽1.5米。原有基座，在“文化大革命”时期，为防止古石碑被破坏，被第五生产小组社员分拆埋入地中，并以树枝掩盖。碑文分为上、下两部分，上部为文昌帝君阴骘文，刻于清光绪十七年（1891）；下部为一篇警言，为时在湖南长沙府都察院任职的赵某写给贡生黎全德（高桥黎氏先人）的。

古　井 位于高桥村村口西侧，古井被植被包围，是村民重要的饮用水水源。古井呈方形，井身用加工好的石块、石板砌筑而成，相对封闭，可防雨水和山溪水流入，井口与地面垂直，井盖为一块完整的石板，古朴自然。井身高约0.6米、宽约1.4米、净深约0.6米。井水清澈，常年不枯，古井左侧立有一块石碑。

国荣乡葛荣村高桥村民小组村口的古井（勾昆　摄）

黎氏古墓群 位于村寨西北山头西面，埋葬着高桥村黎氏第五世以来的先人（高桥村黎氏四世以前的先人葬在他处）。其中，第六世先人一座墓周围有矮墙，别具形制。“文化大革命”期间，矮墙被破坏，仅存局部残墙。

传统文化

木偶戏 木偶戏是流传于国荣乡各村寨民间的傀儡戏剧种，鼎盛时期其演出范围辐射到全县各地及湘、鄂、渝、黔等省（市）周边区域。据口传资料，木偶戏大约在200年以前，自湖南省辰溪县传入石阡县，至今已有八代传人。20世纪40—50年代为鼎盛时期，全县拥有太平班、兴隆班、天福班、杨本家班、泰洪班等。泰洪班传人仍从事这一木偶戏表演。其基本要素包括唱腔、锣鼓牌子、“头子”、戏装、道具、表演等方面。木偶戏有着丰富的文化价值，独特的民族性、地域性以及多样性的社会功能。附近州、县唯石阡县所独有，故被誉为“中国木偶戏之乡”。2006年，石阡木偶戏被列入首批国家级非物质文化遗产保护项目。高桥村民小组黎氏族人擅长木偶戏，木偶戏在葛容村高桥村民小组传承较好。

黎族刺绣 对以前高桥村民小组的黎族女孩来说，刺绣技艺从小就是必修课，在祖母与母亲的手把手教授和严格要求下，黎族女性整体刺绣技艺水平较高。黎族刺绣具有造型生动、构思精巧、形象逼真、色彩搭配合理的特点。黎族刺绣范围广泛，有花草、树木、飞禽走兽等，图案栩栩如生，色彩鲜艳。绣品主要有童帽、童衣、童裤、荷包、烟袋、头巾、围裙、腰带、鞋垫、背带等，除保证全家穿用外，有的还拿到市场上交换钱粮，补贴家用。20世纪90年代以后，黎族传统服装被市场上标准化生产的成衣替代，当年的黎族刺绣技艺被束之高阁。随着精于刺绣的绣娘们逐渐老去，其技艺无人传承，黎族刺绣已经濒临失传。

名人与高桥村

美术教育家邱石冥与高桥村 邱石冥（1898—1970），贵州省石阡县白沙镇人。原名树滋，又名稚，曾师从齐白石习画。1924年毕业于北京美术专门学校，创办京华美术专科学校（后更名为“京华美术专科学院”）并任校长，后历任西安美术学院教授，内蒙古师范学院艺术系国画教授等。工花卉，重写生，尤长于写生蔷薇科花卉，有“邱蔷薇”之誉。著述有《中国美术史讲义》《勾勒讲义》等。1949年，邱石冥与徐悲鸿等进步美术家一起，发起成立中华全国美术工作者协会（中国美术家协会前身）。

邱石冥夫人黎荷香为高桥村民小组黎氏族人，在二人的影响下，高桥村民小组黎姓女子识文之人较多，这在民国时期的黔东北是殊为难得的。

传统美术　在美术教育家邱石冥的影响下，高桥村民小组黎姓族人文人众多，书画爱好者较多。很多人热爱美术书法，自娱自乐，乐此不疲，创作出不少让人眼前一亮的美术书法作品。久而久之，高桥村民小组传统美术世代相传，名声渐起。近年来，不断有考生考取中国美术学院、四川美术学院等院校。

高桥村民小组村民黎莉美术作品《小鸟栖高枝》（黎明扬　提供）

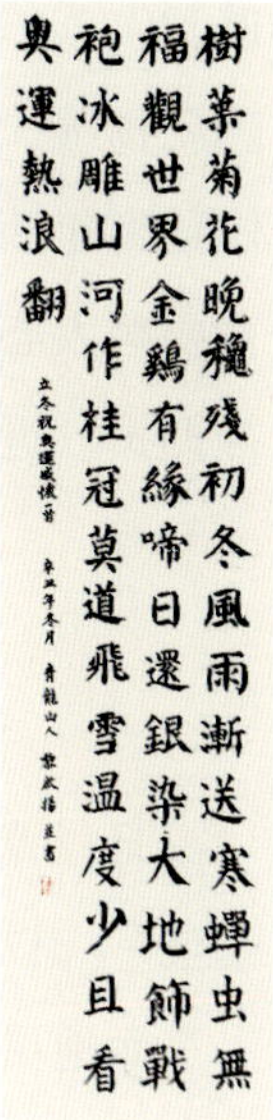

黎明扬书法作品（黎明扬　提供）

艺文杂记

高桥村黎氏家训（古碑）

文昌帝君阴骘文

帝君曰：吾一十七世为士大夫身，未尝虐民酷吏。救人之难，济人之急，悯人之孤，容人之过。广行阴骘，上格苍穹。人能如我存心，天必赐汝以福。

于是训于人曰：昔于公治狱，大兴驷马之门。窦氏济人，高折五枝之桂。救蚁中状元之选，埋蛇享宰相之荣。欲广福田，须凭心地。行时时之方便，作种种之阴功。利物利人，修善修福。正直代天行化，慈祥为国救民。存平等心，扩宽大量。忠主孝亲，敬兄信友。和睦夫妇，教训子孙。毋慢师长，毋侮圣言。或奉真朝斗，或拜佛念经。报答四恩，广行三教。谈道义而化奸顽，讲经史而晓愚昧。济急如济涸辙之鱼，救危如救密罗之雀。矜孤恤寡，敬老怜贫。举善荐贤，饶人责己。措衣食周道路之饥寒，施棺椁免尸骸之暴露。造漏泽之仁园，兴启蒙之义塾。家富提携亲戚，岁饥赈济邻朋。斗秤须要公平，不可轻出重入。奴婢待之宽恕，岂宜备责苛求。印造经文，创修寺院。舍药材以拯疾苦，施茶水以解渴烦。点夜灯以照人行，造河船以济人渡。或买物而放生，或持斋而戒杀。举步常看虫蚁，禁火莫烧山林。勿登山而网禽鸟，勿临水而毒鱼虾。勿宰耕牛，勿弃字纸。勿谋人之财产，勿妒人之技能。勿淫人之妻女，勿唆人之争讼。勿坏人之名利，勿破人之婚姻。勿因私仇，使人兄弟不和。勿因小利，使人父子不睦。勿倚权势而辱善良，勿恃富豪而欺穷困。依本分而致谦恭，守规矩而遵法度。

谐和宗族，解释冤怨。善人则亲近之，助德行于身心。恶人则远避之，杜灾殃于眉睫。常须隐恶扬善，不可口是心非。恒记有益之语，罔谈非礼之言。剪碍道之荆榛，除当途之瓦石。修数百年崎岖之路，造千万人来往之桥。垂训以格人非，捐资以成人美。作事须循天理，出言要顺人心。见先哲于羹墙，慎独知于衾影。诸恶莫作，众善奉行。永无恶曜加临，常有吉神拥护。近报则在自己，远报则在儿孙。百福骈臻，千祥云集，岂不从阴骘中得来者哉！

诗　文

葛容学堂记

环学堂皆七岭，外脉耸五峰，中有乌龟扑地，头饮井中水，尾扫帷杆坪，其而曰："四季宝"。其峰各俱形，各岭胜丹青，山山龙吉地，岭岭浮祥云。黎氏宗祠设学堂，文明风水地，人杰而地灵。培学子，育精英，忠国事，养正气，习礼孝双亲，尊师长，树文明，皆兴事，学而旺，校而兴，师而荣，报国显精神。环学堂松柏苍翠，梓桐花团似锦，桫椤盘绕，似蛇舞，像龙腾。枝繁叶茂，秋高气爽，霜后红叶似朝霞，像彩云。和煦之光透其身，似迷彩服之美，惠风和畅，心旷而神怡。上建四合院，下为三合连广场。古色青瓦，回廊翘檐，榫卯雕梁，曲栏幽通，竹摇窗影，亮柱方圆，青石阶梯，尽显古香情趣。桂花清香迎学子，先生灯烛照后人。上院古柏，历尽沧桑，叙说学堂之兴衰，先生之荣辱，古老之传说。惜松柏稀少，桫椤无影，喜有红豆传情。古老学堂随梦去，梓桐花开又逢春。（黎启扬）

西江月·老秋春梦

2021 年初冬填词西江月一首，记退休生活。

枯叶老枝飘落，秋风劲扫花残。
古村家里品香茗，奏得琴声解闷。
四五个亲兄弟，七八处树林边。
旧时玩伴老乐颠，醉醒春梦又现。

（黎启扬）

金色古寨

落一叶而知秋，作诗一首以贺之。

一片金色铺古寨，三棵红豆写春秋。
万卷书崖映帷子，千家老屋跷脚楼。
沉醉高桥翰墨远，畅享祖训文底厚。
才子佳人说旧事，今朝拾趣叙乡愁。

（黎启扬）

人 物

黎登魁 （1601—1653），府学廪生。

黎全德 生卒年不详，镇远府学，清嘉庆十年（1805）拔贡，学名黎宪，字帝臣，曾捐资在村中立土地老劝世文碑。

黎敏德 生卒年不详，镇远府学，嘉庆十年科恩进士，取名黎纯熙，曾任沿河县县长。

黎宏章 生卒年不详，号斐然，石阡府最后科考廪生，后在白沙以教书为业，又名黎从凤，能作诗词。

黎永春 （1907—1995），号寿青，贵阳省立中学第一届高中毕业生，毕业后任沿河县县长未上任，后至石阡标小汤山一小前身任教，后创办白沙小学，任校长 5 年。曾任江口财务会会长，又调贵阳医务学校一年半，毕业调镇远卫生院院长两年。回家后，开办国荣小学任校长 6 年。中华人民共和国成立后，在石阡县人民法院工作，至 1952 年上半年。善书法。

黎永凤 生卒年不详，1947 年考入石阡中学，1951 年参加中国人民志愿军，到朝鲜参加抗美援朝战争。1955 年，在重庆第二炮兵学校学习。3 年后，曾任炮兵 318 团作战参谋、318 团手榴弹炮二连连长。1964 年转业，回石阡县在县税务局工作，曾任县税务局办公室主任，后任石阡县人民政府烤烟办公室主任。1989 年退休。

人物名录 获得硕士学历人员 黎文莉（四川美术学院美术学硕士）。

石阡县传统村落志

SHIQIANXIAN CHUANTONGCUNLUOZHI

神鹰飞腾小高王

因为发现了传说中的仡佬族图腾神鹰居住的石洞，石阡县河坝镇小高王村民小组徐家营山坳溶洞被中央电视台报道。除了徐家营山坳溶洞之外，小高王村民小组还出过徐培深、徐步云等名人。

基本村情

行政区划　中华民国成立之前，高皇村属石阡府葛章司管辖。截至2021年末，小高王村民小组为贵州省铜仁市石阡县河坝镇高屯村所辖村民小组。

村名由来　清顺治元年（1644），小高王村徐姓始祖徐学搬到此地居住，最初地名叫红子坪，后改名为高皇。中华人民共和国成立后，因此地地势

河坝镇高屯村小高王村民小组全景（县住房和城乡建设局　提供）

较高而更名为小高王，沿用至今。

历史沿革　明洪武元年（1368），葛彰葛商长官司隶石阡府。小高王村属石阡府管辖。

清乾隆七年（1742），小高王村属在城里管辖。

1912 年，小高王村初步形成村建制，初称“二保”，隶属聚凤。1916 年，小高王村属本庄区管辖。1938 年，小高王村属第四区管辖。1943 年，小高王村属高王乡所辖。

1950 年 2 月 8 日，石阡县人民政府正式成立后，小高王村属第三区管辖。是年 7 月，小高王村改属第六区管辖。1953 年，成立高王乡，高王乡人民政府驻小高王村，小高王村属高王乡高屯村所辖。1958 年，成立高王人民公社，为高王人民公社高屯生产大队小高王生产队。是年末，撤销高王人民公社，改设高王管理区；随即高王管理区撤销，并入河坝管理区，高屯村小高王村为河坝管理区管辖。1962 年，撤销河坝管理区，重新设立高王人民公社，小高王村为高王人民公社高屯生产大队小高王生产队。

1985年，高王公社改为高王乡，小高王村民小组属高王乡高屯村。1992年，撤销河坝场乡、高王乡、永和乡，改设河坝场仡佬族侗族乡，小高王村民小组属河坝场仡佬族侗族乡高屯村。2004 年 6 月，全县撤并行政村工作结束，河坝场仡佬族侗族乡高屯村与美星村、王坪村、连山村合并组成高王村，小高王村民小组属高王村。2010 年 12 月，全县调整行政村工作结束，河坝场仡佬族侗族乡撤销高王村，恢复设置高屯村，小高王村属高屯村。2016 年 1 月 14 日，撤销河坝场仡佬族侗族乡，设立河坝镇，小高王村民小组属河坝镇高屯村。

自然环境

地理位置　高屯村小高王村民小组坐落在石阡县城西南部，河坝镇东部，距离县城 65 千米，离镇人民政府所在地 12 千米，全村面积约 3.5 平方千米，为高屯村委会驻地，地理坐标为北纬 27°21′58′′，东经 107°52′23′′。

地形地貌　小高王村民小组属于武陵山脉，地处乌江水系上游，境内以低中山为主，海拔 1280 米，为典型的喀斯特地貌。村寨坐东北朝西南，东南、东北、西北三面环山，分别为大园子山、徐家银山和对门岭山，南面缓坡梯田向西南延伸至坡角方竹河河谷。“高皇（小高王）”之地，有灵气，“族人所居之地如坐太师椅，三面环山，唯有家居之地地势平缓，实为阳光之地，视野极为开阔”。

河流沟渠　大高王至大屯悬崖沟渠（全长 1.8 千米），为 20 世纪 60 年代人工开凿而成。

犀牛塘河为小高王村民小组生产灌溉主要水源，据说每隔几年，6—7 月犀牛就会在河里洗澡，河水莫名其妙地变得浑浊，如果水浑浊 1 天就会干旱 10 天。村民举例说，1980 年犀牛塘河水浑浊 10 天，结果发生百日大旱；20 世纪 90 年代有一年浑浊 4 天，结果发生 40 天干旱；2002 年河水浑浊 3 天，结果干旱 30 天。

小高王村民小组田园风光（县档案馆　提供）

方竹河是从聚凤乡经过小高王村民小组边界的河流，小高王村民小组土地被方竹电站库区淹没形成人工湖，面积约 2 平方千米，是垂钓旅游的好去处，有待开发。

大高王河是发源于大高王村流向书香河的一条小河流，流经小高王村民小组，水质优良，有多处自然山泉资源，流域内有峡谷、人工悬崖水渠、一线天、石笋、溶洞群等旅游资源。

气　候　小高王村民小组年平均气温 18.8℃，年降水量 1000 毫米。

自然资源　小高王村民小组共有林地 60.48 公顷，其中生态林 24.6 公顷，耕地面积 21.3 公顷，溶洞群多处。有铅矿、重晶石、铁矿、煤炭、石材等矿产资源。

族姓族源

人　口　小高王传统古村落有 360 余年的历史，截至 2021 年末，共有 85 户、344 人。

姓氏构成　截至 2021 年末，小高王村民小组主要居住着徐、潘、韦、李、龙、吴、刘、侯 8 个姓氏人口。其中，徐姓人口占全村人口的 37.21%，有 34 户、128 人；潘姓人口占全村人口的 20.35%，有 18 户、70 人；韦姓人口占全村人口的 14.53%，有 13 户、50 人；李姓人口占全村人口的 9.3%，有 7 户、32 人；龙姓人口占全村人口的 7.56%，有 6 户、26 人；吴姓人口占全村人口的 4.65%，有 3 户、16 人；刘姓人口占 4.65%，有 3 户、16 人；侯姓人口占全村人口的1.74%，有1户、6人。

民族构成 小高王村民小组村民以汉族、苗族、侗族人口为主。

主要姓氏源流 明洪武初年，明太祖朱元璋实行移民徙边政策，徐家祖辈开始迁入贵州，后途经满溪辗转进入高皇。清顺治元年（1644），小高王村徐姓始祖徐学搬到此地居住，买四大界为居住地，东界书香河至界首洗马滩，三岔土打柄坳；西界扇子岩赵家后头；南界喜马山岭直上空花岩；北界大高王坳口以上。又有“徐家三塘（孙家塘、锣鼓塘、芹菜塘）”之称。徐姓族人在小高王村已有360余年居住的历史。

清初，为躲避战乱，潘家等其他几户杂姓陆续迁入小高王村。

徐氏族规 爱国守法，仁爱孝道，和睦团结，育才重教，勤俭持家，守信重义。

基础设施建设

道　路 2006年，小高王村修通出村公路。截至2021年末，全村建成通村公路1条，为4.5米宽的硬化路面农村公路。村内入户道路均硬化。

电　力 截至2021年末，全村实施农村电网改造，村内主要道路安装太阳能路灯。

自来水 截至2021年末，村内接通自来水。

通　信 截至2021年末，全村实现4G网络信号全覆盖。

文体设施 截至2021年末，建占地3000平方米的文化广场，休闲娱乐、健身设施齐全，厕所正常使用，全场安装太阳能灯20余盏。

村域经济

集体经济 2020年6月，石阡县河坝镇高屯村集体股份经济合作社成立。集中连片种植烤烟、辣椒、马铃薯，引进企业种植构树。

产业发展 截至2021年末，全村共种植烤烟13.33公顷、辣椒8公顷、马铃薯23.33公顷，有养殖户5户。

村民生活

经济收入 小高王村村民的经济收入主要有：出售农产品、家畜家禽养殖、外出务工、财政补贴、集体经济务工收入及分红、其他非农收入、工资及退休金等。

主要支出 小高王村村民的经济支出主要有：日常生活、教育、房屋及维修、交通出行、通信、子女婚嫁以及其他支出。各项支出内容与马桑坪自然村小组相同。

家庭称谓　绝大多数称呼都和县域一样，只是如果生育小孩生辰八字大，就不能称呼自己的父母为“爹”“妈”或“爸”“妈”（多数称呼父亲为“叔”“伯”“大爷”，母亲为“娘”），爷爷叫“公”，奶奶叫“婆”，阿姨、姑姑叫“孃孃”，肖姓称奶奶为“妭（bao）”、爷爷为“（dia）”，其他称谓与县域其他地区相同。

教　育　截至 2021 年末，村中有小学 1 所、幼儿园 1 所。

医　疗　1975 年，高屯生产大队按上级统一部署，建立农村合作医疗制度，设立高屯生产大队卫生室，由高屯生产大队卫生室负责小高王生产队社员的基本医疗保健工作。1981 年，实施家庭联产承包责任制后，高屯生产大队卫生室名存实亡。1994 年，按全县统一部署，重建高屯村卫生室。2000 年，按全县统一部署，小高王村民小组开始实施新型农村合作医疗制度。截至 2021 年末，有村卫生室 1 个，医务人员 1 名。

社会保障　2012 年，按全县统一部署，小高王村民小组开始实施实行个人缴费、集体补助和政府补贴相结合的新型农村社会养老保险制度。

风土人情

生产习俗　“二月清明不在前、三月清明不在后”，即如果在农历二月过清明节，就不能在清明节前播种玉米，如果清明在农历三月过清明节，就必须在清明节前播种玉米。

“懵懵懂懂谷雨下种”，即如果种水稻不懂季节的话，在谷雨节气就应该播种。

“立夏不下、犁耙高挂”，即立夏这天没有下雨，以后一段时间就没有下雨的可能，准备打田种水稻的计划尽量取消。

打湿龙袍晒龙衣（每年农历五月二十是分龙节，如果这天下雨，寓意要干旱），五月二十三，大落大干，细落细干（干是指干旱）。

芒种不种，种子无用。

七月葱，八月蒜，九月种来无瓣瓣。

七月枣，八月梨，九月柿花才黄皮。

有收无收在于水，收多收少在于肥。

一九二九怀中插手，三九四九河水不走，五九六九隔河看杨柳，七九六十三路上行人把衣担，九九八十一农夫在田中犁。

冬至逢壬便数九，夏至三庚便入伏。

饮食习俗　每日早上 8 ~ 9 点吃早饭，早饭要吃饱。中午 2 ~ 3 点吃午饭，午饭要吃少。晚 7 ~ 9 点吃晚饭，晚饭要吃好。主食为大米，兼食玉米、面粉与红薯等杂粮。酒席为“九大碗”，包括三荤、三素、三汤。

特色菜肴　特色菜肴有面面肉、三酥香（油炸洋芋片、阴辣子、花生米）、凉拌混菜（折耳根、酸菜、萝卜丝）、酸辣肠汤（猪内脏 + 泡辣椒 + 油炸豆腐）。

特色小吃有血粑、盆花、米线、五花粑、甜粑、油炸粑、烟熏腊肉香肠、虫虫粑，山蕨粑、野凉粉。

2010 年以后，小高王村徐氏族人徐培武传承徐氏家庭传统菜肴烹制方法，并借鉴当地苗族、仡佬族传统饮食文化精髓，遵循绿色消费理念，创新制作的传统粉蒸扣肉、夹沙扣肉、酸菜肘子、酸辣鱼等多道菜肴，在河坝镇颇受各族群众的欢迎。

小高王村徐氏传人徐培武烹制的夹沙扣肉（高屯村委会　提供）

民族服饰　中华民国成立前，男穿便衣、女穿排衣；中华民国成立后，男装以中山装为主、女穿排衣。中华人民共和国成立后，小高王村各族村民穿着与其他地区汉族，并无不同。

岁时节庆　春节前，每家每户都要杀年猪、打粑、推绿豆粉、拌盆花，准备米线、香肠、血粑、水果等年货。除夕，全家一起吃团圆饭，围着火炉烤火，大碗喝酒，大块吃肉。凌晨，村民准备敬茶两杯、鞭炮、烟花钱纸，开财门迎接新年，开门后，到水井挑新年头水，拿柴进屋寓意来年财源滚滚。

生活禁忌　阳公忌日不能出种。

每年春节后要忌戊，以十天干为准，遇逢戊的日子开始数戊。逢戊的日子不能动土，每年必须履行开始的头五个逢戊日，以后不用忌。

大年初一不能扫地、倒垃圾、倒污水。

鸡蛋不能和洋芋（马铃薯）一起吃。

喝茶不能吃梨子。

传统村落保护

村寨布局　小高王村民小组三面背山，面临方竹河，村寨沿龙洞古井和徐家古井聚居，民居有序排列于山腰之间，东、西、北三面为茂密的森林，南面为缓坡梯田。村落坐北向南，先民充分利用天然地形，形成背山面水、随坡就势、错落有致的居住格局，体现“天地人”三者统一的选址观。整个村落以村南徐家祠堂为中心，环山呈扇形分布，寨中民居则以清代进士徐培深故居为中心，向东、西延伸。村落以天井路、徐家巷、湾头路“两路一巷”连接，同每个院落出口处衔接通往各家各户的巷道，从而使整个村落形成纵横交错、疏密一致的格局。小高王村民小组整体沿山势布局，村落轮廓与所在地形、地貌、山水等自然风光和谐统一。

河坝镇高屯村小高王村民小组村寨布局（县住房和城乡建设局　提供）

传统民居特色　小高王村民小组传统建筑为木质穿斗式结构，属于传统干栏楼式建筑，一般为二层，底层饲养猪牛或堆放杂物，二楼为生活层。小高王村民小组村寨建筑融合汉族、苗族的建筑工艺，因地制宜，在原有苗族建筑风格的基础上加入北方汉族传统民居四合院建筑风格。截至 2021 年末，全村保存完好的传统木结构青瓦房共有 74 栋，形制为正房与厢房配对，多数为清末时期建造，以五柱四瓜正房配五柱二瓜或三柱二瓜厢房为主，均为穿斗式木结构青瓦房，正房前两侧或一侧建翘角的吊脚楼，亦称“厢房”或“楼子”，中间为院坝，形成三合院式的建筑特点。

被列入第一批中国传统村落名录　2012 年 12 月 17 日，住房和城乡建设部、文化部、国家文物局、财政部、国土资源部、农业部、国家旅游局联合发布第一批列入中国传统村落名录的村落名单，石阡县河坝场仡佬族侗族乡小高王村民小组被列入。

传统村落保护发展规划制定　2016 年，有关部门制定《铜仁市石阡县河坝场仡佬族侗族乡小高王村传统村落保护发展规划（2014—2030）》，确定规划范围即小高王村的整个村居范围，总面积为 18.32 公顷。保护范围分为核心保护范围与建设控制地带，其中核心保护范围面积为 4.8 公顷。

保护举措　2016 年，小高王村民小组被列为 2016 年度传统村落保护项目实施单位，利用国家下拨资金进行传统村落保护项目建设。

河坝镇高屯村小高王村民小组传统建筑（县住房和城乡建设局　提供）

截至 2021 年末，村内安装微型消防设施，增设垃圾箱。村内古树、传统住宅均造册挂牌保护，并出台相应管理措施。

古迹胜景

概　况　小高王村民小组历史悠久，山清水秀、空气新鲜、气候宜人，蕴含着丰厚的文化底蕴，旅游资源丰富，被誉为“避暑休闲山庄”。村有石阡历史名人徐培深题词，集明清建筑古围墙、古龙门、古院坝、古屋、古巷子、古井、古树、古墓、徐家营山洞乳峰石、潘家营、韦家营、大屯飞天峡谷、鸡冠石等于一体，住房和城乡建设部及省、市、县相关单位多次到这里考察。

小高王村有待开发的旅游资源有徐家营神鹰洞、峡谷、山泉水、徐培深故居、人工悬崖水渠、一线天、石笋、古墓群、犀牛塘、缓坡梯田、古建筑等。小高王传统古村落存有古建筑八字龙门，天井坝，徐氏宗祠，古井 3 处（龙洞水井、新房子水井、大水井），古道路 4 条（经大高王到聚凤乡方向、经三岔土到哨溪方向、经田坎寨到龙溪方向、经蚂蟥沟到河坝镇方向），徐培深故居，古墓 3 处（徐氏宗族始祖徐学坟，位于水井湾马屁股；徐培深叔父、叔母墓，位于三岔土后面松树林、村委会以下 150 米；徐培深父母墓位于三

小高王村民小组徐培深故居原址（勾昆　摄）

岔土后山岩口、田坎寨安喜春屋后）。

徐培深故居　初建于清嘉庆年间（1796—1820）、徐家初兴之际，建筑具有浓郁的清代风格。屋内用青砖铺垫，屋外坝子用青石板铺就，辅以碎石镶嵌，具有极强的审美价值和文物价值。

徐氏宗祠　徐家祖辈灵位安放的地方，初建于徐培深任户部员外郎、云南司事时。如今徐家祖先灵位已不复存在，其祭祀功能已经消失。

高屯村村公所　初建于清嘉庆年间，徐家初兴之际。此房屋曾作为高王乡人民政府办公场所，后几经变革成为村公所，截至 2021 年末，仍然保存较好。

高屯大硝洞　北洋军阀时期，贵州军阀混战，悍匪横行。为躲避匪患，小高王村村民充分利用地势，在徐家银山山腰溶洞外围修筑一个防卫屯堡。后因村民在此洞内炼硝，故又称其为大硝洞。

古　井　村南祠堂东侧与南侧有徐家水井和龙洞水井 2 口古井，终年不涸。

徐家营神鹰洞　徐家营溶洞位于小高王村徐家营山坳，距离小高王村 1.5 千米，洞口极其狭窄，洞深 500 米，洞内分布有大量钟乳石柱、石旗、石花，姿态各异，千姿百态。当地村民称其为“神鹰洞”，传说仡佬族的图腾——神鹰就居住于此洞中。小高王村徐家营溶洞是石阡县境内具有较高探险科考和旅游开发价值的溶洞群之一。

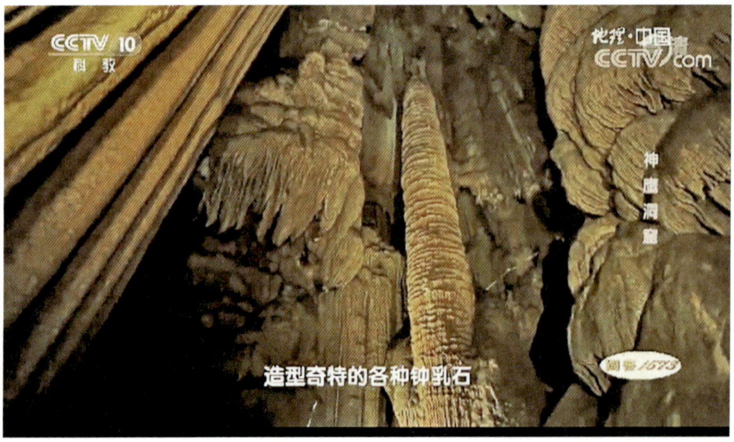

2016 年 3 月 12 日，中央电视台科教频道报道小高王村民小组徐家坳溶洞景观画面（勾昆　摄）

2015 年 11 月 26 日，由省洞穴协会、省洞穴工程中心与中央电视台科教频道《走进科学》栏目摄制组组成的联合科考队到石阡县河坝场仡佬族仡族乡小高王村，证实徐家营溶洞就是仡佬族传说中的神鹰洞。科考队对徐家营溶洞进行科学考察，专家测量洞深500米。2016年3月12日，《走进科学》栏目播出《寻找神鹰洞》，对石阡县河坝镇徐家营溶洞进行报道。

一线天绝壁 距离小高王村7千米，因两壁夹峙，缝隙所见蓝天如一条线而得名，一线天绝壁长100余米，高数十米，两壁之间最宽处不足10米，雄伟壮观。

河坝镇高屯村小高王村民小组“一线天”绝壁（勾昆 摄）

大齐岭 位于河坝场东与小高王村之间。南起城门、庆河入境处的峡谷，北至乐乔三台山，逶迤长约17千米，主峰老蓬岩，中有大齐口、小齐口、葛壁口、花滩岩口、两扇岩等便道所经之处。坳口窄浅而山高岭长，以大岭齐天而得名，又名凤凰山，苗王坡，或称大齐岭梁子。

明光洞 位于河坝镇的中部高王马黄沟，距镇人民政府驻地4.69千米，属河坝镇高屯村小高王村民小组，距小高王村民小组1.5千米，因洞中石块会自然发光（当地人说的亮光石）而得名。海拔984.19米，为雨水或地下水溶解侵蚀石灰岩层所形成的溶洞，是典型的喀斯特地貌。洞内面积300平方米，长315米，宽13米，高5米，为钟乳石溶岩洞穴。岩洞中奇石林立，洞口高8米，宽6米，有地下河入其中，深无可测。洞前柏树森森，旧建庙宇于洞中。截至2021年末，仅剩遗址。

小高王村民小组红军路（勾昆 摄）

小高王村红军路 1936年1月24日，红二、六军团在石阡县休整约10日后，全军从石阡县城等地出发，经大齐口、小高王村，离开石阡县，进入余庆县。截至2021年末，小高王村红军路尚存，大部分路段硬化。

传统文化

礼佛节 每年的二月初九、五月十七、九月初九，小高王村村民都会不约而同前往明光洞进行祭祀和祈祷，祈祷神灵护佑全家身康体健、五谷丰登。通常祭祀分为许愿和还愿两部分。一般祈愿通常采取焚香敬茶的形式进行祷告，如果所许心愿如愿以偿，就要请寨老主持祭祀感谢神恩。进入 21 世纪以后，礼佛节传统祭祀活动逐渐演变成为当地居民的一种娱乐放松活动和社交活动。

传统喇叭 共有 32 排 72 调。婚礼乐曲有拜堂调、出嫁离娘调、勾号，丧事乐曲有哭丧调、喔霍调、化钱调、过更调、化钱录调，上梁乐曲有霸王调、过山调、过桥调、过街调。

苗族哭嫁歌 苗族哭嫁歌是由待嫁新娘及其女亲友演唱的抒情性歌谣。它是在特定历史时期女性出嫁时宣泄心中真情实感的一种演唱形式。其哭唱形式有：一人哭唱（一人哭唱多为姑娘哭诉自己的命运、哭父母的养育恩情、哭兄嫂姐妹的情谊以及哭诉封建婚姻不自由、媒人可恶可恨的欺骗行径等）、两人哭唱（两人哭唱又称为“姊妹哭”，由出嫁姑娘先哭，陪哭人在一旁劝慰哭，从句尾插入，两人一哭一和）。哭嫁主要是感谢父母和长辈的养育之恩，感谢兄弟姐妹的关怀，同时为少女时代欢乐生活即将逝去而悲伤，表达对婚姻生活来临前的迷茫与不安，也有的是表达自己对婚姻的不满，等等。哭唱的内容主要有“哭爹娘”“哭哥嫂”“哭姐妹”“哭叔伯”“哭陪客”“哭媒人”“哭梳头”“哭祖宗”“哭上轿”等。哭嫁具有孝、义的伦理价值。即将远嫁他方，新娘首先想到的是离别亲人，依依难舍之情油然而生。因为要离别，平日不曾给予过多关注的亲情，此刻历历凸显。回顾往事，新娘悲从中来，母亲十月怀胎的辛苦、父母养护的艰辛，件件往事、点点细节都浸润着深情，做女儿的对父母的感激之情从内心深处自然溢出。

在小高王村，“哭嫁”主要以口头传授方式传承，以书本传承为辅，且书本保存所剩无几。因为传承人都已经将哭嫁的形式和歌词牢记心中，所以表现形式绝大多数以非文本形式存在和传承。

哭嫁曲目旧时坊间丛刻中有《训女哭嫁》，载有《闺声哭》《娘训女》《嫂哭妹》《哭爹妈》《哭哥嫂》《花轿到屋哭》《哭叔爷》《哭兄弟》《哭外公外婆》《哭舅爷》《拜香火哭》等曲目。

小高王村哭嫁传承人谱系主要有余永仙（第一代）、龙尚珍（第二代）、韦艳（第三代）与刘光珍（第一代）、吴登碧（第二代）、韦敏（第三代）。截至 2020 年，全村现存哭嫁传承人有龙尚珍、韦艳与吴登碧、韦敏。

其他传统娱乐 主要有要龙灯、唱花灯、荡秋千、说四言八句、唱山歌、打洋仗、走母猪窝、走象棋、打三棋、裤裆棋。

走母猪窝 2 人以上参与，人越多越好玩。游戏步骤为：每个人在面前挖属于自己的 3

个小洞，每个小洞都可放下 3 颗石子。然后大家约定游戏开始方向（顺时针或逆时针），通过“石头剪刀布”猜拳方式决定谁先开始游戏。

假设甲乙二人从顺时针方向开始游戏，首先开始的甲选择自己 3 个洞里的任意 1 个洞，抓起里面的 3 个石子，依次顺时针每个洞里面放一颗，石子放完，如果空 1 个小洞，则此洞下面 1 个洞里的所有石子都会被甲“吃”掉。就这样，二人依次抓石子，走石子，“吃”石子，直到最后所有石子被“吃”完。如果走完一圈还有剩余的石子，必须提前定好规矩，要么进行第二圈走石子，要么归此轮走石子的人所有。

走子过程中，不允许“吃”自己的石子。如果最后陷入循环，则进行下一轮。最终，谁的石子多谁就赢得游戏，输的人要接受惩罚。

裤裆棋　因其形似短裤亦叫裤裆棋，又叫憋死牛、跳井棋、堵茅坑、吃虎棋。棋子可信手拿来，只要互相能够区分。游戏开始前，双方先将棋子摆好。通过“石头剪刀布”猜拳方式决定谁先走棋，每次每人只走一步，轮流走棋；每次只可移动自己的其中一颗棋子，每个点位只允许存在一颗棋子；任何一颗棋子无路可走就意味着被憋死，被憋死的那颗棋子只好“跳井”；一方把另一方的两颗棋子都“憋”死，全部“跳井”，就赢了。

艺文杂记

卜宅诗

徐培深

数午修竹好为林，
更欲青檐傍水滨。
携杖寻春过桥去，
万山青处一闲人。

七十感怀诗（之一）

徐培深

瞥眼韶华七十春，退闻鱼鸟亦相亲。
愧非明月前生我，来与梅花作主人。
桃李在门多不贱，图书满架未全贫。
回头往事都成梦，剩个江湖自放身。

新疆纪胜诗（组诗节录）

徐步云

一

唐西突厥汉乌孙，万里新开戊己屯。
一自井疆崇庙略，天山草木尽衔恩。

二

轮台烽火报平安，杨柳青青近可攀。
见说玉门春似海，不教三叠唱阳关。

三

玛纳河边积雪凝，行人瑟缩阻层冰。
如今车马纷纷渡，和气嘘为瑞雾蒸。

五

果沟东面亦龙渊，水味甘甜似醴泉。
中有小山人不到，恰如蓬岛引归船。

二十

五种大都宜二种，麦花开后稻花香。
更看荞麦花如雪，半似燕乡半越乡。

三十

马射棚收夕景寒，偶来蹋蹦更跳丸。
儿曹泼水成冰戏，赢得行人揽辔看。

三十一

猎火连山雪打围，搜苗万里畅皇威。
军中已办黄羊炙，马上新驮白鹿归。

三十四

土尔扈特辞瓯脱，却来款塞竞朝天。
杂居齐尔诸屯落，十万人如解倒悬。

三十五

八政首先重民食，庙堂谋略广新屯。
春耕秋获颁时令，丝粒无非覆载恩。

三十六

并包六合总皇仁，处处春台作好春。
玉塞外犹成乐土，况为生长太平人。

婚姻格言

宁谈大户人家的丫鬟，不说小户人家的小姐。

童养媳：小小郎来小小郎。夜晚抱上床，不是父母双双在。你当儿子我当娘。

开错一门亲，失了九代根。

人 物

小高王村人才辈出，清朝徐氏族人有“八抬大轿出门”的美谈。进士有徐培深、徐步云，庠生有徐尚元、徐占元、徐步高，生员有徐雲林、徐艺林、徐起林。

徐步云（1734—1824） 清代诗人、书法家。字蒸远，号礼华。贵州省石阡府高皇村人，“幼机警，风神玉立”“年十七为诸生，旋食饩”，成为廪生。肄业于安定书院。工诗文，尤善书法，楷似《乐毅论》，行似《圣教序》，皆以精妙著称。清乾隆二十七年（1762）召试举人，授内阁中书、军机处行走。乾隆三十三年（1768），因涉卢见曾（雅雨）之“两淮盐政提引征银案”被遣戍新疆伊犁，撰《新疆纪胜诗》。乾隆三十八年（1773），得伊犁将军舒赫德保奏，自塞外回籍，在天津以七言绝句作《新疆购物志》以献，被起用为四库全书处分纂官。乾隆四十一年（1776），又以舒赫德次子牵连，被革职，辞职归乡，杜门吟诵。嘉庆十三年（1808 年），74 岁高龄的徐步云再次应试，获三甲十四名，中进士，后官至湖北随州知州。齿逾九旬，“犹能灯下作小字，诗文华腴一如壮时”。著有《爨余诗钞》《小楼诗集》《松寿阁文集》《宫湘秋传》等。生平事迹见《清实录》《（道光）泰州志》《扬州画舫录》《皇清书史》《国朝书画家笔录》《枢垣记略》《药裹慵谈》《清诗纪事》《泰州著述考》与《清人诗文集总目提要》等。

徐培深 又作徐培琛（1779—1858），字资之，号松泉，又号梅花之主，出生于贵州石阡县河坝高皇村，后移居县城。家境贫寒，自幼聪颖好学，七八岁即能诗能文，闻名乡梓。少年时，家中连遭意外变故，长幼亲人一年之内接二连三亡故，徐培深“一年之中，哀号涕泣，奔走道路，面目黧黑，……块然一身，形影自吊，鸠鸣雀噪，心目皆惊”，身心备受非常人可想象的打击，“亲戚故旧亦视为不祥人，相逢于道辄唾以厌之……”更是饱尝世态炎凉。他在绝望中以立死地而后生的意志奋发图强，一边做小贩、教书谋生，哺育幼弟，一边发奋苦读。功夫不负有心人，于清嘉庆十二年（1807）中举，嘉庆二十二年（1817）与同乡成世瑄、张海澜同科考中进士，被誉为“石阡三杰”。改授翰林院庶吉士，历任户部员外郎云南司主事、直隶知州、江南道监察御史等。为官刚直不阿，铁面无私，兼办八旗现审处重职时，大刀阔斧地审理别人不敢审理的数十起案件，打击贵族及八旗特权。任监察御史时，曾连上十四折奏指陈时政、弹劾权宦，甚至不畏触抗旨意，冒死要求处理皇帝爱妃的父亲，赢得“刚直不阿徐御史”的美名。也因如此直谏冒犯皇帝，险遭杀身之祸，最终遭罢官离京。

人物名录 抗美援朝参战人员 肖守贵（已故） 肖守清（已故）

中越边境自卫反击战参战人员 潘朝成 潘智昌 潘 盛 吴国荣

获“光荣在党50年”纪念章人员 王永贵 张忠林 安文刚 龙德昌 韦孝才 潘香昌 肖点权

县级非物质文化遗产代表性项目苗族哭嫁代表性传承人 龙尚珍 吴登碧

县级非物质文化遗产代表性项目苗族传统造纸代表性传承人 刘光福 刘云辉 刘云国

深山古村黄泥坳

“黄泥坳”，一个土得掉渣的村名，但它却是黔东北最有历史底蕴的古村落之一，陈家大院、字库文笔、数十棵古树，处处显出黄泥坳村民小组厚重的历史底蕴。

基本村情

行政区划　黄泥坳村民小组属聚凤仡佬族侗族乡枫香屯村，面积 10 平方千米，村寨占地面积 5.89 公顷。

村名由来　据村寨老辈回忆，村名起初为“黄鹤坳”，因村落背面的凤凰山上白鹤较多而得名。又因黄鹤坳陈氏富豪陈登坤组织人员在村寨南面山洞中加工黄金，因此“黄鹤坳”又称为“黄金坳”。清朝末期，匪患严重，陈氏家族族长陈文科号召村民修建平安营城墙，把村民迁移到平安营避匪，并安排陈氏可靠人员将黄金装入长约 2 米、宽约 2 米、高约 1 米的“斗”中，用乱石和石灰搅拌密封 3 层，层与层中间用黄泥填满，共装有 3 斗黄金，秘密藏在村南古白树旁山洞中，故此得名“黄泥坳”。另有一说，此村三面环山，所处山坳土质以黄泥居多，故名黄泥坳。

村寨沿革　《陈氏族谱》记载，北宋嘉祐八年（1063），黄泥坳村小组陈氏太祖遵行宋仁宗旨意，按照陈氏各房支派抓阄结果，从江西经四川转至贵州石阡指甲坪村定居。明天启三年（1623），黄泥坳村陈氏始祖陈国宾举家搬迁至黄泥坳村定居。

1917 年，黄泥坳村为第六区管辖。1936 年，置走马坪联保，黄泥坳村属走马坪联保黄泥坳保管辖。1937 年，石阡县第六、第九两区合并为第一区，黄泥坳村属第一区管辖。1943 年，设聚凤乡，黄泥坳村属聚凤乡黄泥坳保管辖。

1950 年 2 月 8 日，石阡县人民政府成立，黄泥坳村属第三区聚凤乡管辖。

古树遮掩下的聚凤仡佬族侗族乡枫香屯村黄泥坳村民小组（县住房和城乡建设局　提供）

1953 年，黄泥坳村属白沙区聚凤乡管辖。1958 年，为白沙区马屯人民公社复兴大队黄泥坳生产队。1984 年，政社分离，为白沙区马屯乡复兴村黄泥坳村民小组。1992 年，撤区建乡（镇），聚凤仡佬族侗族乡成立，为聚凤仡佬族侗族乡枫香屯村黄泥坳村民小组。2003 年，聚凤仡佬族侗族乡完成并村工作，全乡 18 个村合并为聚凤、宝龙、马屯、马鞍山 4 个村。黄泥坳村民小组属马屯村管辖。2010 年，聚凤仡佬族侗族乡完成建制村调整工作，重新设立枫香屯村，黄泥坳村民小组属枫香屯村管辖。

自然环境

地理位置　黄泥坳村民小组位于聚凤仡佬族侗族乡南面大山深处，距聚凤仡佬族侗族乡人民政府所在地 7 千米。

地形地貌　黄泥坳村民小组属典型的喀斯特地貌，所处地形为山谷地带，村寨东、南、北三面环山。

气　候　黄泥坳村民小组多年平均气温 14.2℃，年平均降水量 1122.2 毫米。无霜期年平均 305 天。

族群族源

人口民族 截至2021年末，黄泥坳村民小组共38户、187人，全部村民均为仡佬族。村民姓氏以陈、邵、李、石、吴五姓为主，耕地面积72.8公顷。

主要居民溯源 据《陈氏家谱》记载，黄泥坳村小组陈氏太祖来自江西。北宋嘉祐八年（1063），黄泥坳村民小组陈氏太祖从江西经四川转至贵州石阡指甲坪村定居。明天启三年（1623），黄泥坳村陈氏始祖陈国宾举家搬迁至黄泥坳村定居，繁衍至今。20世纪中期，有劭、李、石、吴等姓氏仡佬族人家搬迁至此定居。

基础设施建设

道　路 截至2021年末，黄泥坳村民小组通村道路村内道路均完成硬化。

电　力 截至2021年末，黄泥坳村民小组实施农村电网改造工程，村内道路安装太阳能路灯。

自来水 截至2021年末，黄泥坳村民小组各户均接入自来水。

通　信 截至2021年末，手机通信4G网络覆盖黄泥坳村民小组。

村域经济

主要经济作物 黄泥坳村民小组以烤烟、茶叶等经济作物种植为主，以养殖为辅。

特色产业培育 2015年，贵州黄金坳农业开发有限公司种植各种瓜果、水稻、蔬菜、花卉，发展金刺梨育苗120万株、小甜瓜13.33公顷、辣椒4公顷、奇花异果200个品种、射干育苗2公顷，并种植海棠花、鸡冠花、指甲花、紫薇树、李子、桃子、葡萄、枇杷、木通、金银花、养心菜（费菜）等。

先进生产模式推广 近年来，枫香屯村充分发挥水资源丰富的独特优势，持续推广“油菜、水稻轮作＋稻田生态养鱼”生产模式，促进村民增收。

农家乐旅游 黄泥坳村民小组为马屯河大峡谷景区核心景区，2017年以后，在各级党委、政府支持下，通组公路持续完善，并拟定借助马屯河大峡谷景区优势，发展农家乐旅游规划，并按计划持续实施。

村民生活

村民收入 黄泥坳村村民的经济收入主要有：出售农产品、家畜家禽养殖、外出务工、财政补贴、集体经济务工收入及分红、其他非农收入、工资及退休金等。

主要支出 黄泥坳村村民的经济支出主要有：日常生活、教育、房屋及维修、交通出行、通信、子女婚嫁以及其他支出。各项支出内容与马桑坪自然村相同。

医 疗 1975 年，复兴生产大队按上级统一部署，建立农村合作医疗制度，设立复兴生产大队卫生室，由复兴生产大队卫生室负责黄泥坳生产队社员基础卫生医疗工作。1981 年，实施家庭联产承包责任制后，复兴生产大队卫生室名存实亡。1994 年，按全县统一部署，重建枫香屯村卫生室，由枫香屯村卫生室负责黄泥坳村民小组村民基础卫生医疗工作。2000 年，按全县统一部署，黄泥坳村民小组开始实施新型农村合作医疗制度。

社会保障 2012 年，按全县统一部署，黄泥坳村民小组开始实施实行个人缴费、集体补助和政府补贴相结合的新型农村社会养老保险制度。

风土人情

过春节 黄泥坳村民小组陈氏过春节传承家族聚餐的习俗。在腊月三十（小年腊月二十九），寨中的女性共同行动，分工合作，烧火的、洗菜的、做饭的、炒菜的，一起准备年夜饭。男士们有的打扫卫生、有的烧猪头，煮好猪头后放在盆中，端到院坝一张八仙桌上，烧 12 束香纸长钱，敬天地菩萨；有的写春联、贴春联，用红纸写的对联贴在房屋的大门两边的门方上和柱子上，换上两张新的门神画贴在大门上，增添喜气。饭菜准备就绪后，将丰盛的宴席在堂屋中桌子上摆放整齐，桌子四方都添上一碗饭，放上一双筷子，酌上一杯酒。一切准备就绪，就焚烧香纸，燃放鞭炮，虔诚地请列祖列宗入席享用。祖宗入席享用完毕，全寨按辈分入席正式吃饭喝酒，不饮酒的就喝点饮料，大家相互斟酒，互相祝福。每年举行家族年夜饭聚餐，是怀念祖先在祖籍江西义门陈村 15 辈人不分家，3900 余人共同生活，百犬同槽的好家风。聚餐后就准备仡佬族“篝火年欢晚会”，晚会地点均在陈家大院，每年腊月三十夜的篝火都烧得很大，预祝新的一年日子越过越红火。晚会节目至少 3 个，并选出节目主持人，通常第一个节目是请长辈品茶讲故事。由晚辈给长辈端上茶水后，男女老幼排坐有序，听老人讲故事，故事不限内容，但必须文明健康。故事太多，每年只讲 3 个故事。凡是在黄泥坳陈家大院生长的人士都知道很多关于当地的故事。比如“陈胖子赶考”“青龙现身”“白虎洞降雨”“古树投梦治病”“壮士打虎抱牛洗澡”“红军进寨”“土匪火烧陈家大院”“白雨会”“百犬同槽”“书院传学”“家规执法”“皇帝上朝”“包公断案”“孟姜女哭长城”“李元霸读书”“状元游街”等。第二个节目是“唱歌”，可以独唱，也可以合唱，唱的都是传统民歌。第三个节目是大家手牵手围火堆跳舞。晚会这 3 个节目是必不可少的。最后共同食用糖食果饼之后，小孩子们回家睡觉，大人继续围着火堆守夜。

仡佬年 仡佬族人一年之中要过两个年节，一个是春节，另一个是仡佬年。三月初三是仡佬族的仡佬年。届时要准备鸡、酒、肉、饭等敬奉山神或秧苗土地，人们认为只有敬奉这些神后才会清吉平安。供品用过以后，人们就在山上或寨门前聚食，当地仡佬族人叫作“过年”。这天吃过早饭后，仡佬族男女老少都要身着崭新服装，携带仡佬族特有的五管芦笙等民族乐器和酒肉饭菜，从四面八方汇聚到老祖先坟茔前的草坪上。

人到齐后，由本族首领点放鞭炮和鸣放火铳，表示过年开始。接着人们便自由组合，开始进行各种文娱活动。当尽情玩乐到下午两点左右，人们才集中在老祖先坟前祭祖。祭祀时，长辈在前，小辈在后，由首领将带来的10只活鸡（公鸡5只、母鸡5只，每年轮流由10户人家带来）宰杀，以血滴入酒中，洒酒于地祭奠祖先。祭奠时，要用民族语言歌颂祖先“开荒辟草”的功绩，祈求祖先保佑子孙多福多寿。祭祖完毕，接着人们按长幼次序转移到草坪上，面对山林，敬奉山神和“秧苗土地”。祈求山神和“秧苗土地”庇佑仡佬族人民五谷丰登、六畜兴旺。祭祀完毕后，便开始吃年饭。吃年饭时，根据人数分成若干桌，不论年纪大小，辈分相同的坐在一桌。每桌10人，按辈分在草坪上围蹲成圆圈，辈分高的坐在前排，辈分低的坐在后排，有几辈人就摆几排。每桌用木盆舀一盆鸡汤和一盆菜放在圆圈正中，每人互敬一杯酒后就开始吃年饭。吃完年饭后，人们各自回家。过完仡佬年后，春耕开始。

饮食习惯　黄泥坳村民小组仡佬族主食为大米，兼食玉米、面粉及其他杂粮，做菜喜欢酸辣口味，喜饮酒并擅长酿酒。

吃虫节　每年正月十四晚上，仡佬族家家户户均要炒“虫虫粑”。人们把糯米蒸熟后，用木制的粑槽打成大糍粑，用手捏成各种田地中害虫的模样，放入锅内用油炸，然后大家一起吃，意思是把损害庄稼的害虫全部“吃掉”。当地仡佬族村民把炒“虫虫粑”吃的日子称为“吃虫节”。

春节“喂树”　仡佬族人过春节的时间和习俗大致与汉族相同，仡佬族人过春节时有“喂树”的特别祭祀环节。“喂树”又被称为“祭树”或“拜树”，起源于仡佬族人信仰万物有灵的古树（大树）崇拜。见树后先鸣放鞭炮，然后选择高大粗壮的古树烧纸焚香跪拜。跪拜完毕给树“喂”祭品：一人执刀在树皮上砍3个口子，另一人“喂”些肉、饭、酒于口子中，再用红纸把刀口封住，之后众人给树除草培土，“喂树”仪式完毕。

“上亮”　“上亮”就是祭祀祖先，从除夕到正月十五，仡佬族人都要到自己家的祖坟上去“上亮”。将1根长约1米的竹子划成4片，中间捆一大圆圈，白纸四面糊好。圈底放1块黄泥作烛台，点上烛后插在祖坟前，拜台处放置供品。“上亮”以近亲坟和新坟为主，有的上三夜的亮，也有的上半个月的亮。

除夕烧疙兜火　每年除夕夜，仡佬族人都要通宵烧疙兜守岁，又叫“迎新火”，有“三十夜烧个大疙兜，明年喂个大肥猪”之说。此夜，阖家老少、左邻右舍围拢在火塘边唱歌、猜谜、讲故事，尽情欢乐。

祭秧苗土地　一般在农历五月上旬，由各家各户自己举行。内容简单，只备3束长钱和一些纸钱，3 ~ 5 个粽粑和少许酒菜在自家秧田里祭祀。烧化纸钱后，用竹竿将粽粑吊起插入田中。仡佬族歌谣唱道："五月里来秧开排，秧苗土地要钱来，三束长钱交与你，保佑禾苗长起来。"祭秧苗土地主要是祈求少遭病虫害，庄稼获丰收。

传统村落保护

村寨布局 黄泥坳村民小组位于山腰处，村寨依山而建，坐东向西，三面环山，西面梯田成片，连在天然生成的青龙山和白虎洞之间，整个村落呈南北带状分布，向苏香河谷延展。全村房屋布局密集，纵横交错，疏密有致，掩映在大片古松柏之间，村寨周围有石寨墙庇护，森林成片。整个村落以陈家大院为中心，从选址空间整体布局到群体组合及单体建筑，处处体现生态意识、伦理关系、地缘关系、防御需求及原始民间信仰，村落选址及空间布局中仡佬族传统文化符号随处可见。

传统民居建筑特色 黄泥坳村民小组保存完好的传统民居建筑均为穿斗式木结构青瓦房，形制为正房与厢房配对，以五柱六瓜正房配五柱二瓜或三柱二瓜厢房为主。民居墙体、屋面依据建材资源及建房者经济能力而定，有的内外墙全用木板，屋面多用小青瓦盖；经济条件差的则使用木条、玉米秸秆或竹条等材料作墙，青瓦屋面较少，多以茅草覆盖。截至 2021 年末，黄泥坳村民小组共存有各类传统木结构穿斗式青瓦房 40 余栋，多数为清朝中后期建造。

聚凤仡佬族侗族乡枫香屯村黄泥坳村民小组村寨局部（县住房和城乡建设局　提供）

黄泥坳村民小组传统民居（勾昆　摄）

被列入第一批中国传统村落名录　2012年12月17日，住房和城乡建设部、文化部、国家文物局、财政部、国土资源部、农业部、国家旅游局联合发布第一批列入中国传统村落名录的村落名单，石阡县聚凤仡佬族侗族乡枫香屯村黄泥坳村民小组被列入。

传统村落保护发展规划编制　2016年，由北京瑞德瀚达城市建筑规划设计有限公司编制完成《铜仁市石阡县聚凤乡黄泥坳村传统村落保护发展规划（2014—2030）》。确定规划范围即黄泥坳传统村落建设控制地带范围，总面积5.89公顷（包括核心保护区），包含已有建成区域、山体林地及部分能体现当地农耕文化的田园环境。保护范围分为核心保护范围和建设控制地带。其中，核心保护范围面积2.17公顷，包括传统民居建筑群及周边历史环境要素所在的完整区。

保护项目实施　2016年，聚凤乡黄泥坳村民小组被列为2016年度传统村落保护项目实施单位，利用国家下拨资金完成传统村落消防设施、污水处理设施安装。

截至2021年末，共投入200余万元资金对黄泥坳村民小组传统村落内巷道、消防设施和污水处理进行改造和修建，完善部分基础设施和保护功能，增设垃圾箱。村内古树、传统民居均已造册挂牌保护，并出台相应保护措施。

古迹胜景

青龙山、白虎洞、观音庙、千年古树群等自然奇观，陈家大院、字库文笔塔等传统建筑为黄泥坳村民小组的主要景点。

陈家大院遗迹 陈家大院坐落在村寨中心，清康熙四十七年（1708），黄泥坳富豪陈登坤首次组织修建陈家大院，陈家大院建筑风格奇特，雕刻精致，琉璃靓瓦，木雕花窗，中间正房为七柱六瓜长五间，两边厢房建起对称吊脚楼。初步修建石水井及龙门和巷道，并组织人在村南古柏树旁的山洞中加工黄金。清嘉庆十一年（1806），诗人、清代知县、陈氏家族族长陈文科组织修建陈家大院内外龙门、寨墙、古井、古庙、古墓、观音阁、字库文笔。清同治元年（1862），土匪烧毁陈家大院，藏于陈家大院地下室的金子未被烧毁，房屋、书籍、衣物、粮食与陈文科所著诗集《大清兴衰》等全部被烧毁。清同治二年（1863），年事已高的陈文科主持修复陈家大院，部署修建“平安营”古城墙，并暗地将陈家大院的黄金转移到村南古柏树旁山洞中封存。1922 年，黄泥坳村陈氏迁居平安营，土匪攻打平安营失败后，再次纵火烧毁黄泥坳村陈家大院。1923 年，曾任石阡县第八区区长的黄泥坳陈氏名士陈永元（又名陈善之）组织修复陈家大院，重修的陈家大院分 3 个中院，均为七柱六瓜长五间并连三栋，木雕花窗，琉璃翘檐。正厅高大宽敞，配房对称吊脚楼，3 个中院及外广场用长宽一样的石料建成，刻有龙凤、人物字画、飞禽走兽，形象逼真，被人们称为“北京四合院”。有人作诗概括陈家大院情况道：“七柱六瓜长五间，同样三栋并相连；配房修建吊脚楼，人称北京四合院；木雕花窗绣飞鸟，琉璃亮瓦盖翘檐；两重龙门雕龙凤，一对雄狮立两边；中间石雕挂大匾，两边石柱刻对联；内外院坝及寨墙，一伙石匠修三年；义门陈氏家声远，家谱记载几千年。”此次重建陈家大院，还专门修建福寿龙门，福寿龙门正面、反面分别刻有“孝有家风”“四世同堂”字样。龙门高、宽均为 2.8 米，“福”与“寿”雕相对应，呈八字形镶嵌于陈家大院龙门上，雕刻用石均呈现正方形式样，规格为 0.84 × 0.84 米。周围皆用宽大的四方石包裹，高大雄伟。陈家大院古墙长 300 余米，宽 1 米，高 5 米有余。1983 年 1 月，陈家大院再次突发火灾，福寿龙门被烧毁，仅残存基座。陈家大院遗存有清代建筑焚香炉、字库文笔、观音阁、石碑、石雕、石寨墙、古井、古树、古庙、古墓等古迹文物。

黄泥坳村民小组陈家大院福寿龙门残存的“福”字图案（勾昆 摄）

字库文笔 建于清嘉庆十一年（1806），位于黄泥坳村寨西南 600 米处。字库文笔即石雕砌制而成的一支毛笔，共 6 层。“毛笔”外观呈绣字盘龙，做工精美，能清晰可见的文字是“绣起人文”和所刻盘龙，对联年久字迹不太清晰。据说，过去村寨里读过的旧书都要拿到字库文笔焚烧。

黄泥坳村民小组村南焚香炉（县住房和城乡建设局　提供）

观音庙（焚香炉）　始建于清嘉庆十一年，位于村落南 200 米处。古庙呈正方形，第一层，长 9 米、宽 9 米，建筑面积 81 平方米。第二层呈立体形，底面是方形，长 2 米、宽 2 米、高 3 米，共 2 层，上下皆留门，在第二层正中间供有一座观音神像，门壁上雕刻着精美的花纹图案。据说石雕观音庙旁原有一座木制庙宇，此庙宇为古代建筑物，造型奇特，翘角飞檐，屋顶上的琉璃瓦在星辉月影折射下，闪着荧光。楼阁像一座大宫殿，飞檐青瓦，上有琉璃群兽，栋柱油漆彩画。这座玉皇大殿观音古楼已经被毁坏，只留存着石雕观音庙，古庙门前地势宽阔。据说原来逢年过节进香者络绎不绝，鞭炮雷鸣，锣鼓喧天，红绸彩旗常年迎风飘荡。每年农历六月十九是观音祭奠日，庙里人山人海，香烟不断，烛光闪耀。

白虎洞　位于黄泥坳村落的东北面 200 米处，为典型喀斯特地貌，白虎洞原名“新灵硐”。清咸丰六年（1856），黄泥坳村村民集资修建洞口祭典仙台，立碑写有序文，碑文上有集资人名录及集资银两数额。

传说清光绪三十四年（1908），一名资深地理先生路过此处，左看右看停下脚步，问当地人：“村寨右边（指村寨东北面）有没有洞？”当地人很好奇地反问那位先生：“是有洞，您怎么知道的？”先生回答：“我并不知道，是根据山向推断的，所以要问你们当地人才清楚，你们住这个地方左边的青龙山是有龙形神威的，所以右边一般情况会有‘洞’，‘洞’是‘虎’的意思，你们这里的座势是‘左青龙，右白虎，前朱雀，后玄武’齐全的，也就是要出名人，武有打虎‘天生神力’，而且要出文人。”此后人们就把“新灵硐”称为“白虎洞”，并常年在白虎洞祭“白雨会”（人们把冰雹称为“白雨”）。每年祭“白雨会”，就是祈求洞神保佑不要下“白雨”。遇到天旱年，要请法师在白虎洞求雨，故有“白虎洞求雨”的故事传说。

白虎洞洞高 5 米，洞深约 1 千米，坐东朝西。洞内一年四季水流不断，盛夏水流波涛汹涌，严冬细似蚕丝，四季长流。沿着一条浅水沟到洞口，一个石台显现在洞口位置，石台右角一个石钟乳形成的石钟，倒吊在洞口上方。如手执木棒轻击，便会发出悦耳之音。洞内更有形态各异的钟乳石，千奇百怪。洞内冬暖夏凉，冬季洞口时时雾气腾腾、云雾缭绕，夏日一进洞口就感觉凉风阵阵。白虎洞是黄泥坳村落一大奇观，洞内一年四季蝙蝠萦绕不绝，据说曾有村民在洞内发现过巨蟒。

青龙山　位于黄泥坳村落西南面，与村寨相连，山奇峻峭，雄伟挺拔。远观青龙山就像一条青龙盘旋于天地间，山高树绿，山峰呈现龙头状，面向书香河上游。站在山顶向下看，好像龙王在检阅前面的龙宫仪仗队，起伏蜿蜒的群山像条条巨龙昂首面向青龙山。

春潮来临之际，青龙山下，马屯河瀑布群流向书香河的河水滔天，更加显现出青龙的神威。民国时期，黄泥坳村陈氏宗亲陈保初到黄泥坳村参加陈氏族会，站在青龙山下观景，叹道：对面群山面向青龙山是“十龙归海”。有《青龙山》诗曰：平地起凸一奇峰，外状绿装似青龙。凤凰展翅云层远，振臂高呼聚群雄。

古“风水”树 黄泥坳村民小组寨门及四周有大、小“风水”树200余棵，古树、珍稀树158棵。其中，胸径1米的32棵、胸径1.5米的26棵。2021年5月15日，因大风灾害，全村共有57棵古树被大风刮断。

黄泥坳村民小组古柏树（县住房和城乡建设局 提供）

马屯河大峡谷景区 因峡谷位于马屯河上，故得名马屯河峡谷。马屯河峡谷于清光绪年间得名。峡谷长1.44千米，宽0.18千米，起于筲箕塘电站，止于龙塘电站。景区距黄泥坳村民小组2千米。

马屯河梯级瀑布群，处于苏香河上游，属于乌江支流发源地，苏香河长13千米，是石阡县12条较大河流之一。

马屯河大峡谷景区周边是石阡县甘溪乡、本庄镇、河坝镇、白沙镇与余庆县白泥镇，景区项目核心区在石阡县聚凤乡枫香屯村第9组（溜沙）、第10组（黄泥坳）、第11组（小屯）。马屯河大峡谷景区内有青龙山、白虎洞、观音阁、千年古树群、陈家大院、字库文笔、书箱湖、白岩屯、天生桥、石龙、东方红大堰、马屯河大峡谷、瀑布群、张果老天生石像、小屯营（屯堡），以及各种石碑、石雕、古墙、古井、古庙、古墓、古树群、古桥等古迹文物景观景点，马屯河梯级瀑布群是石阡县12个重点旅游资源之一。景区内有中国传统村落1个、国家AAA级旅游景区5个、田园综合体1个。

马屯河大峡谷景区由贵州黄金坳农业开发有限公司投资开发。

平安营 位于石阡聚凤马屯河大峡谷景区内，又名“新营”“马家屯”。平安营在清末时期，为当地人民躲匪避乱的地方。平安营四面绝壁，修有古城墙、垛口、炮台，只有一条路可上去。平安营可居住100余户人家共避匪乱，护卫百姓生命安全，当地村民一直称之为“营堡”。

平安营由黄泥坳陈姓族长带领族人及村民在村边孤山上修建而成，地势险要，有一夫当关万夫莫开之势。在没有重武器的时代，为绝佳的避难场所。

进入21世纪后，由于很久没有使用，原来的平安营已经荒芜，变成废墟，营盘被野草、松树所占据，营墙被藤蔓及灌木所覆盖。后发展乡村旅游，古迹文物有开发价值，消失在人们记忆中多年的平安营又被提及。

2018年，大连民族大学教授张国民赴石阡县挂职，任县人民政府副县长。他到黄泥坳村民小组调研时，听当地人偶然说到上面有1块石碑，执意要上去察看，几位村干部怕他体力不支，说看不清了，别上去了。他听说有碑岂肯放过，就坚持上去，发现圆形石碑嵌于石壁，碑文除两个字缺失外，其余基本清楚。碑文开篇就是“平安营诗”，所以他告诉大家，这里根本不是什么“营堡”，而是平安营，从现在开始要恢复本名“平安营”。

碑文如下：

《平安营诗》

地设天生坉似塔，治为边景乱为营。

悬岩峭拔猿难至，曲径回环□□行。

二水交流如锦雅，三山拱向等屏呈。

避秦得此群安乐，可保一方咏太平。

族长陈永元立

民国十二年二月

传统文化

仡佬族情歌　石阡仡佬族情歌内容主要反映仡佬族青年男女的婚恋生活。石阡仡佬情歌的歌词多为四句七言，偶尔出现六句七言，语言简练，结构短小。在语言的创造中善于运用方言俚语、谐音、比兴等表现手法，凸显出语言诙谐，增添仡佬情歌的情调。石阡仡佬族情歌代表作为《情姐下河洗衣裳》，动情的音调、质朴的情感、鲜明的地域特征独具艺术魅力，深深打动听众的心。

黄泥坳村民小组村民世代喜欢唱山歌，传承石阡仡佬族情歌传统文化较好。

玩龙灯　黄泥坳村陈氏玩龙灯始于清康熙五十二年（1713），那时黄泥坳村陈氏人口不多，每年都由黄泥坳村陈氏负责编制龙灯，周边村寨同宗族人一起玩。据说黄泥坳村陈氏几位佣人到村寨南面的龙洞口山上去砍柴，忽然看到从龙洞口冒出一股青烟，似龙飞往黄泥坳村寨方向，几位佣人砍柴回来就向主人讲述青龙现身的事情。陈家大院当家人陈登坤听后，就与几位佣人一起到龙洞口去看，发现龙洞口涨起大水。他们觉得是很奇怪，那天又没有下雨，怎么会突然涨水呢？水量比平时都大，就因青龙从出水的洞口出来的，“龙洞口”因此得名。“青龙现身”的故事流传至今。黄泥坳村陈氏玩龙灯每年均从正月出灯玩到二月初二，并在龙洞口“化龙灯”。第一年办龙灯玩一盏，之后参与黄泥坳村陈氏玩龙灯的人越来越多，有人建议黄泥坳村陈氏再扎一盏龙灯。此后每年黄泥坳村陈氏都扎两盏龙灯，一条雄龙、一条雌龙。每年在正月十五元宵节，周边10余盏龙灯要在黄泥坳村陈家大院会灯，共贺元宵节，玩二龙抢宝、多龙共舞，共开财门。黄泥坳村陈氏统一安排夜宵，并发给每盏龙灯必要的费用。从此，就形成玩龙灯、说吉语、开财门、贺新春的习俗。每年的二月初二都在龙洞口举行“化龙灯”祭龙王神活动。这个节日被人们称为“敬龙节”，“敬龙节”活动一直延续到中华人民共和国成立前。

艺文杂记

黄泥坳变黄金坳

黄金坳，原名黄泥坳。位于石阡县聚凤乡黄泥村，黄金坳村落三面环山，因该村所处山坳土质黄泥居多，故名黄泥坳。村民以陈、邵、李、石、吴五姓为主，其中陈氏家族世代在此居住。寨中有古老建筑陈家大院，见证着该村寨不凡的历史。陈氏大院，虽历经多次焚毁，至今未得到恢复；但寨中断垣残壁仍形迹可寻，遗存的清代建筑有字库文笔、焚香炉、石寨墙、石刻、石碑等，仡佬传统文化符号随处可见，处处显现出村落悠久的历史印迹和丰富的民俗文化。寨中四合院、吊脚楼等传统建筑较多。古老的居民楼房雕梁画栋，富有古朴的民居建筑气息。现存96栋民居建筑全部为穿斗式木结构青瓦房，形制为正房与厢房配对，以五柱六瓜正房配五柱二瓜或三柱二瓜厢房为主，具有独特的工艺水平和建造技艺，保存状况较好。房屋布局有致，纵横交错。寨中有古柏树200余棵，四周有悬崖峭壁的青龙山、有陈氏古墓，有观音庙1座。从整体布局到单体建筑，处处体现生态意识、伦理关系、地缘关系、防御需求、“风水”及民俗信仰。由于全村落肌理清晰，格局完整，与地形、地貌、山水等自然风光和谐统一，具有较高的历史价值和审美价值。

据陈氏家谱记载及当地居民口传，黄泥坳自然村寨陈家大院初建于明末清初，黄泥坳陈氏宗族远祖来自江西“义门第”陈氏后代。家谱还记载，“义门第”陈氏宗族在江西15辈人不分家，3500余人口共同生活，百犬同槽。北宋嘉祐八年（1063），宋仁宗把江西陈氏大家族赐封为“义门第”，并要求把“义门第”陈氏家族的优良族规家风传扬天下，皇帝把“义门第”陈氏分派到全国10余个省、210个县（市）居住，所以黄金坳陈氏家族的远祖六弟兄从江西一起到贵州安家落户。到贵州各县（市）。黄泥坳陈氏上辈到石阡聚凤指甲坪，已有10余代人。又迁徙到聚凤各地，最终定居黄泥坳。明天启三年（1623），陈氏家族迁至黄泥坳定居。清康熙四十七年（1708），陈登坤任族长，首次组织修建陈家大院。陈登坤属于当地文人富豪，除组织修建陈家大院外，还组织人员在村寨西南面路坳口的山洞里加工黄金。黄泥坳加工黄金的事，很快传遍十里八乡，故此改名为黄金坳。

张国民咏黄金坳诗二首

2018年3月，大连民族大学教授、作家张国民赴石阡县挂职任县人民政府副县长时，到黄泥坳中国传统村落调研，写有诗二首。

黄金坳平安营

一峰巍巍万山中，孑然傲岸无同行。
层石三万磊绝地，始成一座平安营。
村民终能避匪乱，众志一心可成城。
盘旋环绕登营盘，宽阔平坦赞天功。
我慕传统古村落，我赞巍巍平安营。
抚石远眺兴感慨，生存从来需抗争。

黄金坳

初闻黄金坳，传统村落名。
今到黄金坳，始知民居精。
磐石根基固，干栏木构灵。
悠悠数百载，古柏为证明。
青龙山俊秀，茅盖山从容。
凤凰山在后，似欲凌太空。
文笔迎风立，总书山水铭。
更有白虎洞，钟乳凝神明。
千年柏树王，村中护众生。
滔滔马屯河，溜沙去匆匆。
美哉古村寨，淳厚悠然风。

大山里的梦想（散文）

胡新平

5月29日，编辑部一行五人，应陈薛州的邀请，来到了陈薛州的家乡——石阡县聚凤乡黄泥坳村。由于他所在的黄泥坳村地处大山深处，比较偏远，导航定位不准，他只好开车到聚凤街上接我们。见到他那一瞬间，我以为他是陈薛州的司机，跟他联系的同事告诉我说，他就是陈薛州本人。他一米七左右的个子，五官端正，眼睛不大，皮肤黑黝黝的，头发边缘有少许的银丝，穿着一身迷彩服，看上去四十岁左右。

他把我们接到村口的一个农户家，告诉我们说，这是他哥家，他自己的家因5月15日那场自然灾害，房子被大风吹倒的古柏树压垮了，不能住人，他和他母亲只好借住在他大哥家。

你们大家就在这里将就住一晚吧！他说道，一脸的歉意。

我们一行人围着一个冬天取暖的炉子坐了下来，我问陈薛州，你是退伍军人吗？他说不是。我又问，你是村干部吗？他说不是。我说，那你是马屯河景区项目承包人？他说也不是，他说自己只是一个景区开发的发起人。他那平淡的回答，让我们一行 5 人都感到惊讶！我们 5 人不约而同地用一种奇怪的目光盯着他，既不是村干部又不是项目承包人，那他是为了什么呢？我问他，那你平时跑来跑去这些费用和来这里参观人员的接待费是村委会或乡政府出吗？他说不是，都是自己出。我问他，那你这样做的目的是为什么呢？他说他们村是国家命名的第一批中国传统村落，他只是想为这个家乡做点儿事情。我们都被他这些朴实的语言感动了，甚至是有些激动。我们同行的一位同事是搞美术的，他当场承诺，为陈薛州本人画一幅肖像。

我们七嘴八舌地问了他不少问题，他都回答得津津乐道。说起他们村里的古银杏古柏古院落和马屯河峡谷的景点，什么龙潭瀑布、莲花瀑布、娇娇滩瀑布、天生桥瀑布、石龙景观、张果老石像、白虎洞佛像、平安营盘、溜沙田园、观音阁、字库文笔等等，他更是两眼放光，眼里满是自信与自豪。

他一边向我们推介着家乡的景点，一边安排他母亲和嫂子做晚饭。不一会工夫，他的母亲和嫂子已经把晚饭做好了，一桌香喷喷的农家菜摆在我们的眼前，有鸭子火锅、腊肉和香肠、炒青菜、虎皮青椒等。看到菜上桌子，他就跑到被古树压着的自家房里，用饮料瓶装了一瓶自制的金刺梨养生酒。据说这泡酒的金刺梨是他和朋友从外地引进来的，在村里建了金刺梨种植基地，品质还不错，但因规模不是很大，找不到销路，自产自销又没有资金和技术支持，只好放弃，改做了观光农业。

大家边吃边聊，十分开心。

“观光油菜园建在溜沙，那是偌大的一片月亮田，十分壮观。油菜花能给当地增加一道亮丽的景观，油菜籽还能榨油创收……”

说着说着，陈薛州眼里的那道光突然消失了，他皱起眉头，有气无力地对我们说：“可惜只见到了油菜花，油菜籽是没有指望了！被这场无情的自然灾害给毁了。”

听到这里，我们的心也沉重了起来，感觉桌上的美味佳肴也索然无味了。

陈薛州是个很精明的人，察觉到自己的话题影响到了大家的情绪，突然话锋一转，举起了酒杯说：“你们大老远地来到这里，辛苦了，我敬你们大家一杯，欢迎你们以后常来。”于是，气氛又活跃了起来。

就餐还没结束，陈薛州就在安排第二天的生活了，大声对他嫂子说：“明天早上留一只鸡别放出去，杀了做中午的菜。”“别杀鸡了，吃点蔬菜挺好的。”大家异口同声地说道。陈薛州和他嫂子仍然坚持着，我们也不好再说什么。

晚餐结束后，陈薛州带着我们在村子里走了一圈，看看那些被大风刮倒的古树和受灾的民房，还有古时候留下来的古院墙和碑文，等等。

天渐渐地黑了下来，村里的夜很静，空气清爽无尘，让人心旷神怡。

逛了一圈回来，大家便坐在院坝里聊天。陈薛州又打开了话匣子，他说得最多的还是马屯河大峡谷里的那些自然景观，说有个石头长得很像一个背着背篓的人，当地人就把这个石头取名为张果老采药；说溶洞里的岩浆滴成了佛像；说石头长成了长龙，等等。他一边说一边翻着手机里保存的图片给我们看，确实长得很像，我们都赞叹大自然的鬼斧神工。

聊着聊着，时间就到了十一点多，可能是白天坐了几个小时的车，晚饭后又在村里走了一圈，我感觉有些疲惫，我们就先去休息了。他们几个男人还坐在院子里，一边聊天，一边用花生下着酒，继续聊着马屯河大峡谷。

第二天早上六点多，我起床开门，就看见陈薛州和他嫂子已经起来了。我就站在大门口跟他嫂子聊了一会，他嫂子告诉我说："陈薛州跑马屯河大峡谷景区开发项目已经十几年了，像着了魔一样，跑上跑下，到处游说，推介马屯河大峡谷。有人说陈薛州是疯子，是傻子，不务正业，把家都折腾散了。陈薛州本来是有老婆和工作的，为了马屯河，他把工作辞了，把所有的钱都花在了马屯河上。家里穷得锅儿当罄敲，吃了上顿无下顿，老婆不甘忍受这种苦日子，不想再看他折腾，就跟他离婚了。现在他一个男人，做饭炒菜也不在行，他经常带人来这里参观，做饭炒菜自然就都落到了我和婆婆身上，婆婆年纪大了，只能让她打打下手，烧烧火什么的，主要是我来做。"

陈薛州的嫂子真的很优秀，不但出力，还要出油盐米菜，做的饭菜特别的爽口。头天晚饭我们都比平时的饭量大了很多，我居然吃了两大碗。这一家子的淳朴、善良、和谐，真的让我很感动。我问陈薛州的嫂子："陈薛州把自己的家折腾光折腾散了，还来让你也跟着一起折腾，你就没有怨言吗？"

她非常肯定地回答："当然没有啊！我能理解他，他这样折腾，并不是为了他自己，是为了大家，他是希望乡亲们都能过上好日子！"

陈薛州嫂子的话我信！相信陈薛州绝对不是为了自己，更不是为了出风头！因为他本身是大学毕业，有着一份稳定的工作，至少养活家里是没问题的，他没有必要丢掉工作瞎折腾。

马屯河是陈薛州的心病，是他的梦想。陈薛州的嫂子说道。

吃完早餐，陈薛州带着我们一行人去参观马屯河大峡谷。他像导游一样，边走边向我们介绍那些沿途的景点。在路上，我问他："你是什么时候想到要向外推介这些景点的？"他说是在贵州民族学院读书的时候就想到的，我问他当初的初衷是什么？是为了挣钱还是什么？他说没有想过挣钱，只是想改变一下家乡的面貌，想用这里天然的自然资源和人文景观吸引外地的人来旅游观光，让更多的人知道马屯河。他告诉我说："大学毕业以后，通过招聘考试，他考进了思南县的三河中学，任初中的数学教师，教了三年的书，当初是一边工作一边跑这个事情，后来感觉这样下去实在是太累了，又怕影响学校的工作，只好辞职，专门来跑这件事情，至今已经 11 年了。靠一个人的力量实在是太难了，所以就想找个媒体来帮忙宣传一下，有人向他介绍了赵主席，找他帮忙宣传一下，这不就找到了你们。”我听到他这么一说，心里感到很沉重。陈薛州本来是一个大学毕业生，有着一份稳定的工作，但为了马屯河，为了把家乡推介出去，为了让乡亲们过上幸福的日子，他风里来雨里去，在马屯河大峡谷艰辛地、无怨无悔地跋涉着。

一个普通农民能有如此博大的胸怀，我再也找不到合适的语言来形容陈薛州了。我衷心地祝福陈薛州，能够早日实现自己的梦想！也希望社会各界有识之士能够伸出援手，早日打开马屯河大峡谷那扇尘封多年的门！

从马屯河返回贵阳已经数日了，但马屯河大峡谷仍在我的脑海里闪现着，我不是作家，更不是名人，也很少写作，但这次是真的被马屯河美丽的峡谷风光打动了，被陈薛州的这种执着打动了，便情不自禁地想把自己的所见所闻写出来，让更多的人了解陈薛州其人，了解马屯河大峡谷那些得天独厚的自然景观。

（原载于贵州文学微刊周末特稿）

黄泥坳传统村落（诗词）

陈薛州

传统村落景不凡
黄泥坳依凤凰山
青龙雄峰山俊秀
白虎洞中现奇观
观音阁建翘角楼
文笔石雕绣龙盘
古寨盘踞起大院
参天古木映庭前

陈家大院

七柱六瓜长五间
形同三栋并相连
配房修建吊脚楼
人称北京四合院
木雕花窗绣飞鸟

琉璃亮瓦盖翘檐
两重龙门雕龙凤
一对雄狮立两边
中门石雕惹人眼
两边石柱刻对联
内外院坝及寨墙
一伙石匠修三年
门义陈氏家声远
名传八方几州县
中央挂牌护古寨
修复文物胜当年

千年柏树王

树大根深枝叶茂
位居古寨南偏西
历经风霜与雪雨
依然叶茂身挺立
四季常青龄千岁
八方旅客感神奇
拱手作揖默念语
烧香求解心中秘

平安营

四面绝壁顶地平
一径蜿蜒进古营
乱世安民防匪患
太平盛世已空城
残墙垛口留遗影
藤树繁枝景色新
古迹文物成名胜
挂牌保护建景亭

（原载于贵州文学微刊周末特稿）

人 物

陈国宾（1596—1669） 明天启三年（1623），举家搬迁至黄泥坳村定居，为黄泥坳村民小组陈氏家族始祖。

陈登坤（1656—1737） 清康熙四十七年（1708），组织修建黄泥坳陈家大院。

陈文科（1773—1871） 诗人，清嘉庆十年（1805）任镇远知县，兼任家族族长。清嘉庆十一年（1806），组织修建陈氏宗祠、古墓、字库文笔等。清同治二年（1863），组织第二次修复陈家大院。

陈文鼎（1779—1812） 打虎英雄，人称外号左撇子，力大无穷，能抱牛洗澡，据说其所使用农具挖锄重达 6 千克，据传清嘉庆十六年（1811），他在黄泥坳村后凤凰山上打死 1 只猛虎。

陈永元（1862—1941） 又名陈善之，清代进士，平安营营长，民国时期，任石阡县第八区区长。1923 年，组织第三次修复陈家大院。

陈正常（1893—1946） 又名陈登武，1923 年任民国政府秘书长，创办马屯小学及组建黄金坳私塾。

陈正望（1917—？） 1934 年 10 月，参加中央红军北上抗日先遣队，后下落不明。

陈廷刚（1954—2012） 1995 年，任铜仁地区行署驻贵阳市办事处主任，祖籍黄泥坳村人。

石阡县传统村落志

SHIQIANXIAN CHUANTONGCUNLUOZHI

油茶飘香廖家屯

它不仅拥有200公顷野生油茶，更拥有保存完好的原生态仡佬族文化、侗族文化，桅桩、“万斤石”古桥、古民居、七星古树，与仡佬族、侗族少男少女爽朗的笑声、歌声完美地交织在一起，这就是廖家屯村。

基本村情

行政区划 聚凤仡佬族侗族乡廖家屯村下辖 5 个村民小组，全村总面积 8 平方千米。

村名由来 中华人民共和国成立后，廖家屯村最初名为青丰村，属宝龙乡管辖，由5个自然村寨组成，分别叫作丰塘坳、脚对冲、大水井、围子坝、豪龙。20 世纪 60 年代，为宝龙人民公社青丰生产大队，大塘坳、脚对冲、大水井、围子坝、豪龙分别为第一生产队、第二生产队、第三生产队、第四生产队、第五生产队；1984 年，因全村主要姓氏为廖姓，宝龙人民公社青丰生产大队更名为宝龙乡廖家屯村，廖家屯村从此得名。

村寨沿革 明洪武年间（1368—1398），廖家屯村廖姓村民先祖廖氏入黔始祖廖伯源之父奉旨从南京出兵，携5个儿子率军挺进湖南、贵州一带。征讨逆贼，平定云贵后遭奸臣陷害，被革除功名后定居于廖家屯村。

清代，廖家屯村属施秉县孝里十甲。

1917 年，廖家屯村为石阡县第六区管辖。1936 年，置走马坪联保，廖家屯村属走马坪联保廖家屯保管辖。1937 年，石阡县第六、第九两区合并为第一区，廖家屯村属第一区管辖。1943 年，设聚凤乡，廖家屯村属聚凤乡廖家屯保管辖。

1950 年 2 月 8 日，石阡县人民政府成立，青丰村（廖家屯村原名）属第三区宝龙乡管辖。1953 年，青丰村仍属白沙区宝龙乡管辖。1958 年，青丰村更名为宝龙人民公社青丰生产大队。1984 年，更名为白沙区宝龙乡

聚凤仡佬族侗族乡廖家屯村全景（县住房和城乡建设局　提供）

廖家屯村。1992年，撤区建乡（镇），聚凤仡佬族侗族乡成立，为聚凤仡佬族侗族乡廖家屯村。2003年，聚凤仡佬族侗族乡完成并村工作，全乡18个村合并为聚凤、宝龙、马屯、马鞍山4个村。廖家屯村与瓮水屯村、宝龙村、白记村、安乐村等7个村合并为宝龙村。2010年，聚凤仡佬族侗族乡完成建制村调整工作，重新设立廖家屯村，下设5个村民小组。

自然环境

地理位置　廖家屯村位于聚凤仡佬族侗族乡东部，距乡人民政府2.5千米，距县城45千米。

地形地貌　廖家屯村为典型的喀斯特地貌，境内以低山、中山为主，四周群山环绕，村寨坐落于山间平地3个坝子间，地势较为平坦，海拔872米。村民依山围坝而居。

河　流　当门河自北向南穿过廖家屯村，水资源丰富，利于农业生产。

自然资源　廖家屯村森林覆盖率54%，自然资源禀赋优越，有200公顷野生油茶，全村耕地面积72.87公顷。

气　候　廖家屯村多年平均气温14.2℃，年平均降水量1122.2毫米。无霜期年平均305天。

族群族源

人口民族 截至 2021 年末，全村共有 257 户、1136 人，农业人口 1129 人，非农人口 7 人。全村少数民族人口占 90%，为仡佬族、侗族与汉族聚居的村寨。

主要姓氏 全村主要有廖、刘、王、杨、田、李 6 个姓氏，其中廖姓村民占 90% 以上。

主要姓氏溯源 明洪武七年（1374），廖氏入黔始祖廖伯源之父奉命携 5 个儿子率军挺进湖南、贵州一带。不幸的是，廖伯源之父阵亡，廖伯源等五兄弟也险些全部丧命疆场。而皇上却听信奸佞小人谗言相害，削去廖氏兄弟官职爵位，使其不得重返故里。最终，廖氏兄弟只得在黄平县重兴乡枫香寨和石阡聚凤乡廖家屯等地定居下来，并且世代与当地各族民众和睦相处、生生不息。

基础设施建设

道　路 截至 2021 年末，廖家屯村通村道路修通并实施硬化。

电　力 截至 2021 年末，廖家屯村实施农村电网改造，村寨主干道均安装太阳能路灯。

自来水 截至 2021 年末，廖家屯村建起自来水网，自来水接到每户村民家中。

通　信 截至 2021 年末，4G 移动通信网络覆盖廖家屯村。

村域经济

主要产业 廖家屯村产业以烤烟、茶叶与油茶等经济作物种植为主，养殖为辅。

成功申报贵州省油茶产业示范园区 2015 年，石阡县以聚凤乡廖家屯村 200 公顷野生油茶林为核心的 3666.67 公顷野生油茶林申报贵州省油茶产业示范园区，带动廖家屯、安乐、宝龙等 8 个村 2249 户、9634 人脱贫致富，户均年增收 4500 元以上。

精品水果种植 廖家屯村大力发展蜂糖李为主的精品水果种植，年产蜂糖李约 15 吨，远销贵阳市、北京市、上海市等大、中城市。

农家乐休闲旅游 进入 21 世纪以后，廖家屯村村民依托大塘坳油茶、绿茶示范园等风景旅游资源发展农家乐休闲旅游。每年 9—11 月油茶花盛开时节为旅游旺季，到此摄影的摄影爱好者很多，农家乐经营者旅游收入最高者可达每天 2000 余元。

村民生活

村民收入 廖家屯村村民的经济收入主要有：出售农产品、家畜家禽养殖、外出务工、财政补贴、集体经济务工收入及分红、其他非农收入、工资及退休金等。

主要支出 廖家屯村村民的经济支出主要有：日常生活、教育、房屋及维修、交通出行、通信、子女婚嫁以及其他支出。各项支出内容与马桑坪自然村相同。

家庭称谓 称呼上，廖家屯村和其他地方无异，曾祖父母以上称为“老太公”“老太婆”，曾祖父母称为“祖祖”“祖母”，爷爷称为“公”“奶”（奶为第一声），父亲有很多种叫法：爸爸、伯伯、叔、哒、爹，母亲称妈、娘。

医　疗 1975年，青丰生产大队按上级统一部署，建立农村合作医疗制度，设立青丰生产大队卫生室。1981年，实施家庭联产承包责任制后，青丰生产大队卫生室名存实亡。1994年，按全县统一部署，重建廖家屯村卫生室。2000年，按全县统一部署，廖家屯村开始实施新型农村合作医疗制度。

社会保障 2012年，按全县统一部署，廖家屯村开始实施实行个人缴费、集体补助和政府补贴相结合的新型农村社会养老保险制度。

风土人情

饮食习惯 廖家屯村民以米饭为主食。用柴火灶、甑子蒸饭，也有煮鼎罐饭的。生活上，吃不离辣，喝不离茶，敬不离酒。客人来，热情待客，荤素搭配，一般都有10余个菜，鸡鸭鱼肉俱全。座位上有讲究，用八仙桌，桌子对着堂屋，靠堂屋方位的为“上八位”，给德高位重的人坐。

“三幺台” 仡佬族婚嫁、寿庆、建房都会用“三幺台”来宴请亲朋。“三幺台”就是三台席，即茶席、酒席、饭席。

茶　席　主要为宾客接风洗尘，先请客人喝茶，然后摆上助饮的米粑、饼子、核桃、花生、板栗等，尊者带头取食，宾客各取所需，以解途中口渴。

酒　席　以酒为主，配下酒菜，下酒菜有猪心、猪肝、猪舌、猪耳、腰花、肚片、香肠、卤鸡、卤鸭等，席上主客互相敬酒，开怀畅饮。

饭　席　为“三幺台”正席，以九碗菜为主，俗称“九大碗”，主要有凳子肉、扣肉、酥肉、油豆腐果、汤菜等。

随着生活节奏加快，生活方式改变，“三幺台”待客习俗已很难见到。近几年，廖家屯村发展迅速，村民闲时增多，重视饮食养生，以茶为特色的简化版“九大碗”开始流行。茶香糯米鸡、苔茶香酥鸭、红茶富贵鱼、绿茶豆腐、火树茶花、茶味人生等成为待客新菜品。

衣　着 早些年穿家织布衣，以青色为主，为青衣布扣。随着商品经济的发展，现穿着方面主要购买成品衣裤，与汉族无异。逢节日庆典，男女老少也有穿传统民族服饰的，颜色不只限于青色，而是五彩色。

节日节庆　廖家屯村仡佬族主要节庆有过年（除夕）、春节（正月初一）、大年（正月十四）、端午、七月半（中元节）等节日；有大年十四上坟灯，寒食垒坟，清明挂清、讨清明会，七月半烧袱包祭祖等习俗。

“过年”（除夕）　廖家屯管“除夕”叫“过年”，这一天一家人聚在一起准备年夜饭，有打年糕、挂门彩、贴对联等习俗。下午四五点，年夜饭已备好，将准备好的饭菜供奉在堂屋的八仙桌上，倒酒，点香、烧纸、放炮仗，祭祖。之后，一家人围桌而坐吃饭。晚上，老幼相聚，围炉闲聊，喝茶、酌酒、嗑瓜子，是为守岁。子时，打开大门，燃放炮仗，烧香纸钱，称为“开门”。

春　节　正月初一村民不吃米饭，以吃绿豆粉和汤粑为主。有不向外倒水的习俗，是为进财。这天，一家之长带领后辈晚生盥洗整衣，具香烛拜祖先，吉时开门，出行拜尊长、邻舍，是为拜年；初一这天，还有上山祭祖的习俗。初二开始，家人各往亲戚处拜年。

“过大年”　正月十四称为“过大年”，这一天和过除夕差不多，女儿女婿回娘家，和娘家人一起吃饭。吃完晚饭，带上香纸、蜡烛、炮仗前往祖坟祭祖，坟前烧香纸，放炮仗，点蜡烛，是为上坟灯。

春节廖家屯村有办龙灯的习俗，原来初二、初三出灯，后固定为初九出灯，十六化灯。初九到十六的晚上，天擦黑，钵、锣、磬合奏，村民一起到附近村寨玩灯，联络村寨之间的感情。十四的晚上，龙灯只在自己村寨玩，称为“扫寨”。十五晚上，所有龙灯上街（走马坪街上，即聚凤仡佬族侗族乡人民政府所在地），参加灯会。

清明节　有吃清明粑、上坟挂清等习俗，不垒坟，垒坟在寒食节或寒食节前。清明节这天，周边廖氏族人从不同地方赶回，一起祭祖，俗称“清明会”。祭完祖廖氏族人一起用餐，有吹芦笙，对唱山歌（主要为黄平廖氏）等习俗。“廖氏清明会”是石阡县聚凤乡廖家屯村仡佬族廖氏村民悼念先人的一项充满敬畏和庄严神圣的祭祀活动，祈祷五谷丰登、家业兴旺、子孙发达。活动当天，人人身着盛装，有吹长号、唢呐，唱山歌表演。在廖家屯村，还可以品味到“全茶宴”。

端午节　有“小端午（五月初五）”和“大端午（五月十五）”之分。端午节各家以箬叶裹糯米包粽子，蒸黄水粑，悬挂菖蒲、艾叶于大门。晚间将佐以雄黄、大蒜的苞谷酒擦小孩额腮，可避疫避蚊。也有用蒜渣、杂雄、黄粗末调水洒屋前屋后的，可避蛇虫。端午节接女儿、女婿回娘家，一起用餐。

七月半　即中元节，七月十三。七月初十以纸钱封袱包，书祖宗名讳，供于中堂，朝夕以酒食供奉，到中元节这天烧袱包，是为接送祖人。七月半除祭祖外，一家人在一起就餐，庆祝丰收。

侗族茶花节风俗　虽然廖家屯村是以廖氏仡佬族为主的村寨，但村寨里仍有侗族村民居住，各民族间文化相互融合，侗族茶花节风俗在此得到较好的保存。每年 10 月下旬，油茶花盛开之时，村民身着华丽的衣服，聚集在油茶林中，鼓乐齐鸣，祭祀树龄800余年的古茶树，保佑全村油茶大丰收。之后各人在古老的油茶树上系上寄托着自己许愿的红布条，系得越高表示许愿人越能长寿。油茶树是少有的花果同期的植物，侗族茶花节正是油茶果捡拾季，之后全村人开始捡拾油茶果，据说短短10天的油茶果捡拾季，有人通过出售自己捡拾的油茶果，收入3万余元。

传统方式榨茶油 油茶果一身都是宝，捡拾回来的油茶果通过分拣、晾晒，然后磨成茶粉末，放在甑子里蒸约半小时，用棕树叶包裹紧实，用传统榨油机用力捶打，茶油即不断流出，榨油率约20%。以往当地人把榨油后的油茶渣饼掰开、压碎，作为肥料肥田。而今，油茶渣饼是制作中成药、化工产品的上好原料，专门有人收购。据说用油茶渣煮水洗头，有美发、乌发之效。

廖氏全茶宴 廖氏全茶宴一共有9道菜肴，分别为苔茶神汤、火树茶花、茶香糯米鸡、茶韵金笏、苔茶富贵鱼、百鸟归巢、双茶宴凤、五味人生、红茶烧肉。廖氏全茶宴是当地仡佬族厨师廖益彪利用石阡县得天独厚的苔茶资源，在充分挖掘整理传统仡佬族、侗族饮食文化的基础上，将茶叶天然的色香味与有机食材完美融合，结合现代人饮食喜好创制的仡佬族风味大餐。茶香糯米鸡先后获2013年“多彩贵州”铜仁市旅游商品设计大赛、旅游商品能工巧匠选拔大赛暨中国（贵州）国际民族民间工艺品·文化产品博览会铜仁旅游商品展销会“最佳新品奖”、2017年大美黔菜展示品鉴推广活动“最受欢迎菜品”。2017年9月，苔茶神汤被贵州省商务厅评为“2017年贵州省十大名菜”。

茶香糯米鸡（廖家屯村委会 提供）

苔茶神汤被列为“2017年贵州省十大名菜”（廖家屯村委会 提供）

廖家屯村农耕文化节 2017年4月3日，石阡县聚凤仡佬族侗族乡在廖家屯村举行“农耕文化节”。此次活动以“回忆乡愁 体验农耕 同步小康”为主题，有农耕体验、文艺会演、篝火晚会等内容。现场举行山门迎宾客、长号队、毛龙灯队展演，可体验手工榨茶油、背篓抓鱼、扬风畚、卷晒席、打年糕、现场采茶炒茶、石磨推豆腐、石碓舂辣椒面、抬轿子、打糍粑、品尝清明粑、唱山歌、犁田、亲子农场认领等系列农耕活动。

传统村落保护

村寨布局 廖家屯村处于中山、低山环绕的山间谷地之中，地势较为平坦。廖家屯村寨选址的特点为依山傍水，随坡就势，空间灵活多样，功能齐全。一排排独具特色的仡佬族民居错落有致地坐落于山腰或山脚下。廖家屯村地势开阔，主要由栀子坝、大水井、脚对冲、大塘坳等多个居民区构成，坐向大多随地形、道路变化，呈组团状分布。村前数十公顷良田连片，水资源丰富，便于组织农业生产。当门河自北向南穿过廖家屯村，村寨开敞、明亮，四周绿树青山，形成“屋后松声远，房前稻香醇”的独特田园风光，环境宜人。考虑到全村安全防范需求，在距离村寨不远的狮子垴作为全村躲避匪患的屯堡之处。传统建筑风雨桥和廖家屯村标志性建筑阙式寨门是廖家屯村一道独特的风景。

传统民居建筑特色 整个村寨房屋布局紧密有致，其形制、结构、风格及其蕴涵的民俗文化韵味独特。地形、地貌、山水等自然风光和谐统一。

虽然廖家屯村属于仡佬族村落，但其民居建筑延续侗族建筑风格，具有鲜明的侗族建筑特征。五柱八瓜房为正房，正房前两侧或一侧建翘角的吊脚楼，亦称“厢房”或“楼子”，

廖家屯村局部（县住房和城乡建设局 提供）

中间为院坝，形成三合院式传统建筑。廖家屯村的三合院结构无院墙，通过台地、正房、厢房构成。

截至2021年末，廖家屯村存留各类木结构青瓦房450余幢，形制为正房与厢房配对，以五柱六瓜正房配五柱二瓜或三柱二瓜厢房为主，均为穿斗式木结构的青瓦房，具有独特的工艺水平和建造技艺，保存状况较好。多数为清末建造，部分为民国时期修建，还有部分为20世纪50—80年代修建。正房中间为堂屋，不住人，是供奉祖先、神灵和待客的地方。堂屋装有神龛，设香火，上有“天地君亲师”位，旁列儒释道各仙及祖先牌位，书历代昭穆神位，香炉供奉小王将军牌位，朝夕供奉。神龛下摆大八仙桌，用于家庭祭祀。堂屋正中为大门，大门两扇，内开；另装有两扇栅栏门（又称“半截签子门”），外开。白天关上栅栏门，防鸡、狗等牲畜进入堂屋。堂屋左右两侧为厢房，每间厢房各隔为前后两间，前间设有火塘，上置四方桌，一家人在此就餐，每天劳作结束，全家老幼围坐在火塘边休息或煮茶闲谈；后间设卧室，用于居住。厢房边上，再设耳房1间，为厨房。五柱式大房边上还建有楼房，楼房分上下两层，每层2～3间，上层住人，底层关猪牛羊或用来堆放农具、柴草等杂物。

廖家屯村传统民居（勾昆 摄）

廖家屯传统民居建房流程 建五柱式大房是村民一生中的大事。开工前，要请人择定吉日，建房完毕要办“房子酒”，酬谢亲朋好友。酒席当天，外家亲戚挑粮去祝贺，里面有用糯米捣糍粑，截成细颗染红绿色的粑粑，称“抛梁粑”。吉时到，木匠师傅在房上将“抛梁粑”遍抛人群，吃酒席的人在下面哄抢，热闹非凡。

被列入第一批中国传统村落名录 2012年12月17日，住房和城乡建设部、文化部、国家文物局、财政部、国土资源部、农业部、国家旅游局联合发布第一批列入中国传统村落名录的村落名单，石阡县聚凤仡佬族侗族乡廖家屯村被列入。

制定传统村落保护发展规划 2016年，有关方面编制《铜仁市石阡县聚凤乡廖家屯村传统村落保护发展规划（2014—2030）》，确定廖家屯传统村落建设控制地带范围，总面积2.95公顷（包括核心保护区），其中核心保护区面积1.2公顷，包括传统民居建筑群及周边历史环境要素所在的完整区。

传统村落保护项目实施 2016年，聚凤乡廖家屯村被列为石阡县2016年度传统村落保护项目实施单位，获国家专项投资150万元，按要求实施系列传统村落保护项目。

截至2021年末，累计投入200余万元对廖家屯村传统村落内巷道、消防设施和污水处理进行改造和修建，完善部分基础设施和保护功能。村内安装微型消防设施，增设垃圾箱。村内古树、传统民居均已造册挂牌保护，并出台相应保护措施。

古迹胜景

观音洞　位于村寨南侧，为典型喀斯特地貌溶洞景观，溶洞入口狭长、低矮。洞内原有形似观音的钟乳石，村民时常进洞参拜。“文化大革命”期间，钟乳石被毁坏。之后村民另塑佛像于其中。

古　井　全村共有古井5口，均分布于村寨内，其中脚对冲1口、大塘坳1口、千家寨1口、豪龙1口。水井里的水冬暖夏凉，十分可口。全村自来水修通之前，为全村主要饮用水源。全村自来水修通之后，仍作为村寨重要备用水源。

“万斤石”古桥　位于大水井当门河上，由一块完整的条石搭建而成，上万斤重，故称为“万斤石”，又叫“流星石”。下面有马蹄印，传说是一位很有法力的石匠特意刻上去的马蹄印。传说当时是16个人抬过来的，但是必须要石匠站在那个石板上面才可以抬得动。古桥2～3米长，0.4～0.6米宽，供村民往来河流两岸，建造年代已经无法考证。

狮子垴屯堡　因狮子垴距离廖家屯村不远，清朝末年、民国时期，廖家屯村村民在此修建屯堡，作为全村村民躲避匪患之处。

七星古树　廖家先祖在廖家屯村安家时，为方便远方亲人和后人识辨，在村中栽种7棵枫树，并与北斗七星相合，人们称为“七星古树”。在2021年5月的风灾中，其中2棵古枫树被刮断，尚余5棵。

廖家屯村“北斗七星”古枫树（县住房和城乡建设局　提供）

廖家屯村寨中桅桩（勾昆　摄）

桅　桩　亦称“桅杆”，花岗岩石条凿成，柱上雕刻各种传统建筑，大多为穿斗式干栏木楼，底台雕刻有各种图案，分三层竖起，貌似船上的桅樯，故名石桅杆，又因像一支笔，亦称“石笔”。桅桩是中国古代科举制度的产物，有以此显示家庭荣耀和激励后人读书高中的作用。截至 2021 年末，廖家屯村尚存 1 座桅桩。

传统文化

《元皇宝坛》　截至 2021 年末，廖家屯廖氏族人保存有《元皇宝坛》一书，书中略述廖氏宗谱源流，详细记录廖氏先祖在廖家屯安家始终。

玩龙灯　每年正月初一至十五，廖家屯均组织玩龙灯活动，编制龙灯，举行“开光点相”仪式，然后龙灯才成为“龙”。开始到各家各户开财门、行祭、带走“五瘟”。应没有男孩子的家庭要求，为其送“龙宝”。正月十五之后，就要举行“化灯”仪式，一年玩龙灯就此结束。

打花球　花球用竹条编成，亦称“竹球”，有大、中、小之分，花球内置铜钱，可发出悦耳声响。大花球一般为青年抛打踢玩，小花球则给小孩子吊在胸前作装饰品。春节期间，玩花球不分场地，也无竞赛规则，主要是纪念“竹王”。

艺文杂记

关于狮子山的传说

廖家屯村旁有一座张开血盆大口的狮子山，但下颚是被打碎了的，一下就没有了狮子的威风。据说以前狮子下颚是完好的，因为狮子看见灾年的廖家屯乡亲日子太难过，就偷偷将黄平县的稻谷利用法术搬到廖家屯，分给这里的乡亲。黄平县人总是发现自己的稻谷种得好好的，却神不知鬼不觉地丢失了。于是，他们找人算出方位，找到廖家屯狮子山，直接将狮子的下颚敲掉。从此以后，廖家屯狮子山就没有了下颚。

“北斗七星”枫树的来历

明洪武七年（1374），廖氏入黔始祖廖伯源之父奉命携五个儿子率军挺进湖南、贵州一带。初时，大军所到之处军威大震，破关斩将，势不可挡。随着军队纵深推进，受到抵抗愈加激烈，战事日渐呈现胶着状态。忽一日，廖伯源之父率军与敌人鏖战于镇远、施秉一带，战事不利，连连受挫。虽然廖伯源等率领川、湘诸路军马紧急驰援，亦未能挽回败局。最终，廖伯源之父战死阵前。

在敌人追杀下，廖伯源等弟兄五人来不及收拾生父阵亡遗骸，只得率领残兵败卒东奔西突躲避锋芒。一日傍晚时分，廖伯源等弟兄五人率军逃到镇远九溪洞一带，官兵再次与敌人遭遇。当时军中有人称“小王先锋”的王姓先锋官，在率军冲杀之中亦不幸负伤多处，战死阵前。官兵再次溃败，陷入敌人重重包围中。是夜，廖伯源弟兄五人苦思破敌突围之法，皆无万全之策。无奈之下商定：“若被打散，有幸能够大难不死，他日有相逢之时，便在流散所居之地栽 7 棵北斗七星状的枫树，作为弟兄血缘相认的标记。”

夜深人静，廖伯源回想起阵亡的父亲抛尸荒野，想到天明即将面临的恶战，悲伤、焦虑、迷茫交织，一阵阵刺痛在心上。正当他久久辗转思来想去之际，迷糊之中一个熟悉的身影——“小王先锋”身着戎装，盔明甲亮地来到他的面前，如此这般地向他备言布阵破敌之法，并言将搬来五路五猖阴司兵马和一十八洞洞神暗中相助。顷刻，廖伯源惊醒，方知刚才竟是一梦。于是速召诸位弟兄于前，陈说梦中之事。传令依照“小王先锋”托梦之法排兵布阵，并许诺：“若依法获胜破敌，日后廖氏子孙将世代将‘小王先锋’作为神灵顶敬。”

次日天明，廖伯源率领众弟兄及官兵，依照“小王先锋”托梦所授阵法，向敌人发起总攻。正当两军对垒之际，突然阴风四起，天空之中出现一个无比高大的神将，双脚踏在两座山峰之上，手持巨刀直指敌方——熟知的人都知道那是“小王先锋”的形象；在本已不多的官兵阵营里不知从何处冒出许多怪模怪样的士卒兵丁，冲向敌阵，勇猛异常。敌人溃不成军，明军官兵迅即反败为胜。经此战，廖氏兄弟性命终幸得保全。

于是，从那以后，聚凤乡廖家屯村及施秉县部分廖氏家族世代传袭下在所居之地栽种 7 棵呈北斗七星状分布的枫树，家家在神龛之上供奉“五路五猖阴司兵马蛮王顶敬小王先锋一十八洞神”牌位，虔诚顶敬感恩“小王先锋”的习俗。

“晌午”又有新吃法——石阡“茶香糯米鸡”

贵州石阡县聚凤仡佬族野外“晌午饭”的升级与变迁见闻

廖尚刚　廖益彪

摘要：中华美食文化源远流长，美食派系林立，在几千年中国传统文化艺术成就、饮食审美风尚、民族性格特征诸多因素的影响下，创造出彪炳史册的中国烹饪技艺，形成博大精深的中国饮食文化。而随着近年来国民经济生活水平的不断提高，对各类美食的口感要求与健康要求提出了更高标准，这就使得在美食创造（或制造）的过程中，要求生产者更加要注重产品的食材、口感、包装等。本文以贵州省石阡县仡佬族民族特色风味小吃——茶香糯米鸡为例，浅析该产品的创造起源及其制作工艺。

茶香糯米鸡，原是贵州石阡县聚凤乡仡佬族特色小吃，其产品原型为当地百姓为方便田间劳作时食用，将糯米通过蒸煮等加工方式，制作成“饭团”；后来随着人们生活水平的不断提升，后人又在“饭团”的基础上，增加“油炸”“夹馅”等制作工艺，使其在口感上更加可口、更加诱人。2012 年，身为国家一级厨师的贵州石阡县仡佬族青年廖益彪，通过自己早期对“广式”菜系的学习和研究，结合本土的“饭团”，搭配当地出产的苔茶、土鸡肉等相关食材佐料，独创出如今市面上广受消费大众喜爱的“茶香糯米鸡”。

与“广式糯米鸡”和“武汉糯米鸡”等其他地方出产的糯米鸡不同，石阡茶香糯米鸡在选料用料、制作包装上更加注重本土食客口味，同时秉承“健康”“生态”“原滋味”等制作理念，将当地盛产的石阡苔茶融合其中，口味上更符合西南地区（特别是贵州人）的喜好；从食材健康的角度来看，这也符合了大众消费者时尚追崇的“绿色”“健康”的消费心理。本文将从该产品的食材选用、产品储存和产品包装三个方面向作者作进一步的阐述，让更多“舌尖族”共享。

一、石阡苔茶的功效

茶香糯米鸡的主要食材除了本土出产的糯米之外，最大的制作亮点是将石阡苔茶融入糯米鸡中，使其在食用时能够明显品尝到苔茶的清香，口感上更加贴合绿色生态，同时具备多重茶食品的食用功效。

石阡县位于贵州省东北部，云贵高原向湘西丘陵过渡的梯级状大斜坡地带。东与江口、印江毗邻，西与凤冈相望，南与余庆、施秉接壤，北与思南临界。海拔最高 1870 米、最低 390 米，平均海拔 857 米。属亚热带湿润季风气候区，年平均气温 16.8℃，年日照数平均 1233 小时，年平均降水量 1121 毫米，无霜期 303 天。兼具低纬度、高海拔、寡日照，最适合石阡苔茶的种植生产。自然土壤以黄壤、山地黄棕壤为主，充分满足石阡苔茶的生长需要。

石阡苔茶栽种区域通常选择排灌方便，地势较高，土壤酸性、黏砂适度、结构良好，通透性好，表土有机质含量大于 1%，土层厚度达 80 厘米以上，无污染，集中连片，便于规模化生产的地块。

特殊的生长环境，使得石阡苔茶含有各种人体所需的微量元素。《贵州通志》载：“石阡茶始于唐代，皆为贡品。”2011 年 8 月 2 日，中国当代茶界泰斗、茶专家、评茶家、制茶家、106 岁老人张天福品尝了石阡苔茶后，挥笔写下“石阡苔茶钾天下”7 个苍劲有力的大字。石阡苔茶含“钾”并不是空穴来风，经过若干学者、专家、国家、省、市等质量安全检测机构、科研机构多年的深入研究、比对、探索、检测、鉴定。石阡苔茶中钾元素的溶解率为 93.9%，石阡苔茶能提供人体所需的钾元素。另据贵州省农产品质量安全检测中心分析，石阡苔茶富含多种有益人体健康的营养元素，具体几种常规含量数据如下表所示：

石阡苔茶常规成分含量数据表

表 1

成分名称	茶多酚	咖啡碱	茶氨酸	谷氨酸	酪氨酸	精氨酸	天冬酰胺
含量	20% ~ 26%	4.5% ~ 6.0%	2.0 ~ 2.5（g/100g）	0.28 ~ 0.40（g/100g）	0.05 ~ 0.10（g/100g）	0.18 ~ 0.3（g/100g）	0.5 ~ 1.0（g/100g）

因此将石阡苔茶融入糯米鸡中，运用现代食品加工技术，将茶叶中的各种功能营养成分与食物进行融合，从而加工制作成为健康、绿色的食品，这既是一个大胆的创举，也是未来食品发展的大趋势。

二、食材选用

茶香糯米鸡除采用本土出产的石阡苔茶做基础食材外，另将当地盛产的野生山茶油、土鸡肉作为另外的两大基础食材。

野生山茶油素有“东方橄榄油”之称，与油橄榄树并称为世界上最著名的两大木本油料植物。油茶籽含油率一般为 25% ~ 35%，所榨出的油茶籽油主要含油酸、亚油酸等，其脂肪酸含量、比例与橄榄油极为相似，甚至有些营养成分的指标还高于橄榄油。经测试，茶油中不饱和脂肪酸高达 90% 以上、油酸达到 80% ~ 83%、亚油酸达到 7% ~ 13%，并富含蛋白质和维生素 A、B、D、E 等，尤其是所含的丰富的亚麻酸是人体必需而又不能合成的。

而作为原产地，贵州省石阡县聚凤乡历来有种植山油茶的传统，聚凤乡平均海拔 1000 米，其自然条件适宜于油茶生长，区域内有野生油茶资源 10 万余亩。近年来，聚凤乡把油茶产业列为脱贫攻坚和乡村振兴的主导产业，利用产业扶贫资金 1500 万元改造了 5.5 万亩野生油茶，并以廖家屯村（茶香糯米鸡厂区所在地）为核心，成功申报了省级油茶产业园区。

土鸡肉以当地农户散养的本地土鸡品种为主，坚持选用当地土鸡作为原料，通过一系列工艺处理，加工成为符合产品所需的“口感好”“易制作”“便储存”等要求。

野生山茶油与土鸡肉的融合搭配，将营养元素与食用功效完美结合，使茶香糯米鸡在同类型产品中独占市场优势，成为深受广大消费者喜爱的茶食品。

三、保质期艰辛试验与成功

廖益彪通过市场了解和多方论证，认为“茶香糯米鸡”适合贵州消费市场的需要。2014 年 3 月，他在铜仁市石阡县注册成立绿之缘生态食品公司。公司以“茶香糯米鸡”生产为主，公司的产品重点是做大做强原生态、纯天然的“茶香糯米鸡”特色美食，不添加任何的食品添加剂。在产品保质期及包装储存上，团队最先直接采用真空包装，但是在实际实验过程中，由于空气中含有的菌体，真空包装只能保存 6 ~ 7 天，无法较长时间上架销售和储存。无奈之下，廖益彪团队联系贵阳的专家，通过培养箱不同温度进行实验，结果都没有达到理想的保质期。在几乎绝望中，廖益彪通过查找大量资料，2016 年引用高温杀菌办法进行实验：将产品通过真空包装后，在100℃的温度上进行1小时灭菌，然后又分别在25℃、30℃、37℃的培养箱里进行实验，最终得出180天无变质的验证，产品的包装和保鲜性能实现了质的飞跃。

四、包装选用

在茶香糯米鸡创作之初，关于使用何种内包装的问题，廖益彪及其研制团队作了深入研讨。相比较“广式糯米鸡”采用荷叶做内包装的做法，廖益彪团队也曾做过相关实验对比，结果发现糯米会因为荷叶的叶绿素而变黑，一方面影响产品美观，另一方面荷叶的植物气味也会也影响口感，且荷叶材质易破损，不方便大批量加工制作。因此在前期的测试中就否决了荷叶作为内包装的想法。接着，廖益彪团队还实验过桐树叶、粽叶等材质，实验结果发现桐树叶也与荷叶有着相同的弊病；而粽叶虽然普通，但是难与粽子区分，而且粽子的文化根源久远，“茶香糯米鸡”不能与其混称，因此以上几种均被否决了。后来一次偶然，廖益彪团队发现玉米壳最符合食材包装制作要求。作为中国西南地区的农村，玉米种植是当地广大农民除了水稻以外的重要粮食作物，而从追求经济最大化的角度来看，传统的种植玉米过程中，玉米叶子无法产生任何经济效益，但如果将玉米壳用作茶香糯米鸡的内包装，其优点有原材料供应量大，易收集，加上玉米壳与糯米长时间高温蒸煮，会散发出一股醇香的植物气息，是其他植物叶子无法代替和比拟的。同时采用玉米叶子用作茶香糯米鸡的内包装，可以有效地将农作物余品变废为宝，实现该经济作物利用的最大化。因此糯米鸡加工厂以10元1公斤的价格向广大农户收购玉米壳，真正实现了帮助农户增加劳动收入的渠道。此外，采用玉米壳做内包装，在形象上区别于其他地方的糯米鸡产品，这也完全符合了廖益彪团队“健康”“生态”“原滋味”等创作初心。

内包装亦如此，而外包装则采用简洁明了，吸引消费者眼球的白色为主基调。因为现在大多数的绿色产品，一些商家为了体现“绿色”，更恨不得将整个外包装都印刷为绿色。特别是超市近些年或各个消费点，琳琅满目的食品外包装都是大红、大绿，让顾客应接不暇，难以抉择。所以，廖益彪团队在产品设计上采取逆向思维，以白色为主，局部点缀少许红、绿色做衬托。这样的外包装一上市，就与其他食品包装区别开来。消费者通过品尝和购买后，很快就能识别和认可“茶香糯米鸡”食品。

五、消费者认可与广阔市场

廖益彪通过苔茶茶汤泡米技术、茶叶叶底油炸工艺、茶米油肉蒸搅融合等环节，不断改进传统工艺，使茶香糯米鸡从单一手工分段加工流程转变为规模化生产线加工，实现了生产流程的标准化、规模化。目前已建成年产120吨茶香糯米鸡生产线1条，建成清洁化食品加工车间100平方米，完善了食品检验室、原材料仓库80平方米，包装间60平方米，产品库60平方米，拥有生产管理用房300平方米和产品展示厅200平方米，同时还添置了食品质量检测仪器80余套；申请专利2项，已获得授权1项。由于产品醇香味美、价格大众，市场销路十分畅销，目前该企业的“茶香糯米鸡”除了在贵州省内拥有大批消费市场外，还远销广州、成都、昆明等城市。自2017年以来，公司在参与石阡县脱贫工作中，主动承担社会责任，与贫困户建立利益链接机制，连续3年为贫困户提供帮扶资金9万元，并为当地贫困户劳力提供就业岗位60个。廖益彪在研制并创新地方特色小吃上，冲破了传统的野外“晌午”淡食局限，赢得了消费者的青睐和认可，先后被铜仁市“多彩贵州”两赛一会组委会、石阡县委和县人民政府、贵州省政协办公厅、贵州商务厅、贵州省工商联等表彰为“最佳新品奖”“贵阳市2015年爽爽美食节‘发现每家一道招牌菜’活动小吃类金奖”“最图自强好青年”“‘大美黔菜’最受欢迎的菜品特色奖”“贵州十大名菜‘苔茶神汤’”等荣誉。中央电视台农业频道摄制组还专门到石阡拍摄了廖益彪制作“茶香糯米鸡”的工艺，并向全国观众宣传。

结　语

随着人类社会不断进步、各种通信方式不断的增加以及交通工具越来越便捷，使得人与人之间的距离也越来越近，所以每一个城市都在不断引进全国各地的特色美食，丰富了消费市场餐饮种类的选择，更促进了当地经济的飞速提升，以及解决了众多下岗人员的就业问题；更有能者在当地传统美食的基础上更进一步创新，其又是一种新生文化的诞生，所以，在社会快速进步的今天，弘扬各地的传统美食文化，有其重要的必要性和深远的意义。

而茶食品产业作为贵州市场很有前途的产业，其特有的天然清新风味和集营养与保健于一体的特殊功能，决定了其广阔的市场前景。将茶叶作为食品成分改良方式添加在食品中，既可以大大提高茶叶的附加经济价值，还可以推出营养丰富、茶香可口、风味独特、品种多样的食品，既增进食欲又有益健康。

原载于《史林志》2020年第2期

人　物

廖伯源　生卒年不详，廖家屯廖姓支系始祖，明洪武七年（1374），其父携5个儿子由湖广进入贵州，死于战场。廖伯源五人侥幸活下来。但由于奸臣算计，不能回籍复命，遂在石阡县廖家屯立业安家。

古桥流水瓮水屯

出过救驾有功的武将，出过名震一方的私塾先生，瓮水屯这个看似平常的仡佬族村寨其实一点儿都不平常。

基本村情

行政区划 聚凤仡佬族侗族乡瓮水屯村土地面积6平方千米，村寨占地面积近10公顷，下辖5个村民小组。

村名由来 一说瓮水屯村名来源于苗族语言，在苗族语言中，“瓮”意为“龙”或“水”。因地势低洼且位于溪水边上，故而得名。另一说则认为，瓮水屯村位于瓮水河旁，村名因河而得名，又因曾经为军屯，故名“瓮水屯村”。传说本来瓮水河没有名号，只因为关山紧锁，山鸣谷应，飞瀑落潭像从闷罐中发出声来“嗡嗡”作响，有“门前水流声似琴”之说，因此就将之称作“瓮水河”。

村寨沿革 1917年，瓮水屯村为第六区管辖。1936年，置走马坪联保，瓮水屯村属走马坪联保瓮水屯保管辖。1937年，石阡县第六、第九两区合并为第一区，黄泥坳村属第一区管辖。1943年，设聚凤乡，瓮水屯村属聚凤联保瓮水屯保管辖。

1950年2月8日，石阡县人民政府成立，瓮水屯村属第三区聚凤乡管辖。1953年，瓮水屯村属白沙区聚凤乡管辖。1958年，为聚凤人民公社屯星生产大队。1984年，政社分离，为白沙区聚凤乡瓮水屯村。1992年，撤区建乡（镇），聚凤仡佬族侗族乡成立，为聚凤仡佬族侗族乡瓮水屯村。2003年，聚凤仡佬族侗族乡完成并村工作，全乡18个村合并为聚凤、宝龙、马屯、马鞍山4个村。瓮水屯村属宝龙村管辖。2010年，聚凤仡佬族侗族乡完成建制村调整工作，重新设立瓮水屯村，下设5个村民小组。

聚凤仡佬族侗族乡瓮水屯村全景（县住房和城乡建设局　提供）

自然环境

地理位置 瓮水屯村位于石阡县聚凤仡佬族侗族乡东面，距乡人民政府所在地5千米。

地形地貌 瓮水屯村位于武陵山脉之尾、佛顶山脚下，境内以低山、中山为主，属典型的喀斯特地貌，有多个溶洞。

河 流 瓮水河自北向西南流过村寨，属乌江水系，是村中农业灌溉的重要水源。

气 候 瓮水屯村多年平均气温14.2℃，年平均降水量1122.2毫米。无霜期年平均305天。

族群族源

人口民族 截至2021年末，全村总人口733人，农业人口730人、非农人口3人，以仡佬族为主，是侗族、仡佬族、汉族聚居的多民族村寨。

主要居民溯源 相传瓮水屯村仡佬族祖先原生活在江西省，唐朝时期，仡佬族祖先迁徙到贵州省各地谋生，于明朝初年辗转来到瓮水屯村定居。清朝初年，贵州各地陷入动荡之中，李姓、邹姓、田姓、何姓、杨姓、向姓、张姓仡佬族祖先先后来到瓮水屯村定居，瓮水屯村正式建立寨村，至今已有300余年历史。

基础设施建设

道 路 截至2021年末，聚凤乡瓮水屯村入村道路、村内道路均硬化。

电 力 截至2021年末，瓮水屯村已完成农村电网改造，村内主要道路均安装太阳能路灯。

自来水 截至2021年末，瓮水屯村实施自来水入户工程。

通 信 截至2021年末，4G通信网络覆盖瓮水屯村。

村域经济

产业概况 瓮水屯村共有耕地面积48.33公顷，以种植业为主，养殖业为辅。

主要经济作物 瓮水屯村主要种植烤烟、茶叶等经济作物。

经济收入 2021年，瓮水屯村农村经济总收入435万元。

村民生活

村民收入 瓮水屯村村民的经济收入主要有：出售农产品、家畜家禽养殖、外出务工、财政补贴、集体经济务工收入及分红、其他非农收入、工资及退休金等。

主要支出 瓮水屯村村民的经济支出主要有：日常生活、教育、房屋及维修、交通出行、通信、子女婚嫁以及其他支出。各项支出内容与马桑坪自然村相同。

医 疗 1975 年，屯星生产大队按上级统一部署，建立农村合作医疗制度，设立屯星生产大队卫生室。1981 年，实施家庭联产承包责任制后，屯星生产大队卫生室名存实亡。1994 年，按全县统一部署，重建瓮水屯村卫生室。2000 年，按全县统一部署，瓮水屯村开始实施新型农村合作医疗制度。

社会保障 2012 年，按全县统一部署，瓮水屯村开始实施实行个人缴费、集体补助和政府补贴相结合的新型农村社会养老保险制度。

风土人情

饮食习惯 瓮水屯村仡佬族村民主食为大米，兼食玉米、面食及杂粮红薯等，喜欢食用糯米做的糍粑等食物。菜肴以酸辣为特色，用茶待客。

杀猪饭（刨汤饭） 在腊月里吃年猪饭（刨汤饭）是瓮水屯村的传统习俗。最早的时候，村民本意是养了一年的猪，膘肥体壮，可以宰杀了，顺带犒劳一下自己和家人，招待一下亲朋好友，联络感情。村民把大部分猪肉熬成猪油、熏烤成腊肉，悬挂起来，作为下一年的油料和肉食来源。早先因为受饲养技术等限制，大家都是一年才能养肥一头猪，一年杀一次，所以称之为吃年猪饭或刨汤饭。随着经济的逐渐好转，养猪技术的普及，一年可以养几头猪，宰猪、吃杀猪饭，逐渐演变成一种小范围内联络感情、庆祝喜事的重大活动。原来的年猪饭逐渐变成了杀猪饭（刨汤饭）。在瓮水村的杀猪饭中，大多用柴火、土灶烹调，食材也是从房前屋后自家园子里采摘来的时令蔬菜，配上刚宰杀的坐蹬肉（坐臀肉）、猪血及肠、肝、肚、肺等杂碎，煮成一锅。一桌朴素而情谊十足的杀猪饭就呈现在来客面前，血旺、慈姑炖排骨、小炒肉，红的胡萝卜、绿的青菜，配上胡辣椒、葱姜等混合的蘸水，吃起来鲜而香醇，肥而不腻。与农村的质朴交织在一起，形成杀猪饭独特的农村味道。

服 饰 改革开放以后，由于汉族服饰在生活中更为方便实用，随着经济条件的逐渐好转，瓮水屯仡佬族居民男女老少所穿衣物均为市场上购买，穿着和汉族并无差别。

传统村落保护

村寨布局 瓮水屯村依山傍水，位于乌江支流瓮水河沿岸，瓮水河从寨前蜿蜒流过。村寨聚集在一个长条形河谷地带，外围是植被茂盛的山林，村寨掩映在大片古松柏之间。村落轮廓与所在地地形、地貌等自然风光和谐统一，具有浓厚的地方特色。民居依山就势、

瓮水屯村局部（县住房和城乡建设局 提供）

面水而建，高低错落的小青瓦坡屋面，与河流、农田及山林形成一幅安静祥和的山水田园村居图。整个村落处于青山绿水之中，让人留下“门前水流声似琴，屋后山叠景如画”的赞叹。

依山傍水、枕山环水、背山面水是瓮水屯的特色。村落坐东向西，呈南北带状布局。西南属河谷地带，地势较开阔。全村房屋布局密集，纵横交错，疏密有致，传统村寨整体保存状况良好，仡佬族传统文化符号随处可见。

传统民居建筑特色 瓮水屯村的传统建筑按功能可分为公共建筑和民居两个大类，公共建筑有祭祀、议事及娱乐性建筑；传统民居有大户人家建筑和一般民宅建筑。这些建筑最早建于清代，少量建于民国时期，所有建筑都具有仡佬族传统建筑特色，体现出瓮水屯村历史风貌。瓮水屯村的传统民居建筑堂屋两侧为卧室，厨房、猪圈、牛厩等皆设于屋侧房后。房屋一般分正屋、厢房、前厅、偏厦等。正屋是主要部分，有三柱屋、五柱屋、七柱屋等。平屋为单檐结构，开口屋为双檐结构。楼房外围均有走廊栏杆，宽敞明亮，空气流通，供家庭成员休息，也是仡佬族姑娘绣花做鞋的好地方。截至 2021 年末，保存完好的瓮水屯村传统民居有 49 座，多数为清朝或民国时期建造。寨中现存各类传统木结构穿斗式青瓦房，形制为正房与厢房配对，以五柱六瓜正房配五柱二瓜或三柱二瓜厢房为主，具有独特的工艺水平和建造技艺，保存状况良好。

仡佬族传统建筑特点 仡佬族传统建筑从来不用图纸，哪怕是三四层的楼房。工匠们只用半边竹竿和棍签作为标尺，俗称“丈杆”和“鲁班尺”。精明的仡佬族木匠师傅就凭一根“丈杆”和一捆“鲁班尺”，随坡就势，同时根据主人家实际需求不同，因时而变，不拘一格，建造出许许多多雄伟、秀丽的建筑物。

被列入中国第一批传统村落名录 2012 年 12 月 17 日，住房和城乡建设部、文化部、国家文物局、财政部、国土资源部、农业部、国家旅游局联合发布第一批列入中国传统村落名录的村落名单，石阡县聚凤仡佬族侗族乡瓮水屯村被列入。

传统村落保护发展规划编制 2016 年，北京瑞德瀚达城市建筑规划设计有限公司编制完成《铜仁市石阡县聚凤乡瓮水屯村传统村落保护发展规划（2014—2030）》。确定规划范围即瓮水屯传统村落建设控制地带范围，总面积 12.1 公顷，包含建成区域、山体林地及部分能体现当地农耕文化的田园环境。保护范围分为核心保护范围和建设控制地带。其中，核心保护范围面积 3 公顷，包括传统民居建筑群及周边历史环境要素所在的完整区。

传统村落保护项目实施 2016 年，聚凤乡瓮水屯村被列为石阡县 2016 年度传统村落保护项目实施单位，获国家专项投资 150 万元。

截至 2021 年末，各级党委、政府先后投入 200 余万元资金对瓮水屯村传统村落内巷道、消防设施和污水处理进行改造和修建，完善部分基础设施和保护功能，增设垃圾箱。对村内古树、传统民居均造册挂牌保护，并出台相应保护措施。

瓮水屯村传统建筑（县住房和城乡建设局　提供）

古迹景观

瓮水屯村仁寿桥桥墩遗址（勾昆　摄）

仁寿桥遗址　传说嘉庆二十五年（1820），一位名叫郭魁的人考取功名后，在瓮水屯村修建仁寿桥，遗址处留存有桥墩 1 座、石碑 1 块。

古　庙　在村南 100 米的山丘上，保存有清朝晚期建造的庙宇 1 座。

桅　杆　瓮水屯村原立有桅杆 1 块，后被毁。

溶　洞　位于村寨西北面，为典型的喀斯特地貌，洞内一年四季水流不断，盛夏时节洪水泛滥，严冬恰似细缕蚕丝。洞口置方形的石台，石台右角一个钟乳石酷似观音菩萨。村民时常去洞中参拜，逢年过节溶洞中张灯结彩，前来参拜观音菩萨的村民络绎不绝。每年瓮水屯玩龙灯时都要从溶洞里开始。

打井滩　位于瓮水河畔，两岸杂树丛生，树木葱郁，一年四季景色不同。

疑似三叶虫化石群　2010 年，聚凤乡业余考古爱好者廖益良在瓮水屯村关口村民小组对面的山坡上放牛时，无意间发现一片裸露面积达 0.4 公顷以上的化石群，其外部特征与三叶虫极为相似。他通过一年多时间，查阅大量参考资料、古生物文献，并进行反复比对，廖益良认为这些化石就是三叶虫化石。

瓮水屯村古树群（县住房和城乡建设局　提供）

2011 年 6 月 8 日，《黔中早报》刊载《石阡县发现“三叶虫”化石群》的新闻对此事进行报道，称“这些化石疑似 1.8 亿年前就完全灭绝的三叶虫化石”。

古　树　瓮水屯村寨门及村寨四周有古树 100 余棵，有柏树、青杠树、紫木、榉木、黄栗等珍稀树木 10 棵。

传统文化

仡佬花灯　花灯是仡佬族人民在长期的劳动生活中创造并喜闻乐见的艺术形式，它具有独特的民族风格，是民族艺术瑰宝之一。它的发展源远流长，古朴但不单调，抒情而不低俗，主要活动在正月的元宵佳节举行，采用说、唱结合，唱、跳配合的方式在群众堂屋中开展。花灯民族民间特色鲜明，有深厚的群众基础，内容丰富多彩，形式清新活泼，有浓郁乡土气息。截至 2021 年末，瓮水屯村有花灯县级非物质文化遗产代表性项目代表性传承人 1 名，保留有一些曲目，主要为采茶调。

龙　灯　每年正月初一至十五，瓮水屯村村民都会组织玩龙灯，一般为 32 盏龙灯，先到溶洞参拜观音菩萨后，再出溶洞到每户村民家开财门，参拜神灵，带走“五瘟”，为没有男孩的家庭“送龙宝”。

仡佬族民歌　石阡县仡佬族民歌流传于花桥、坪地场、青阳、五德、聚凤、龙井、龙塘、白沙等乡（镇）。仡佬族民歌是在石阡仡佬族聚居地之中流传最广泛、音调最丰富的一种体裁。在仡佬族的生产和生活中，仡佬族人需要表达某种情感，自然就会创造出相应的情歌来予以表达，并灵活地采取多种演唱形式，如独唱、男女对唱、群体演唱等进行演唱。这些演唱形式最直接、最真实地表达了仡佬族人的丰富情感。

石阡仡佬族民歌形式规整，演唱十分自由。在七言的歌词中，常常在前四字的停顿处和句子结束时自由甩腔，表现出四三的句子结构特征。采用音头上滑、音尾下滑、长音填充等润腔方法。旋律大多自由奔放，体现出武陵山区山高谷深、山岭绵延的自然环境。2021 年 5 月 24 日，经国务院批准，石阡仡佬族民歌被列入第五批国家级非物质文化遗产代表性项目名录。

瓮水屯村传承仡佬族民歌基础较好，男女老幼都会唱传统仡佬族民歌，也喜欢唱。

艺文杂记

村寨名人传说

李大怀　生卒年不详，石阡县瓮水屯村人，据说是明末清初时期人。他对南明皇帝有救驾之功，后攻打南京城立下大功，被封为镇国大元帅，南明皇帝赏赐他高脚牌匾。与清军作战时，因炮弹在炮膛里爆炸被炸死。

李占魁　生卒年不详，清朝石阡县瓮水屯村人，清朝贡生，常年在施秉县设私塾教学，每届只收学生 8 人。他始终坚持考不取“顶子（功名）”不收学费的办学原则，而他教的学生很少有考不取“顶子（功名）”的。因此在当时的黔东北各县声名大噪，许多家境殷实、注重孩子教育的家长不顾距离远近，纷纷带孩子登门求学。据说他出殡时，他的学生 100 余人前去吊唁，送葬人群里齐刷刷地排列着一排排戴“顶子”的官员，场面十分壮观。

石阡县发现“三叶虫”化石群

石阡县聚凤乡瓮水屯村关口村民组对面的山坡上发现有一裸露面积大约为 6 亩或更多的疑似“三叶虫”化石群。据称，这些化石疑似 1.8 亿年前就完全灭绝的三叶虫化石。

一年前，聚凤乡业余考古爱好者廖益良在瓮水屯村关口村民组对面的山坡上放牛时，无意间发现一裸露面积大约为 6 亩或更多的化石群，其外部特征与三叶虫极为相似。通过一年多来查阅了大量参考资料及古生物文献，廖益良认为这些化石就是三叶虫化石。

目前，尚无专家对这一化石群进行考证。

（贵网 2011 年 6 月 8 日讯 《黔中早报》 记者 文杰）

人 物

向 田 1985 年出生，原籍石阡县聚凤仡佬族侗族乡瓮水屯村，仡佬族，副教授。2007 年 6 月毕业于西北师范大学，获学士学位；2010 年 6 月毕业于北京师范大学，获硕士学位；2014 年 5 月毕业于杜兰大学（Tulane University）数学系（获博士学位）。2014 年 10 月至 2016 年 8 月，在中国人民大学数学科学研究院博士后科研流动站从事科学研究工作。2016 年 9 月至 2018 年 6 月，就职于中国人民大学信息学院；2018 年 7 月，就职于中国人民大学数学科学研究院。

人物名录 获“光荣在党 50 年”纪念章人员 喻绍华 李茂树 李茂常 李茂盛

县级非物质文化遗产代表性项目花灯代表性传承人 李茂树

千年沉浮公鹅坳

有过400余年世袭公鹅坳副长官司衙署长官职位的辉煌，也有过乱世小民在腊岩洞屯躲避土匪时发自内心的“太平千古”祈愿，这就是千年沉浮的公鹅坳村。

基本村情

行政区划　石固仡佬族侗族乡公鹅坳村位于石阡县东部，村域面积9平方千米，全村辖11个村民小组。

村名由来　相传屯山坡上有一石形如公鹅，旁边还有一石形如母鹅，不知何年月母鹅倒掉后，仅剩一只公鹅，公鹅坳由此得名。明朝初年，在此建有古屯。另一说称，此地因地形呈三层台阶状，故原名三屯沟。在距离三屯沟不远处有一地名叫母鹅屯（石固仡佬族侗族乡公坪村，后更名为公鹅屯），人丁兴旺。恰好距离寨子约500米处有小山形状像一只鹅，有嘴、有冠、有身、有脚。于是童栾将三屯沟更名为公鹅坳，期望公鹅坳村也一样的人丁兴旺。

当时，公鹅坳是印江一带连接铜仁的必经之路，为交通要地，过往客商很多。据传说，每天夜里丑时，有客商经过公鹅坳时，都会听到鹅的叫声，不多不少，刚好三声，其音调严肃郑重，似厉声呵斥，又似提醒警告，鸣叫声非常准时，从来没有出过错。而又有传闻，此地非常神秘，地形白天看起来不过是圆形环绕的众山峰，但每当月圆之夜，两面山便合起来，远远看上去就像一对公母鹅依偎在一起。公鹅坳地名就此叫开。

村寨沿革　自元至元二十二年（1285）设置公鹅坳副长官司衙署后，公鹅坳为公鹅坳副长官司衙署管辖。清康熙年间，撤销公鹅坳副长官司衙署后，公鹅坳村属思南府印江县管辖。1914年，贵州省政府下令，公鹅坳改属石阡县。1917年，属第二区管辖。1943年，置石固乡，公鹅坳属石

石固仡佬族侗族乡公鹅坳村全景（县住房和城乡建设局　提供）

固乡管辖。1950年，属第二区管辖。1951年2月，为石固乡公鹅坳行政村。1956年1月，设立公鹅乡，为公鹅乡公鹅行政村。1958年，全县实现人民公社化，实行政社合一，更名为公鹅公社公鹅生产大队。1984年，实施政社分离，为公鹅乡公鹅坳行政村。1992年，撤销石固乡、公鹅乡，设石固仡佬族侗族乡，为石固仡佬族侗族乡公鹅坳村。2004年6月，全县撤并行政村工作结束，将龙塘坳、公鹅坳村合并为龙塘坳村。2010年12月，石阡县完成行政村调整工作，重新设置公鹅坳村。

自然环境

地理位置　公鹅坳村位于石阡县东部石固仡佬族侗族乡东端，与江口县闵孝镇平寨等村寨为邻，东距铜仁市主城区93千米，西距石固乡人民政府8千米，距县城52千米。

地形地貌　全村海拔760～920米，森林覆盖率70%。公鹅坳四周是小山，中间为平谷，小山外围是高大山峰，为天然屏障。由于境内溯源侵蚀强烈，形成喀斯特地貌、临河山谷地形，不仅有山地、山原，而且有低山丘陵、山间小盆地和河谷阶地，加之地形起伏大，沟谷纵横。公鹅坳境内峰峦起伏，江河纵横，山清水秀，景象万千，植被资源丰富，自然环境优越。

气　候　公鹅坳村属典型的亚热带季风气候，年均气温18℃左右，年平均降水

1100 ~ 1400 毫米，全年日照时间 1250 小时。春温多变，绵雨较多；夏季炎热，日照充足；秋温速降，多阴天多雨；冬季严寒，无霜期长。

族群族源

人口民族 截至 2021 年末，全村共有 310 户、1138 人，其中少数民族人口 750 人。公鹅坳自然村主体居民为侗族，剩余为仡佬族。

主要姓氏 公鹅坳自然村主体居民为童姓侗族。余姓还有黄、杨、郑姓人家。

主要姓氏溯源 童姓侗族入黔时间已不可考证，但据湖南省娄底市童氏家族总谱记录，石阡县公鹅坳童氏支系祖籍江西抚州府临川县，堂地八十一都，小地名为猪池巷。后迁贵州思南府印江县茶院坝定居，后童姓入黔始祖童栾携次子童永凤由思南府印江县茶院坝先至天池，后转到石阡县公鹅坳定居。公鹅坳因元至元二十二年（1285）设置公鹅坳副长官司衙署而有盛名，童栾出任公鹅坳副长官司衙署首任土司长官，之后每一届公鹅坳副长官司衙署长官均由童姓世袭。据传，公鹅坳村童姓皆为童栾后代。

基础设施建设

道　路 旧时在公鹅坳村设有公鹅坳场，石阡至铜仁古道经此。2019 年，完成 3 条出村公路硬化。截至 2021 年末，公鹅坳村 12 条通村、通组公路均已硬化；村内道路完成硬化工程。

电　力 21 世纪初，公鹅坳村实施农村电网改造工程。2014 年，公鹅坳村实施村寨亮化工程，全村 4 个村民小组（高坎子、大院坝、黄家湾、大坪坳）完成太阳能路灯安装。

自来水 截至 2021 年末，公鹅坳村已接入自来水。

通　信 截至 2021 年末，公鹅坳村已实现 4G 网络全覆盖。

文化设施 2018 年，公鹅坳村完成文化广场建设。

村域经济

耕地资源 截至 2021 年末，全村耕地 170.73 公顷，其中水田 81.2 公顷、旱地 89.53 公顷。

种植业 进入 21 世纪后，公鹅坳村持续进行产业调整，发展烤烟、辣椒、高粱等短效产业。2021 年，全村种植烤烟 16 公顷、辣椒 10 公顷，发展农户种植高粱 3.33 公顷，涉及 56 户，实现户均增收 1530 元。

截至 2021 年末，全村建成有机高粱种植基地 10 公顷，种植油茶 66.67 公顷。

养殖业　2020 年 7 月 5 日，温氏生猪示范养殖小区项目在公鹅坳村开工落地。项目占地面积 7.47 公顷，总投资 3000 万元，项目由石阡温氏畜牧有限公司全额投资建设。截至 2021 年末，全村建有存栏 2000 头猪、300 头猪的养猪场各 1 处，其中存栏 2000 头生猪的养猪场占地面积 13.33 公顷。

村民生活

村民收入　公鹅坳村村民的经济收入主要有：出售农产品、家畜家禽养殖、外出务工、财政补贴、集体经济务工收入及分红、其他非农收入、工资及退休金等。

主要支出　公鹅坳村村民的经济支出主要有：日常生活、教育、房屋及维修、交通出行、通信、子女婚嫁以及其他支出。各项支出内容与马桑坪自然村相同。

医　疗　1975 年，公鹅生产大队按上级统一部署，建立农村合作医疗制度，设立公鹅生产大队卫生室。1981 年，实施家庭联产承包责任制后，公鹅生产大队卫生室名存实亡。1994 年，按全县统一部署，重建公鹅坳村卫生室。2000 年，按全县统一部署，公鹅坳村开始实施新型农村合作医疗制度。

社会保障　2012 年，按全县统一部署，公鹅坳村开始实施实行个人缴费、集体补助和政府补贴相结合的新型农村社会养老保险制度。

风土人情

饮食习惯　公鹅坳村侗族主食为大米，兼食玉米、红薯等杂粮。菜肴嗜好酸、辣味，喜食糯食；喜食并擅长于腌制各种腊肉、腌菜。

祭祀洞神　在公鹅坳村，有一个区别于周边村寨奇特风俗的祭祀风俗。大年三十当天石固仡佬族侗族乡仡佬族、侗族都有煮猪头祭祀祖宗的风俗，而在公鹅坳，当地村民不仅将猪头祭祀祖宗，而且会将猪头抬到距公鹅坳不远的半仙洞祭洞神。根据传说，山洞为产生冰雹之地。有一年，石固乡遭遇特大冰雹袭击，很多地方的房屋均遭到损坏，庄稼颗粒无收；唯独公鹅坳村村民房屋、庄稼安然无恙。公鹅坳村村民认为这是半仙洞洞神保佑他们，于是家家户户都在春节除夕这天抬着猪头去祭祀洞神，表示对洞神的感谢，并求洞神保佑来年风调雨顺，此风俗就一直流传下来。

除夕烧疙兜火　每年除夕夜仡佬族都要通宵烧疙兜守夜，又叫“迎新火”，有“三十夜烧个大疙兜，明年喂个大肥猪”之说。此夜，阖家老少、左邻右舍均围拢在火塘边唱歌、看电视、猜谜、讲故事，尽情欢乐。

传统村落保护

村寨布局 公鹅坳是石阡县有据可考的最古老村寨，亦是保存历史古建筑最多，最能反映石阡县历史、民族发展史的一个古老村落。公鹅坳村是一个建设在山谷地带的典型山村。村周围皆是小山，小山外围是高大的山峰，沟壑纵深。公鹅坳村被一条西北—东南方向主路分割，南侧传统民居集中成片，北侧传统民居相对分散，两侧建筑风貌协调，依山而建，与周边自然环境融为一体。整个村落掩映在群山之中，若隐若现，显得舒适而幽静。村落传统民居群的整体风貌错落有致，安静祥和。村落顺应山体走势，展现出山区村落景观风貌，体现“谷地轮廓，沿山而起”的特征。

传统民居特色 公鹅坳村传统木楼主要结构材料和围护用材全部用木料，屋面盖瓦。楼下饲养牲畜，楼上住人，顶层贮粮。侗族民居大多数为穿斗式干栏木楼结构，底层以饲养或堆放杂物为主，二层是主要生活层面，宽廊、火塘小卧室，构成侗族民居的主要特征。顶层通常为堆放粮食或杂物的阁楼，也有局部设置隔间作卧室。

民居建筑多以五柱四瓜房为正房，正房前两侧或一侧建翘角的吊脚楼，亦称“厢房”或“楼子”，中间为院坝（院子），形成三合院式的建筑特点。翘角楼的弯挑梁，像一把长大的弯刀，足显房屋威武壮观。翘角结构使房屋外形美观，又保护厢楼不受雨水淋坏，且符合侗族

公鹅坳村村寨面部（局部）（县住房和城乡建设局 提供）

公鹅坳村传统民居（勾昆　摄）

房屋建筑能驱瘟辟邪的心理特点。传统侗族民居基本是以木柱支托、凿木穿枋，衔接扣合、立架为屋四壁横板的干栏木楼。

被列入第一批中国传统村落名录　2012 年 12 月 17 日，住房和城乡建设部、文化部、国家文物局、财政部、国土资源部、农业部、国家旅游局联合发布第一批列入中国传统村落名录的村落名单，石阡县石固仡佬族侗族乡公鹅坳村被列入。

传统村落保护规划制定　2016 年，有关部门制定《铜仁市石阡县石固乡公鹅坳村传统村落保护发展规划（2014—2030）》，公鹅坳村传统村落保护区总面积 19.65 公顷。分为核心保护区、建设控制地带。在规划范围用地中分为已建、禁建、限建、适建 4 个区域。其中，核心保护区域 8.6 公顷。

保护措施　2014 年，公鹅坳村被列为石阡县 2014 年度中央农村节能减排资金支持传统村落保护工程实施单位。公鹅坳村利用上级下拨款项实施系列传统村落保护工程建设。

截至 2021 年末，村内安装微型消防设施，增设垃圾箱。村内古树、古民宅均已造册登记并挂牌保护。

传统文化

公鹅坳副长官司衙署　公鹅坳副长官司是土司制度产物，是元、明、清等封建社会时期设在边远少数民族地区，实行地方自治的特殊统治机构，龙塘坳至公鹅坳到江口县坪寨村寨的道路是古代要道，系石阡、江口、印江3个县相交要冲，石阡、印江至铜仁、江口至石阡必经此地。元至元二十二年（1285），元朝政府在公鹅坳设立公鹅坳副长官司衙署，为印江县洋溪长官司衙署属下的副长官司衙署。从元代正式建立，到清康熙中晚期废除，公鹅坳长官司衙署共历时400余年。公鹅坳副长官司衙署长官由当地的有权、有威望、有地位的童姓家族世袭，直接受皇帝管制，在其辖区内拥有征税、组建统治队伍、审判、拘押等特权。

唱花灯、耍龙灯　多年来，公鹅坳村村民春节期间流行唱花灯、耍龙灯，乐此不疲。近年，由于年轻人均外出打工，唱花灯、耍龙灯习俗渐渐不再流行，并有失传之虞。

传统儿童游戏　传统儿童游戏有打山棋、躲猫猫、跳皮筋、走母猪窝、打波罗、丢手巾等。

打山棋　长期流行于石阡仡佬族、侗族中的一种游戏，不受棋子、棋盘的制约，只需要一块空地或者比较大的石块，画上棋盘，木棍、石子都可以做棋子。

棋盘结构简单明了，是以3个内置的“口”字为框架，辅以8条直线把它们连接起来，就形成类似于蜘蛛网的棋盘。棋理也比较好懂，三字连线为“打山”，每打一山可以拿掉对方一颗棋子，直到把一方棋子拿到不能打山就为胜。布局阶段，“打山”拿掉对方的棋子用自己的棋子压住，作上记号，收尾阶段这些棋子都要取掉。棋盘上的每个点都要下满，哪个人收尾，就把刚才打山作上记号的子取掉，并有先手的机会。

打波罗　又名“打地罗”“打得落”，类似汉族地区的打陀螺，即谚语所谓“杨柳青，放风筝；杨柳落，打波罗”。“波罗”为土家语称谓，形如圆锥，上圆下削而末锐，用茶树或檀木等硬木削制，大小不一，以锥触地，以棕叶或麻丝制成抽波罗直立旋转于地的鞭丝，系在鞭杆上，手握鞭杆，不断用劲抽波罗，使之快速旋转而发出嗡嗡叫声，俗称“迷堂了”。也可以相对用鞭抽各自的，使其互相碰撞，波罗倒地者为输。技术高者往往可将所有其他人的“波罗”全部碰翻在地，只剩自己的“波罗”仍在旋转，赢得满堂喝彩。

古迹胜景

公鹅坳副长官司衙署遗址　公鹅坳副长官司衙署为石阡县唯一保存较为完好的长官司衙署遗址。衙署是公鹅坳村传统建筑典型代表，其中设有府署厅、娱乐厅、练武厅、家眷院落、牢房、府库等，建有拴马桩，文官至此要下轿，武官至此须下马。清朝末年，公鹅坳副长官司衙署旧址失火，大部被毁，而后重建。公鹅坳副长官司衙署坐南朝北，院墙中间开一个外宽内窄的“八”字形龙门，进门是石铺“天井坝”，上方为府署正房，正房原为连五间木瓦房，右边三间被拆毁。左边是副长官司衙署钱粮房，当地百姓有“九廒十三仓”之说。由于年代久远，进门处龙石阶被打磨得溜光，留下深深的凹痕，使人未进院门便已深深地感到古宅的沧桑。进入龙门，迎面是长、宽各10余米的天井（院子），天井里长满青苔和小草，一左一右各建1栋2层3间的木质回廊式厢房。厢房上部的走廊花栏、房间均保存完好。

公鹅坳村公鹅坳副长官司衙署厢房（勾昆　摄）

左边一栋房屋的下部曾是公鹅坳副长官司衙署的钱粮房，用于装粮食和柴草。据说，公鹅坳副长官司衙署当差人员的报酬是粮食和柴草，按月领取，称之为领“薪水”。右边一栋的下部曾是公鹅坳副长官司衙署马厩。两厢房的上边为副长官司衙署办事、当差人员的住房。天井里有高约2米、长约20米，用石墩砌成的“坎子”，石坎子上边便是副长官司衙署署厅。沿石坎正中长约3米、宽约1.5米的石阶往上，就到了副长官司衙署署厅檐下过道上。过道用石板铺成，长20余米。署厅为连五间木瓦房，右边3间被拆毁，仅存左边2间。署厅与厢房连接。

2006年，公鹅坳副长官司衙署遗址被县人民政府公布为石阡县重点文物保护单位。

腊岩洞屯　在公鹅坳副长官司衙署遗址西面约1千米的腊岩洞中，其洞深约3000米，外设卡门，上书“太平千古”。洞口有土石夯筑的防御工事，用以加强防御，保护寨民和寨中

公鹅坳村腊岩洞屯嵌刻在卡门上部的“太平千古”（勾昆　摄）

的牲畜财产安全，使其不受外来土匪侵袭。在溶洞内较高位置砌有一个蓄水池，可解决人们最基本的生活所需。只要囤足粮食，完全不惧土匪围困三五个月。溶洞分为上、中、下 3 层，下洞有地下暗河，洞中有洞，洞上有洞，洞中景观多而别致。

屯山坡反阻击战遗址 屯山坡，又名屯堡。《石阡地名录》载：在公鹅坝屯山坡，上有石墙屯卡三道，唯通一路。1934 年 10 月 20 日，红六军团主力进抵公鹅坳村，在公鹅坳村屯山坡经过激战，打破黔军柏辉章部的 2 个营和湘军第五十五旅 1 个营的联合阻击。通过石江（石阡至江口）大路，经江口县新罗、寨英、茶寨等地向印江县方向前进，与贺龙率领的红三军会师。

古　树 公鹅坳村生态保护较好，有多棵古树，最著名的两棵银杏树树龄都达 400 余年，高近 30 米，胸径 2 ~ 3 米，枝叶繁茂；长官司内的木樨树生长于明清时期，树龄 400 余年。干径极粗，形态上给人以饱经风霜、苍劲古拙之感。

石台阶、练武石、石磨盘 石台阶建于公鹅坳长官司衙署内，建于元朝。有两个重要的作用，首先是防水防潮，其次就是显示当时长官司衙署的身份和地位。

练武石置于长官司衙署内，为长官司衙署内的士兵习武、练武的石头。

石磨盘置于长官司衙署内，是村民们加工谷物的重要工具。

七姓祠堂石门 七姓祠堂建于清朝，为公鹅坳村童、黄、吴、商、周等七大姓联合修建，供七姓村民共同祭祀祖宗之处。“文化大革命”时期，七姓祠堂的主体部分被破坏殆尽，原立有七姓祠堂牌坊，仅存石雕大门，大门上雕刻有双龙抢珠、鹿竹平安、飞凤等图案，门柱上刻有对联“钟鼓楼边听金声玉振，经纶阁外观鱼跃鸢飞”对联。

公鹅坳屯残存的桅桩（勾昆　摄）

桅　桩 又称“桅杆”，是中国古代封建社会科举制度的产物，立桅桩是一种荣誉象征，只有考中进士才有资格立桅桩（到清朝中后期，考上举人、贡生等有功名的人也可立桅桩）。数百年来童姓家族先后出现 8 名举人，具体时间不详，共立有 8 根桅桩，但均已毁坏，保存较为完好的有 1 根（已倒伏），底部残存的有 2 根。

神　洞 在公鹅坳村屯山坡东部山崖间。面积 100 平方米，长 50 米，宽 5 米，高 4 米，海拔 788.01 米。因当地百姓在祭祀山神，故而得名。

艺文杂记

关于公鹅坳副长官司衙署设立的传说

元至元二十二年（1285）的一个深夜，公鹅坳村寨周围子夜鸡鸣犬吠，雷鸣电闪，天宇中一道弧光飞过，一阵阵“轰隆隆”的可怕巨响之后，一块圆滚滚的巨石从天空中落下，落到公鹅坳村前那座溶洞贯通的山上。第二天，在周边村民的一片惊恐中，一个游方道士飘然而至，他手持拂尘，嘴里念念有词，曰：“大顶起雾云向西，乾山游龙虎亦驱；他方飞石响铜鼓，边朝遍插紫黄旗。”没过几天，元朝政府正式设置公鹅坳副长官司衙署，童栾被委任为公鹅坳副长官司衙署首任土司长官。

侗家油茶

相传，三国时期，西南叛乱，诸葛亮亲率大军南下。怎知一进入南蛮之地，三军将士大多水土不服，一时间军营里个个上吐下泻，难以前行，随行军医均束手无策。诸葛亮心急如焚，派人四处寻医。

这天傍晚，诸葛亮因找不到治病良方，头痛难忍，于是走出营地散步。心闷烦扰之时，正看见一个侗家女子，背一药篓，站在远处盈盈相拜。

诸葛亮将女子请来。女子将一竹筒献给诸葛亮，道：自己听闻诸葛亮事迹良多，心生向往，忽闻军士发急症，急来相助。诸葛丞相打开竹筒，茶香四溢。诸葛亮饮后，心中清爽，头痛立消，当即大赞，并请女子军中治病。

女子指点说，石阡河坝场茶园里居住一个老太，医术神奇，为乡民称道，定能治好军士疾病，万望丞相亲自前去相请。

诸葛亮谢过女子，即派人前往河坝场。半晌，派去士兵满头大汗地回来，禀报说，河坝场茶树遍地，寻人十分困难，并且村民都说没有这样一个老太太。

诸葛亮忆起女子要他亲自前去相请的话，当即整装前往。来到河坝场，果见茶树漫山遍坡。正无措时，突然清风拂面，送来一阵茶花清香。原来是远处茶花，洁白芬芳。领路的村民啧啧惊叹，说是竟从未见在这个季节茶花盛开。

诸葛亮心里一动，来到茶花盛开处，只见茶树间，自然分出一条小路。他顺路前行，不多时，便见一间民居，院子里有一老太正在架锅生火。

老太见诸葛亮一行毫不惊讶，反倒招呼丞相帮忙添柴，随行士兵以为无礼。但诸葛亮见老太行事坦然、风姿卓然，不似一般老太，便按下心中惊疑，亲自帮忙添火。

只见老太将大米入锅炒焦，再添茶炒香，最后加入清水，姜、蒜、熬制。起锅后，香气四溢。引人食欲大增。

诸葛亮尝过后，赞其滋味独特，提神醒脑。

老太将熬制好的油茶赠予丞相，嘱咐诸将士，各饮一碗，休息后自然痊愈。

生病士兵饮后，第二日果真药到病除。三军无不称奇。

诸葛亮准备好礼物前去道谢，谁知河坝场的茶花全不见了。只余漫山茶树，再不见老太居所。

后来，这个故事传遍侗乡，油茶制作方法，也在石阡广为流传，侗家吃油茶习惯更是传承至今。

（杨秀忠、李文芬收集整理）

隐藏于乡野的秘密（节选）

聂　洁

石阡这座老城，旧物不少。每每往复于老大桥时，总不自觉地意识到，我的脚是踩在四百多年前的石板上。四百多年前的石板，已然光滑如玉，那是无数脚板踩踏的结果，也是几百年风吹日晒的结果。石缝塞满尘土，桥两旁石头护栏外，长满了灌木、蓑草。我想，这就是历史了，是时光留下的印记。

能印证这座城老的，除了老大桥，当然还有万寿宫、禹王宫、文庙、古温泉，等等。我以为旧物，理当集中在城内。

然而让我感到惊奇的是，在乡野，也有能够印证这块土地古老的物件——前些年就听得传闻，在石固乡公鹅坳村，有个长官司遗址。公鹅坳离城很远，高速公路未通之前，客车从石阡出发去铜仁，行至公鹅坳，两小时左右，行程差不多过半。

任何一位从石阡到铜仁，走过老公路的人，都不会对“公鹅坳”这个地名陌生：到了这里，客车必定在公路边小卖部门口停一小会，买水的买水，上厕所的上厕所。晕车的人，也下车透透气。行程至一半，这里成为约定俗成的中途停靠点，附近村子有要赶车的人，自动聚集到此等候。客车再次启程，立马吼叫着爬陡闪坝那个著名的坡，晕车的人又开始新一轮晕车。

那时根本不知道公鹅坳会有古迹。

仅仅路过，当然不可能知道村子里的情况。就像我，常常要去住在这里的亲戚家，也从不知这里有古迹。当听说这里有长官司遗址时，我询问亲戚，却对此一无所知。也难怪，亲戚家是外来户，在此居住也不过几十年时间。

我对石固乡公鹅坳长官司的了解，只能停留在传闻中的古老上：“有六百多年历史了。”上网查阅，可获得些许关于“长官司”的知识：元代在西南少数民族地区实行的土司制度，历经明、清，有的甚至沿袭直到新中国成立初期。远在皇权难以到达的边地，为加强中央集权统治，统治者出此“以蛮治蛮”的策略：下放一定行政权力给当地有威望的人，在效忠朝廷的前提下予其“自治”。朝廷供给俸禄，“辖地”也需给朝廷缴纳税赋。长官司是最基层政府机构，一般由当地显赫家族执掌，权力世袭。

去看看的想法相当强烈：何以在偏僻乡村，还能保存着几百年前的“长官司衙门”遗址？当初，又是如何选择在那山村里建长官司衙署的……

从停在村委会院子里的车上下来，再跟着村里一位长者前行——原来，“公鹅坳”是以前一个小乡的称呼，范围包括周围几个村子，其中就有亲戚家村子。撤并建后，当地人依然习惯于沿用以前的称呼，那一片就都被称为“公鹅坳”。此时我们所在的村子，才是真正的公鹅坳村。

老人八十多岁，却精神矍铄，没了牙的嘴有点瘪，略显老态。他穿戴整齐，领着我们一路走一路讲解。老人对村子的历史非常自豪。自述本村有七大姓氏，其中以童姓为显，曾经的长官司衙署，就由童姓人掌管。老人家带我们走到一条倾斜的小道上，眼前突兀出现一架空空的石头门：是的，仅存一道空荡荡的石头门框。门框两边雕刻有一副字迹清晰的楹联：“钟鼓楼边听金声玉振；丝纶阁外观鱼跃鸢飞”。地上的石基雕刻有回首鹿，门框上方是精美的龙凤呈祥浮雕，雕工精致，图案清晰。老人说，这是“七姓庙”址。可惜，现在仅余空空石门。

石门框那边，是一农户的房屋侧面。原址上的遗留荡然无存，几百年的时光，可以改造很多东西，也可以消失很多东西。此刻，唯剩这道神秘的石门兀自挺立，透露出些许从前的信息，引人遐想。房屋女主人被嘈杂声吸引出来，跟大家打招呼，热情喊道：“进屋坐，吃饭了去……”这是乡村还保留着的传统礼节：不管遇到陌生人还是熟人，走到自家门口，都要招呼进屋喝茶吃饭。

向女主人道了谢，离开石门。老人一边走，一边指给大家看：这里是长官司曾经的“跑马场”，那里是“练兵场”，这里又是什么“钱粮仓”……如数家珍。老人从小径慢慢悠悠走过，在两棵老柏树前停下，指着右首高高台阶上的房子说：这里曾经是长官司的“娱乐厅”，衙门里来了客人，就在这里休息，安排娱乐活动，诸如听听戏呀，打打麻将什么的。老人风趣幽默的话，把大家都逗乐了。这尘封多年，充满神秘的长官司，在老人诙谐的话里透出股浓厚的生活气息。

“娱乐厅”现在是农户住房，跟普通农房无任何不同，从前的样子已了然无痕。从房里走出来的农妇，好奇地看着这一群人，对这房屋曾经的荣光毫不奇怪，但也说不出所以然。我们只能在磨损的台阶上、石墙上的青苔里，力图窥视到一星半点遗漏的旧迹。

人喧马叫，早已随风而逝。

长官司遗址，全沦为民房，一直住着童姓后人。前些年遗址受到重视，需要保护，才把主建筑内的住户迁出，重新修整。原残破不堪的遗址，经发掘抢救，现已修复出大致原貌。

打开衙署院门，眼前是一方形宽敞石砌院坝，迎面高高的台阶上是正房，两边回廊式厢房——格局与一般农家院落无差：正中间是正房，两边各有一栋厢房。稍不一样处，是正房前的台阶又宽又高，透出股威严感，厢房比一般农户的厢房宽大，石院坝也整齐宽敞，青砖砌的围墙也比一般农户的围墙高。

进入院子，带路的村干部指着院角落一块石头说：这是以前的练功石，上面还刻有重量呢，三百二十斤！绕去一看，竖立着的石头侧面果然凿有“重三百二十斤”字样。院子前方，台阶左首，还有两块料石，一块已残破不成形状，另一块呈马鞍状，目测也有一二百斤。村干部介绍说，这些都是练功石。

从前的这些所谓“衙门官员”，是彼时彼地的显贵。时代风云变幻中，官署后代重新沦为农人，在大地上默默耕种，把生活继续过下去。诚如曹雪芹在《红楼梦》中所说：“陋室空堂，当年笏满床；衰草枯杨，曾为歌舞场……”曾经属于长官司的荣光，愈来愈模糊不清，只有平民百姓的日常生活永恒。

连文字记录都少有。

在网上输入“公鹅坳长官司”，也可检索到一些文章，归纳一下，大概是说：公鹅坳长官司设置于1285年，实为印江县洋溪长官司属下的副长官司，新中国成立后这一带划归了石阡县。

如果这段文字可信，那么这一遗址距今已有七百多年历史，如此久远，破败自然难免。不过也幸亏有农户住进来，长官司这一机构虽然随时代改变而消失，衙署却成为童姓后人的住房，继续发挥其实用价值。成为农舍的衙署，不时修整一下，这一遗址才最终得以保存下来，不至于被时间尘埃完全湮灭。

参观完毕长官司遗址，我们又被带着绕到村子后山一僻静处，眼前豁然出现一巨大溶洞口子，名为“腊岩洞”。入洞，一道石砌墙壁堵在溶洞较窄处，石首墙壁右侧开一小侧门，仅容过一人。进去，不知洞深几许，看上去足可容纳数千人——原来这是一个精心建造的防御工事，用以抵御外来入侵者。从前，各地匪患不断，公鹅坳副长官司在这天然溶洞里，筑一道石墙，遇匪或与朝廷反目后被官兵追杀，即率领一众村民及自己的武装力量进入溶洞抵御。

走近了看，这道石墙就地取材，在洞中凿开石块，加工成为长方形料石，一块一块砌成了这道又厚又牢固的石墙。只要守在洞中，就可抵御强敌进攻，固若金汤。洞中还有一股清澈水流，潺潺流淌。较高位置砌有一个蓄水池，可解决人们最基本的生活所需。只要囤足粮食，完全不惧敌人围困三五个月。真可谓得天独厚。

——也不知这个洞有没有派上过用场。几百年的时光里，山洞中可曾闪现过刀光剑影？仅容一人通过的小侧门楣上，刻有“太平千古”几字。如此坚固的防御工事，应当能保住本村百姓平安。

旧时一切，都只能去残留的遗痕里窥探、想象。山风吹拂，带来春天青草勃发的味道。也只有风，跟几百年前的风一样。

在公鹅坳的行走，就此告一段落。觉得意犹未尽——实在，长官司衙门遗址带给人的想象，多于留下的印记。村里那位老人，也只在前辈人流传下来的零散记忆里，语焉不详地讲述了些模糊信息。

（原载于2021年5月14日《铜仁日报》）

人　物

童　栾　生卒年不详，元至元二十二年（1285）元政府设置公鹅坳副长官司衙署，童栾被任命为公鹅坳副长官司衙署首任土司长官，为公鹅坳村童姓侗族先祖。

人物名录　抗美援朝战争参战人员　廖兴仁

中越边境自卫反击战参战人员　孙万国

1976年石阡县“农业学大寨”参观考察团唐山大地震死难人员　吴胜华（遇难时任区委书记）

“光荣在党50年”纪念章获得人员（2021年7月）　童宗礼　童宗智　童中国　童祖怀　田景莲（女）　张朝英（女）　肖成忠

石阡县传统村落志

SHIQIANXIAN CHUANTONGCUNLUOZHI

苔茶之乡大寨村

大寨不仅有珍稀植物红豆杉古树，还有国家一级保护野生动物黄嘴白鹭，也有驰名全国的石阡苔茶、石阡苦丁茶。

基本村情

行政区划 大寨自然村（大寨村上寨、下寨 2 个村民小组）隶属于石阡县五德镇桃子园村，全村总面积 1.5 平方千米。

村名由来 因此村村民居住比较集中，规模大而得名。“大寨”包含

五德镇桃子园村大寨自然村全貌（县档案馆 提供）

人口众多、地域广大之意。村寨因为人口众多，居住地广，村民房屋聚集有序，约定俗成称之为“大寨”。大寨是五德镇桃子园村的一个自然村落。村寨自清朝早期始建，中期形成规模。中华人民共和国成立后，改称大寨生产大队、大寨村。20 世纪 80 年代，恢复为桃子园村，但大寨自然村村名仍旧保留下来。

村寨沿革 清乾隆七年（1742）五月，贵州裁分守贵东道，石阡府改称归粮储道兼管理，时石阡府分设七里，桃子园村属七里之苗半里。

1916 年，石阡县奉省令将全县划分为 6 个区，桃子园村大寨归属小鸡公区。1943 年，石阡县实行新县制，废除区级组织及联保，设置乡（镇）保甲，桃子园村大寨属五德乡管辖。

1950 年 2 月 8 日，石阡县人民政府成立，将民国时期 18 个乡（镇）划分为 3 个区，区设区公所，桃子园村大寨属二区管辖。

1958 年，全县推行人民公社制，实行政社合一管理体制，桃子园村改称石阡县五德区尧寨人民公社大寨生产大队大寨生产队。

1984 年，根据中共贵州省委、贵州省人民政府《贯彻中共中央 国务院〈关于实行政社分开，建立乡政府的通知〉的意见》，五德区尧寨人民公社大寨生产大队大寨生产队改为五德区尧寨乡桃子园行政村大寨村民小组。

1992 年 3 月 7 日，根据省人民政府文件批复，石阡县实施建镇并乡撤区工作，撤销五德乡、地印乡、尧寨乡，合并成立五德镇。五德镇下辖 21 个行政村，其中桃子园村辖大寨、桃子园、平姜、大树岭与老屋基，共 5 个自然村、6 个村民小组。

2003 年 12 月，根据中共石阡县委文件精神，五德镇撤销管理区合并行政村，将 21 个行政村合并为 7 个行政村、1 个居委会，其中七寸坎村、桃子园村、杉木岭村合并为杉木岭村；大寨自然村由杉木岭村管辖。

2010 年 12 月，石阡县完成建制村调整，将原来全县 87 个行政村、5 个社区调整为 302 个行政村、8 个社区；重新设立桃子园村，辖大寨、桃子园、平姜、大树岭与老屋基，共 5 个自然村、6 个村民小组。

自然环境

地理位置 大寨自然村位于贵州省东偏北部地区，距五德镇人民政府所在地约 9 千米，距县城 41 千米。地处北纬 27°42′，东经 108°31′。

地形地貌 桃子园村大寨自然村地貌为典型喀斯特地貌，属半高山丘陵地势。村寨海拔 710 ~ 790 米，南高北低，属于地势相对较低的坡地，北面河谷地带海拔约 680 米。

山林植被 桃子园村大寨自然村四周群山葱郁，呈环抱之势。各种林木遍布四周，村寨极好地融于自然环境之中，古树、梯田错落有致，恬静自然，整个村落融入周边自然环境中，如山水画般静寂、清幽。村寨四周绿色植被覆盖率高达60%，植被以柏木、枞木和杉木为主。

山涧溪流　自桃子园村大寨之北，大寨下寨村民小组之下，村寨山脚有一条自东向西而流的山涧溪流，并无既定名称。为石阡鸳鸯湖的上游水流分支，水源水质优质，两岸植被覆盖。河沟生态保护良好，河沟中鱼虾、泥鳅、河蟹、水草等各种水生动植物丰富。

桃子园村大寨自建村以后，梯田、耕地依托山势、沿河沟两岸而开垦种植。一年四季河沟鲜有干涸，两岸农田开凿水渠引水灌溉庄稼，庄稼生长有保障。

早年，在河沟岸边建有磨坊、石磨水车，供村民研磨稻谷等。

气　候　大寨村处于黔东北地区，属黔北副热带温暖湿润气候区。由于海拔较高，纬度较低和受东南风影响，雨量充沛，气候温暖湿润，水热条件好，空气清新。气温变化小，年平均气温约16.8℃，年均降水量1121毫米，年平均日照时数1232.9小时，无霜期约303天，冬无严寒、夏少酷暑、春秋温凉。

族群族源

人口民族　桃子园村大寨四姓族人民族成分均为侗族。

在解放战争时期，桃子园村大寨人口发展到300余人。1958—1959年，人口锐减，据说男性最少时仅剩22人。1961年，全村人口243人（上寨组122人，下寨组121人）。截至2021年末，大寨自然村人口300余人。

村民姓氏　桃子园村村民以杨氏为主要姓氏，其他有周姓、黎姓和徐姓。

主要姓氏溯源　通过桃子园村主要姓氏杨氏族人墓碑碑文，可以推断大寨村形成时间应不晚于清嘉庆年间（1796—1820）。原本少数邵氏族人在此居住，后搬迁至他地居住。四姓之间多有通婚者。就碑文所载第三世至第六世的配偶，媳妇或夫婿以粟氏、王氏、徐氏、邵氏、周氏居多。

杨姓是湘西、黔东南地区侗族的一个大姓，其祖上可以追溯到唐末五代时期的杨再思。杨再思是靖州（后划归湖南省怀化市）“飞山”蛮酋长，人称“飞山公”。大寨杨姓侗族最早一批人来自黔东南地区镇远县一个名为“地花大寨”的侗族杨姓村落，后几经搬迁，途经红溪屯村，辗转至地固村、新华村，最终定居于大寨。

中华人民共和国成立初期，徐姓从石阡县枫香乡四方井村垢皮湾自然村上门入赘而来。

1970—1980年，周姓从五德镇黄泥嘴村搬迁而来，黎姓从石阡县花桥镇黎家湾搬迁而来。

基础设施建设

道　路　2000年，通过群众投劳方式，联合尧寨等附近村寨参与五德镇经大寨至尧寨的出村主干道修建。2017 年，实施五德镇经大寨至尧寨通村主干道硬化工程，将原来的石砂路面更换为水泥路面。是年，大寨村将寨内分支小路段的部分损坏路段更换成水泥和鹅卵石路面。

电　力　1976年，回龙电站正式送电，大寨村通电。2002 年，国家投资 220 万元，在五德镇吴家大土修建35千伏变电站1座，当年投入使用，包括桃子园村大寨自然村在内的全镇农村并入国家电网。21 世纪初，大寨自然村实施农村电网改造。2014 年，全村主要通道安装太阳能路灯。

2014 年，桃子园村大寨自然村主要通道太阳能路灯安装完成，投入使用（勾昆　摄）

通　信　1996—1997 年，村内部分村民开始使用中国电信“小灵通”无线电话。其他村民一般约定在某一天晚上，集体到开通“小灵通”无线电话的村民家中借用电话，与外出亲人取得联系，并支付适当的电话费。进入 21 世纪以后，手机逐渐普及。截至 2021 年末，手机 4G 信号覆盖全村。

自来水　自建村以后，大寨村饮水皆为山涧水，1997 年，在村西口修建蓄水池，建设供水管网，自来水通往各家各户，水池引流于常年不涸的山间清泉。

广播电视　全村于1998年开通闭路电视,是全县范围内第一个全村覆盖闭路电视的村寨。

村域经济

概　况　桃子园大寨村村民世代以农耕为主，主要种植水稻、玉米、洋芋（马铃薯）等粮食作物，茶叶等经济作物，早期年间少量种植小麦。每户均饲养有牛、羊、鸡等。

扩大茶叶种植　桃子园村大寨盛产石阡苔茶、石阡苦丁茶。2010 年，贵州石阡苔茶声名远扬，苔茶价格提高，全村响应国家“退耕还林”政策，扩大茶叶种植范围，建立茶厂，发展茶叶加工业，增加经济收入。

石阡苔茶　石阡苔茶是贵州省石阡县当地各族茶农长期栽培选育形成的一个优质茶品种。石阡苔茶茶香持久，滋味醇厚，色泽绿润，汤色黄绿明亮，叶底鲜活匀整。经权威部门检验，石阡苔茶致病菌卫生指标、重金属及农残含量，均低于欧盟、日本标准，芳香物质含量丰富，且含有锌、硒、钾等有益人体健康的微量元素。

苦丁茶　采用冬青科植物枸骨和大叶冬青的叶植物为原料，利用现代科学技术和生产工艺流程加工而成。据《本草纲目》记载，苦丁茶有散风热、清头目、生津止渴、消食提神、消炎解毒等功能。经过中国农业科学院茶叶研究所、原冶金工业部地质测试中心、农业部茶叶质量监督检验测试中心等科研单位共同研究测试，从泉峰百花牌苦丁茶中分离出维生素 C、维生素 D、维生素 E、钠等人体必需的多种维生素和微量元素。

村民生活

村民收入 大寨自然村村民的经济收入主要有：出售农产品、家畜家禽养殖、外出务工、财政补贴、集体经济务工收入及分红、其他非农收入、工资及退休金等。

主要支出 大寨自然村村民的经济支出主要有：日常生活、教育、房屋及维修、交通出行、通信、子女婚嫁以及其他支出。各项支出内容与马桑坪自然村相同。

家庭称谓 爷爷叫“公”，奶奶叫“婆”，外公叫“嘎公”，外婆叫“嘎婆”；岳父叫“老丈人”，岳母叫“丈母娘”；高一个辈分的叫“叔叔”、年纪比父亲稍大一些的叫“伯伯”，高两个辈分的和自己爷爷（公）一辈的叫“公”或“婆”；高三个辈分的叫“祖祖”或“太太”；高四个辈分的称“老祖公”“老祖婆”。

教　育 1933 年，创办桃子园保国民小学，校长刘俊兰，教师 1 人。1938—1950 年，学校规模逐年扩大，在校学生 80 ~ 120 人。1950 年后，学校更名为桃子园村小学。1960 年 8 月，学校停办；1962 年 9 月，学校恢复办学，校长杨光益，教师 1 人，学生 56 人。1982 年 9 月至 1999 年 2 月，学校成为完全民办小学，设有一至六年级。1992 年，桃子园民办小学开办学前班；1999 年 2 月，由省人民政府办公厅、贵州师范大学、希望工程共同投资的民政希望小学建成，全部学生和教师迁入民政希望小学，校长王植忠，教师 7 人，学生 208 人。

医　疗 1975 年，大寨生产大队按上级统一部署，建立农村合作医疗制度，设立大寨生产大队卫生室，负责大寨生产队社员基础卫生医疗服务。1981 年，实施家庭联产承包责任制后，大寨生产大队卫生室名存实亡。1994 年，按全县统一部署，重建桃子园村卫生室。2000 年，按全县统一部署，大寨村开始实施新型农村合作医疗制度。

社会保障 2012 年，按全县统一部署，大寨村开始实施实行个人缴费、集体补助和政府补贴相结合的新型农村社会养老保险制度。

风土民情

生产习俗 大寨村生产习俗跟五德镇其他村寨基本一致。

春　耕　种植红苕、洋芋（马铃薯）、水稻（双季稻，20 世纪 60 年代）；单季稻，农历三月、清明时分育苗；小满栽种。

夏　收　收油菜、洋芋（马铃薯）、烟叶、茶叶，使用背篓、竹筐、镰刀等农具。

秋　收　打谷子（收稻谷），谷子熟了，各家协同修打谷路，下田打谷；晒谷进仓。

传统农具　大寨村传统农具主要有谷斗、风畚、晒谷席子、石磨、铧口、木制揉茶机等。

谷　斗　是一种用来收割稻谷的农用木制工具，为长方体，长约 3 米、宽 2 米、高约 1 米，50 ~ 60 千克重。它由 4 块边墙、底板和 2 根比较粗壮、呈船形的木头组成，在内侧的短边加有几块打板，以防止在长期使用过程中磨损，即使磨损也方便更换。在 4 个角的上部各有一个“耳朵”，方便在推、拉时有支撑点，由于一般谷斗都是在水田或是比较潮湿的田地里使用，所以谷斗底部的两根船形的木头一般都采用比较轻巧、耐潮湿的沙树木制作而成。

风畚（刮谷机）　用来把稻谷和谷皮分离的一种传统农具。

晒谷席子　一种晒晾稻谷用的席子。每到收获的季节，村民们都会用编织好的席子铺在地上。

石　磨　是用来将谷类作物加工成粉末或浆状物体的工具，由两块圆石刻凿组成，下为基座，上为转磨。

铧　口　用耕牛作为动力，犁田翻土，前有放于牛背的牵引木，需要一人扶持前进，是重要的生产工具。

木制揉茶机　用于揉制茶叶，截至 2021 年末，大寨村保存完好的木制揉茶机共有 5 台。

其他农具还有竹筛、竹筐等。

制作腌菜、米酒　侗家菜肴腌制食品特别多，包括各种腌酸菜、腌肉、腌鱼。另有独特的米酒，口味不烈。米酒多由当地产糯米或玉米酿造，度数不是特别高，但经常混合蜂蜜、冰糖等，口感甜。

生产禁忌　俗语言“秋不下田，蛇不进园，谷雨天水牛不下田”。

饮食习惯　主食为红薯（红苕）、洋芋（马铃薯）、大米，副食为南瓜、玉米、四季豆，餐具有筷子、瓷碗、盘等，烹饪工具有土灶、铁锅、三脚架、火盆、顶盥、耳锅等，烹饪习惯和汉族饮食习惯并无大异。

酒席配置为“八盘一汤”，肉类、菜类共八盘，加一盘最后上的菜汤（一般有菌类、肉类、白菜、白豆腐等），更有好客人家，菜肴配置更好，置办酒席的“四大房”分别为菜房、饭房、酒房、茶房，各自安排人手、分工合作，负责菜、饭、酒、茶的制作和招待任务。

服　饰　中华人民共和国成立前，老一辈服装多用当地自制的侗布制成，色调以青、蓝、白、紫为主。男子多穿右衽无领的短衣，有的还包大头巾，有的头留顶发。妇女上身有大襟无领盘扣上衣，也有的衣长至膝，下穿百褶裙或管裤，多束腰带、绑裹腿，衣襟、衣滚等处绣有花纹，年长的一辈有裹脚等。妇女、幼儿多梳盘发包头，喜爱佩戴银饰品等。

中华人民共和国成立后，男性村民穿着向汉族靠拢，穿着军衣、中山装、解放鞋者逐渐增多。20 世纪 80 年代，侗族、汉族服饰文化融合加快，服饰穿着和汉族并无差别，延续至今。

节庆习俗　大寨村节庆习俗与五德镇其他村寨基本一致。

正月十五　村民玩灯，小孩偷菜，上亮（烧狗屁股），祈求来年身体健康。

农历二月初二　土地神生日，做土地会。

农历三月初三　这天吃蒿子粑粑，叫“蒿子节”。

过　社　立春后第五个戊日，做社饭，祈愿丰收。

清明节　扫墓，做清明粑，祭祀祖先。

立　夏　煮鸡蛋吃，是二十四节气中的第七个节气，夏季的第一个节气，交节时在每年公历 5 月 5—7 日。

端午节　吃粽子，出嫁的女性回娘家一起过节。

月　半　也叫中元节，俗称“月半”，全家七月十四举行祭祖节，用新稻米等祭供，向祖先报告秋收收成。

中秋节　八月十五，赏月、吃月饼、玩花灯。

重阳节　九月初九，子女为家中老人做饭，晚辈向长辈借此表达敬意。

除　夕　送灶神。

生活禁忌　大寨村村民有如下一些生活禁忌：

交　春　初一、初二，女子不能串门。

祭　祀　小年也就是拜灶火爷，目的是祈求神明保佑，让来年顺顺利利。祭灶的只能是男性。除大年、小年外，如祭祖等，女性均不参与。

传统村落保护

村寨布局　侗寨世代相沿“依山而建，择险而居”的选址原则。选址常考虑背靠大山，正面开阔；地势险要，四周兼有耕地，讲究环境方位的选择。大寨村根据地形地势依山而筑，上寨和下寨 2 个村民小组位于一座山脉延伸至滨水山坡上，坐南朝北略偏西。由于地势起伏较大，寨内道路坎坷不平，曲折蜿蜒，各类建筑顺等高线排列分布，依地形高差产生高低错落的层次变化，勾勒出优美自然的轮廓线。整个村落掩映在群山之中，若隐若现，由北面山体高处远眺，可见村落传统民居群的整体风貌，错落有致，安静祥和。村落完全与山体融合，犹如世外桃源般坐落在葱郁的群山中，展现出中国西南山区恬静自然、与世隔绝的村落景观风貌。整个村寨房屋布局密集，纵横交错，疏密有致；其形制、结构、风格以及其蕴涵的民俗文化韵味独特，保持传统的侗族村寨特色；具有独特的工艺水平和建造技艺，保存状况较好。

大寨自然村民居坐落在一座筲箕肚似的山腰，沿坡中平缓之处建造，由高处逐渐向下分布，不仅视野开阔，而且便于泄洪，每户宽而平，成片的农田村舍具有层次感。最早民居建筑位于山坡上方，后期民居逐渐向北沿山势修建，位于山坡下方。过村道路沿山势穿行于

伍德镇桃子园村大寨自然村传统建筑（县住房和城乡建设局 提供）

伍德镇桃子园村大寨自然村传统民居（勾昆 摄）

整个村落，先顺大山走势形成一条“之”字形主路，曲率大致与等高线一致，没有显著高程变化；村内道路构成村寨骨架，由主干道派生出多条通往各家各户的支路和小路，与等高线垂直，高程变化显著，并经常和排水沟结合在一起。便利的交通是位于深山之中的大寨村人居逐渐兴旺的重要依托，村寨有一条过境主道，东、西分别连接五德镇两大人口聚居区。

传统民居特色 大寨村村寨自清朝早期始建，在清朝中期形成规模。绝大多数为传统青瓦木房，多为清末建造，保持传统的侗族村寨特色。截至 2021 年末，村寨尚存有传统民居五柱四瓜房 80 余栋，多数为翘角楼。形制为正房与厢房配对，以五柱六瓜正房配五柱二瓜或三柱二瓜厢房为主，均为穿斗式木结构青瓦房。正房与厢楼或猪牛圈、龙门等建筑形成四合院格局，单独一户形成四合院有 50 余户，有的是 2 ~ 3 户房屋形成一个四合院。村寨各户正房两侧建厨房，配落厥，前面两边配厢楼或单独的猪牛圈，当中还有一个大院坝，共有 20 余户为大院坝。厢楼（吊脚楼）造型美观，所用建材好。房屋空间相对高、宽，居住舒适。

被列入中国第一批传统村落名录 2012 年 12 月 17 日，住房和城乡建设部、文化部、国家文物局、财政部、国土资源部、农业部、国家旅游局联合发布第一批列入中国传统村落名录的村落名单，石阡县五德镇大寨村被列入。

制定传统村落保护发展规划 2016 年，有关部门完成《铜仁市石阡县五德镇大寨村传统村落保护发展规划（2014—2030）》编制。

传统村落保护措施 2016 年，五德镇桃子园村大寨自然村被列入石阡县 2016 年度传统村落保护项目实施单位，利用国家下拨资金实施传统村落保护项目建设。

2017 年，为强力推进村容村貌整治力度，大寨自然村在硬化通村道路和串户路的基础上，积极争取县、镇两级农村卫生整治资金，为 6 个村民小组配置垃圾箱等生活必备设施。村干部实行分片包干，组织督促村民搞好村寨环境卫生。

截至 2021 年末，各级党委、政府持续投入资金，对桃子园大寨传统村落内巷道、消防设施和污水处理进行改造和修建，完善部分基础设施和保护功能。村内安装微型消防设施，增设垃圾箱。村内古树、传统民居均已造册挂牌保护，并出台相应保护措施。

古树胜景

古树珍禽 村寨内连片分布有数棵红豆杉等古树，年代都比较久远，高耸的古树将村寨掩映在内。

寨西口有 4 棵近百年的大柏香树，夏秋之际，黄嘴白鹭回迁，在大柏香树上筑巢、产蛋，孵化幼鸟。黄嘴白鹭为珍稀水禽，中型涉禽。体长 46 ~ 65 厘米，体重 320 ~ 650 克。栖息于海岸峭壁树丛、潮间带、盐田及内陆树林、河岸、稻田，以鱼、虾和蛙等为食，有结群营巢、修建旧巢，以及与池鹭、夜鹭、牛背鹭混群共域繁殖的习性，被国际鸟类保护委员会（ICBP）列入世界濒危鸟类红皮书，被列入国家重点保护野生动物名录，属国家一级保护野生动物。等气候变冷，幼鸟发育好身体后，黄嘴白鹭又开始迁徙到其他地方。年复一年，周而复始。

古墓葬 村中古墓较多，绝大部分因年久无法追溯，保存完整的较古老坟墓有 1 座，其上刻录文字清晰可见。墓碑主人杨再兴为五兄弟中排行第四的杨培举之子，生于清光绪十一年（1885）。

伍德镇桃子园村大寨自然村古树群（县住房和城乡建设局　提供）

传统文化

“说　春”　“说春”是石阡县侗族人民世代流传下来的一种综合性民俗活动。主要在立春节气前后展开，其目的在于劝农行耕，祝福风调雨顺，丰衣足食。说春词实际是唱，有简单的曲调，各地不一，但都称为“说唱读春”。“说春”分为“说正春”及“说野春”，“说正春”有固定春词，主要是说“二十四个农事节气”、说“渔樵耕读”、说“四大部洲”，内容涵盖历史、地理、人文等方面。“说野春”又称为“说耍耍春”“说花花春”。“说春”源于商代武丁时期的迎四方神之习俗，之后宗教色彩逐渐消失，发展成一种比较单一的节令说唱习俗。它是由传统民间春官在民居堂屋大门口进行的一种节令说唱活动，一般在农历十月小阳春后开始，次年春分前后结束。

石阡“说春”民俗已有1000余年的历史，通过世代相传，其基本形式得以保留。2016年11月30日，“石阡说春”作为中国“二十四节气”习俗最具代表性扩展习俗，入选联合国教科文组织人类非物质文化遗产扩展名录。

大寨自然村“说春”习俗相对保持得较为完好，每年农历十月小阳春至次年春分前，村内均有“说春”民俗表演。

灯　会　每逢春节等重大节日，大寨村村民都会举行灯会展览，前来观看者甚众。

唱山歌　山歌集民间打油诗、歌谣谚语、韵文、音乐于一体，是一种用精练、生动、形象、古老、简朴的原生态艺术方式，表达本土文化的声乐艺术，主要以劳动歌、情歌、敬酒歌等为内容。村民以山为媒介，以男女青年坐对情歌、集体唱对山歌形式，考验嗓音高调和记忆力、语言表达能力，可即兴发挥、见景生情、托物寄情的对歌叫花歌，演唱编成册子的歌叫排歌。

罐罐茶　到石阡县仡佬族、侗族家庭做客，一定会品尝到罐罐茶的滋味。煨罐罐茶很是考究，要选用当地产土茶罐，洗净后装满山泉放在火边。水烧开后再放入茶叶，待其烧涨后移开茶罐等茶叶沉淀，茶水变浓再饮用。这样煨的茶浓香扑鼻，回味甘甜。平常第一碗茶先敬客人或长辈。如逢节日庆典，则祭奉菩萨和祖宗。石阡苔茶过去是贡茶，远销全国各地，在大寨村喝到石阡苔茶烹制的罐罐茶，说明主人对客人极为尊重。长期饮用罐罐茶，有利身体健康，可治愈多种疾病。石阡侗族、仡佬族家庭一般都设有火坑，冬天烧疙兜火煨罐罐茶听老辈讲故事，是大寨自然村一道独特的文化风景。

艺文杂记

民　歌

小喜鹊，叫喳喳，苗家姑娘会雕花，大姐雕的梅花朵，二姐雕的牡丹花，只有三姐不会雕，留在家里纺棉花。一天纺得十二斤，送给哥哥做背心，哥哥心不平，将娘放在苦竹林，去砍柴，柴又远，去挑水，水又深，打湿罗裙不要紧，打湿花鞋千万针。

大月亮，小月亮，哥哥起来学木匠，嫂嫂起来打鞋底，婆婆起来舂糯米，糯米好打粑，送到嘎婆家。

麻雀子，叽叽喳，尖嘴媒婆到我家，到我家，不为啥，要替姐姐说婆家，妈妈不理她，姐姐把话答：媒婆媒婆你听啦，如今已有婚姻法，男女婚姻自做主，不用媒人两头夸。

谚　语

正月雷打雪，二月雨不接，三月犁干土，四月秧上节。

清明要明，谷雨要淋。

立夏不下，犁耙高挂。

小满不满，忙种不管。

六月三泼雨，瘦土出黄金。

腊月不冷，六月不热；六月不热，五谷不结。

清明前后，种瓜种豆。

阳雀叫过六月节，高坡干田不着缺。

太阳打伞长江水，月亮打伞草不生。

早上发霞冷水泡茶，下午发霞干死蛤蟆。

十八好汉你莫夸，三月还有桐子花。

有雨天脚亮，无雨顶上光。

十年旱，九年好。

一旱三分壮。

惊蛰热，秧要缺；惊蛰冷，秧打滚。

先打雷，后下雨，不如一场大露水。

云台山的传说

传说明朝时期，大寨天子岭一猎户有一个儿子，力大无穷，聪明过人。他经常组织一些猎户在方圆几十里山林打猎，为百姓除害，深得百姓拥护，打猎队伍逐渐扩大，名声远扬。朝廷得知后，唯恐谋反，派兵前来镇压，由于地处偏僻，无功而返。朝廷就封此地区为夜郎国，夷蛮之地，不再过问。后来打猎队伍日益壮大，遍及西南地区。军师掐指一算，他有谋反之意，朝廷便不惜代价，派大兵到西南一带围剿。打猎队伍由于寡不敌众，节节败退，青年回乡接老母准备逃往佛顶山，马驮着母子俩跑到新华的一棵大柏树下，气喘吁吁，长跪不起。眼看追兵将至，老母急了，说："畜生，今天宁愿骑马摔死，也不愿做俘虏，是死是活你带我母子俩跑吧！"马使出全身力气，一跃而起，跑到新华腊树坪坳上倒地而死。此时，只见腊树坪的竹林里噼噼啪啪响个不停，每个竹节里爆出一个神兵，拥着母子俩腾上新华后山山岭，形成一团云雾，笼罩整个山岭久久不肯散去。从此，人们就把这座山岭取名为“云台山”。

人物名录

中越边境自卫反击战参战人员　黎国元　王崇应　王崇贵　王德喜（已故）　杨再群（已故）

获“光荣在党50年”纪念章人员　王德礼　罗培林　王德喜（已故）　杨再群（已故）

石阡县传统村落志

SHIQIANXIAN CHUANTONGCUNLUOZHI

地热河畔施场村

施场村有全省罕见的溶洞热水河景观——凯峡河，沿河有8个温泉出水点。作为母亲河，凯峡河给予施场村的并不仅限于此，满山茂密的树木、充沛的水资源，还有角角鱼等美味，滋润着一代代施场村人。

基本村情

行政区划 施场自然村隶属石阡县花桥镇凯镇村，全村面积 0.4 平方千米，村寨占地面积 10 公顷。

村名由来 相传施场原来叫“丝厂”，后读音讹传为“施场”。据说清朝中期，盛行用青杠子养蚕，然后用蚕丝织布。由于施场村凯峡河两岸及坪地场仡佬族侗族乡岩顶寨、腊岩沟等地全是茂密的青杠林，很适宜养蚕。而施场村地势较为平坦，且水源充沛、水质干净，适合建蚕丝厂。于是一个邱姓人就在此建起一家蚕丝厂，名曰丝厂。后来蚕丝厂被一个叫毛斯的道士拆除，引起公愤，于是蚕丝厂工人及周边居民群起而攻之，置道士于死地并素葬于此地，于是便有了施场村“毛斯坟”这个地名。再后来，这位道士变成石头，隐身于河对面山洞中，这就是山洞里“石大仙”的来历。

另有一说，施场原叫“狮场”，因寨子后山腰间有两块形如狮子的石头，这两头石狮分别对应梁显泮、梁耀兵两家，所以这两家得到石狮的保佑出过军官。还有一说，相传有一年大旱，该村梁姓大户人家在此开棚施粥，故得名施场。

又有一说，施场原来叫“赵家边”，即施场村“赵家边”。那时梁姓还未迁徙至此，这个地方只有一户姓赵的人家，所以叫赵家边。后梁姓迁居至此后，赵姓人家因与梁姓族人不和，就搬到青阳苗族仡佬族侗族乡火麻村居住。

村寨沿革 清顺治十六年（1659），施场村属水东里管辖。

花桥镇凯镇村施场自然村全景（县住房和城乡建设局　提供）

1914 年，为石阡县第二区和第十区所辖。1939 年，施场村改属二区管辖。1942 年，撤二区设花桥、石固、和平 3 个乡，施场村属花桥乡管辖。

1951 年，施场村属二区花桥乡管辖。

1953 年，二区改为花桥区，施场村属花桥区花桥乡管辖。

1955 年，花桥区改为花桥区公所，施场村属花桥区公所花桥乡管辖。

1956 年，花桥区公所改为花桥区，辖花桥、北坪、和平、文新、汪河、石固、公鹅 7 个乡。施场村属花桥区花桥乡管辖。

1958 年，成立花桥人民公社，施场村改称花桥人民公社安丰生产大队施场生产队。

1985 年，实施“政社分开”，花桥区辖花桥、北坪、枣园、坪地场、汪河、石固、公鹅 7 个乡。花桥人民公社安丰生产大队施场生产队改为花桥区花桥乡凯镇村施场自然村。

1992 年，撤销花桥区与花桥乡，改设花桥镇。花桥区花桥乡凯镇村施场自然村改为花桥镇凯镇村施场自然村。

2004 年 6 月，花桥镇完成并村工作，将凯镇村、水尾村、打铁村合并为凉亭村。施场自然村属凉亭村管辖。

2010 年 12 月，石阡县完成建制村调整工作，花桥镇撤销凉亭村，复设凯镇村，施场村为凯镇村下辖自然村。

自然环境

地理位置 施场自然村位于石阡县城东南方向，距县城 26 千米，距花桥镇集镇所在地 7 千米，是坪地场、石固、花桥 3 个乡（镇）交会处。东抵石固仡佬族侗族乡凯峡村凯峡组，以巴岩大沟为界，南抵花桥镇梁家屯、红岩山界，西与凯镇村砖房组、安坝组接壤，北至坪地场乡汪家沟村汤家坪组，东北同坪地场仡佬族侗族乡岩顶寨、腊岩、郜家寨毗邻。

地形地貌 施场自然村属喀斯特地貌，属半高山区，山峦起伏，河谷幽深，两面是山，中间是凯峡河河谷。村寨位于凯峡河河谷地带，地势狭长平缓，海拔较低。

气　候 亚热带季风气候，平均气温 15℃，1 月平均气温 3.4℃，7 月平均气温 26.7℃。无霜期年平均 290 天。年平均降水量 1175 毫米；降雨集中在每年的 4—6 月，6 月最多。

自然资源 施场自然村主寨建筑呈东西走势，犹如“走”字形状，寓意为“坐南朝北势如‘走’，金银财宝样样有”。山水风光秀丽，怪石嶙峋，资源丰富，植被茂盛。水资源十分丰富，有凯峡河流过。旅游资源丰富，集观光，探险，休闲疗养于一体。村域有钟乳石奇观下岩洞、号口塘、犀牛洞，有珍稀动植物，有富含锶元素、镁元素的天然温泉，有古朴的民居建筑侗家吊脚楼，有深厚的侗族传统文化底蕴。

施场自然村地热资源丰富，共有温泉 2 处。一处水温 45℃，流量 0.71 立方分米 / 秒；另外一处水温 45.5℃，流量 1.15 立方分米 / 秒，温泉水富含锶元素、镁元素。

河　流 凯峡河发源于印江土家族苗族自治县桅杆乡雷家沟，流经印江洋溪镇，在石阡县石固仡佬族侗族乡之界入境，流经花桥镇、汤山街道，汇入龙底江，属乌江水系。县境内长 34.7 千米，最大洪水量 2580 立方米 / 秒，最枯流量 2.5 立方米 / 秒，平均宽度 68.57 米，流域面积为 511 平方千米，年平均径流量为 14.63 立方米 / 秒，主要支流有五德河、花桥河等。南岸施场村处有一条地下热河，即凯峡河温泉，泉水由溶洞中流出，洞长 204.6 米，洞体最高 40 米，最宽处 15 米，最窄处 0.5 米。洞内有热泉及冷泉眼各 1 处，两股泉水在洞内混合成“地下热水河”，混合水流在距洞口 20 米处，潜入地下，经伏流分散泻入凯峡河中。泉水温度为 34°C，流量 47.3 立方分米 / 秒。热水河四周山峰耸立，森林葱翠，峡谷幽深，河水清澈。国家重点保护野生植物中华文木沿河岸生长，自然景观优美，素有天然植物园之称。

凯峡河施场自然村河段风光（勾昆　摄）

族群族源

人口民族　截至2021年末，施场自然村共有216人。民族成分为侗族、仡佬族，以侗族为主。

主要姓氏　施场村是一个以梁姓为主，另有肖姓、邱姓的侗族、仡佬族和睦相处的自然村。

主要姓氏溯源　施场自然村初建于明朝，至今已有400余年。

据记载，施场村梁氏侗族先祖梁道清，原籍江西省吉水县大石墩猪泗巷，迁湖广衡州府桂阳州凌武南山县五都栏木桥。明万历三年（1575），梁道清奉旨出征，平贼黔地，功勋昭著，为国捐躯。树旗梁屯，七世子孙梁模公由花桥梁旗屯迁居施场老石湾，始称“施场始祖”，后又由老实湾迁至坟嘴屋基，再由老实湾搬迁至施场村。2021年末，施场自然村梁姓共繁衍生息十二代300余人。

梁氏祖训　黔祖道清，分房施场。梁模支系，安定辉煌。祖德高尚，长发吉祥。尊老爱幼，团聚一堂。勤劳致富，乐做书郎。手艺精湛，民主富强。族有族规，不做法盲。有恩必报，祖训别忘。

基础设施建设

道　路　1999 年，村民投资投劳修通从青岗坳到施场村 5 千米长、3 米余宽的泥石公路。2020 年，施村自然村将原来的泥石公路拓宽加固，建成 6.5 米宽的柏油路，并修建花桥镇经施场至坪地场仡佬族侗族乡万河村的水泥硬化公路和施场经老屋基至菌子湾的产业路。

截至 2021 年末，全村共有村中横向道路 3 条，纵向道路 5 条，略呈“井”字状，均已硬化。

电　力　1983 年，施场村通电。截至 2021 年末，完成农村电网改造，村内主要通道均安装太阳能路灯。

自来水　21 世纪初，施场村接通自来水。

通　信　截至 2021 年末，施场自然村手机通信 4G 网络全覆盖。

村域经济

主要产业　施场村主要产业为种植业、养殖业，粮食作物以水稻、玉米为主。主要经济作物有油菜、蔬菜等。畜牧业以饲养生猪、羊、牛为主。

旅游产业培育　近年，施场村依托得天独厚的温泉地热资源及“中国传统村落”品牌优势，发展旅游业，促进农民增收。

村民生活

村民收入　施场自然村村民的经济收入主要有：出售农产品、家畜家禽养殖、外出务工、财政补贴、集体经济务工收入及分红、其他非农收入、工资及退休金等。

主要支出　施场自然村村民的经济支出主要有：日常生活、教育、房屋及维修、交通出行、通信、子女婚嫁以及其他支出。各项支出内容与马桑坪自然村相同。

教　育　民国时期，施场村极少数富家子弟去梁家屯读私塾，女孩根本没机会进学堂。20 世纪 70 年代，施场生产队建起只有小学一、二年级的学校，一段时间之后，被安丰小学整合。20 世纪 80 年代，施场自然村又办过几年小学教育，上学的地方在梁显泮家堂屋和梁世丰家二楼。任教老师起初是梁显泮与梁祖琴，后梁祖琴办理民办教师转为公办教师手续调入安丰小学后，村寨再也没有办过教育。之后，施场自然村孩子上幼儿园、小学、中学，均去花桥镇集镇。

医　疗　1975 年，安丰生产大队按上级统一部署，建立农村合作医疗制度，设立安丰生产大队卫生室，负责施场生产队社员的基本医疗保健工作。1981 年，实施家庭联产承包责任制后，安丰生产大队卫生室名存实亡。1994 年，按全县统一部署，重建凯镇村卫生室。

2000年，按全县统一部署，施场自然村开始实施新型农村合作医疗制度。

社会保障 2012年，按全县统一部署，施场自然村开始实施实行个人缴费、集体补助和政府补贴相结合的新型农村社会养老保险制度。

风土人情

岁庆佳节习俗 施场自然村岁庆佳节习俗跟其他地方的侗族大同小异，大致有如下一些习俗：

过年 中国的“年”分“大年”“小年”，而此处的“年”指的是“小年”，俗称“过年”“除夕”。施场自然村梁家沿袭中原文化，与其他地方“过年”习俗大同小异，一般时间定在农历腊月最后一天，即月大是腊月三十，月小就是腊月二十九。不存在腊月二十八过年的情况，有话道“二十八过年，想起了”。一到腊月，施场自然村家家户户都会为过年做充分准备：杀年猪、腌腊肉、灌腊肠，炕干豆腐、油炸煎豆腐、煮糯米酒、弄团团粑，赶封印场（腊月二十八的花桥场）买年货。过年这天一到，早餐一般吃点素食，喂有牛的人家，清晨去山上为牛割些嫩芭木草，以盼六畜兴旺。中餐后，一家人都开始忙碌，男子继续清扫庭前院巷卫生，张贴红纸黑字春联，女人主厨。其中首要任务就是煮猪头，有用锅直接煮的，有用木甑子蒸的，燃料均为木柴，需要3小时方能煮透骨。待猪头蒸（煮）好后，用嘴含猪尾的猪头依次在中堂（堂屋）神龛前、台阶处、灶头旁、猪牛圈、村寨山王庙等处向祖宗牌位和神灵行“年祭礼”，“年祭礼”通常由男性主持，礼仪有鸣火炮、焚香、烧纸、敲磬、作揖等，“年祭礼”行事完毕，张罗一天的全家人围在当家人面前吃手撕猪头肉、啃猪头骨，以当午餐。还来不及消化，又到“过年”吃年夜饭时间，年夜饭又叫“团圆饭”，全家老少围坐在八仙桌四方，座位有尊卑之分，长辈居上，平辈靠两方，长幼不能对坐。菜谱全是美味佳肴，既有山珍，也有海味，主食猪肉，可最讨人喜欢的还是蔬菜。年夜饭完毕，还未天黑，同村的、同房的人互串家门，拉拉家常，吹吹牛皮，有时也会来个“后抽（除夕互敬酒，家家都富有）”。晚上，年味未尽，串门的还在串门，拉家常的还在拉家常，烤疙兜火的还在烤圪兜火，打麻将的带着醉意打麻将。总之，施场村村民自始至终守护这守岁的“年文化”。

春 节 “春节”广义而言泛指从除夕至元宵，狭义上说专指正月初一，具体时间界定并不是严格从除夕夜的零点到次日的24点，施场村村民的春节大概是从除夕守岁夜的“开门时刻”到初二天早上。“开门”时间不统一，有凌晨一两点钟的，有凌晨五六点钟的，一般在天拂晓前就会行开门祭祀，主人先是在庭院阶前鸣上少许火炮（整封鞭炮或零星火炮），然后在堂上点香、焚纸、拱手、作揖，再把大门打开后又合上。开门环节完事后，有继续守岁通宵达旦的，有上床睡觉的。拂晓后，家庭成员相继起床。这天，大人是不会喊叫孩子起床的，孩子也不能赖床，说是要开好初一的头，来年万事才有好的兆头。洗漱用的废弃水也不能像平时那样随意倾倒在地，要用桶暂时装好，待这天过去才倾倒，因为初一的水是“金银水”。此外，施场村村民过春节，还有去山上上坟祭祖的习俗，一般都是男性主事，对新故亲人或三辈内祖宗尽孝，并非像清明那样对已故亲人全部尽孝，时间早晚不等，但必须亲临坟地，不能“远程”祭祖。祭品有酒肉、水果、酥饼类，上坟尽孝后，人们都会弄点柴回家，说是初一进柴（财）。春节餐食，施场村村民讲究不吃大米饭，要吃粉、饺子或汤圆，说是吃大米饭，蚊子多；吃汤圆寓意着家人团圆，吃粉可能是简单省事，还能把过年的“残羹剩饭”变废为宝。最后就是春节的走亲访友，走亲访友也有限制，并不是随意上门“吃喝皮”（蹭吃蹭喝），而是只有男性到自己过继的干爹、干妈家去拜年。干儿辞别干爹、干妈家时，干爹、干妈定会按拜年礼物的轻重给干儿一些零花钱，这叫“打发”。正月初二，女性到干爹、干妈家拜年，俗规道：“初一的儿子，初二的女。”

元宵节　元宵节俗称“大年”，施场自然村的元宵节同样重视灯文化，亦有“三十的火，十五的灯”之说，一到正月十五，以家庭为单位，村民再次聚会吃团圆饭。要先祭拜祖宗，其礼仪大致跟过“小年”差不多，菜谱稍逊色于除夕年夜饭通常是8个炒菜、1个汤菜，叫“八盘一汤”。天黑后，主人在香案上点上蜡烛，打开家中电灯，然后在庭院阶前、房前屋后、厕所、牛圈等地插上蜡烛。在没有电的时代，传统施场自然村“十五的灯”，主要是燃松木油灯，桐油伴灯草灯、煤油马灯、煤油敞灯、葵花秆灯。进入21世纪后，除蜡烛仍在延续外，其他完全被电灯所取代。时代不断更替，但施场自然村村民正月元宵节的“灯”一直未断。施场村元宵节的晚上也流行“偷菜”和“炒壳壳虫”等习俗，但这个“偷菜”的“偷”，不是“盗”，不含贬义。庄稼人种的菜，如果发现被偷盗，是不能骂“偷菜”人的。正是因为如此，吝啬人家常常在当天白天时在菜上泼上几瓢大粪水，以免遭菜被偷盗。还要“炒壳壳虫”，就是这天晚上用柴火铁锅把自家种的花生、瓜子或南瓜子脱去水汽，炒干、炒焦，以便吃起来香醇、可口、爽心，更能款待串门的乡邻或次日“扫尾拜年”的客人。

清明节　施场清明节在每年4月5日进行。“扫墓祭祖”是施场清明节的重要主题，方式是用皮纸做成清纸，再用清杆挂上插在祖先坟上，像旗子在风中飘扬，说是为祖先换新衣，这种扫墓祭祖仪式在施场村叫“挂清”，分户祭和族祭。“户祭”是以家庭为单位，一家人包括出嫁的姑妈为堂上所有祖宗“挂清”，时间不一定在清明这天，往往据主人忙闲而定，只要大致在清明月皆可，正应俗语“前十天，后十天，懒人还有十天”。另一禁忌是“新坟不过社”，三年内的亡亲坟就叫“新坟”，为这类坟墓挂清一定在“社日”前进行。

族祭又称“清明会”，是一种集体性的祭祀活动。过去，几乎施场村每年都有一次清明会，同宗同祖的人聚会一起，为大家共同的祖先尽孝。祭奠时，族人结队而行，除去蓬草，清理坟地，然后族人代表向大家宣讲家族情况，随后鸣炮、焚香、烧纸，再像户祭一样为共同祖先“挂清”。施场村的族祭地点主要在施场村始祖梁模公坟所在地——牛屁股。据说在葬梁模公时，在打井地层中自然冒出热气，并发现紫灰色异物，看上去像黄牛屎。“阴阳”

先生说这是吉物，寓意着子孙后代荣华富贵，吉祥昌盛，“牛屁股”因而得名，施场村梁家因此成为百年旺族。

随着时间的推移，族祭渐渐有些淡化，改为5年一祭。户祭仍然是农历三月的必备活动，无论贫富，还是忙闲，施场村人都会在清明节为祖宗“挂清”行孝。

端午节　端午节又叫“端阳节”，俗称“打端午”。施场自然村“打端午”习俗主要是包粽子、吃粽子和钓浑水角角鱼，分“大端午”和“小端午”。因“五”与“午”谐音，所以端午时都选在有“五”的日子，“大端午”在农历五月十五，“小端午”在农历五月初五。不管是大端午还是小端午，包粽子、吃粽子、钓浑水角角鱼皆是施场村村民端午节的主要娱乐方式，数百年不变。施场村临河边，五月是旺月，是涨水季，特别是农历五月十五，几乎年年施场河里都涨大水，施场村人喜水、喜食、喜客，更喜鱼，所以施场村人注重过大端午。每逢端午节，施场村人以蚯蚓为饵，竹竿为具，到河边钓浑水角角鱼。钓浑水角角鱼，既能观洪水的汹涌波涛，感受一泻千里之势，息经纶事务之心；又能把所钓之鱼配上施场天然矿泉水，做成美食款待客人。粽子是端午节必备食物，即使不喜糯食的家庭也会包粽子，在包粽子过程中享受乐趣。施场村粽子做法很有讲究，四角形状，内用糯米，外用粽叶包裹，后用粽叶去骨缠贴，有腊肉馅、花生馅、绿豆馅等，味美香醇。吃时更注重气氛，不吃独食，在端午节出嫁的姑婆姑妈会回娘家，与娘家人一起过端午节，这叫“打端午”。

中元节（“月半”）　中元节又称“鬼节”“七月半”，施场村人过中元节（“月半”），集中在农历七月十三至十五。“月半”时节一到，家家户户都会备好下酒菜、烧香化袱、祭奠亡人，以示对亡人的深切怀念。亡人又有新亡人和老亡人之分，三年内死去的称为新亡人，死亡时间超过三年的称为老亡人。

施场村人过“月半”都是晚上做好一大桌菜摆在堂屋八仙桌上，桌上每个方位放一副碗筷、一个杯子，盛上少许米饭，倒上半盅酒，等先人们来吃。随后会在香案点上三炷香为逝去的先人引路，接他们来领钱。

随后的“化袱”是有规矩讲究的，“袱子”制作程序也比较讲究，里层是将竹制火纸叠成七层，打上铜钱孔状纹路，外层用米浆把皮纸黏合上，看上去袱子形状为长方形。“化袱”前袱子正面用毛笔写上中元寄语，如“中元寄袱，一封奉上”等，背面写上“封”字。化袱时，主人先是把袱子叠成三角状，再用火纸引燃，然后一边化袱，一边嘴里念念有词：“某某来领钱”“主人火管来领钱”等，待袱子快燃尽时再上几滴孝酒，最后在香案上击磬三下，以声音引导已逝祖先找到回家之路。

堂屋里“化袱”完毕后，主人端3个菜、1碗饭到大门口。待把所有故亲招呼完毕、吃饱喝足后，一家人再聚在一起开始共用晚餐。

进入21世纪，中元节习俗在许多地方已经淡化，但施场村的“月半”习俗仍在持续，“月半”仍然是施场村人隆重庆祝的传统节日。

中秋节 中秋节，施场村村民除赏月外，还会共吃月饼度中秋。传说月宫里的仙女会在中秋下凡，把甘露洒遍人间。侗家姑娘们采摘被仙女洒过甘露的瓜菜，就是在借助仙女传递红线。如果能摘到一个并蒂的瓜果，预示姑娘们能收获幸福的爱情。

施场村人过中秋主要在农历八月十四，人们会在中秋前的赶场天就买好月饼摆在家中，并且放下繁忙的农活，推绿豆粉或豆腐，拿出最好的食材庆祝中秋。他们往往忙活一天才能备好晚饭，待月亮透过窗户照进农家小屋，一家人围坐在餐桌上，开开心心吃团圆饭、品月饼、赏佳月，共度佳节。

若有成员实在抽不开身与家人团聚，人们便会在月下许愿，并默念着在外亲人的名字，代表“千里共婵娟”的美好寓意。人们还会在中秋节买月饼送给亲朋好友，以此分享共度中秋佳节的喜悦，表达希望对方事事圆满的美好祝愿。

重阳节 重阳节为九月初九，俗称“重阳”，又称“重九”，但施场自然村村民过重阳节，主要集中在九月十五。人们常言“七月十三、八月十四、九月十五”，即农历七月十三过月半、农历八月十四过中秋、农历九月十五过重阳。这天，家家户户都会打糍粑，相传在古代，糍粑是一种象征着慈祥、圣洁的食物，而在打糍粑的过程中，糍粑黏结成一团，也被大家看成是家人和睦团结的象征。

在重阳前一天晚上，人们将糯米用水泡好，第二天用甑子蒸熟后，再放在萝苑里打。由于打糍粑很费力，通常由男的打、女的搓。待糯米打得又黏又软后，就将其放到簸箕里裹点面粉，揉搓成圆圆的形状，表示人们有缘、团圆的意思。而吃糍粑时，一般都会蘸一点白糖，寓意一家人生活甜蜜幸福。

随着人们外出务工，村里留守老人和孩子越来越多，留村妇女便会与周边邻居搭伙一起打糍粑，或者将自家打好的糍粑送一些给周边的邻居尝尝，大家一起感受节日的气氛。

由于外出工作的人越来越多，施场村重阳节打糍粑习俗逐渐淡化。

饮食风俗 “民以食为天”，施场村人饮食习惯有自身独特的饮食文化内涵。施场村人主食为大米，肉类以猪肉为主，尤喜酸、辣、咸，不喜甜食。如果吃面食，除常用佐料外，一般少不了再加自制酸西红柿。

施场村人喜吃“辣”，如果是炒菜，佐料中不能少辣椒，特别是炒肉丝，不是青椒配着炒，就是酸辣椒配着炒。在既没有青椒又没有酸辣椒的情况下，会放上大量辣椒面。如果吃火锅类，一般不用清汤，而是爆炒后再加水煮，吃时蘸上糊辣子面。这种糊辣子不是用锅炕焦，而是把干辣椒果放在柴火灰里炮制而成，叫“施场灰刨糊海椒”。吃刨汤一般是蘸酸汤辣椒。村民喜咸味，主要体现在做腊肉、腊肠，干豆腐、霉豆腐上，这类食品咸味虽重，但却是施场村人的至爱。甜食方面，只有在做酒席不可或缺的红烧肉时才略有体现。

施场村人嗜好酸汤，酸菜、吃鱼汤，特别是角角鱼汤，几乎全是用酸汤拌着煮，不用清水煮。酸汤不是凯里红酸汤，而是施场村农家自制的酸汤；还有更喜酸者，会在酸汤角角鱼中外加一些酸菜。另外，施场村每户人家都少不了一些坛坛罐罐，这就是用储存酸菜、腌黄瓜、腌菜、水秧菜等用的“樸菜罐”。

施场酸汤豆腐　做豆腐将豆子磨成浆在锅中煮熟时，不用石膏点豆腐，而是用自制酸汤点豆腐，酸汤不是用醋做的，是之前做豆腐时留存的“酵水”做的。这样点出的豆腐嫩、口感好，用豆浆伴着煮火锅，吃起来不是山珍也胜似山珍，这种豆腐叫“施场酸汤豆腐”。

“过事务”（办酒）　除岁庆佳节设置酒席外，施场村人每逢喜事、丧事等重要事务会邀请亲朋好友到家中庆喜、吊丧，俗称“过事务”，又叫“办酒”。当事人在有“事务”之前先请人择吉日，待吉日定好之后，主家在家中拿出好菜，设置酒宴邀请亲朋好友参与庆喜、治丧。酒宴饭菜是有讲究的，饭通常是用甑子蒸的大米饭；菜一共9道菜，其中8道炒菜、1个汤菜，叫“八盘一汤”。20世纪80年代前，炒菜、汤菜皆是用土碗盛。20世纪80年代后，炒菜改用盘子装，汤菜仍用圆形大土碗或锑锡碗盛，这意味着“处事要方圆，家族要团圆”。菜系中常有豆腐、红烧肉、炒瘦肉等，若是喜事，少不了把豆腐用菜油煎制成正方形状的“豆腐果”，也有不成形状的“豆腐果”，但若是丧事宴席，则忌用“豆腐果”菜系。酒宴的场所设置在庭院，用的桌子是八仙桌，实则是四方，每方一条方凳，每条方凳坐2人，1张桌子共坐8人，所以叫八仙桌。座位的次序也有尊卑之分，讲究高辈坐上席，次辈坐下席，低辈坐左右，平辈同凳，高、低辈不能对坐，比如“公公不能与媳妇对座，儿子不能与父亲、爷爷对坐”。

2022年8月29日，花桥镇凯镇村施场自然村村民举行葬礼，图为葬礼宴席现场（勾昆　摄）

传统民族服饰　施场村主要居民是侗族，民族服饰形式多样。施场村侗族人平时穿着简朴干净，美观大方；岁末、酒宴时讲究更换新衣，颜色不一。婚庆时新娘常穿红色，忌白色；悼孝时孝子孝女穿白色孝服，亡人穿黑色丧服。施场村侗族女子喜宽松型裙装、裤装，20世纪80年代前，妇女们还在脑后别上银簪、银头冠；男子服饰较简单，上身常穿短袖、排排衣，布纽扣，腰间常系传统的麻绳裤腰带；若是老人，则常在裤腰带上挂一个形如“猪腰子”的包，这个包是用来装草烟（土烟）的，不喜烟的老者也挂此包，作为一种点缀，或许是用来装载自己一生的沧桑岁月。男子冬天穿自制布鞋，春夏秋穿用糯谷草做的草鞋。20世纪80年代后，施场村侗族人男女穿着打扮、服饰与其他民族并无两样。

传统村落保护

村寨布局 施场村民居傍凯峡河而建，河流由村寨左侧流向右侧。村后为山，村前隔河亦是山，施场村依山傍水，阶梯排列，纵横道路交错相通。在古代，有陆路、水路与外界相通，同时有山、河相阻，不容易为外人所骚扰，也便于自我保护。房屋随河岸地形而建，呈梯形排列，大致呈“王”字形状。施场自然村主寨建筑呈东西走势，犹如“走”字状，寓意为“坐南朝北势如走，金银财宝样样有”。村寨前面为凯峡河，临河处有施场地下热泉分布点。村寨后山是茂密的青杠林，环境优美。

传统民居特色 “侗家侗家，屋居如花”，施场村侗族建造房屋材料以木质材料为主，柱头主要用材有柏木、杉木、松木，有五柱四瓜、五柱六瓜、七柱六瓜，更多为五柱四瓜。施场村传统民居以五柱四瓜房为正房，正房前两侧或一侧建翘角的吊脚楼，亦称“厢房”或“楼子”，中间为院坝（院落），形成三合院式的建筑特点。翘角楼的弯挑梁，像一把长大的弯刀，足显房屋的威武壮观。翘角结构，显得房屋外形美观，又保护厢楼不受雨水浸湿——施场村传统侗家房屋建筑符合侗家民居建筑追求实用原则，并讲究造型美观、工艺精湛的原则，又暗合侗家人建筑讲究风水、驱瘟避邪的心理要求。截至2021年末，村寨中共存留各类传

施场自然村村寨布局（局部）（县住房和城乡建设局 提供）

施场自然村传统建筑（县住房和城乡建设局 提供）

统木结构穿斗式青瓦房50余栋，多数为清朝年间建造，形制为正房与厢房配对，具有独特的工艺水平和建造技艺。村落整体风貌保存状况良好，是石阡县侗族原生态民居保存较为完好的建筑群之一。

施场村侗族建房习俗 施场村人起新房时，主人家要先请地理先生择看起房吉日，然后请掌墨师约定木匠在计划时间内加工好柱子椽料排成扇列；吉日那天众人帮忙立起“排列”，斗上椽料让高架成形。掌墨师要主持各种仪式，祭拜鲁班要在夜间吉时进行，主人家要准备香纸、荤素贡品，摆例事钱，谢师的衣物鞋袜、毛笔、墨汁与布料等。掌墨师根据师传要求，将鲁班祖师拜过，最后奉送主人家吉祥话，象征性地收点例事谢师傅物品。大梁是木房构件的重中之重，伐梁木、开梁口、点大梁、上大梁是几个重要程序。伐梁木也要择吉日吉时，由掌墨师在梁木树旁焚香烧纸，口诵赞梁木福诗“伏以，梁木，梁木你生在何处？长在何方？一不生在悬崖陡坎，二不生在旷野山场，你生在昆仑山前，长在峨眉山上。何人叫你生？何人叫你长？是王母娘娘叫你生，露水珍珠帮你长。你生得枝枝成对，叶叶成双，八洞神仙叶上现，九天玄女定阴阳，枝枝叶叶都茂盛，根基四海放豪光。鲁班打马云中过，慧眼观看是沉香，你生得不长不短，正好主家做大梁，祝福诗已毕，砍梁大吉”。接着掌墨师手持斧头在梁木树上敲一下，在场的其他人才可参与砍梁木，切去头尾，将中间一段缠上缠梁布运到主人家，由木匠加工成梁型。上梁时要开梁口，点梁，再上梁，安放在中堂两列中柱顶端，梁口与中柱顶端凹槽吻合，每一环节掌墨师都要说祝福诗。开梁口祝福诗一般为“伏以，两脚急急忙忙走，主家请我开梁口，我左手拿起金锉子，右手拿起银斧头，开梁口，开梁口，开得主家金满斗，我梁口开得宽又宽，主家儿孙做高官，我梁口开得深又深，主家秤称银子斗量金。我开了东来又开西，主家代代穿朝衣。自从弟子开梁一过后，主家荣华万万年”。点梁时，掌墨师口诵福诗，手拿公鸡，“伏以，此鸡，此鸡不是非凡鸡，头顶红冠子，身穿五色绿毛衣，闲人拿来无用处，弟子拿做点梁鸡……我一点梁头，主家儿孙封公侯；二点梁中；主家儿孙坐朝中，三点梁尾，主家儿孙高中举，福诗已毕，点梁大吉”。

被列入第二批中国传统村落名录 2013 年 8 月 26 日，住房和城乡建设部、文化部、财政部等联合发布第二批列入中国传统村落名录的村落名单，石阡县花桥镇施场村被列入。

制定传统村落保护发展规划 2016 年，有关部门制定《铜仁市石阡县花桥镇施场（凯镇）村传统村落保护发展规划（2014—2030）》，确定规划范围即施场村建设控制地带范围，总面积 10.6 公顷。保护范围分为核心保护范围和建设控制地带，其中核心保护范围面积 4.43 公顷。

传统村落保护措施 2014 年，花桥镇凯镇村施场村民小组被列为石阡县 2014 年度中央农村节能减排资金支持传统村落保护工程项目实施单位。施场自然村利用国家下拨资金进行传统村落保护工程项目建设，对村内消防、排水及道路设施进行改造，安装垃圾及污水处理设施。

截至 2021 年末，各级党委、政府持续对施场村传统村落加大资金投入力度，对传统村落内巷道、消防设施和污水处理进行改造和修建，完善部分基础设施和保护功能。村内安装微型消防设施，增设垃圾箱。村内古树、传统民居均造册挂牌保护，并出台相应保护措施。

古迹胜景

施场村温泉 施场村温泉位于距离施场村 1 千米的凯峡河右岸，共有 8 个地热出水口。施场村村民以方石砌池，上为女池，温度 45℃，日总出水量 65 立方米；下为男池，温度 45.5℃，日总出水量 100 立方米。当气流和热水从地底喷发而出时，水滴四溅，犹如一颗颗洁白如玉的珍珠，故施场村人称之为“珍珠泉”，又称“温塘”。施场村温泉景点在全县范围内有一定知名度，亦曾多次被国内外媒体报道。

施场温泉群出露泉眼多个，动态稳定，无色透明，为含氡泉水。往施场方向顺流而下，有一座青山巍然屹立，峰插云霄。山腰石壁陡峭，一孔清泉自壁上方涌出，顺壁泻下，练带珠花，云蒸雾结。此处峡谷险峻、植被良好、倒挂的石钟乳千姿百态、谷中流水潺潺、水清石幽，风光独特，山水风光与人文景观交相辉映，是绝无仅有的旅游景观。

溶　洞　施场村属典型的喀斯特地貌，全村有多个溶洞。

架梯洞　在半坡崖间，洞口高10余米，须架梯而入，并因此得名。

峡岩洞　施场附近，洞口高6～10米，内极深广，钟乳石景如野牛。

老施洞　洞口高2～3米，其钟乳石景千姿百态，形似“打响”用的锣鼓，造型别致。

鬼　洞　洞口高4～5米，内极深。

兰荆凼洞　在凯峡河边，洞口高2～3米，先下后进，可走半天。

施场村村民在施场村温泉里沐浴（县住房和城乡建设局　提供）

古　树　施场村后山是茂密的青杠林，截至2021年末，全村共有各种古树21棵，其中巨大青杠古树5棵。施场村生态环境较好，房屋隐藏在树丛之中，周围全部是树，不易看出，房屋倒像是树林的点缀、装饰。此外，河边还有2棵古树，其中1棵为黑檬子、1棵为棵桐钱木树。

除上述古树外，和施场村历史息息相关的3棵古树都已经死亡，它们分别是原大田坎的1棵柏树和2棵枫香树，这3棵树是施场村梁姓人家的母亲树，梁姓人还没迁居至此，柏树就先于梁姓人在施场村落户，另2棵枫香树几乎同梁姓始祖一起落户施场村。这3棵树不仅为施场村人带来一片绿荫，旱灾年，人们常以树为神，在树下祈求苍天下雨。此时的古树变成“神雨树”，往往一祈求则灵，一祈求天就会下雨。1983年洪灾，古柏树被山洪冲倒，随洪水漂流至思南县。20世纪90年代初，2棵古枫香树被砍伐。

水碾房遗址　施场村先民充分利用凯峡河水能资源，在岸边建有水力碾坊4处，村民常年在此碾米。20世纪70年代以后，水碾房逐渐被电动碾米机替代。截至2021年末，施场村尚存1处水碾房遗址。

古　墓　截至2021年末，施场村存有清代古墓多座，保存完好。

侗寨翘角楼　施场侗寨翘角或吊脚楼民居，多为明末清初修建。施场侗族将翘角楼称为“厢房”或“楼子”，建于正房左右，与正房呈八字形状，厢房左右配制牛角形桃木方，挑翘高0.6米或0.72米。此民居别具一格，很有观赏、科考价值。

传统文化

2022 年 8 月 29 日，花桥镇凯镇村施场自然村村民举办丧事，乐队“打响”（勾昆 摄）

“打 响” “打响”是村民家逢红白喜事或重大宴庆时的聚众式文化娱乐方式，“打响”器材主要有铜材质制作的大锣、马锣、包锣和钵。“打响”乐队由 4 人组成，各人负责演奏一种器材，按不同乐器旋律节奏分工，配合默契。马锣音高，发音短却传得远；大锣音低，响声大而长，烘托热烈气氛；钵由两半组成，演奏者用一条布带串起挂在脖子上，两手各持一钵，相碰发声，控制响器合鸣节奏；包锣声音古朴。4 种声音依次而鸣，既各具特色又和谐统一。“打响”有响谱节奏，玩灯“打响”不用包锣，有行路节奏和跳灯节奏，节奏都很明快、简洁。喜庆场面“打响”一般要四器齐全，响谱长而且起伏变化较多，还可根据情况将曲谱重复多遍。

“灯 戏” 进入 20 世纪后，每年农历正月，施场村都会举行“灯戏”。之所以叫“戏”，是因为它有花灯的“跳”“唱”“说白”“采茶”等节目，更有舞龙的雄风和“开财门”。施场村“灯戏”俗称“花穿龙”，其流程一般有“扎灯”“贴彩纸”“请龙王”“开光”“出灯”“参神拜祖”“舞灯”“开财门”“采茶”“唱灯”“跳灯”“送灯”等程序。

艺文杂记

多情的土地

作者 梁培会

“绿树村边合，青山郭外斜”，每次读起孟浩然的《过故人庄》，我总能联想到魂牵梦萦的故乡——如诗如画的施场。

施场，是一个听起来或许普通的地方，在地图上，也是一个需要几度放大搜索后才能找到的小圆点，然而就是这样一个看似平凡的小村落，在时间的孕育下，激荡的生命生生不息。

上世纪 90 年代末，改革开放的春风已经吹遍东南沿海，先富帮后富的号角嘹亮激昂，许多城镇居民生活水平快速提升。然而，在既无历史发展优势，又远离沿海的贵州偏远山村，传统的农耕劳动仍然是广大农民谋生的唯一手段，施场也不例外。

据许多老人讲述，因劳动和发展的需要，施场的祖祖辈辈曾几经迁徙才定寨于现在的凯峡河畔，古老的吊脚楼与清澈的溪流交相辉映，沿村而过的河流则成为全寨人民的母亲河，为人们的日常生产、生活带来丰沛的水源。

然而，依山傍水的地理位置，既成为施场的独有优势，也曾制约过施场的发展。在以农耕劳动为主的时代背景下，施场的大部分耕地均分布在村前村后的高山之上，路烂、坡陡、土贫等一系列因素时时制约着村民的劳动效益，我从小便看着村里的父老乡亲在这样的条件下艰苦劳作。

早春的清晨，在通往大土、小坳、丫山土的路上，挑着满满当当粪水的乡亲们气喘吁吁地爬过一坡又一坡，为栽好的庄稼施肥，不知不觉中，汗水已经湿透了衣衫。

盛夏的午后，人们匆匆吃过早饭，便又拎着一个大水壶，赶到自家的庄稼地里除草施肥，不经意间，人们又会相互吆喝两句，调侃道这个太阳有点厉害啊，淳朴的笑声在大山之间久久回荡。

深秋的黄昏，太阳已经藏进大山深处，四马田、中坝、腊林沟……的稻田里，稻穗与胡斗的拍打声还是此起彼伏，乡亲们披星戴月，忙着将一年的稻谷颗粒归仓，保证全家来年的口粮无忧。

晚冬的夜晚，村里的妇女们在洗完一大家子的碗筷后，又会从夯当屋（注释：储存粮食的房间）或者天楼上铲出留存一年的洋芋，和老伴坐在火坑边，连夜把第二天要种的洋芋种削好。

……

从早到晚，从春至冬。在施场，流转的是时间，变换的是四季，永恒的是父老乡亲们奋斗的热情和对美好生活的向往。他们鸡鸣而起、月落而息，坚持用自己勤劳的双手默默奋斗，以手为笔，在大山深处描绘一幅自强不息的奋斗群像。

若大地展现的是施场村人民的勤劳质朴，教室则展现了施场村人民的另一种精神追求——尊师重教。

尽管祖祖辈辈都出生在贫寒年代，条件艰难，但高大连绵的群山并未遮挡人们眺望远方的目光，蜿蜒崎岖的山路也无法阻挡人们奔赴远方的脚步，家家户户坚决把子女一代的教育放在首位，举全家之力送孩子念书识字。

记得我开始上学时已经是 21 世纪初，村里大部分家庭依然十分贫困，两个孩子以上的家庭教育压力就更大，每逢开学前的几个赶场天，一些父母便会一大早就扛着大袋油菜翻山越岭赶到街上换取孩子的学杂费，而自己，除了家里必买的劳动工具，连一个油炸粑都舍不得花钱买，身上的布衣和解放鞋全是大大小小的补丁。

尽管卖掉家里所有能卖的粮食，部分家庭依然难以凑足学费，一些家长便只能去给较为富裕的家庭做小工挣钱，或到学校跟老师磨嘴皮子讲好话，商量宽限缴费日期，待家里的牲畜长大或庄稼收成卖掉后再补缴学费。

教育路上，困难一个接着一个，但家长们说得最多的还是“只要你能读，我们卖房子屋基都要送你读完”，心酸的话语背后，是每一位父母愿倾尽所有送孩子念书的坚定决心。后来，当其他村寨的许多小孩都中途辍学打工时，施场的孩子们依然有幸坐在教室里，通过书本认识山外的精彩世界。

多年来，在重教文化的熏陶下，施场成了凯镇村大学生人数最多的一个寨子。现在，越来越多的年轻人站在父辈的肩膀上登上更高的山峦，用所学知识为整个家庭乃至家乡的发展插上希望的翅膀。

教育赋予了施场永续发展的动能，浓郁的人文风情则凝结了施场村人民绵绵不断的乡愁。

作为一个以侗族为主的少数民族聚居地，施场的民族特色虽不及黔东南侗寨那般鲜明，但依水而建的木质吊脚楼早已在百余年的历史中沉淀出施场丰富的文化底蕴。

“吹唢呐”是我小时候在施场见得最多的一种民间乐器，无论婚嫁、立房子，还是死人办丧，有宴席的地方总能听见它的声音，可谓村里的“宠儿”。加上人们曾忙于劳作，少有时间吹拉弹唱，我一度以为唢呐就是施场唯一的文化大戏，可在 2018 年村里组织的第一届春节联欢晚会上，我仿佛一下打开了认识施场传统文化的大门。

舞台上，由村民们自编自排的吹唢呐、拉二胡、唱京剧、跳花灯、打响等文化节目一个接着一个，看着台上熟悉的表演，台下的父老乡喜笑开怀、连声叫好，有的甚至早已热泪盈眶。尤其是跳花灯这类诙谐幽默的民间表演再现江湖，着实让我们 90 后大饱眼福。

也许工业化的浪潮曾让传统文化的发展面临诸多危机，也许离乡求学的需要曾让年轻人与家乡的生活短暂疏离。但是当看到那文化盛宴的一刻，我更看到了施场的生命所在——那是凝聚在父老乡亲内心深处的热爱与激情，以及洋溢在青年一代脸上的惊喜和好奇。

自此，村里的文化氛围又浓郁起来，扎龙灯、玩龙灯等活动不断丰富，二十几岁的年轻人还组成一支青年打响队，每逢春节，就聚集在梁俊家的院坝里，向精通打响技艺的长辈们请教，学习它的音律和打法，铛铛铛的声音，一天响个不停。现在，大家都已经学得有模有样，能在各类宴席上小露一手，而参与到文化传承的年轻人也越来越多，家乡的文化如细水长流般仍在传承延续。

施场村人文丰富，也山水醉人，大河与温泉便是最值一提的。

夏日炎炎，施场河就是孩子们的游乐王国和大人们的避暑天堂。孩子们吃过午饭，就拎着一大桶衣服或带上一根小竹竿，吆喝上平时要好的小伙伴，一路小跑至河边，在河里洗衣、摸鱼、潜水、冲浪、捉螃蟹、做游戏……即使有时眼睛已经蒙上了青烟，嘴唇冷得发紫，皮肤晒得黝黑甚至掉皮，还是要继续打几个两两水（仰泳）再回家。

而大人们则是在干活时，隔一会儿就要去河里泡上一澡，男的“栽几密”（潜水），女的则撸起裤脚洗把脸，甚至月色渐起时，你还能看到光着膀子的大人，手里拽着一块小香皂，肩上披着一块红毛巾，朝河边走去，洗个酣畅淋漓。

从日升到日落，从上游至下游，处处是人们与水相戏、以水为乐的身影，施场河似乎承载着人们劳动之余的最大欢乐。

夏去秋来，时光匆匆。当进入深秋时节，施场纯天然露天温泉的“人气”便急剧上升。走在通往温泉的毛马路上，你总能看到背着大背脏衣服的中年妇女、骑着摩托颠来颠去的青年小伙、提着小袋有说有笑的白发老人……无论男女老少，都爱往温塘跑。

尤其在过年前后，去温塘洗热水澡的人简直一拨未好一拨又至，“有人没得”“要洗好没？”“你们快点洗勒！”“上面冷得很嘞，你们快点”之类的催促声在温塘坎坎上一声未停，一声又起，甚至还有人从省外自驾前来一探施场温泉的真颜。

施场温泉除泡澡舒服外，还有一项远近闻名的功效——烫干疮。记得初中时，很多学生住校爱长干疮，擦药打针输液都难见效果，家长就会带着孩子驱车几十里到施场温泉烫几次，不过多久，干疮果然好了。以至于后来去铜仁上了高中，去上海念了大学，每当有人夸皮肤好时，我都会将其归因于从小泡温泉的缘故，引得同学们都十分好奇。

从小到大二十余载，我的每一个冬天都与温塘密不可分，每每想起温塘的点滴故事，都忍不住笑开怀来。

……

施场的醉人山水、浓郁风情，我搜索枯肠却难以形容十分之一，但也无须过多华丽辞藻的修饰，只要置身于灵动的山水之间，泡一泡千年不息的温泉神汤，听一听邻里间的亲切呼唤，走家串户吃一吃父老乡亲的家常菜，便会身临其境感受到醉美施场的无穷魅力。

青青河畔草，绵绵忆流年。如今，走在中坝的柏油路上，就能想起曾经大片的油菜花田；走进大院坝的老房子，便会想起童年捉迷藏玩游戏时的无忧无虑；经过大岩头的白石板，也会想起每年盛夏在河里嬉戏打闹的欢乐时光……施场的一屋一瓦、一草一木、一山一水，都是游子梦里的归途！

我的施场情结

黎　辉（北京）

首次到施场村纯属偶然。八年前，在凯里养老的父亲偶然在一个杂志上看到了一篇文章《石阡有条热水河》，循着文章里面说的地址，阴差阳错地走到了施场村，站在村委会的山顶俯视山下的村落，不由得感觉了陶渊明的《桃花源记》的情景“从口入。初极狭，才通人。复行数十步，豁然开朗。土地平旷，屋舍俨然，有良田、美池、桑竹之属。阡陌交通，鸡犬相闻。其中往来种作，男女衣着，悉如外人。黄发垂髫，并怡然自乐。”

边往山下走，边欣赏着两边的美景：伸手，蓝天白云仿佛触手可及；低头，连绵葱郁峡谷尽收眼底；远眺，传统村落的民居鳞次栉比；细瞧，路两边的果树随风摇曳，近观，整齐的稻田散发着芳香，远望，潺潺的凯峡河绿水如碧，仰视，急弯陡峭的盘山公路，还有那峡谷间缥缈的薄雾，竟纷纷涌入眼帘，眼里的梯田、村寨、山路、河流，构成一幅绝美的山水画卷。

路边遇到一个老人家还在地里辛勤劳作，一打听，已经八十有余的年纪，老人轻松地告诉我，“村里比我岁数大的还有好多，身体都好得很。”带着期待，我决定住下来打听一下这个村子的长寿秘诀。于是当晚住到了村主任梁波家里。热情的梁主任当晚细细地介绍了村子的情况。

这个村子是属于凯镇村的施场组，整个凯镇村辖 8 个村民小组，总户数 216 户，施场组沿河两岸大概有 50 多户人家，以侗族为多。主要经济来源以油桃、蔬菜、种植水稻、玉米、发展养猪、养鸡以及外出务工为主，其中外出务工收入占农民人均收入纯收入的 80%。主要产业有茶叶、桃子、花生等，特产主要有油桃、国家级优质矿泉水、铜仁地区水温最高的天然露天温泉，水温达 52.14 摄氏度。自然资源十分丰富，森林覆盖达 45%，气候宜人，属于奇特的喀斯特地貌。

村里的房屋主要是侗族吊脚楼式的房屋，下面是石头砌的堡坎，上面两层是木制房屋，一层二层住人，三层低矮，以存放粮食和杂物为主，上层宽大，工艺复杂，做工精细。下层随地而建，很不规则。屋顶歇山起翘，青瓦飞檐，有雕花栏杆及门窗。这种建筑通风防潮，避暑御寒，冬暖夏凉，体现了本地少数民族独特的建筑工艺，具有很高的实用价值和观赏价值，被现代建筑学家认为是最佳的生态建筑形式。在新农村建设的支持下，已经实现了硬化路到家，集中排污，集中垃圾清理。村容村貌得到了极大的改善。

据梁主任介绍，县里的规划，村里以后还要建设风雨桥，侗族鼓楼和水车村民广场等人文景观。在梁主任的带领下，村委已经在路两边栽种了十几个品种的果树，几年后就会变成马路两侧百果园的景色。村里把过村的河流做了简单的堤坝，河水比以前平缓，更有观赏性，还在河里放养了一些鱼苗，吸引城里人来垂钓。村里成立了合作社，办了休闲农庄，让游人来了有住宿吃饭的场所。

关于热水河，在施场村上游八百米处出露两个泉眼，当地村民以方石砌池，上为女池，水温 45 摄氏度，日流量 65 吨；下为男池，水温 45.5 摄氏度，日流量 100 吨。动态稳定。当气流和热水从地下喷涌而出时，水珠四溅，宛如一颗颗玲珑剔透的珍珠，令人陶醉，故当地人称之为“珍珠泉”。

第二天一大早，我带着期待。沿河往上去探寻传说中的珍珠泉。刚走出村口，就看到了政府立的自然保护区和天然矿泉水的标志。一打听，本地矿泉水和温泉都是含氡泉水，氡温泉是可以治疗心血管病的。再往前走七八百米，就看到了温泉池，正好遇到了本村的木匠，听木匠说他一年前得了中风，差点瘫痪，就是洗了一年温泉，现在已经可以行动自如了。哦，原来这就是本地长寿的秘诀。于是泡了一小时，回去吃得饱睡得香。

于是我有了退休后到这里养老的想法。让我的后半生在这儿度过是多么幸福的一件事啊！这就是我的施场情节。希望能早日实现梦想。

施场温泉的传说

祝廷远

施场温泉，又名“珍珠泉”。该泉位于地下热水河西约 2 公里的花桥镇凉亭村境内。在施场危岩耸峙环境幽深之处，出露两个泉眼。当地村民以方石砌池，上为女池，水温 45℃，流量 0.71 升 / 秒，日流量 65 吨；下为男池，水温 45.5℃，流量 1.15 升 / 秒，日流量 100 吨。动态稳定。当气流和热水从地下喷涌而出时，水珠四溅，宛如一颗颗玲珑剔透的珍珠，令人陶醉，故当地人称之为“珍珠泉”。而出露泉水的地名则命名为“施场温泉”。当地人可以在其中沐浴。施场温泉，还有颇为神奇的故事。

在一个村庄里，有一位贤惠美丽的姑娘叫珍珠，珍珠的手非常灵巧，世上有形象的东西，她都能绣出来，绣出的蝴蝶会飞舞，树木会生风，泉水会流动。她的能干和美貌在当地是无人不知无人不晓，那里的年轻小伙子们都希望追求到珍珠，不过珍珠却一直没有心仪的人。山上住着一个武艺高强心地善良的匠人青年施郎，施郎长得英俊潇洒聪慧，做得一手木工绝活。他雕出的花朵能招蜂蝶，鸟雀会唱歌，瑞兽会飞奔。荷生人勤快，又喜欢帮助人，父母及邻里乡亲都非常喜欢他。

用玉泉山上采来的香木打制的一担水。给村里的老人送水后，这担水桶里的水倒出了又会自动满上，总是倒不完，而且水里透出一股清清的香气。

英俊而勇敢的猎人也是众多姑娘心目中的如意郎君。后来，他们在有一年的三月三在山上相遇了，这对青年男女情投意合，心生爱意，互表心意后便定了终身。

但是这个时候爱情并没有顺利地幸福下去。苍山上住着一个恶霸地主花王爷，既贪财又好色的家伙，做尽了坏事，乡亲们恨不能剥他的皮，吃他的肉，碎他的骨。花王爷早就听闻了珍珠美若天仙，一心想娶她做第八个妻子，自得知珍珠和施郎私订了终身之后，就像挑痛了一根埋藏在体内很久的魔根色经，整天吃喝不香，睡卧不宁，日里夜里魂不守舍，冥思苦想夺得珍珠的主意。他悄悄派人抓走了珍珠，藏匿在花府中，施郎知道珍珠不见了，四处寻找，才知道自己的珍珠被恶魔抓走，他带好武器，只身前往大顶山去营救珍珠，然后带着她一直逃跑，然而两个人的力量实在有限，没过多久，花王爷的家兵将他们逼到了悬崖边，而他们已经筋疲力尽，眼看就要被活活拆散，两人又誓死要相守在一起，于是花爷终究没能得逞。他们双双跳入河里，带上了他们至死不渝的爱情。

第二天乡亲们赶来凯峡河边，并没有捞到两人的尸体，正在疑惑之时，却见河边冒出了一个很大的气泡，泉水一下变得清冽冽的了，还冒着热气，成了温泉。里面两只五彩斑斓的蝴蝶翩翩起舞，不一会儿附近的蝴蝶都被这两只最美的蝴蝶引来河边围绕着它们纷飞起舞，这个场面看呆了乡亲们，让他们如同身置仙境。这两个人对爱情的忠诚恪守打动了苍天，上天就让他们化作了美丽的蝴蝶，一生相守。

于是，后来人们为了纪念这个好心肠的恋人，就把神泉叫作“珍珠泉”。

不管这个故事是否真实存在，我们总是会信仰这里面的忠贞爱情，珍珠泉因此被冠上了神话和爱情的梦幻色彩。和一个相爱的人，在花开的季节，来珍珠泉边看缤纷的蝴蝶飞舞，在一份传奇的爱情面前，也许下两个人的爱情愿望，也是一件终生难忘的事情吧。

望见这碧水龙潭，望着这清澈的水，怎么也禁不住诱惑。投入池中，在这温热的怀抱里，接受大自然梵山净水的洗浴，人浴其中，疲劳顿消，忘却了世俗的不快。泉水洗去的不仅是身上的尘土，还有那世俗的尘缘。池内似琼浆玉液，腾腾热气，迎面而来，顿觉神清气爽。随着雾气的升腾，似在天边，似在茫茫云海里，真有置身于仙境，飘然若仙之感。置身于此，情趣万般，感受一种回归大自然的惬意，似有放荡不羁的野性，眼观青山蓝天，耳听涛声，有大地青山秀水与我同在之感。游人至此，莫不惊叹于天公的造化自然的神奇。

说　春

“步步登高行进来，府前三品翠花开。
凤占青山龙占海，家有读书栋梁材。
福禄文章堂前地，富贵荣华喜再来。
金銮殿上洒玉酒，灯笼高挂两边排。
龙心高点凤心堂，贵府曾做状元郎。
贵府得心高高做，全国各省把名扬。
三十一元九重天，朝廷设有春为先。
春正时来花正香，加官一步进华堂。
华堂之家出宰相，喜鹊林中出凤凰。
几句闲话推出城，先与主家开财门。”

听着这熟悉的唱词，优美的旋律，勾起了封万斌老人的回忆。

现年 66 岁的封万斌老人，生活在花桥镇长坡背村大秧地组。他不仅是当地的组长，也是说春的传承人。封万斌老人讲述了两则封姓说春人代代相传的故事。

一则：相传，坡背封姓祖先封福兴、封福现两弟兄，跟随唐王李世民打天下，立了战功。唐王大封功臣时，问他俩要当什么官？两兄弟都说要当“子孙官”。封氏兄弟认为，“子子孙孙都可做的官才是好的”。于是，唐王答应了兄弟俩的要求，封他们一个“春官”，让他们每年立春前后，到每家每户传达农时，提醒人们安排好一年的农事。

据说，封家的封地在思州，即现在的镇远、三穗、天柱、剑河、施秉等地。那时候，春官不用“说春”，而是“派春”，即每年“立春”时节，封家印制一批“春帖”，分发封地内各府县，由官府发到农户，以收取微薄的钱粮，统一交给封家。这样毫毛成捆，收入也很可观。

另一则：相传，封姓祖先搬迁到石阡居住后，时任石阡知府对封姓“春官”“坐收钱粮”心生不满，便对封姓人说：“你们封家既然知春，就该下去向农户宣讲‘立春’的作用，不能坐收钱粮不管事。”封家春官也说：“要我们下去讲春可以，你们大小也是个官，是百姓的衣食父母，也应该实行劝农行耕，带头犁田，做个榜样。”于是，石阡知府下令在城南三里修了一个“劝农亭”，每岁“立春”时节，举办隆重的“迎春”仪式。官府每年支出“鞭春银”6两，由石阡正长官安氏土司负责操办。

据记载，明清时期，石阡府迎春仪式非常讲究，用篾编纸扎“芒神”（农民形象）、“土牛”（耕牛）、“春花”，制办丰盛的酒宴。“立春”那天，石阡知府及僚属各穿朝服，整队迎春于东郊（东门坡）。而花桥封姓春官，也穿戴祖传的蟒袍、玉带、乌纱帽、粉底靴，手端春牛，接受官员们的礼遇。鞭炮齐鸣，鼓乐导前，簇拥春官及“芒神”“土牛”经过市街，前往城南劝农亭，从而吸引了不少民众跟随观看。知府、春官登上高亭，演讲“一年之计在于春”的道理，然后知府下田扶犁行耕。随后，春官到府衙赴“迎春”宴，将“芒神”“土牛”陈列于土王庙供奉，祈求春官到封地说春一路平安吉祥。

在与封万斌、封万明等说春传承人的交流中，给我们道出了不少说春的知识。

封姓春官说春限于“立春”前后。他们习惯最后说到哪家，便将“春牛”放在这家人的“香火”（神龛）上供奉着，次年又从这家人开始说起，从而减少了许多“迎春”礼俗。

民国时期，封姓春官每年“立春”节前都要前往贵阳，到省政府办理说春“执照”，有了“执照”在封地内说春才通行无阻。

“麻瘟带走麻山去，马瘟带出青草坪，牛瘟带到黄毛岭，豆瘟带出豆州城，水瘟火瘟难得带，春牛头上带出门……”这是为主家带走灾难、迎接祥瑞的句子。如今虽然很久没出门说春了，可封万明在与我们交流时，还是情不自禁地哼了几句，旋律优美动听。

现年80多岁的封乡文告诉笔者，春官每到一家，先是《进屋说》，即：

远望青山一座城，城内城外都有人。
城内城外有人坐，新春佳节喜盈盈。
新春佳节春官到，一拜年来二说春。
主家财门有守将，才来贵府开财门。
左门神、秦叔宝，右门神，虎将军。
他是唐朝二元将，唐王差他把财门。
白天开起财来进，夜晚关起防小人。

这是告知主人，春官到来，接着就是《拜新年开财门》《送财》。这三项是每到一家必说的内容。这三项进行完之后，便分行业说。若房主为耕种庄稼的农民就说《二十四节气春》；如果房主行医就说《医生春》；进打铁匠的家就说《大炉春》；见老太婆纺线，见人织布就说《纺线春》《织布春》。一般而言，说春者大多见多识广，口才流利，具有见子打子、见啥说啥的素质。

说春的“春词”，几乎全是吉语，主要段子名目有《颂主人》《开财门》《说四季发财》《说二十四个气节》《说渔樵耕读》《说坐屋》《讲陈设》《说香·纸·烛》《说茶》《说烟》《说酒》《说粑粑》《说钱米》《说隔年春》《参七十二行》等。总之人间各种行业，春官都有歌可唱，七十二行，行行有歌。若主人出来取烟、端茶，马上就要说《烟春》《茶春》。

唱词内容还包括婚丧嫁娶、历史典故、揭露丑恶、劝善行孝等方方面面。内容丰富多彩，题材博古通今。

石阡是“春官”的故乡，县内不仅有唐朝敕封的花桥镇封姓“春官”，还有不少或模仿或偷学或自学成才的“春官”。俗称“说野春”“说花花春”“说耍耍春”。他们的加入，发展和丰富了“说春”这一民间文化艺术形式与内容。

2011年6月，“石阡说春”被国务院批准列为第三批国家级非物质文化遗产代表性项目。2014年，石阡县花桥中学将说春纳入特色课堂教学。说春这一古老的艺术形式，在传承中得以弘扬。

（蔡正国　收集整理）

诗词歌赋

施场赋（其一）

梁祖记

嫦娥远去广寒宫，
转世来到凯峡河。
峡谷风光实有味，
勾住许多陌生脚。
水丝萋萋溪河岸，
热泉咚咚藏关角。
钟乳奇观下岩洞，
无声大号岩悬着。
一出峡谷天外天，
青山碧水渐开阔。

大河小溪缘相遇，
鸳鸯结伴洋溪河。
流连忘返走过景，
眼前忽现古村落。
驻足赏个心足够，
稀奇倜楼翘四角。
稍息片刻俯低景，
水青湖静鱼自乐。
梁氏祖先生慧眼。
家兴人旺甚爱国。
实景实情实话讲，
施场风光不庇壳。
本夫今日言到此，
智者高人往前说！

赞施场

梁祖记

施场风光算品牌，
屯岩峰上生奇柴。
船脚大号已吹响，
露天温塘引客来。
原来过河不方便，
今日大桥接腊岩。
柏油马路沿寨过，
山伯戏水祝英台。

施场老家

梁跃进

青山顶上蔚蓝天，
淡淡云丝挂白棉。
乐在峡河身戏水，

乡间野趣忆童年。

施场·自然风貌

梁跃进

要说施场风景美，
山水相依两相随。
峡河水欢翻白浪，
川流不息向乌江。
十里峡谷多景点，
斧劈悬崖一线天。
滴水塘边清泉现，
一泻入潭挂瀑帘。
天赐热泉出石缝，
好似瑶池降凡中。
入池一泡身清爽，
延年益寿保安康。
河近寨前水渐缓，
大梳子前抱奇山。
双龙戏珠含一宝，
大号齐鸣鼓磬敲。
侗寨沿河依山建，
吊脚木楼支翘檐。
雄桥联通康庄道，
侗寨人家福运高。
水碧山青多锦绣，
振兴路上再创优。

施场·人文

梁跃进

谱载远祖明入黔，
繁衍生息数百年。

初居建寨大风火，
现今族众数千多。
施场梁氏属分系，
字辈统一有谱依。
历代族人遵古训，
习文尚武多众群。
日寇入侵狼烟起，
族伯赴缅远征军。
九死一生归故里，
背留刀疤念军营。
父辈离家从军去，
入朝作战建功勋。
每代都有军人在，
立功受奖喜报来。
清朝梁氏出进士，
激励后辈学真知。
博士硕士九八五，
当今更是人才出。
官高为民不自满，
乡间贤士也不凡。
能工巧匠多有广，
走南闯北美誉传。
传统村落文明寨，
一脉相传世代芳。

施场·九九重阳

梁祖记

佳节传统又重阳，
家人团聚回施场。
糍粑伴随重阳宴，
美食桌上话衷肠。
月挂中天却未满，

团桌宴上未圆场。
人生在世难尽意，
但愿生命如重阳！

咏乌柿古树

梁跃进

守望青山古寨东，
秋霜染色浸丹红。
任凭岁月沧桑逝，
我自依然四季葱。

人　物

梁模公　生卒年不详，率家庭由花桥梁旗屯迁居施场老石湾，后又由老石湾迁至坟嘴屋基，再次由老实湾搬迁至施场村，被公认为“施场梁姓始祖”。

人物名录　抗美援朝战争参战人员　梁显泮

地肥水美董上村

董上自然村坐落在五德镇最大的坝子董上坝上，土地肥沃，水源充足，物产丰富，这为董上自然村的文化发展打下坚实的物质基础。董上村清朝出过贡生1人，民国时期有2人曾担任过区长、县参议员。截至2021年末，全村有研究生4人，其中博士研究生1人。

建置沿革

行政区划 董上自然村属五德镇地印村，共有 3 个村民小组。全村面积 2 平方千米，村庄占地面积 13.33 公顷。

村名由来 因此地位于小山包上，当地人称山包为“董”，故而得名“董上坝”“董上村”。董上自然村寨属五德镇地印村。

元末明初，地印村就已形成村落。村寨坐落在山间大坝上，所在地区像一个大印，故大地名叫“地印”。地印村最早称荒田坳，明朝设有集市，后更名为“地安屯”。之后官员巡视时发现，集市旁的朱家董（地名）形似一方印章，正是此印章使得地安屯富饶。距离地安屯 25 千米处也有一个集市，旁边之地也形似一方印章，只是那儿比地安屯更高，高则为天，称之为“天印”；低则为地，称之为“地印”，遂将“地安屯”村名更名为“地印”。传说，天子骑龙骑马（“龙马”为地名），脚踏两屯岩，掌管天印、地印，分管牛场、羊场、猪家场，朱、胡、邓三大姓人看来，有印则象征权力，象征富贵，又有天地两印的结合，必为地方福祉，“地印”便由此得名。

村寨沿革 清初，地印村属思南、镇远、石阡、思州（岑巩）、松桃五府插花地，设五府厅治之。

1941 年，地印、红溪屯、仡来、仡洋溪、枫树湾、李家园、木公坡、管家坳、高山脚、后坝、桐子凼、龙塘坪、堰田、杉木岭由岑巩县属地改为石阡县属地。

伍德镇地印村董上自然村全景（县住房和城乡建设局 提供）

1943年，石阡县实行新县制，废除区级组织及联保，设置乡（镇）保甲，地印村董上自然村属地印乡管辖。

1950年2月8日，石阡县人民政府成立，将民国时期18个乡（镇）划分为3个区，区设区公所，地印村董上自然村属二区地印乡所辖。

1958年，全县推行人民公社制，实行政社合一管理体制，董上自然村改称石阡县五德区地印人民公社前进生产大队管理委员会董上生产队。

1984年，根据中共贵州省委、贵州省人民政府《贯彻中共中央 国务院〈关于实行政社分开，建立乡政府的通知〉的意见》，五德区地印人民公社前进生产大队董上生产队改为五德区地印乡地印行政村董上自然村。

1992年3月7日，根据省人民政府文件批复，石阡县实施建镇并乡撤区工作，撤销五德乡、地印乡、尧寨乡，合并成立五德镇，五德镇下辖地印村等21个行政村，董上自然村属地印村管辖。

2004年6月，全县撤并行政村工作结束，五德镇地印村与李家园村合并为地印村，董上自然村属地印村管辖。

2010年12月，全县调整行政村工作结束，地印村与李家园村分设，董上自然村属地印村管辖。

自然环境

地理位置 董上自然村位于五德镇西南部，距石阡县城41千米，距五德镇集镇15千米。

地形地貌 董上自然村坐落在山间坝子（盆地）董上坝之上，董上坝是五德镇最大的坝子。董上自然村周围有9个小山堆，称为“九堆十八拐”。全村属典型的喀斯特地貌。

河　流 董上自然村寨前是田坝，有从山间流出、经过大坝良田的一条溪水沟。

气　候 董上自然村处于黔东北地块，属半高山丘陵地势。属于黔北副热带温暖湿润气候区，由于海拔较高，纬度较低和受东南风影响，气候温和、雨量充沛，温暖湿润，水热条件好，空气清新，气温变化小，年均气温15℃，冬无严寒、夏少酷暑、春秋温凉。

物产资源 董上自然村四周群山葱郁，林木遍布，珍稀动物有红腹锦鸡、穿山甲、野山羊等。

族群族源

人口民族 董上自然村共有89户、679人，主要居民为仡佬族。

主要姓氏 全村主要姓氏为胡姓、邓姓与朱姓。

主要姓氏溯源 元末明初，土司割据，民族矛盾激化，战乱不断。胡姓先祖与寨邻邓姓先祖、朱姓先祖从江西朱市巷一同逃难，多方考察，最终选择在地印定居，逐渐形成村落。

基础设施建设

道　路 1972年，地印生产大队至新华生产大队公路正式开通。截至2021年末，董上自然村通村道路已硬化，村内道路均已硬化。

电　力 1996年，五德镇集资80万元，架设10千伏输电线18.6千米，低压线18.6千米，新安装变压器36台，地印村通电。2002年，国家投资220万元，在五德镇吴家大土修建35千伏变电站1座，当年投入使用，包括地印村董上自然村在内的全镇农村并入国家电网。截至2021年末，董上自然村完成农村电网改造，村内道路均已安装太阳能路灯。

自来水 2017年，董上自然村在古龙滩修建蓄水池，全村村民接入自来水。

通　信 截至2021年末，手机通信4G信号已覆盖董上自然村。

村域经济

产业发展布局 董上自然村以茶叶种植为主，以生态养殖、苗木苗圃、水果、蔬菜、药材种植为辅的“1+3”农业产业发展布局，以“以短养长、长短结合”的方式，因地制宜大力发展石阡苔茶、中药材、辣椒等产业。

产业规模 截至2021年末，地印村茶叶种植面积193.33公顷，村内建成茶叶加工厂2个，种植辣椒26.67公顷（农民专业合作社13.33公顷）、太子参10公顷、折耳根（鱼腥草）10公顷，玉米大豆复合种植9.33公顷，种植水稻20公顷、玉米33.33公顷、核桃26.67公顷、毛竹6.67公顷，有养牛场1个、养猪场1个。

村民生活

村民收入 董上自然村村民的经济收入主要有：出售农产品、家畜家禽养殖、外出务工、财政补贴、集体经济务工收入及分红、其他非农收入、工资及退休金等。

主要支出 董上自然村村民的经济支出主要有：日常生活、教育、房屋及维修、交通出行、通信、子女婚嫁以及其他支出。各项支出项目与马桑坪自然村相同。

教　育 1948年，成立地印小学。中华人民共和国成立后，地印小学继续办学。1975年，地印小学建成篮球场。截至2021年末，地印村有小学1所、幼儿园1个。

医　疗 1975年，前进生产大队按上级统一部署，建立农村合作医疗制度，设立前进生产大队卫生室，负责董上生产队社员的基本医疗保健。1981年，实施家庭联产承包责任制后，前进生产大队卫生室名存实亡。1994年，按全县统一部署，重建地印村卫生室。2000年，按全县统一部署，董上自然村开始实施新型农村合作医疗制度。

社会保障 2012年，按全县统一部署，董上自然村开始实施实行个人缴费、集体补助和政府补贴相结合的新型农村社会养老保险制度。

风土人情

饮食习惯 董上自然村村民饮食习惯与五德镇各村基本一致。

主　食　董上自然村村民主食为大米，副食为南瓜、玉米、四季豆、红薯、洋芋（马铃薯）。

餐具与烹饪用具　餐具为筷子、瓷碗、盘等。烹饪工具有土灶、铁锅、三脚架、火盆、顶罐、耳锅等。

烹饪习惯　和汉族饮食习惯并无大异。

酒席佳肴　酒席讲究“十一盘一汤”，即肉类、菜类共有11盘，加1碗最后上的菜汤（一般有菌类、肉类、白菜、白豆腐），更有好客人家，菜肴配置更好。“四大房”分别为菜房、饭房、酒房、茶房，各自安排人手、分工合作，负责菜、饭、酒、茶的制作和招待任务。

民族服饰 20世纪80年代以前，老一辈服装多用当地自制的土布制成，色调以青、蓝、白、紫为主。男子多穿右衽无领的短衣，有的包大头巾，有的头留顶发。妇女上身有大襟无领盘扣上衣，也有的衣长至膝，下穿百褶裙或管裤，多束腰带、绑裹腿，衣襟、衣滚等处绣有花纹，年长的一辈有裹脚等。妇女、幼儿多梳盘发包头，喜爱佩戴银等饰品。20世纪80年代后，侗族、仡佬族与汉族文化融合，服饰穿着和汉族并无差别，延续至今。

岁时节庆 董上自然村各种节庆风俗与五德镇其他村寨基本相同。

正月十五 玩灯，小孩偷菜（偷菜前几天一般的主人家为了防止被偷，会把家里的粪水挑去浇菜），上亮（烧狗屁股）祈求来年身体健康。

二月初二 土地神生日，做土地会。

三月初三 这天吃蒿子粑粑，叫“蒿子节”。

过　社 做社饭，祈愿丰收。

清明节 扫墓，做清明粑，祭祀祖先。

立　夏 煮鸡蛋吃，是二十四节气中的第7个节气，夏季的第一个节气，交节时在5月5—7日。

端午节 吃粽子，出嫁女性回娘家一起过节。

月　半 也叫中元节，俗称“月半”，每家于七月十四举行祭祖节，用新稻米等祭供，向祖先报告秋成。

中秋节 八月十五，赏月、吃月饼、玩花灯。

重阳节 九月初九，子女为家中老人做饭，晚辈向长辈表达敬意。

除　夕 送灶神。

生活禁忌 在漫长的岁月里，董上自然村形成如下一些生活禁忌。

交　春 初一、初二女子不能串门。

祭　祀 小年也就是拜灶火爷，目的是祈求神明保佑，让来年顺顺当当。祭灶只能是男性。

除“大年”“小年”外，比如祭祖等，女性都不参与。

传统村落保护

村寨布局 整个村寨依山而建、傍水而居，纵横交错，疏密有致。村寨四周有山，山上植被生长良好，物产丰富。山中有水泉2处，水源足以供给全村人、畜饮水与农业灌溉用水。这样的居住环境强调自给自足，有险可倚，最大限度地保护整个家族生命与财产安全，这样的村寨选址与村寨布局可谓煞费苦心。

传统民居特色 董上自然村传统民居以五柱四瓜房为正房，两侧有厨房、猪圈（牛圈）、落厥（仓库）。前面两边或一边建翘角楼，形成三合院式结构。董上自然村民小组村寨布

董上自然村村寨总局（局部）（县住房和城乡建设局　提供）

局依山形地貌展开，四周环境优美，保持传统仡佬族村寨特色，并符合侗族传统建筑风格。其形制、结构、风格以及其蕴涵的民俗文化韵味独具特色。截至 2021 年末，全村 89 户中，有 78 户仍居住于传统青瓦木房民居，传统民居完好率达 87.64%。

被列入第二批中国传统村落名录　2013 年 8 月 26 日，住房和城乡建设部、文化部、财政部等联合发布第二批列入中国传统村落名录的村落名单，石阡县五德镇董上自然村被列入。

制定传统村落保护发展规划　2016 年，有关部门制定《铜仁市石阡县五德镇董上自然村传统村落保护发展规划（2014—2030）》。确定规划范围总面积 36.3 公顷，其中核心保护范围面积 10.04 公顷。

传统村落保护项目实施　2015 年，董上自然村被列入石阡县 2015 年度中央农村节能减排资金支持传统村落保护工程实施单位，进行传统村落消防设施建设。

截至 2021 年末，村内安装微型消防设施，增设垃圾箱。村内古树、传统民居均已造册挂牌保护，并出台相应保护措施。

董上自然村传统建筑（县住房和城乡建设局　提供）

名木胜景

溶　洞　董上自然村内有多个溶洞，洞内为典型的喀斯特地貌，其中水杨坪洞曾经是全村人躲避土匪骚扰的“屯”，内有“千丘田”“石火盆”等钟乳石景观，分上下 2 层，洞内设有枪眼、土炮。此溶洞洞口为绝壁，需要搭梯子才能进入。另有犀牛洞、打铁洞等溶洞均有暗河流出，是全村重要的水源。

董上村古碾坊遗址（县档案馆　提供）

古　树　董上自然村植被保护较好，有百年枫树、红豆杉、银杏等珍稀古树。

碾坊遗址　截至 2021 年末，董上自然村尚保留有先辈建于河沟边，利用水力碾米的碾坊遗址 1 处。

传统文化

唢　呐　石阡县农村十里八乡的红白喜事及龙灯、花灯，都离不开唢呐的伴奏。董上自然村唢呐吹奏传承群众基础较好。旧时老艺人较多使用寸杆唢呐，多以吹 C 调为主；20 世纪 90 年代以后，唢呐艺人普遍使用尺杆唢呐，多以降 B 调为主；小唢呐多为独奏时使用。唢呐吹奏的主要配器有鼓、镲、锣、钹等，保留的唢呐传统曲牌有“摆场”“长城”“小开门”“百鸟朝凤”“双凤朝阳”等。

“说　春”　“说春”是石阡侗族人民世代流传下来的一种民俗表演活动，立春时节，艺人扮装“春倌”说唱歌谣、劝农劳作。祝福风调雨顺、丰衣足食。

“春官”是周代一种职官，执掌农耕事务。后世，民间出现装扮春官的说唱艺人在农村走家串户表演，形成一种劝农祈福的“春官送春”习俗。说唱者俗称“春倌”。清乾隆《石阡府志》、县志已有当地说春习俗的记载。说春一般在每年立春时开始，春分时结束。说春词实际是唱，有简单的曲调，各地不一。“说春”分为“说正春”及“说野春”。“说正春”有固定春词，其内容主要是说“二十四个农事节气”“渔樵耕读”，内容涵盖历史、地理、人文等各方面。“说野春”又称为“说耍耍春”“说花花春”，内容丰富、灵活多变、不拘一格，主要段子名目有《开财门》《颂主人》《说茶》《见子打子》等。“春倌”手端春牛，凡到说春之家，均要散发一张农历、一张财神春帖，意在劝农春耕并祝福主人吉祥如意。

除夕烧疙兜火　每年除夕夜，仡佬族同胞都要烧通宵疙兜守岁，又叫“迎新火”，有“三十夜烧个大疙兜，明年喂个大肥猪”之说。除夕夜，阖家老少、左邻右舍聚在火塘边唱歌、猜谜、讲故事，尽情欢乐。

艺文杂记

民　谣

点兵歌

一杯茶劝我的公，
公的胡须白蓬蓬，
别人子孙留送老，
你的子孙当兵去。
二杯茶劝我的婆，
我去当兵眼泪落，
如是命大得官做，

骑马坐轿来接婆。
三杯茶劝我的爹，
儿去当兵泪涟涟，
一丘大田三百担，
拿给你儿做盘缠。
四杯茶劝我的娘，
我去当兵您哭几场，
早晨烧香求富贵，
黑了烧香求吉祥。
五杯茶劝我的哥，
哥在家中干重活，
两丁抽一哥该去，
只有我才可替哥，
六杯茶劝我的嫂，
嫂在家中多操劳，
家中无水多挑点，
谨防担子压断腰。
七杯茶劝我的妻，
妻在家中受孤兮，
早点睡觉早点起，
不让别人说是非。
八杯茶劝郎君，
你大放心来小放心，
世上只有黄金贵，
我比黄金贵十分。
九杯茶助妹妹，
妹妹问哥几时回，
哥是大河长江水，
水落滩头也难回。
十杯茶劝寨邻，
邻居好比一家人，
大小事情相帮助，
回来感恩慢记情.

十一杯茶劝六亲，
奉劝六亲多照应，
若是父母有不幸，
替我多把好事行。
十二杯茶敬神灵，
神灵保我转回程，
家中还有父母在，
待我行孝把香焚。

长工歌（节选）

正月里来正月中，
手拿烟杆去讲工，
三言两语讲成了，
肉一碗来酒一盅。
二月里来二月中，
背起包包去上工，
头上丢了老父母，
全靠家中弟和兄。
三月里来三月中，
后园阳雀叫哄哄，
一来催动阳春早，
二来催促我长工。

地印田

地印坝上田大丘，
年年水淹不得收，
等到哪年全收了，
狗都不吃麦溜溜。

人　物

朱　军　1984年生，仡佬族，2006年考入贵州师范大学硕士研究生，2009年7月毕业。2009年9月考入北京大学数学专业博士研究生，2013年获博士学位，后在贵州省贵安新区管理委员会工作。

人物名录 获“光荣在党50年”纪念章人员 彭远清 胡定学 胡定文 邓德光 胡定阶 胡定玖

获得硕士学位人员 朱 琴（北京邮电学院）

茶韵悠扬指甲坪

2016年7月，指甲坪村和指甲坪村高山生态茶园生产的石阡苔茶分别被农业部确定为全国一村一品示范村镇与全国一村一品示范农产品。指甲坪村不仅高山生态茶园湖光山色秀美，石阡苔茶享誉国内外，传承数百年的省级非物质文化遗产代表性项目——茶灯也一直开展得有声有色。

基本村情

行政区划 石阡县聚凤仡佬族侗族乡指甲坪村下辖9个村民小组，全村面积5平方千米，指甲坪自然村由二、三、四村民小组组成，村庄占地面积20余公顷。

聚凤仡佬族侗族乡指甲坪村全景（县住房和城乡建设局 提供）

村名由来 因地势较高，地形起伏平缓，面积不大，形似指甲，故得名指甲坪。指甲坪自然村分为前指甲和后指甲。传说从前一位仙女喜欢离此不远的绿荫塘，某日，仙女到绿荫塘沐浴浣衣。一个樵夫不慎闯入，害羞的仙女揽衣狂奔，慌乱之中，两片美丽的指甲一前一后跌落于地，于是便衍生出前指甲、后指甲这两块富庶的土地。另一种传说为，在附近修行的赵学和尚修道成仙后，驾云飞翔时，一不小心掉下两片指甲，落地后即成为前指甲、后指甲两块富庶的土地。

村寨沿革 1917 年，指甲坪自然村为石阡县第六区管辖。1936 年，置走马坪联保，指甲坪村属走马坪联保指甲坪保管辖。1937 年，石阡县第六区、第九区合并为第一区，指甲坪自然村属第一区管辖。1943 年，设聚凤乡，指甲坪自然村属聚凤乡指甲坪保管辖。

1950 年 2 月 8 日，石阡县人民政府成立，指甲坪自然村属第三区聚凤乡管辖。1953 年，指甲坪自然村属白沙区聚凤乡管辖。1958 年，为聚凤人民公社高坪生产大队委员会指甲坪生产队。1984 年，政社分离，为白沙区聚凤乡指甲坪村指甲坪自然村。1992 年，撤区建乡（镇），聚凤仡佬族侗族乡成立，为聚凤仡佬族侗族乡指甲坪村指甲坪自然村。2003 年，聚凤仡佬族侗族乡完成并村工作，全乡 18 个村合并为聚凤、宝龙、马屯、马鞍山等 4 个村。指甲坪自然村属聚凤村管辖。2010 年，聚凤仡佬族侗族乡完成建制村调整工作，重新设立指甲坪村，指甲坪自然村属指甲坪村管辖。

自然环境

地理位置　指甲坪自然村位于石阡县聚凤仡佬族侗族乡西北部，距乡人民政府所在地 7 千米，距县城 69.2 千米。辖区面积 10 平方千米，东临黑山坳、西至大顶山、北接深基顶、南靠观音山，指甲坪村所处地形为高原地带。

地形地貌　指甲坪村所在区域有一块很大的山间坪地，较为平坦，平均海拔 1150 米。因离河谷地带较远，河流侵蚀较弱，呈现残存的高原特征，坡面完整、土层较厚的山原，属于起伏平缓的山原区。

气　候　指甲坪村多年平均气温 14.2℃，年平均降水量 1122.2 毫米。无霜期年平均 305 天。常年云雾缭绕，俗谓“罩子嗡嗡指甲坪”，以形容其高原雾重的现象。

自然资源　全村耕地面积 69.87 公顷，林地面积 333.33 公顷。

族群族源

人口民族　截至 2021 年末，整个自然村落共有 168 户、586 人，为侗族、汉族、仡佬族、羌族、朝鲜族等民族聚居的村寨。

主要姓氏　指甲坪村村民共有 168 户、586 人，姓氏有 24 种，在黔东地区实属罕见，与周边地区众多的聚族而居的宗族村落形成巨大反差。

主要姓氏溯源　自明代以后，陈姓、石姓家族最先在这里居住。明、清时期实行军屯制，据《曹氏家谱》记载，其祖先于明洪武年间从湖南入黔，几经辗转，曹氏家族一支于指甲坪定居繁衍生息，至今已有 600 余年历史。由于当地自然环境良好，农耕方便，从明末清初开始，其他姓氏家族纷纷迁入，逐步形成以陈姓、曹姓、李姓为主的 24 种姓氏、多民族聚集居住的特殊村落。

基础设施建设

道　路　境内交通条件较为便利，聚本（聚凤仡佬族侗族乡至本庄镇）公路由东向西穿境而过; 通村公路从指甲坪自然村通过与邻村相连，通村公路于 2012 年硬化。村落中有“四横四纵”路巷连接各家各户，分户道路原多数为土路。截至 2021 年末，已实施分户道路硬化工程。

电　力　1997 年，指甲坪自然村通电。2000 年以后，指甲坪自然村完成农村电网改造。截至 2021 年末，指甲坪自然村主要通道均建有太阳能路灯

自来水　2012 年，指甲坪村家家户户安装自来水，后多次对全村自来水系统进行升级

改造。

通信广电 2012年，指甲坪自然村安装电视接收器，每户均能收看卫星电视。截至2021年末，全村通4G网络，手机通信信号较好。全村已完成农村电网改造。

村域经济

茶产业 指甲坪自然村西南有66.67公顷的高山茶园，村民种茶制茶历史悠久。依托年产量20余万千克的高坪茶场与年加工绿茶能力300吨的茶叶加工厂带动，全村茶产业较为发达。

全国一村一品示范村镇 2016年7月13日，原农业部公布第六批全国一村一品示范村镇名单，贵州省铜仁市石阡县聚凤仡佬族侗族乡指甲坪村被确定为全国一村一品示范村镇，石阡苔茶被确定为指甲坪村一村一品示范农产品。2018年7月9日，《农业农村部关于公布前六批全国一村一品示范村镇监测合格和第八批示范村镇名单的通知》发布，贵州省铜仁市石阡县聚凤仡佬族侗族乡指甲坪村（石阡苔茶）监测合格。

种植业 2000年以后，指甲坪村不断强化以茄子、辣椒为主的蔬菜基地建设，其余产业还有烤烟、中药材、红薯种植等。2019年以后，指甲坪村持续推进大豆玉米带状复合种植产业、油菜产业，带动农民增收。

农家乐休闲旅游 2019年以后，指甲坪村利用独有的高山生态茶园、池塘风光，尝试发展农家乐休闲旅游。

指甲坪村茶园（匀昆 摄）

村民生活

村民收入 指甲坪村村民的经济收入主要有：出售农产品、家畜家禽养殖、外出务工、财政补贴、集体经济务工收入及分红、其他非农收入、工资及退休金等。

主要支出 指甲坪村村民的经济支出主要有：日常生活、教育、房屋及维修、交通出行、通信、子女婚嫁以及其他支出。各项支出内容与马桑坪自然村相同。

医 疗 1975年，高坪生产大队按上级统一部署，建立农村合作医疗制度，设立高坪生产大队卫生室。1981年，实施家庭联产承包责任制后，高坪生产大队卫生室名存实亡。1994年，按全县统一部署，重建指甲坪村卫生室。2000年，按全县统一部署，指甲坪村开始实施新型农村合作医疗制度。

社会保障 2012 年，按全县统一部署，指甲坪村开始实施实行个人缴费、集体补助和政府补贴相结合的新型农村社会养老保险制度。

风土人情

饮食习惯 作为一个多民族杂居、历史悠久的村落，指甲坪自然村饮食习惯较为开放，主食以大米饭为主，兼食玉米、面粉、红薯等杂粮。菜肴嗜辣、酸味，喜好腌制腊肉、豆腐乳等各种腌菜。

名特食品 聚凤乡的聚凤翠芽在省内外享有较高品牌知名度，此外，聚凤豆腐在石阡县也是一种美誉度较高的特色食品。

聚凤豆腐 是以优质黄豆、清纯甘甜的聚凤水为原料，采用古老传统的生产工艺，加工而成风味别具的豆腐。聚凤豆腐属纯绿色食品，不含任何化学凝固剂及其他化学成分，具有 8 个明显的特点：黄、活、利、细、绵、嫩、韧、软。

聚凤翠芽 产于海拔 1100 米，常年云雾缭绕、空气湿润的石阡县聚凤乡，茶树沐浴于雾霭之中，是生产“云雾茶”的好地方。加之质地疏松，土壤呈微酸性或酸性，极宜于茶树生长。聚凤翠芽属于绿茶类。多年来，实行“优质、精品、名牌”茶叶发展战略和“茶业富民”战略，通过各种行之有效的措施，茶园面积逐年扩大，并逐步向高海拔、高品质、高效益的地方集中。

服　饰 作为一个多民族杂居、人员流动性大的传统村落，指甲坪自然村村民服饰均为市场购买，村民穿着与其他地区汉族并无不同。

传统村落保护

村寨布局 指甲坪村坐南向北，民居密集，呈东西带状布局。依山而建、负阴抱阳、随坡就势是指甲坪村落选址的最大特点。整个村寨房屋布局密集，纵横交错，疏密有致，掩映在大片古松柏之间。村落依山而建，随山就势，村落轮廓与所在地地形、地貌等自然风光和谐统一。通村公路从东西向横贯全村与邻村相连。村落中有呈“井”字形的“四横四纵”路、巷连接各家各户。从选址空间整体布局到群体组合、各家庭单体建筑，处处体现生态意识、地缘关系、风水及民俗信仰的有机结合。村庄开敞、明亮、四周青山绿树，环境宜人。

传统民居风格 截至 2021 年末，指甲坪村存有各类传统木结构穿斗式青瓦房 330 余栋，多数为清代中后期建造。形制为正房与厢房配对，以五柱六瓜正房配五柱二瓜或三柱二瓜厢房为主，绝大多数传统民居保存状况良好。

被列入第批二中国传统村落名录 2013 年 8 月 26 日，住房和城乡建设部、文化部、财

指甲坪村村寨布局（局部）（县住房和城乡建设局　提供）

政部等联合发布第二批列入中国传统村落名录的村落名单，石阡县聚凤仡佬族侗族乡指甲坪村被列入。

传统村落保护发展规划编制　2016年，由北京瑞德瀚达城市建筑规划设计有限公司编制《铜仁市石阡县聚凤乡指甲坪村传统村落保护发展规划（2014—2030）》，确定的规划范围即指甲坪传统村落建设控制地带范围，总面积15.1公顷，包含已有建成区域、山体林地及部分能体现当地农耕文化的田园环境。保护范围分为核心保护范围和建设控制地带。其中，核心保护范围面积6公顷，包括传统民居建筑群及周边历史环境要素所在的完整区。

传统村落保护项目实施　2016年，指甲坪村被列入石阡县2016年度传统村落保护项目实施单位，利用国家下拨资金150万元对全村实施保护性改造。

2018年，指甲坪村利用国家下拨的传统村落保护资金，对整个村寨进行传统村落消防设施及排污处理系统建设。

截至2021年末，各级党委、政府累计在指甲坪村投入300余万元资金，对传统村落内巷道、消防设施和污水处理进行改造和修建，完善部分基础设施和保护

指甲坪村传统建筑三合院（勾昆　摄）

功能。村内已安装微型消防设施，增设垃圾箱。村内古树、传统民居均已造册挂牌保护，并出台相应保护措施。

古迹胜景

茶园风光 指甲坪村高山生态茶园达 33.33 公顷，茶园生态好、环境优美，春夏秋冬景色不一。尤其是位于茶园中心的池塘占地 2 公顷，鱼摇轻波、蜻蜓戏水，清风徐徐，柔波粼粼。小湖就如仙女胸前的玉佩，绿荫流布、光影熠熠。

古　塔 指甲坪村内有一座古塔，可惜塔顶已被拆除，余高 3 米，为第三次全国文物普查新发现不可移动文物。传说此地有扑地虎，就在此地建古塔堵住虎口，使其不得出来危害百姓。

指甲坪村古树（县档案馆　提供）

古　树 指甲坪村内生态保存完好，古树、珍稀树木较多，主要有红豆杉和古松柏、青杠树。红豆杉与青杠树连成一片，风景优美，古色古香。

古　井 指甲坪自然村有 1 处清末古井。截至 2021 年末，保存完好，井水常年不断，清澈可口，井水主要用于生活及生产用水。

古　墓 指甲坪村有多处古墓，比较罕见的是，古墓多与民居相邻，寓意家人日常生活得到祖先随时庇护，也方便祭拜供奉祖先。

雷公屯 在指甲坪村东，又名老鹰岩、拜佛台，为清朝末年、民国时期指甲坪村民躲避匪患之处。

传统文化

茶　灯 茶灯是石阡县一种独特的戏曲表现形式，主要流传于县境内的民族村寨。石阡茶灯与石阡茶文化的悠久历史有着密不可分的渊源关系。相传石阡茶叶作为贡品进贡朝廷后，民间制茶艺人为推出更多的贡茶，欲求在全县境内大力发展茶叶生产，民间杨氏艺人把采茶、制茶演绎为一种民间文艺表演形式，“石阡茶灯”就应运而生。此后，茶灯已成为石阡民间一种民俗文化活动，时逢春节或重大吉庆活动。2007 年 1 月，石阡茶灯被贵州省人民政府批准为省级非物质文化遗产代表性项目。

茶灯一般于正月初七、初八出灯，正月十六收灯。茶灯有主灯 1 盏，为牌楼式“彩门”，又称“灯坛”，其楼牌高 3 米余，宽近 3 米，为两层组合，上部飞檐翘阁，檐下横三门，中门高于左右，上供茶灯神祇。与花灯类同，其下为三门四柱，中门高阔，可供茶女表演时穿过。其灯竹编纸糊，彩绘缀花，夜间内燃多支明烛，闪闪烁烁，置放于表演场正中，光芒四射。茶灯的杂灯极为繁盛，有鱼灯、虾灯、龙灯、龟灯、荷花灯、八角灯等诸多灯笼悬于竿头，有的冠以宝盖花吊。十二名茶女手提有瓜灯、八方灯、五星灯，十二杂角灯和道具灯，整个茶灯队伍灯笼多达数十盏。还有三四十支“火捻子”，执捻者不时用柏枝粉或松明粉撒往火苗，爆燃出团团烈焰。二三套锣鼓组合同时打响，火炮震耳如雷，鞭炮连声，观灯者人山人海，场景十分壮观热闹。

茶灯演出场地呈椭圆形，长三四十米，演出以茶灯灯坛为中心，扮演人物全为男性，男扮女装，表演滑稽，语言幽默。《石阡府志·风土志》记载古时石阡春节元宵中茶灯盛况：“有所谓茶灯者，以村童十二人饰女妆，为采茶十二姊妹，装一‘茶婆’为其母。率领上山采茶，别装四五十人作赶场式贸易。谈笑之间，多戏谑十二姊妹语，茶婆往往怒骂之。各执一灯或数灯，极其繁盛。采茶歌声，风流婉转，观听者不可胜计，阡素产茶，故有此灯，

指甲坪村茶灯表演后的“化灯”仪式（县档案馆　提供）

为庆会之特色也。”

锣鼓声起，十二名（闰年十三名）茶女身着花灯旦角服装，一手提“茶篮”，一手扶彩带，载歌载舞，鱼贯入场，绕场而舞，一一穿过牌楼灯中门，表演上山采茶歌舞。茶婆随茶女登场，一手拿只布鞋底，一手拿根“竹响篙”（破竹竿），登场后做理袖、梳头、纳鞋底等日常生活动作舞蹈，护领采茶姐妹一路同行，十二名茶女边舞边唱《采茶调》。除杂角外，灯队所有人员加上观众齐声帮腔，声音洪亮悠扬。每唱完一个月灯词（通常每月为四句或七字句），锣鼓牌子《扑灯蛾》转《一炷香》作过门，接着唱下一个月灯词。起舞后杂角逐一登场，各类杂角按自己扮演的不同身份，编唱或演说自己的台词，作“赶场式”集贸表演，所有杂角有规律地穿梭跟进茶女队伍，或说或笑，不停讨取茶女欢心。杂角们三教九流，插科打诨，表演风趣。茶女们列队行舞，并不理睬。茶婆若见杂角接近茶女时，立即挥起“竹响篙”将杂角赶跑。茶婆是个滑稽人物，有说有骂有动作，满场奔走，故作扭捏，让观众捧腹大笑。当茶女们表演完十二个月采茶歌，一场茶灯便在锣鼓声中结束。

作为石阡县重点产茶村，指甲坪村茶文化较为普及，开展茶灯较为广泛，持续时间长，群众基础较好。

唢　呐　黔东北农村十里八乡的红白喜事及龙灯、花灯，都离不开唢呐的伴奏。指甲坪村村民唢呐吹奏技艺传承较好。指甲坪村唢呐吹奏主要配乐乐器有鼓、镲、锣、钹等，保留的唢呐传统曲牌有“摆场”“长城”“小开门”“百鸟朝凤”“双凤朝阳”等。

艺文杂记

指甲坪醉人之茶（节选）

肖　磊

我的朋友代平君在聚凤乡指甲坪小学任教。他说聚凤有两个茶场，一个叫高坪，另一个叫高原，并约我前往一睹高坪茶场的风采，均因琐事繁杂而未遂行。直到今年我才有幸踏入了那块宝地，得以撩起她的面纱，目睹了她娇艳的芳容。

高坪茶场是指甲坪自然村的一部分，指甲坪自然村隶属于聚凤乡聚凤村。指甲坪在我的第一印象里应该状如指甲，薄、窄、小，结果我却错得很惨。因为指甲坪这一称谓简直就是暗合茶叶而生的!

从聚凤乡政府所在地走马坪出发，沿着去县城的油路前行约六百米，向左急拐前行约两公里，向右转弯上坡，再蜿蜒攀升约两公里，便上到一道山梁。意犹未尽的攀升戛然而止，眼前豁然一亮——哦，这就是高坪茶场了！在这海拔一千二百米的高山之巅，竟然有高坪茶场这样一个千余亩的小盆地。洋洋洒洒的，一时之间我以为进入了“避秦时乱”的世外桃源，只是桃的落英缤纷已经变成了茶的绿意泱泱。我突然想起字母“Q”来：远山的松、杉、杂树隐隐起伏，构成了Q的圆，公路从圆内穿过。

代平君告诉我，指甲坪自然村分为前指甲和后指甲。传说某位仙女暗恋离此不远的绿荫塘，某日莅临绿荫塘静浴浣衣，被一樵夫不慎闯见，仙女揽衣狂奔，慌乱之中，跌落两片美丽的指甲，一前一后衍生了这两片富庶的土地。

指甲坪小学、高坪茶场以及五、六两个居民组都属于后指甲。仅从高坪茶场的地域意义和气魄来看，它们已经不是邻居，俨然隶属于高坪茶场了。

而我更以为，那位美丽的仙女悄然降临在这高山之巅，即刻沉醉在这高海拔、足日照的地域特色里。迎着柔风，她翩跹起舞，仙袂飘飘，青丝起伏。青丝的影子落地变成了一条条绿茸茸的带子，这些绿的带子顺着山包起伏，起伏成了茶的世界。

一个个山包比肩匍匐着。在这些漂亮得有些沉重的绿茶面前，山们似乎已经抬不起了它那高傲的头颅，它们甘愿俯下身子，用刚强的脊梁托起绿茶承光纳露，成就她典雅中的恢宏。

曲折的公路就是Q的那条飘逸的带子，从圆里悠然穿过，更像仙女系在脖颈间的黄丝带，在光晕里飘摆，殷殷召唤游子的归来。

占地三十亩的小湖嵌在茶园的中心，鱼摇轻波、蜻蜓戏水，清风徐徐，柔波粼粼。小湖就如仙女胸前骄奢千面的玉佩，绿荫流布、光影熠熠。

这幅美丽的水彩在白云里流泻，湖纹在蓝天上摇曳。指甲坪旖旎的茶便在潋滟的水色里荡漾起来、鲜活起来、妩媚起来。仙女织就的这幅壮锦，是为了奠祭她那遗失的指甲，还是为了赐福这片她所钟情的土地呢？你到石阡县茶叶公司或者指甲坪自然村去问问就知道了！

在本县如今大大小小的宣传图片上，随处可见高坪茶场的影像，画面上是一群红衣少女在拈拣着无垠的春光。好像在偌大的指甲坪，采茶这个工作，并不是一个经济的动作，而是作为一种行为艺术的存在。可惜我却错过了观看采茶的时段，谋面在“草未凋”的时间。

我只知道，指甲坪不仅仅只有高坪茶场，还有无数的茶农在经营着自己的茶业。如今高坪茶场的大宗茶年产量就已达到了四十万斤，产值一百多万。它给指甲坪五、六两个小组提供了二十多人就近挣钱的机会。短短四个月，每个人就可以从高坪茶场获得近万元的收入。

《幽梦影》说：“天下有一人知己，可以不恨，不独人也，物亦有之。如菊以渊明为知己……茶以卢仝、陆羽为知己……一与之定，千秋不移。”而站在高高的指甲坪上，我想篡张潮之说为：茶以指甲坪为知己，方显其灵气，定千秋不移。

我想，即使你喝惯了茶，不怕茶醉，只要你来一次指甲坪，不用再去品尝龙井雀舌、鸟嘴麦颗，看上一眼指甲坪的茶园风景，就已经够你醉上数年了！

（原载于2015年1月26日《石阡文艺》）

石阡聚凤乡万亩茶园聚金银

入冬，武陵山区渐寒，循着山区公路逆风而上，两侧翠色依旧，铺天盖地映入眼帘，如一席巨型绿毯覆在山头。这里是石阡县聚凤乡指甲坪村高坪场。

恰逢茶园冬灌时节，石阡城亿原生态农业有限责任公司茶园负责人姜雪正带着群众在茶垄间除草施肥，工人们有条不紊地忙着搬运、装盆、挥撒肥料，为来年丰产做保障。

“入冬后茶树进入休眠期，保障营养储藏非常关键。”眼前这个返乡跟随母亲管茶的“90后”，如今对茶叶管护、加工、销售等环节驾轻就熟。

“白天上山采茶，晚上大家围着篝火唱歌喝酒，热闹得很！”姜雪的父辈是职业茶人，他的童年时光也几乎是在茶山上度过。2000 年至 2005 年，姜雪的父亲承包经营乡里的茶山，当时松桃、余庆及周边很多地方的群众都来茶山务工。5 年合同期满，他们又流转 500 多亩土地新植茶园，并成立公司继续发展高山云雾茶生产。

茶园里，几栋陈旧的加工厂房在时光的涤荡中已退居二线。旁边新建的加工厂房内配备了先进高效的茶叶加工设备。

岁月鎏金，躬身在群山风风火火干事创业的画面，似乎未曾泯灭于时间的尘烟。随着农业产业结构调整在我省纵深推进，聚凤乡农业发展精细化和现代化程度也在不断提升。

这几年，为打破产业主体各自为政、管理粗放的格局，聚凤乡坚持“党建引领 + 企业主导 + 合作社带动 + 群众参与”组织方式，助推多方共赢，实现茶产业规范化、绿色化、生态化高质量发展。

“茶产业要稳健发展，还得要龙头企业带动才行。”聚凤乡乡长杜超说，当地引进石阡城亿原生态农业有限责任公司和贵州良友现代农业科技开发有限公司，接手高坪、高原两大集中连片茶场，从理念、技术、管理上对茶山进行全面升级更新。

“今年产名优茶 1 万公斤，大宗茶 280 多吨，茶叶产值近 1700 万元。”姜雪说，公司和英国太古芬利（贵州）公司、星巴克、娃哈哈集团等大型企业达成了合作，不愁销路。

乡村振兴，关键在人，增收致富，重在兴业。如今，聚凤全乡 18 个村茶园面积已达 2.3 万亩，实现人均 1 亩茶，7 家茶叶加工企业年产名优茶 150 吨、大宗茶 1250 吨，年产值达 2600 万元，茶产业成为助推当地村集体、企业、群众三方共赢的支柱产业。

（原载于 2021 年 12 月 7 日《贵州日报》天眼新闻）

人物名录

获得“光荣在党 50 年”纪念章人员　曹定友　郭子龙

四季如春青山村

时至今日，站在山间公路上，放眼望去，青山村周边依然是一片郁郁葱葱，鸟鸣花香，真应了青山村苏姓先祖给村寨取名“青山”时立下的心愿——世世代代“青山不改绿水长流”。

基本村情

行政区划 青山村属青阳苗族仡佬族侗族乡，全村面积9.32平方千米，辖9个村民小组。

村名由来 自从明朝末年苏氏先祖搬迁至此居住后，只见陡山河两岸长满白香树。白香树树叶较细，不易掉落，整个村落一年四季碧绿如春，真正是“青山不改绿水长流”。因此苏氏先祖给村落取名为“青山村”，寓意四季如春，碧水长流。《贵州通志》石阡府山川考载：青山，在府北七十里，山高耸多林木。寨子里的150户村民，连片居住在山间谷地的缓坡地带，寨后是青山，村子由此得名。

村寨沿革 1936年，青山村属第三区冷家榜联保。1938年，青山村属第二区。1943年，置青阳乡，青山村属青阳乡管辖。

1950年，青山村属第二区青阳乡管辖。1956年，青山村属青阳管理区管辖。1962年，成立青阳人民公社，为青阳人民公社青山生产大队委员会。1985年，改为五德区青阳乡青山村。1992年，撤销五德区，成立青阳苗族仡佬族侗族乡，为青阳苗族仡佬族侗族乡青山村。2004年6月，全县撤并行政村工作结束，青山村与龙金村、大坝村合并成立和坪村。2010年12月，全县调整行政村工作结束，撤销和坪村，重新设立青山村。

青阳苗族仡佬族侗族乡青山村全景（县住房和城乡建设局　提供）

自然环境

地理位置　青山村位于青阳苗族仡佬族侗族乡西部，距乡人民政府驻地 8 千米，与金城村、龙金村、凉林村、大坝村、冷家榜村、路溪村、茶园村、坪厂村、毛栗坪村、朝阳村、火麻村、高塘村、芹星村相邻。

地形地貌　青山村地处湘西丘陵向云贵高原过渡的梯级大斜坡地带，山峦起伏，沟谷纵横，东南高、西北低，岩溶地貌明显。全村生态较好，森林覆盖率高。

河　流　村内陡山河自东南向西北流过，将村寨一分为二，为全村的饮水及生产生活提供供水保障。

气　候　青山村属亚热带湿润季风气候带，日照充足，气候温和，雨量丰沛，暖湿同季，无霜期长。

族群族源

人　口　截至 2021 年末，青山村共有 216 户、848 人，其中劳动力人口 531 人。自 1995 年开始，全村人口增长速度持续加快。

民　族　青山村少数民族人口 844 人，占全村人口的 99.53%，主要有苗族、仡佬族、侗族与汉族。

主要姓氏　青山村主要姓氏有吴氏 259 人，占比 30.5%；苏氏人口 242 人，占比重 28.6%；罗氏人口 96 人，占比 11.3%；其他姓氏有金、郭、周、陈、谭、孙，共占比 29.6%。

主要姓氏溯源　据《苏氏族谱》记载，明朝末年苏氏祖先由湖南洪江迁徙到石阡青阳定居前，考察过石阡、岑巩等县多个地方。多方进行比较之后，苏氏祖先最终确定于此定居。整个青山村，主要由苏氏祖公一脉相承，至今已有 12 代。

另一说是为躲避战乱，清朝末期苏氏祖先由陕西省西安府迁移而至，一路逃亡，最终定居于此。截至 2021 年末，已繁衍 14 辈，族规辈分由高至低为仁、生、国、政、方、文、忠、昌、登、元、立、朝、继、世。截至 2021 年末，苏氏辈分最高在世的为"登"字辈，最低为"世"字辈，六辈共存。

基础设施建设

道　路　贯穿村寨南北方向的主干道北通金城村，南通青阳苗族仡佬族侗族乡，是全村唯一的对外通道，道路宽 2.5 ~ 3 米。截至 2021 年末，已实施道路硬化工程。

村寨内道路除通往青阳苗族仡佬族侗族乡的主路外，还有数条依地形而建纵横交错的道路，连接不同院落及主路。村寨内部道路基本是按照历史建筑的肌理形成，路面较窄，特色鲜明，是连接不同院落及主路和寨墙之间的道路。

电　力　以前，青山村夜间照明用的是立于灶头的油灯。早期的油灯，类似陶制的盛食器"豆"，"瓦豆谓之登（镫）"，上盘下座，中间以柱相连，虽然形制比较简单，却十分耐用。夜间出行则拿着火把照明，火把是用麻秆泡水之后，晾干制作而成，制作简单、易燃，但不耐用，夜间串寨要带上一小捆。1983 年，青山村通电，至此结束油灯照明的历史。2003 年，青山村接入全县电网。2014 年后，村内道路均已安装太阳能路灯。

自来水　青山村原来饮水都是通过小河边的古井解决。以前人们挑水做饭，清晨出门，挑上木桶，沿着青石小路纷沓而至。舀水的瓢是用葫芦干壳（葫芦瓢可以舀水，也可以盛米、盛酒、盛药、盛粟）做成的勺。

2016 年，经过为期半月的考察，青山村确定豹沽涝的一处清澈泉水作为全村的饮用水源点，修建蓄水池，沿途安装水管，达到每家每户饮水自由、开阀即有水。

通　信　以前，人们想要联系别人，必须得上门去通知，才能将消息送达。2010 年以后，青山村手机逐渐普及并在村中修建手机通信基站，大家都开始用电话联系，告别上门通知耗时、耗力的方法。截至 2021 年末，无线通信 4G 信号覆盖全村。

水利设施建设 2015年，青山村民4名年轻村民出资50万余元，用石头砌成大堤，在青山村西南角的陡山河石桩上游自建1个人工湖，确保大旱之年全村土地灌溉用水。

文化广场建设 2019年，在脱贫攻坚过程中，青山村修建起文化广场与公共厕所，并在村委会专门腾出1间房屋，设立村图书室。

村域经济

种植业 青山村共有耕地面积41.2公顷，其中水田24.87公顷。青山村粮食作物主要种植水稻、玉米，经济作物以烤烟为主。并种植有李子、桃子、梨、樱桃、枇杷等水果。经济林果有核桃等。

2018年以后，青山村通过组建村级专业合作社方式，因地制宜带领村民大力发展花椒、红心李、特种辣椒等高效产业，并建立辣椒育苗大棚，吸纳全村村民20余人就近就业。

2020年以后，石阡县民营企业家胡玉为帮助青阳苗族仡佬族侗族乡龙金村、大坝村、青山村在家群众就近务工创收，充分利用烤烟种植后季节性闲置土地资源，种植33.33公顷红叶莴笋助农务工创收。

养殖业 青山村养殖业以饲养猪、牛为主。2015年1月，石阡县青阳乡青山养猪场被省农业经营体制机制改革专题组评为“贵州省三星级家庭农场”。2019年，青山村养殖专业户苏朝权租用凉林村占地约0.53公顷、养殖规模300头的肉牛养殖场，带动当地农民增收。

村民生活

村民收入 青山村村民的经济收入主要有：出售农产品、家畜家禽养殖、外出务工、财政补贴、集体经济务工收入及分红、其他非农收入、工资及退休金等。

主要支出 青山村村民的经济支出主要有：日常生活、教育、房屋及维修、交通出行、通信、子女婚嫁以及其他支出。各项支出内容与马桑坪自然村相同。

医　疗 1975年，青山生产大队按上级统一部署，建立农村合作医疗制度，设立青山生产大队卫生室。1981年，实施家庭联产承包责任制后，青山生产大队卫生室名存实亡。1994年，按全县统一部署，重建青山村卫生室。2000年，按全县统一部署，青山村开始实施新型农村合作医疗制度。

社会保障 2012年，按全县统一部署，青山村开始实施实行个人缴费、集体补助和政府补贴相结合的新型农村社会养老保险制度。

风土人情

饮食习惯 青山村各族村民主食均为大米，兼食玉米、红薯等杂粮。菜肴则“靠山吃山”，春季有竹笋、苦竹等山珍，其他季节也有相应的各种时鲜山茅野菜。

编织草鞋 青山寨老一辈人都穿草鞋，也都会编草鞋。编织草鞋的主要工具“草鞋马”——由竖状木头和呈45度斜角状木头组成的“T”形木桩子。编鞋时，把粽绳绑在“马角”两头，通过调节宽度来掌握鞋子尺寸大小。糯米草长，韧性好，且在当地遍地生长，是编织草鞋极好的材料。糯米草经反复搓揉，并掺杂进细长碎布就扭成一股绳，据说掺上布条的草鞋更柔软、耐磨。平均0.5千克糯米草加上一些细长碎布就能编1双草鞋，编草鞋熟练者2个多小时就可以编好1双草鞋。草鞋防滑，爬山不会摔跤，但是粗糙、扎脚。随着经济的发展，很多年轻人均不愿穿，编织草鞋技艺在青山村有失传之虞。

簸箕等竹编用品编制 青山村植被茂密，周围生长着金竹、楠竹、斑竹等不同种类的竹子。村民们靠山吃山，砍回竹子，把竹子破成一根根篾条，用来编簸箕等家用及生产用竹编制品，除自用外其余出售，补贴家用。青山村村民用金竹、楠竹、斑竹篾条编成的簸箕等竹编制品结实耐用，深受附近村民欢迎。

传统村落保护

村寨布局 青山村村寨依山傍水、梯田辽阔。青山村村民居住集中，4个村民小组150户基本连片，居住在山间谷地的缓坡地带。从山形地势而论，条件好，山青柴多，山泉清澈长年不断，交通方便，山间坝子利于耕种。村外梯田连绵，由于山地特点，梯田成为青山村村民主要的农耕用地，依山而起的梯田，就像给大地穿上色彩斑斓的衣衫。尤其在高处俯瞰观看时，更能感受到村民辛勤劳作的农耕氛围。

青山村选址具有典型的苗族村寨特点：尽可能选择接近耕地和水源的地方，周围环境不仅要适宜居住耕种，而且要利于防御。村落内传统建筑群依山体而建，顺应地势，逐级而升，在山区利用坡地，依坡筑屋，创造出更多的使用空间。建筑群高低错落、玲珑有致，与自然环境和谐共存。纵横道路交错相通，有陆路、水路与外界接触，且有山、河相阻，不容易为外人所骚扰，便于自我保护。整个村落完全融入周边自然环境中，如一幅泼墨山水画般静寂、清幽。青山如洗，植被生机盎然。苏家大院与村民居住的木质民房，和谐相融。

传统民居特色 青山村传统民居较好地保留了青山村苗族原生态传统建筑特色，以五柱四瓜房为正房，两侧或一侧建厢楼，厢楼多为吊脚楼，有三栋为翘角式的吊脚楼，楼上住人，楼下作猪圈、牛厩、厕所，堆放农具、杂物。截至2021年末，全村存有80余栋民居建筑，全部为穿斗式木结构青瓦房，形制为正房与厢房配对，以五柱六瓜正房配五柱二瓜或三柱二

青山村村寨布局(局部)(县住房和城乡建设局　提供)

瓜厢房为主，具有独特的工艺水平和建造技艺。其中，有 3 栋清末修建的五柱四瓜房保存较为完好，特别是建于清道光年间的苏家大院，保存较为完好。

被列入第二批中国传统村落名录　2013 年 8 月 26 日，住房和城乡建设部、文化部、财政部等联合发布第二批列入中国传统村落名录的村落名单，石阡县青阳苗族仡佬族侗族乡青山村被列入。

编制传统村落保护规划　2016 年，有关部门制定《贵州省铜仁市石阡县青阳苗族仡佬族侗族乡青山村传统村落保护发展规划（2014—2030）》，规定青山村传统村落保护区域建设控制地带总面积 17.06 公顷，其中核心区 5.2 公顷。

稻香花红的青山村传统民居（勾昆　摄）

传统村落保护项目实施　2015 年，青山村被列为石阡县 2015 年度中央农村节能减排资金支持传统村落保护工程实施单位。

2017年，为保护陡山河生态，国家出资在青山村建起污水处理池、垃圾中转站。2018年，青山村实施传统村落消防设施建设工程，在半坡修建消防水池。

截至2021年末，各级党委、政府持续投入资金，对青山村传统村落内巷道、消防设施和污水处理进行改造、修建，完善部分基础设施和保护功能。村内已安装微型消防设施，增设垃圾箱。村内古树、传统民居均已造册挂牌保护，并出台相应保护措施。

古迹胜景

苏家大院　苏家大院占地约0.07公顷，大院坐北朝南，四方周正，建有“八字龙门”与“马道”，保持明清时期建筑风格，大院所用石料，全部采用取自1.5千米以外的上好青石料经加工打磨后建成。外院坝平整宽阔，约上千块大小均匀的石块相接细密无痕。外面修有围墙，大院东面墙角处的马厩、畜圈、粮仓、水池全用石头砌成。布置合理，构思新颖，屋内则用青条砖铺设，不见一寸泥土。虽经岁月侵蚀，具有浓郁明清风格的正房依然显得堂皇富丽，花窗装饰的花草虫鱼栩栩如生，古朴、奇特的堂屋香火墙修建风格更是罕见。经苏氏祖上历代修建，始建于清雍正年间，有近300年历史。由苏文梅于清道光年间重建，历三代建成。相传有三位外地石匠一生修建苏家大院，客死于此。苏家为表感激，将石匠埋葬在青山寨后青岗山上葱郁树木之中的苏家墓群。村里人流传说，苏家院子“（生辰）八字小了的人坐不住”，因此在近代以后一直无人居住。如今的苏家大院，因院落宽阔，成为孩子们嬉

青阳乡青山村苏家大院（勾昆　摄）

闹游戏的绝佳场所。

古　井　位于村内，具有近百年历史，水质清澈，一年四季水量充沛。2016 年自来水修通之前，此处是全村居民用水主要水源地。

苏家坟　苏氏古墓——苏家坟坐落在青山村青岗山半山腰葱郁树丛中，修筑于清光绪三十一年（1905）。墓地占地 100 余平方米，全用质地坚硬的青石打磨修砌布局精美，气势浩然。有一门两厅两台，上面楼瓦排列一致，屋檐龙凤交融、辉映成趣。门上方题有楷书“佳城”二字，代表长寿的龟形图案居于正中，下面则是花草镶嵌，刻有出水之莲花在底部相托。

门厅上方均分布雕刻八仙图案，栩栩如生。两厅书写“云蒸霞照”4 个字罗列两边，其下为碑文记载。两台隶书“福寿”二字，都有花草装饰，显得古朴肃穆。墓外修有高 1.2 米的围墙，均经过周密谋划布局，一对石狮在主人墓两旁静卧守卫。

青山村千年古杉（县住房和城乡建设局　提供）

古　树　青山村村寨内有百年树龄的古杉树多棵。

川　洞　川洞位于青山村村寨后山顶，南北相通。洞高约 15 米、长约 40 米、宽约 12 米，洞内西南角有一口小井。此井比较神奇，不管是大旱天或是暴雨天，常年不会干涸，却也不会漫出井沿，倘若有人把水舀干后，它很快自动涌出水来填满，至今不知何故。

老鹰岩　川洞南面是高达 100 米的悬崖峭壁，常年都能见老鹰在崖上盘旋，故名老鹰岩。老鹰岩崖端生长着一棵古松，从远处看就像是从石头里长出来的一棵迎客松，站在迎客松的位置俯视整个川洞，一幅美如画的风景一览无余。

陡山河石桩　距离青山村西南角约 1.5 千米的陡山河河段，河流的正中间有一个石头天然形成的圆形桩，名为“石桩”。河水从石桩的两边分流而下，石桩高约 8 米，下面是空心的，形成一处自然景观。

排山坳　为村民来往的交通要塞。这里是跨越山岭高处的要隘，中间有块平地。因此地地势较高，群山较多，成排成列，坳口一个接一个，故名排山坳。

传统文化

山　歌　“说起唱歌就唱歌，说起打鱼就下河”“白米好吃田难办，鲤鱼好吃网难开”，青山村各民族男女老少均喜欢唱山歌。唱山歌有男女个人对唱和男女群体对唱等形式。对山歌内容十分丰富，一般以男女青年追求理想爱情为主题。山歌的方式多种多样，有见面歌、邀请歌、盘歌、新歌、爱慕歌、盟誓歌、送别歌等。青山村是全县山歌能手最多的地方，有“山歌之乡”之美誉。全村 45 岁以上的中老年男女仍爱唱山歌，即兴编唱。全村有山歌能手 20 余人，唱孝歌能手 4 人，哭嫁歌能手 10 余人。有男子会唱哭嫁歌、女子会唱孝歌 4 ～ 6 人。青山村自发组成一支农民文艺宣传队，在乡、村重大庆祝活动时表演自编文艺节目，有原始舞蹈、薅草锣鼓、山歌、茶灯表演、唱采茶歌、打金钱杆等节目，以群众喜闻乐见的形式宣传党的政策，改革开放成果与计划生育、烤烟生产、尊师重教、敬老爱幼，宣传效果良好。

花　灯　主要在春节期间进行，一个灯班称为“一拨”，以“灯头”为召集人，由一个村或相近几个村的人组成打班，玩灯前扎制各式彩灯做演出照明用。

花灯角色有丑角唐二、小旦幺妹，老旦、老妇，民国时期所有角色均由男子装扮，中华人民共和国成立后逐渐有女子参加演出。表演时表演者手耍扇子和巾帕，边歌边舞，时唱时舞，唱段为民歌俗调、灯夹戏、戏夹灯，白话皆用方言土语，内容简短，无完整情节，唱与白诙谐有趣，多以恭贺、吉祥语言来抒发感情或说清事理。

玩花灯时，丑角突出矮桩下蹲动作，如“螃蟹行”“耗子蹬腿”，两种旦角突出女性形象，歌舞突出，歌不离口，动不离手，手不离扇帕，身不离步法。

金钱杆　又名霸王鞭、打洋钱、赶山鞭、打钱杆、打花棍，在民间又叫作“莲花闹”，有“南方二人转”之称。舞蹈者以扎满铜钱的竹竿作为道具，边跳边用金钱杆敲打肩、臂、足等部位，金钱杆发出清脆的铜钱碰撞响声。

金钱杆长约 0.8 米，用紫竹配上古铜币制成。两头削凿穿孔，横扯，顺挂着两串小钱，形成交叉的十字架，以便舞蹈时拍打，互相冲击，产生出多种声响，与唱歌的节拍韵脚合拍，杆的两端还系着红绳飘带，随舞姿飞扬，别有风趣。

艺文杂记

关于川洞与镇远县的传说　相传很多年以前，苏氏先辈去后山砍木柴，然后把木柴堆放在川洞内，木柴把整个川洞快堆满时才住手。但没过多久，就见镇远县请的一个“风水”先生带人急急忙忙地来到川洞，说是大白天镇远县城天突然变得漆黑一片，伸手不见五指。然后“风水”先生让人把川洞里的木柴搬出去，镇远县的天才恢复正常。并且，“风水”先生还告诫苏氏前辈说，千万不能在川洞内烧火取暖，如果有人在洞内生火，镇远县城就会有房屋被烧毁。

陡山河石桩的传说 相传以前陡山河石桩原高10米，先辈们常年喜欢去石桩下面的空心洞去玩耍，甚至爬到石桩顶部去玩耍，没事就用砍柴刀敲石桩顶部作玩，长年累月，敲到接近2米的时候；突然一对白鸽从石桩内飞出，然后石桩就开始流血，把石桩下流的河水都染成红色，石桩血流了整整7天7夜才停止。以前青山村曾出过一个状元，但自打这对白鸽飞走后，青山村从此就再也没出过文才。有人说，这是因为文笔断、白鸽飞，青山没有水，等于笔没有墨，所以青山村一直再没有出过文才。

人 物

苏文梅 生卒年不详，为青山村苏氏第三代祖，清道光年间他根据原有外形重建重修苏家大院，历时3代，最终竣工。

人物名录 获“光荣在党50年”纪念章人员 王明贵 金廷学

石阡县传统村落志

SHIQIANXIAN CHUANTONGCUNLUOZHI

石榴坡　风雨桥上看风雨

这里不仅有铜仁市最壮观的古墓群，有保存完好的侗家吊脚楼与风雨亭、风雨桥，有震耳欲聋的长调响庆，还有着其他侗族村寨都没有的行酒令“小拐拐”。它就是坪地场仡佬族侗族乡凯余沟村石榴坡村民小组。

基本村情

行政区划　石榴坡自然村是石阡县坪地场乡凯余沟村下辖的1个自然村，全村面积4平方千米，村寨占地面积30公顷，是一个典型的侗族村寨。

村名由来　石榴坡村建在满坡石榴树的山脚下溪沟旁边，依山傍水，村边古树浓荫，村名由此而来。

村寨沿革　明清时期，石榴坡均属思南县管辖。1914年，原属思南县管辖的石榴坡村划入石阡县，属第十区四团所辖。1936年，属坪地场联保。1942年，属和平乡。

1950年，属第二区。1953年，属花桥区。1959年，属花桥区汪河乡管辖。1963年，汪河乡改为汪河公社，为汪河人民公社前新生产大队石榴坡生产队。1984年，汪河公社改为汪河乡，为汪河乡凯余沟村石榴坡村民小组。1992年，撤销坪地场乡、汪河乡，成立坪地场仡佬族侗族乡，为坪地场仡佬族侗族乡凯余沟村石榴坡村民小组。2003年1月，全县撤并行政村，坪地场仡佬族侗族乡将凯余沟、邓兴、凯跃合并为凯兴村，石榴坡村民小组属凯兴村所辖。2010年，石阡县再次调整行政村，撤销凯兴村，恢复凯余沟村，石榴坡村民小组属凯余沟村管辖。

自然环境

地理位置　石榴坡村地理坐标为北纬27°、东经108°，距乡人民政府

坪地场仡佬族侗族乡石榴坡村全景（郭永忠　摄）

驻地 17 千米，距县城 32 千米。

地形地貌　石榴坡自然村地貌特征为典型的喀斯特地貌、山间谷地地形，四周山坡地势陡峭。

气　候　石榴坡处于黔东北地区，属亚热带湿润季风气候，雨量充沛，气候温暖湿润，冬无严寒、夏少酷暑、春秋温凉。

河　流　凯余沟发源于石阡县坪地场仡佬族侗族乡汪河村万合村民小组张家山，流经凯余沟村，汇入凯峡河。河流长 3.63 千米，平均宽度为 1.8 米，在其流域张家山一带，有连绵起伏的汪河原始森林，是河流水源涵养地。

族群族源

人口民族　全村共有 112 户、436 人，均为陈姓侗族。

主要姓氏溯源　依据族谱记载，石榴坡陈氏始祖陈儒，号古全，为四川省仁寿县人，明末崇祯年间，任贵州石阡同知。后全家迁往石榴坡（原属思南县，后划归石阡县）定居，繁衍生息。

基础设施建设

道　路　石榴坡村地处晴天少、雨天多的山区风化岩石陡坡地段，出门便是上坡下坎，陡而滑，交通不便，原来虽有 1 条公路相连，但雨天不通车，尤其是雨季道路有塌方之危险。2014 年，实施通村道路硬化工程，对塌方点进行加固后，不仅雨季可以通车到村，且交通条件大为改善。

水电广电通信　截至 2021 年末，石榴坡村建有自来水，完成农村电网改造，户户有电视（接收卫星电视）。手机通信 4G 信号覆盖全村。

村域经济

石榴坡自然村妇女在采摘红霞脆李（石榴坡村民小组　提供）

2018 年贫困村集体经济发展项目　2018 年 4—12 月，坪地场乡人民政府在石榴坡自然村实施坪地场乡 2018 年贫困村集体经济发展项目，出资 30 万元，帮助石榴坡村民小组村民入股石阡县坪地场乡凯余沟村级集体经济专业合作社，发展药菊种植 6.67 公顷。

产业结构调整　2019—2021 年，石榴坡自然村积极调整产业结构，因地制宜发展红霞脆李、金丝皇菊、油茶等特色产业，有效带动群众增收。

村民生活

村民收入　石榴坡村村民的经济收入主要有：出售农产品、家畜家禽养殖、外出务工、财政补贴、集体经济务工收入及分红、其他非农收入、工资及退休金等。

主要支出　石榴坡村村民的经济支出主要有：日常生活、教育、房屋及维修、交通出行、通信、子女婚嫁以及其他支出。各项支出内容与马桑坪自然村相同。

医　疗　1975 年，前新生产大队按上级统一部署，建立农村合作医疗制度，设立前新生产大队卫生室，负责石榴坡生产队社员基本卫生医疗保障。1981 年，实施家庭联产承包责任制后，前新生产大队医疗室名存实亡。1994 年，按全县统一部署，重建凯余沟村卫生室，负责石榴坡村村民基本卫生医疗保障。2000 年，按全县统一部署，石榴坡村开始实施新型农村合作医疗制度。

社会保障　2012 年，按全县统一部署，石榴坡村民小组开始实施实行个人缴费、集体补助和政府补贴相结合的新型农村社会养老保险制度。

风土人情

过年习俗　石榴坡村民小组村民特别注重过年，早早地准备各种年货，打扫家庭卫生，更强调的是过年期间家庭的和睦，希望以一个整洁、祥和的心态迎接新一年的到来。

杀年猪、腌制腊肉　冬至一过，石榴坡村民小组便进入除夕祭祀的筹备期。杀自养自食的过年猪，要祭祖先、财神和四官大神。要邀请附近的至亲好友来家吃刨汤肉。主要吃鲜嫩的肥肉片下锅、生猪血下火锅等。然后将猪肉加工腌制成腊肉。制作香料以本地生长的野生花椒为主，辅以一些其他香料，加盐腌制。将刚割开的一块块的鲜猪肉，猪头、猪蹄全都搓揉上香料腌制 3 ~ 5 日。香肠多用红花椒，适量加盐，以柏木枝叶小烟火烘干，可长期贮藏，以备过年和来年食用。

酿腊酒　侗族人讲究饮酒，所饮酒有火酒和米酒之分。火酒多用来祭祀，招待男宾客。侗族女性都喜欢饮用自酿糯米酒。火酒用秋收的粮食酿制，包括谷酒、苞谷酒、高粱酒、荞麦酒、小麦酒、大麦酒，根据自家收获而定。有技术有讲究的会酿五谷酒。家家有酒坛，户户有酒甑子，寨寨制酒曲。每进入冬月就忙着煮粮食，下酒曲封酒坛，到腊月后家家忙着烤腊酒，为杀年猪，过除夕做准备。此时的侗族村寨村村飘酒香。煮甜米酒，一般都在腊月中旬进行。

过年菜肴　做水白菜、推豆腐、油炸酥肉、豆腐果等。还有的人制作灰豆腐，即把豆梗烧成灰，再支起铁锅，将灰炒热，然后将切成食量大小的豆腐团放进开灰里，小心炒动，在豆腐团表面形成一层皮后，将豆腐果捞出洗净就可食用。

过“小年”　侗族过年是在腊月二十四，俗称“小年”，也是下元开始之日期。这天每家每户都要对房里房外进行大扫除，除去蛛网、尘埃与晦气。此日，女性忌讳到别人家串门，男性也尽量不要到不熟悉的人家里去。“小年”是对一年劳动的总结，预示着旧的一年已过去，新的一年就要来临，过除夕迎新年进入倒计时。每家计划着推绿豆粉，磨豆腐，结账，赶场置办年货。搬进新居的人家要安置“香火”（神龛），在“香火”正中书贴“天地君亲师”位，两旁是天神、人神及享受家祭的神佛仙长圣贤之位，本户高曾祖辈名讳及外祖考妣之位，然后是历代昭穆宗祖和祖宗神祇。家家户户贴门神、对联、年画，挂上大红灯笼，使整个房屋看起来焕然一新。

打糯米糍粑　接近除夕，整个村子舂碓、推磨、榨油、水碾之声此起彼伏，宛如一首动听的交响曲。侗族人喜欢吃糯食，各家各户每年都会种一定面积的糯稻，专供春节打糍粑、煮甜米酒用。

打糯米糍粑，是将糯米蒸熟后，放在特制的木槽或石臼里，用粑杵将糯米饭捣碎，制成糯米糍粑。春节期间，人们就用冷水浸泡着，吃时拿出来在热锅上烙着吃或煮甜米酒吃。

推绿豆粉　推绿豆粉过年，是石阡县独有的地域特色民间风俗。将地里收获的绿豆按一定比例兑上大米和其他少量的豆类，加水在石磨上磨浆，在热锅上烙成薄薄的片，切成丝。制作成的绿豆粉呈浅绿色，散发着豆香。正月初一这天，只吃粑粑、汤圆、绿豆粉等汤类食物，预示着新的一年风调雨顺，生活滋润、幸福。这天不能吃米饭，意味着来年不会有干旱。

过大年　人们对一年一度的春节非常重视。为除旧迎新，祈求祖先神灵赐福，预祝来年吉祥如意，侗族族人重视除夕家祭，远方游子也要应时而归，阖家团聚。

除夕和正月初一，一家老幼都要保持和谐的氛围以共享阖家团圆的天伦之乐，忌生气吵嘴和打骂小孩。除夕打小孩称为“打封印”，初一打小孩称为“打开张”，于来年多不吉利。

除夕日上午是洗净、煮熟猪头。然后用整个煮熟的猪头祭祀财神、土地神祇，接着再用猪头肉、腊肉等置办一顿丰盛的宴席祭祀天神与祖宗神祇。之后，点燃火塘火迎接新年的到来。

祭祀先从财神开始，主人夫妇将煮熟的猪头装好，备上竹筷、菜刀和香烛纸钱，先在堂屋中祭“长生土地”。祭祀时先用菜刀将猪头横额划破，有的要切一小块肉自己先尝，再插上两双竹筷，烧香化纸泼酒，默念：请土地公公、土地婆婆回家过年。接着，端着猪头酒礼祭土地庙神，一般祭祀的保寨土地、井口土地、桥梁土地、把坳土地、秧苗土地等。在侗族人心里，这些神祇保佑着人们粮食丰收，出入平安，财发人兴。所以对土地神情有独钟，特重祭祀。如今土地庙没有了，人们便在自家院子里一祭了事；同时祭祀四官大神，要烧“四官钱”。没有杀年猪的人家，也要用脱毛的公鸡祭祀四官大神，鸡尾要留着两缕长毛。

除夕家宴做好后，在堂屋正中摆放好丰盛的除夕家宴。第一步是祭祀天神菩萨。点上红烛，红红火火，燃上香烟，天长地久，敬上腊酒，祷告神佛，化纸钱，感天地，谢祖宗，鸣磬四响，四季发财，鞠躬作揖，请列祖列宗、四方神祇到家过年；鸣放鞭炮，热热闹闹阖家老少过大年。

多年来，石榴坡村陈氏侗族人一直传承着“三十的火，十五的灯”传统。除夕夜要烧“迎新火”。族人在平常劳动、砍柴间发现有大树仡篼，就挖回家来当燃料，以上好之大树仡篼备除夕烧“迎新火”。火炕里的柴火、火盆里的炭火都要烧得很旺，以示来年事业兴旺。常言说“三十夜烧个大疙蔸、来年喂个大肥猪”。一家人围火塘而坐，以守岁陪祖宗，享受天伦之乐。小孩子们向长辈磕头拜新年，长辈则要给小孩子发“压岁钱”。全家人要洗“封印脚”。洗脚不能洗到膝盖以上去，俗话说：洗脚洗齐（到）脚弯弯（膝盖），来年顿顿吃酸酸（生活会很艰难的，运气也不好，意思是洗低一点，洗勤快点才有好运程）。

除夕吃年夜饭时，忌吃汤泡饭。

年夜饭后，要封甑子，不能打开。到正月初二早上，家庭主妇将甑子抱到户外去打开，舀着饭向野外抛撒，念叨："放蚊子！来年房里房外无蚊子，飞到山林山外去，飞禽走兽你兄弟。"

有文化的家庭重视孩子的教育的，吟诵"守岁诗"："已闭财门莫乱敲，年年守岁以通宵。客来甜酒粑粑煮，恭喜一生运气高。"家家户户快快乐乐吃水果，品糖果，讲故事，听传说，拉家常。新年到来之前，要将房间地面收拾干净迎接新年到来。

过年禁忌　除夕和大年初一，不能烧粑粑吃。

除夕，有的家庭主妇要将自家的秤、梳子、扫帚藏起来。据说，大年初一不能见到秤和使用秤称东西，不能梳头，不能扫地。

正月初一早晨，忌扫地、吹火。忌往门外倒水，凡洗刷用水，均不可往外倾倒，可泼洒地面，抑或用桶装好，过了正月初一再倒。

大年初一不能吃米饭，全天只能吃汤圆、绿豆粉、面条和饺子。

大年初一不能叫人起床。初一早晨睡大觉俗称"挖窖"，意为做梦挖到地下的宝藏，故不能惊扰其发财梦。

新年年俗　新的一年从午夜子时来到，侗族人又开始一个新的希望旅程。俗话说："正月忌头，腊月忌尾"。除夕至春节，年头年尾的禁忌和特俗甚多。

新年开门　新年到来前，家家户户将大门要关上，"已闭财门莫乱敲，年年守岁到通宵"。在火塘里炖上一壶好茶，半夜子时，新年到来，临着大门，设上香案，燃上红烛，敬上香茶，敬上"刀头肉"，燃烧纸钱，祷告新年来临天安人吉，风调雨顺，五谷丰登，打开大门财源广进。院子里燃放礼炮"开财门"，"红红火火过大年，新年开门财运高。"

上　亮　大年除夕和大年初一，要到附近的祖坟去点烛烧香化纸，俗称"上亮"，给祖先拜年。

挑金水和进财　挑金水就是挑新水（薪水），开财门后点上火把，到水井去挑新年的第一担水。侗族人对山水有着格外的禁忌，相信"山管人丁水管财"，有水就有财运。挑金水要带上纸钱，要向井神行祭并祈祷，井不干就会风调雨顺。水不断就会财运亨通。

出　行　传统习俗是在天亮时听什么鸟先叫，"麻雀先叫谷粮好，老鸹先叫苞谷丰，喜鹊先叫喜事临"。天亮后第一件事是出行，走出家门，迎着新年的阳光。男女老幼先是到新过世的长辈墓前看望——拜祭，然后进树林捡上一捆柴，满财而归。

午饭后一般都要到祖坟宗祠去祭奠，称为"上亮"或"上灯"。远处的祖坟，可以在正月上半月之内去。

拜　年　侗族人有新年要给近亲近戚拜年的传统，一般是晚辈先到长辈家拜年，如有小孩来临，长辈要给小孩红包——俗称"打发"。长辈有空时也要回访做客，这是礼尚往来，不能只收小辈的贺礼，谁家都不易，往来为亲。

大年初二，女婿女儿要到岳父母家拜年。俗话说："初一的儿子，初二的女婿，初三初四，

石榴坡村民小组村民春节期间玩龙灯（石榴坡村民小组 提供）

去吃狗屁。”

闹元宵　正月初十左右至十六为灯节，主要玩龙灯、花灯、茶灯、狮子灯等。人们在竹林里砍青竹，划成竹篾条制作成动物或花等形状，选好吉时之夜出灯。出灯时要举行“开光”仪式，参拜宗祠、庙堂，然后走村串寨，宣告灯节狂欢开始。

此后每天夜晚来临时，村村寨寨龙飞凤舞，锣鼓、响庆通宵齐鸣，爆竹，烟花照亮着山村的夜空。玩灯的吆喝声、欢呼声此起彼伏，采茶歌，灯歌在山谷里悠悠回荡。贺新春、开财门，祈求玉皇大帝、四海龙王护佑人们风调雨顺、国泰民安。玩龙灯的形式有毛龙、棒棰龙、油箍饼龙、草把龙、花川龙等，要说“龙句子”，为每家每户送去吉祥，带走“五瘟”；给没有儿子的年轻夫妇“送龙宝”，给“送龙宝”得偿所愿的人家“还龙愿”等。玩花灯也要分丝弦灯、闹闹灯和半打半拉，要兴“燃烛”“谢茶”等。每天晚上还要吃宵夜，喝酒唱酒令。

正月十五　“过大年”，亦即上元节。家家皆备酒宴吃“送年饭”。要烧香化纸放鞭炮，礼送祖先和神祇。过了元宵节，则要择时送灯。

正月十五夜，花灯、龙灯只能在本寨玩，不论贫富之家都要玩到（有孝服在身人家除外），通宵达旦，尽欢而散。

十五晚上，各家要插路烛。将点燃的蜡烛房前屋后，家里家外，都插上一支。将道路照亮，以利于蛇、虫、蚂蚁在外行走，不进屋。

炒虫虫　正月十五晚饭后，家庭主人要“炒虫虫”，将易受虫灾的作物种子拿一点来，在灶上生火爆炒开花，“炒死青虫，炒死蝗虫！”表示来年所种植作物将不受害虫祸害。

元宵“偷菜”　元宵夜炒“虫虫粑”的时候象征性地去别人家地里偷偷摘一点蔬菜回家，特地惹人骂。前辈们讲，偷人家葱讨人家骂了预示自己聪明，偷人家白菜讨人骂了预示自己嘴白，偷人家甜菜吃讨人骂了预示自己嘴甜，等等。总之就是讨人骂了就是吉利的，被骂得越厉害越吉利，人家不骂就表示效果不好。因此当主人发现自家菜园子里的菜被偷以后，不能“噘花鸡公”（骂“花鸡公”，无指定对象的骂街，语言污秽不堪），据说越骂得凶，于偷菜之人越吉利。于是吝啬之人为避免自家的菜元宵被偷，特意挑粪水浇菜，让“偷菜”之人望而却步。

其他节日与祭祀　石榴坡村民小组其他节日和祭祀有清明节的“清明”祭、端午节、六月十九拜祭山神、月半、中秋节、重阳节与十月小阳春。

“清明”祭祀习俗 旧俗同一族姓之人集体祭祀祖先，称为“清明会”。旧时石榴坡村陈氏有专门的田产，称为“清明田”，所收租谷用于此项祭祀活动。届时杀猪宰羊，大办酒席，家族老幼皆可参加吃喝，除到宗祠祭祖外，还要到远近的祖坟进行祭扫。

到祖坟进行祭扫，称为“挂青”，可以在“清明”节前后十天内进行，一般人家备好“青纸”、香烛纸钱、鞭炮、酒食、果品等，先后到祖辈、外祖的坟前祭奠。“青纸”用白纸重叠钻成若干铜钱形，集而成束，悬于竿头，插于坟上。有的还要在坟头上增培泥土，俗称“垒坟”。在“垒坟”时要将坟茔周围杂草割尽。

新逝的长辈入葬3年之内，挂青和垒坟均必须在春社之前进行，俗称“新坟不过社”。

端午习俗 以五月初五为端午节，俗称过“小端午”。高山或半高山地区，因农耕时值插秧，农活太忙，一些人家推至五月十五，俗称过“大端午”。一般人家都要包粽粑，备齐鸡、鸭、鱼、肉、蛋等，要用菖蒲、艾蒿挂在大门两边，以避邪气。有的还要造雄黄酒洒于房前屋后以防蛇虫；要煮红鸡蛋、大蒜头来吃。届时，女儿女婿、干儿子干女婿、未过门儿媳、未婚女婿等都要来家做客，俗称“打端午”。

六月十九拜祭山神 六月十九拜祭山神是较为广泛的祭祀祈福活动，传说中为观音菩萨生日。人们以此为节朝山祭祀佛神，或祈福，或还愿，以寄托人们盼望平安之心愿。

月 半 七月十三，古称“中元节”“月半节”或“鬼节”，是祭祀祖先的重要节日，传说中祖先们在此时回家过节。进入七月，田里早稻成熟，侗族人习惯在自家田地中摘取几线谷穗、小麦穗、高粱，或所产水果等供在自家“香火”上敬奉祖先。还要备办若干纸钱、冥币包封，按一定格式书写上称谓，供奉在“香火”上，早晚焚香叩祭，称为“接祖”。

到中元节那天，要备办丰盛的“吃新宴”。争取用才收获的稻米做饭，用新鲜的蔬菜、鸡鸭鱼肉敬奉祖先，所以人们也称七月十三为“吃新节”。夜间，在堂前火化。为纪念在外不知所终的逝者，则将供奉的纸钱包封送往户外水边、路旁进行火化。燃放鞭炮，称为“送祖”。

中秋节 古时的人们出远门的少，大都在家务农，或在家乡周围做手艺，是日要赶回家团聚，插上一枝桂花满屋芳香，吃着新粮制作的粑粑。男人们此时会互相品尝着新的烟叶，谈论着秋天的收获。

重阳节 九月初九重阳节是一个传统的敬老节，家中有老人，子女会尽量想办法回家，家人会在这一天里燃香祭祀，还要置办较为丰盛的宴席。一家人坐在一起团聚，吃汤圆、粑粑，让老人能吃上平时没有时间制作的食物，以表达对老人的敬意。

石榴坡村民小组村民在使用风088扬苞谷（勾昆 摄）

十月小阳春　农历十月，气候温和，空气湿润，常见有李花、梨花开放，又有“说春”之习。

传统生产工具　在石榴坡村，舂碓、锌口、石磨、风奋等各种传统生产工具保存较为完好，并经常使用。

传统村落保护

村寨布局　石榴坡村寨布局依山傍水，主寨建于山脚下、溪沟旁附近。村边古树浓荫，房屋疏密有致，纵横交错，背山面水，掩映在各种古木间。村落肌理清晰，格局完整，与地形、地貌、山水等自然风光和谐统一，具有较高的历史价值和审美价值。整个村落完全融入周边自然环境中，如一幅泼墨山水画般静寂、清幽。

石榴坡村寨的产生、形成和发展符合侗族选址的心理特点和文化特点。全村布局讲究山形，远看村寨周围，九山合象，喻为万马归槽，堆金积玉，九把锁（高山）守寨。南北两山像笔架，西北方像饭盒，被喻为“前对笔架山，不出文官出武官”，衣食无忧的宝地。这里在明崇祯至清咸丰、同治年间是人杰地灵的地方，出过文武举人，流传有“石榴坡的银子，何家寨（印江县）的顶子，岩岭寨的谷子”的赞辞。因隐藏于群山环抱之中，截至2021年末，石榴坡村民小组房屋、桥梁、古树、古井、古墓均保存完好，是一个典型的侗族村寨。

传统民居特色　石榴坡村民小组传统侗族民居大多为穿斗式干栏木楼，底层以饲养牲

石榴坡村村寨布局（局部）（县住房和城乡建设局　提供）

石榴坡村村民小组传统建筑（县住房和城乡建设局　提供）

畜或堆放杂物为主，二层是主要日常家庭生活场所。宽走廊、火塘、小卧室，构成石榴坡村侗族民居主要特征。顶层通常为堆放粮食或杂物的阁楼，也有局部设置隔间做卧室。因为在石榴坡村民小组里有部分居住模式融入汉族民居建筑风格，有部分三合院建筑，有些正房带有部分“三段式”汉族传统民居特点。截至 2021 年末，共有传统民居五柱四瓜房 100 余栋，厢房为翘角楼或吊脚楼，正房与厢房、猪牛圈、龙门等形成四合院式格局。

吊脚楼　石榴坡侗寨依山而建，寨人依靠平时劳动积累和聪明才智，建造出独具特色的吊脚楼。吊脚楼依居住地山坡特性，将地劈成梯次台阶，高低不同台阶的房屋，廊、桥、亭、榭、飞檐走壁，浑然一体，别具一格。

被列入第二批中国传统村落名录　2013 年 8 月 26 日，住房和城乡建设部、文化部、财政部等联合发布第二批列入中国传统村落名录的村落名单，石阡县坪地场仡佬族侗族乡凯余沟村石榴坡村小组被列入。

传统村落保护发展规划编制　2016 年，有关部门制定《石阡县坪地场乡石榴坡村传统村落保护发展规划（2014—2030）》。确定规划范围即石榴坡村建设控制地带范围，总面积 18.77 公顷，其中规划保护范围分为核心保护范围和建设控制地带两个层次，核心保护范围面积 6.7 公顷。

传统村落保护项目实施　2015 年，石榴坡村被列入石阡县中央农村节能减排资金支持传统村落保护工程实施村寨。

截至2021年末，石榴坡村利用国家下拨资金，安装村寨消防和污水处理等设备设施，并建立系列规章制度，对古树、传统民居一一登记造册并实施挂牌管理。

古迹胜境

石榴坡村因隐藏于群山环抱之中，截至2021年末，村落房屋、桥梁、古树、古井、古墓均保存完好。

风雨桥 截至2021年末，石榴坡村存有侗族标志性建筑风雨桥2座，均为清道光年间所建，保存完好。风雨桥结构精巧，形式多样，极富民族特色，是侗寨特有的建筑之一。因桥上建有廊和亭，既可行人，又可躲避风雨，故称风雨桥。石榴坡汪河风雨桥始建于道光三十年（1850），独孔石桥，建成后垮塌，后建一座独孔伸臂木梁桥，全长10.8米，宽3.4米，高10.6米，接连构成一条长廊式走道桥面，走道两旁设长凳，供行人避雨和休息，桥的两头有4棵高大的柏树，构成风雨桥独特的景观。人们劳作回家时在这里歇息，汗水打湿廊柱的地方呈现出金红色。桥亭横跨两岸，气势雄浑。2004年12月，石榴坡村汪河风雨桥被列为石阡县重点文物保护单位。

风雨亭 陈氏族人秉性淳朴，勤劳智慧，与人为善，有在河桥、岭坳修建风雨亭的习俗与传统，在风雨亭的四周植树护亭，绿荫环绕。既增山水人文景观，又方便过往行人或族人劳动休息、遮蔽风雨。

陈氏墓群 石榴坡陈氏墓群位于坪地场仡佬族侗族乡凯余沟村石榴坡村民小组寨后600米山地上，坐东南向西北，前临隔花井、后依大岭、左靠母猪岭、右接林树湾。25座陈氏墓葬错落有致地建造在三台梯土上，占地约4000平方米。最早的墓葬建于清嘉庆八年（1803），最迟的墓葬建于清光绪年间。各墓均为石包封土，且多数墓碑分为内外两层，内为墓志，阴

村民在石榴坡村民小组风雨亭内小憩（县住房和城乡建设局 提供）

村民在石榴坡村民小组风雨亭内小憩（勾昆 摄）

刻墓主姓氏名讳，生卒年月日和建墓时间等，外饰高大的牌楼碑，或为明次三间，或为明次稍五间，气势雄伟壮观。牌楼碑除刻对联外，或刻花窗花瓶，或刻卷草流云，或刻人物花鸟兽、雕工精细，栩栩如生。墓葬之众多、工程之浩大、保存之完好，为全市所罕见。墓群中尤以陈此信墓、彭氏墓、陈文远墓建筑更为精美。

陈此信墓　位于墓群中心左侧30米小山堡上，占地40平方米，墓葬由双喜碑、围墙、山门和牌楼等建筑组成。双喜碑位于山门外1米许，高1.5米、宽12米、厚0.9米。碑外面中心部阴刻头大圆形双喜篆字，四角刻对称卷草花纹、内面阴刻诗一首："碧求久无声，青山长不语。几多燕翼昭，愧少凤毛补。马鬣封寻常，鸡碑尺四五。祇年土一杯，好要灵千古"。行书，笔势流畅。墓四周用细钻巨石镶砌长方形围墙，高1.8米。周长24米，西北面墙身正中开山门，高2.4米、宽1米。门柱上对联："秀水临山环左右，芬兰仙桂荫云仍。"墙内为石铺天井，墓建在天井中心，两侧设方形石凳，供祭祀者小憩。墓前竖明次三间牌楼碑。通高1.7米，底宽5米，上额竖刻"潜卤扃"，下框横刻"金粟堆"。明间对联："坟貌巍峨增地秀，亲思浩荡启人文。"左右次间亦有对联，明间碑中心开方口，可以窥见内碑所刻铭文。方口左右雕对称凤凰，下部刻花鹿回首探梅图，明次间楣枋上刻双龙抢宝高浮雕，造型优美，墓群中以此墓工程最为繁琐浩大。

石榴坡村民小组陈此信墓正面外墙（勾昆　摄）

彭氏墓　彭氏为国子监太学生陈九江妻。其墓位于墓群中心点上，占地约20平方米、牌楼为明次稍五间，通高3米，底宽2.4米，三重尺檐。脊上刻双龙戏珠图，鳌角宝顶。明间碑柱顶部雄狮倒挂，碑中直径约0.3米镂空圆形寿字图（仅存残部），两次间碑上对联、碑中心开方口，四周雕刻花鸟，左稍间碑上刻麒麟。右稍间碑上刻飞檐彩楼。明次间楣枋上刻暗八仙图，碑上之刻，或龙或狮，或花或鸟，皆为深浮雕，工艺十分精美，为墓群中雕刻最佳者。

陈文远墓　位于彭氏墓左侧20米土台中，占地25平方米，墓前竖明次五间牌楼碑，通高3.6米，底部宽3米，为墓群中最高的墓碑。翘角飞檐，鳌角宝顶，一应俱全，明次间4根碑柱上饰巨大抱鼓。明间碑开方口，左右刻宋代宰相人物图，碑文为增广生员陈文品所书，楷书柳体，笔力雄劲中见清秀气，为墓群中书法佳作。

石榴坡一带只有风化石，数十座墓葬所用石料，多从距石榴坡12千米的大寨村采运而来。当时交通极为不便，建筑工程量之大，令人惊叹。墓群石刻甚多，风格基本相同，全系能工巧匠的杰作，可惜其名不传。

截至 2021 年末，石榴坡自然村存有 40 余座古墓。

古柏树 位于石榴坡自然村汪河风雨桥旁，苍劲挺拔，树上苔痕斑斑。

陈氏祠堂遗址 陈氏祠堂原建于清朝中期，后被毁。清朝末期、民国初期重修，至 1948 年，存 3 间房，其中 1 间为厨房。中华人民共和国成立后，石榴坡村进行土地改革，陈氏祠堂被分给村民，后成为榨油作坊，后被毁，只留下屋基。

传统文化

茶　灯 茶灯是花灯的一种，是石阡县固有的场面宏大而别具风格的汉族传统民间艺术，参加茶灯演出者达 80 余人。茶灯集花灯、歌舞、杂耍表演于一体，石榴坡陈氏茶灯唱以采茶歌为主，腔调、歌词均不一样，唱词较为丰富。多方面反映社会生活，场面壮观热烈，因表现“十二采茶娘子”上山采茶而得名。茶灯在石榴坡村一直都较为盛行。

唱酒令 陈氏族人喝酒有唱酒令的习俗。但凡玩灯宵夜、家族有喜事闹新房，喝酒者聚在一起，都要以说唱方式表达对主人的恭喜和感谢。要是在灯节期间晚上吃夜宵，整个寨子则是歌声飘飘，此起彼伏。唱酒令歌词往往从“一张桌子四个凳子”开始，调子结尾均为“小拐拐，请”，谢遍万事万物，借此感谢主人家的热情款待。此习俗唯独在石榴坡陈氏老寨得到传承，而外迁各房，皆因迁徙他乡未能流传下来。

长调响庆（打击乐） 陈氏长调响庆具有流畅，节奏感强，音色美、感染力强等特点。截至 2021 年末，仍为族人所喜爱，并持续传播。

书法对联 陈氏族人家办事，家里家外皆对联遍挂，红事白事皆要张贴对联。寨子里人人皆会书写对联，过年家家张贴，户户讲究对联，代代相传。谁家过年不贴对联都怕被人说不是，而书写对联也为族人的一大乐事。在族人们心里，对教育、知识、文化的重视植根于家族血脉之中。

艺文杂记

陈氏家训

一曰孝。孝之道显亲尊，亲养亲事亲圣贤，言之吉祥近，今切切言孝，服劳奉养，谕志承颜，颇有称顺者酒乃或逆风水之说，亲殁择地安厝，甚至有历一二年不葬，微论地不能得吉，然以亲骸求福报，使久不得安是其罪也。又亲殁久远特具礼以祭，撤席即追远，遗意有谓亲生前过多，必延僧超荐，殊不知佛本好善，恐未必扶恶人，出狱设亲无过，将验入狱而提之乎，为人子者但当力尽，心田将为善。思遗父母以令名亲可以升天堂可以获吉地，然撤席将何道之，从文公家礼美善足遵也。

次曰悌。弟之义，诗说尽。不友不恭，多由家财兴讼相杀者，试思兄弟手足也，同胞或异母总属一父之子，稍稍不和，其得罪父母为何如？况至争斗等情不孝属甚？有弟兄者，甚勿以小嫌介意大端争兢想好，勿尤是幸至世俗兄弟婶弟镇兄房，是乱伦也。

三曰忠。中书也说尽，上致君为尧舜，下施民以膏泽，官之忠也，民以无可言者，然皇粮不拖欠，不为奸诈邪淫等事，和睦相邻，更能于乡里间行一义举，良民即忠民也。至为人，佣工或谋事，尽心竭力，赤熟非忠也者。

四曰信。信书亦说尽，然不第朋友间也。言行固当笃实，取与尤当不爽，所约近世，每有笼络人什物作伪器造假银，总总弊窦，肆其奸诈在伪造者，自鸣得意，不知一不信即犯法纪也，若已许字之女，已娶之媳，改字退媳尤无信之甚。

五曰礼。礼书亦详言，登降拜跪自当娴习。父兄长上，朋友宾客，有一定礼数。治家宜严肃，门分内外，无论乡邻及一切不认识，不正经之人，勿妄出入。及兄弟子侄，外来妇女具当节制，以免淫道盗窃之谋。至若嫁女择婿，勿索厚聘，诸仪节分派过甚，非礼也。丧与共易，宁戚祭非，当祭之鬼固不容祭，于所祭者随分制宜。

六曰义。义之说，广书亦言，详见于大义。所在分，所当为，尤所能为，当勇于行之人家第一，务正业子孙即愚，诗书不可不读，除耕田种地外贸易亦宜少为，即经商亦当择正者。如贩洋烟等事戒休为也，至世拐贩、偷盗、拷磕、打劫，套哄、嫖赌诸非义之尤者矣，合族共惩。

七曰廉。廉，非居官似无可言。然见利必思义，每见世有贪求无厌者，田地求多。无借贷亦买产业，因此，并祖制亦失重利，取偿加三加五，甚至对本心尤不足，讵知刻薄成家，无理久享。贪于色，则杀身亡家者有之；贪于酒，则丧仪致祸者有之，若乃粃往往以小忿酿成大祸。虽在已理，直亦当退让几分，彼借债不起利。边界宁让尺寸，非义之财目不屑视斯，又清心寡欲者也。

八曰耻。圣人在上，勉人有耻。耻家不若人，一味勤俭，衣不想华，美只求一，暖食不想，腆鲜只求果腹，房屋家财但取质洁，终岁无休日，微论农工商，几何不能去贫成富？耻智不若人，一味苦读，师亲访友，即下愚何难转为高明？耻德不若人，确见非礼无义之事，断然不为，义所当为之事，毅然为之，至顽亦可跻于贤哲。耻之于人大矣，若人无耻，举凡邪淫、奸诈、嫖赌、伤风败俗、害家误国无所不为者矣。

童　谣

月亮走，我也走

月亮走，我也走，月亮提壶我打酒，
多吃杯，哪的有，开开后门望杨柳，

杨柳树上有只雀，飞来飞去接嘎婆，
嘎婆不吃油炒饭，要吃腌鸭蛋，
打的锅头噶啰转，舀得碗头莲花绽。

石榴坡，溪水流

石榴坡，溪水流，溪水流尽也诉不尽愁；
石榴坡，大山挤，大山再挤也道不完喜。

月亮光光

月亮光光，要吃忙忙（饭）；
忙忙没熟，要吃腊入（肉）；
腊入没趴（熟），要吃糍粑；
糍粑没打，下河去要；
河里有只船，要去思南……

人 物

陈　儒　生卒年不详，号古全，四川省仁寿县人，明崇祯年间，任贵州石阡同知。后全家迁往石榴坡（原属思南县，后划给石阡县）定居，为石榴坡陈氏侗族始祖。

人物名录　中越边境自卫反击战参战人员　陈春良

获“光荣在党50年”纪念章人员　涂廷生

铺溪村"悄悄年"祭祀诞生地

铺溪侗族传统村落不仅生态环境好，侗族传统建筑保存完好，具有典型的明、清时期贵州特有侗族村寨建筑风格，而更让人称奇的是，被称为"中国式感恩节"的铺溪冯氏侗族"悄悄年"祭祀已经延续600余年。

基本村情

行政区划 铺溪村隶属甘溪仡佬族侗族乡，全村面积 21 平方千米，辖 17 个村民小组。

铺溪侗族传统村落 铺溪侗族传统村落辖孟章、鱼塘、上寨、堰塘 4 个村民小组，所属范围约 2 平方千米，核心区域约 0.5 平方千米，铺溪侗族传统村落依山水之自然地势而建，呈东南向西北山脉递进状分布，村落民居建筑一律青瓦木房构成若干个小院落，错综排列，具有典型明、清时期贵州特有侗族村寨建筑风格，传统村落保存相对较好。

村名来源 铺溪之“铺”读去声，“铺溪”，顾名思义应为“铺”与“溪”的合称。其中，“铺”源于“递铺”，“溪”乃村前自西向东的那条溪流，即铺溪河。“铺溪”地名起源历代史料未曾有明确记载，根据民间的传说和对历史上递铺制度的发展源流考证，至少起源于元代。宋之前称“驿”，三十里为驿。宋之后称“铺”，定为十里一铺。元朝更严密，所有州县均设铺，大事快马传驿，小事由史步行传铺。明清沿用此制。设铺之地须有房舍及水源，以供铺史、铺兵、铺马暂住和饮食。以上条件铺溪均能满足。溪者，居小河之畔也，铺溪由此得名，历朝未改，流传至今。

村寨沿革 明初，属冯姓军屯后的屯耕治所。明永乐十一年（1413）后，属石阡长官司治地。

清初，属石阡长官司治地。清中后期办理插花后属思南府印江县茅坝图治地。

甘溪仡佬族侗族乡铺溪村航拍图（县住房和城乡建设局　提供）

1914 年，据省政府令，石阡县与凤冈、湄潭、镇远、思南等邻县划拨插花地段。原属印江县的铺溪村（含红岩村民小组）并入石阡县，属石阡第五区第七团。1936 年属石阡县第五区甘溪联保，1938 年属第三区甘溪联保，1943 年属甘溪乡。

1950 年铺溪村属第三区甘溪乡。1953 年属中坝区甘溪乡，1958 年属中坝区甘溪管理区。1962 年，全县推行人民公社制，实行政社合一管理体制，更名为中坝区甘溪人民公社红星生产大队。1985 年，根据中共贵州省委、贵州省人民政府《贯彻中共中央 国务院〈关于实行政社分开，建立乡政府的通知〉的意见》，铺溪村属中坝区甘溪乡。1992 年，撤区建乡（镇），铺溪村属甘溪仡佬族侗族乡。2004 年 6 月，全县撤并行政村工作结束，甘溪仡佬族侗族乡将 9 个行政村合并为 4 个行政村，将铺溪村、晒溪村合并为铺溪村。2010 年 12 月，石阡县完成建制村调整，将原来全县 87 个行政村、5 个社区调整为 302 个行政村、8 个社区。重新设立铺溪村与晒溪村。

自然环境

地理位置　位于石阡县甘溪仡佬族侗族乡南部，铺溪河北岸，距离石阡县城 23 千米，距乡人民政府所在地 4.5 千米，地理坐标为北纬 27°4′、东经 108°15′。

铺溪村周边环境（县档案馆　提供）

地形地貌　铺溪侗寨村落坐落于佛顶山和云台山之间，后枕云台山麓“九岭十三狮”，前有铺溪河自西向东蜿蜒流过，与凤凰山隔河相对。村落四面环山，三面临水，山清水秀，四周青山葱茏，苍翠掩映。

铺溪村地处云贵高原第二梯级向东部丘陵平原第一梯级过渡的地带，境内峰林、峰丛、落水洞等岩溶地貌发育；丘陵、山地、谷地相间分布，整个地势南侧较高，北侧较低，平均海拔约 800 米，铺溪河是境内的最低侵蚀基准面，海拔 558 米；铺溪寨村后为狮子山（因形似一头雄狮而得名），海拔约 680 米，村前为大坡顶，海拔约 840 米；铺溪村境内最高峰为南面的凤凰山，海拔约 1085 米。

河流沟渠　铺溪村河流有铺溪河、香根河、晒溪河、铜锣洞河、干堰沟河。

铺溪河　为铺溪境内最大河流，属乌江上游水系，发源于白沙镇，途经各票、地袍进入铺溪再流经红岩，有香根河、晒溪河、铜锣洞河等支流入注，然后注入莽溪河。村落所属之吕家坡至红岩段全长 2.5 千米，海拔 500 ~ 530 米，河水清澈、水产繁多，一路风光秀丽，是铺溪的母亲河。

香根河　发源于国荣乡云台山麓，流经猴子岩、溜沙、奇峡岩，在小河沟交汇注入铺溪河，沿途风光绮丽，峡谷幽深、山体千奇百怪，是旅游观光之胜地。

铜锣洞河　又称洞口河沟，铺溪河支流，发源于佛顶山支脉甘溪与包溪交界处的凤凰山麓，流经赶场坝、三叉河至铜锣洞注入铺溪河。

干堰沟河　发源于佛顶山麓流经晒溪村、铺溪村，在小河口交汇注入铺溪河，是铺溪河主要支流。

沟　渠　干堰沟渠共分 2 段，三角庄至龙颈坪、龙颈坪至老王沟，全长约 1.5 千米，灌溉面积 8.67 公顷；堆子沟渠水井坎至下河坝，总长约 1 千米，灌溉面积约 5.33 公顷；官庄坝沟渠两岔河经官庄坝至红岩寺湾坝，长约 2 千米，灌溉面积约 13.33 公顷。

自然资源　铺溪村境内地下矿藏有钒、铅锌、铜、铁、汞等。铺溪村森林覆盖率高，林木资源丰富，境内的凤凰山是贵州佛顶山国家级自然保护区重要组成部分，保护区内主要植物有红豆杉、杜鹃、花榈木、榉木、鹅掌楸、楠木、水青树、柔毛油杉、金钱槭、白辛树、伞花木、银鹊树、青檀、八角莲、天麻、伯乐树、厚朴、杜仲、香果树、木瓜红等，保护区内主要野生动物有豹、林麝、猕猴、穿山甲、豺、青鼬、水獭、大灵猫、鬣羚，鸟类有白颈长尾雉、鸳鸯、凤头隼、鸢、凤头鹰、雀鹰、松雀鹰、红脚隼、红隼、红腹角雉、白冠长尾雉、红腹锦鸡、草号鸟（三道眉草鹀）、领角鸮、毛脚鱼鸮、领鸺鹠、灰林鸮等。全村耕地面积约 110.67 公顷，主要种植水稻、玉米、马铃薯、红薯等常见农作物。铺溪村境内的铺溪河常年有水，水流量大，水资源丰富。

气　候　铺溪村属亚热带季风气候，四季分明，夏季炎热多雨，冬季温和少雨。全年平均气温在 16℃，平均年降水量 800 ~ 1500 毫米，降水季节分配主要是夏雨最多，春雨次之，冬雨最少。无霜期年平均 260 天，最长达 264 天。气候温和宜人，冬无严寒、夏无酷暑。

族群族源

人口民族　铺溪村辖 17 个村民小组，558 户、2290 人，其中少数民族人口 2180 人。铺溪侗族传统村落居住着 4 个村民小组，总人口 787 人，主要民族为侗族。其中，男性 390 人，占总人口的 49.56%；女性 397 人，占总人口的 50.44%；常住人口 665 人，占总人口的 84.5%；外迁人口 122 人，占总人口的 15.5%（因工作迁出 107 人，占迁出总人口的 87.7%；移民搬迁 15 人，占迁出人口的 12.3%）。全村人口分属侗族、苗族，其中侗族共 769 人。苗族（欧姓、李姓）共 18 人，占总人口的 2.29%。

主要姓氏溯源　全村居住着冯、欧、任、李 4 个姓氏，铺溪冯姓迁黔祖先冯必亮，于明洪武年间入黔，始居思南，而后移居石阡县甘溪、平丘。至明天顺年间，冯姓四世祖冯万才由甘溪迁居至铺溪生息繁衍，至今历 22 代。铺溪村欧姓来自龙井乡空石化村，欧姓先祖欧大才于清代为谋生计迁至此地，历 7 代。铺溪任姓来自中坝街道躲过村，于 20 世纪 50 年代其先祖任达星为谋生计到铺溪开打铁铺，入赘铺溪冯立鑫妻杨氏而定居于此。2007 年，各票村大石板李昌义之子李家意偕妻冯氏回铺溪堰塘赡养岳父冯开和，李姓从此定居铺溪。

冯氏族规祖训 冯氏族规为“崇德向善、笃学明志、孝亲尚友、敬贤齐家、知礼明义、厚廉薄耻”；冯氏祖训为“诚实守信、兄友弟恭、崇勤尚俭、爱国持家”。

铺溪仡族传统村落形成与发展 明初，冯姓迁黔始祖冯必亮（系明洪武年间总兵，南京应天府上元县人）奉诏率三子来黔剿贼，贼平后屯兵思南旋居思南四角山。其次子冯应成往云南，三子冯应时回江南原籍，仅次子冯应魁随父母留居黔地。至明永乐初，冯应魁举家迁徙至石阡甘溪居住，占据甘溪乡大部分地区及铺溪等多处少数民族村落。其辖地东至黄腊岩，西至地袍，南至包溪梁子，北至国通草坪至何家湾，皆属甘溪冯氏；之后冯氏迁黔四世祖冯万才由甘溪迁徙到此，将甘溪、平望或买或送与他姓，铺溪所属之地仅东至羊东坳至平丘、南至包溪、西至地袍、北至通草坪至葛宋至何家湾。

至四世祖冯万才举家由甘溪迁徙至铺溪定居，遂开始对村落进行规模性建设。自此，经过数百年的发展，最终形成具有 160 余户民居 700 余人规模的铺溪传统村落。

之后，冯万才将葛宋之业分与次子冯珠（明代清江土司，称为太户侯），其余 3 子共享铺溪之业（这就是冯姓子孙于铺溪、葛宋两地而居的最初原因），因铺溪原有地域买与或送与他人者较多，此时的铺溪仅存东抵羊东坳、西抵地袍、南抵包溪、北抵平丘转葛宋等部分。至清初时，冯珠子孙悉数被吴三桂部将高家兵所害，葛宋之业乏人管理，即分派长房冯碧之长子冯京诏赴葛宋接管并繁衍生息。后来，又遇四房冯永昌幼时其官庄之业被其叔父擅自卖与刘姓，致使少年冯永昌无家可归、颠沛流离，继而旋居葛宋王家嘴。至此，两地而居的冯姓子孙经过几百年的发展，形成如今的铺溪、葛宋 2 个村落。

明朝末年，朝廷厚敛重征，冯氏族人衣食难以自给，原有之祖业卖与他姓者过半。明末清初战争动荡，冯氏族人继续卖地，至八世之后铺溪冯姓所辖祖业基本只有铺溪河岸部分土地，大致范围为：东至梯子岩跨河直上彭家坳转平丘，西至榔树坪转小河沟沿河直下，南至官庄至老林，北至平耕漕抵葛宋界，一直沿袭到民国末期。

中华人民共和国成立后，土地归公，由政府统一分配。原铺溪所属范围被分为多个生产队属红星生产大队治所。其中，村落里最初被分为 2 个生产队，即孟章、上寨，之后再次划分生产队，孟章生产队分为孟章生产队和鱼塘生产队，上寨生产队分为上寨生产队和堰塘生产队。

基础设施建设

道　路 1973 年，中坝公社与甘溪公社、扶堰公社抽调劳力修建由中坝经铺溪至扶堰全长 25.4 千米的乡村公路，为等外公路，1974 年末通车。之后多次改修扩建，并实施道路硬化。2005 年，甘宝公路建设项目动工，年内建成通车。2013 年，对甘宝公路进行提级改造，2015 年完工。2016 年，村民自发组织并自筹部分资金，在政府多家部门资助下，滥沟湾石桥板至鱼塘湾的串寨公路（又称“消防公路”）完成硬化并开通。

2005 年，实施“四在农家（富在农家、学在农家、乐在农家、美在农家）· 美丽乡村”项目建设，将村内巷道改成水泥硬化路面。2017 年，实施传统村落项目规划时全部用青石板铺就而成。

经过硬化的铺溪村内巷道（县档案馆　提供）

饮　水　截至 2000 年 12 月末，全村饮水依赖铺溪河及野猫洞、周家湾、堰塘、滥沟湾、水井坎（又称螃蟹井）、红墙、鱼塘湾、冒庄等多处水井。

2001—2005 年，村民们为用水方便，自筹资金实施星罗棋布的小型自来水设施，如冒上漆树湾、菜堰、堰塘、冒庄椒园湾等地，解决部分区域、部分人口的自来水用水问题。

2005 年，铺溪村委会在各级党委、政府支持下，通过政府出物资、群众投劳方式实施铺溪村老林至木坪的主供水管道工程，2006 年 12 月开始实施农户户内供水工程。2007 年春，村寨自来水全面供水，被县人民政府命名为“甘溪乡的红旗渠”。2015 年，县供水公司更新铺溪村自来水供水主管道。2018 年，因铺溪村落里人口众多，用水需求量大，村民自筹资金购买 50 毫米水管，增设老林秦家湾至狮子硥主供水管道。2019 年，县供水公司更新老林秦家湾至狮子硥自来水供水主管道。

电　力　1974 年，甘溪人民公社建成 1 万千瓦的甘溪大川洞电站，铺溪村通电。1997—1998 年，铺溪村村民自发组织投劳新建高压输电线路，并实施低压设施的改造。2017 年，铺溪村实施铜仁市专项基金项目村落户外亮化工程。2018 年，工程完工，共安装太阳能锂电池路灯 180 余盏。

通　信　1999 年，县电信局在铺溪村大坡顶屯中修移动通信基站，移动通信信号覆盖铺溪村。截至 2021 年末，全村手机普及，手机通信 4G 网络覆盖全村，进入 5G 时代。

水利设施建设　铺溪村地处铺溪河南北两岸，村落南岸面多为水稻种植区，其区域主要包含高炉田、官庄坝、亚胜田、下河坝、堆子、清明田、鸭子坎、老王沟、长滩、干堰沟等，总面积约 86.67 公顷。

1958 年，铺溪人民曾尝试修筑湾滩大堰，希望将湾滩河水引流到红岩组泥东坳，终因水流湍急，材料及设备简陋，以失败而告终。20 世纪 60 年代，石阡县推广使用水轮泵，自长滩至下河坝安装多处水轮泵装置，解决灌溉难题。80 年代后，实行家庭联产承包责任制后，疏于管理，几乎毁弃殆尽，全村重新回到使用戽水杆、水车进行灌溉的时代。

20 世纪 90 年代至 21 世纪初，分别加固两岔河流经到亚胜田水渠、两岔河至官庄坝水渠、铺溪水井坎至大河坝水渠、龙颈坪至老王沟水渠和三角庄至龙颈坪水渠，使铺溪河两岸稻田的灌溉力度得以增强。

村域经济

食用菌产业培育 2016 年，石阡县甘溪乡铺溪村益民综合农业专业合作社成立。2017 年，铺溪村瞄准食用菌产业，引进龙头企业，采取企业生产加工菌棒、村级流转土地、集体经济合作社组织发展食用菌的方式发展食用菌产业。从产业基地建设到食用菌的培育生产、加工，每道工序都可以吸收大量村民参与务工，最后生产出的食用菌通过订单式销售方式，销往贵阳市、浙江省一带。村民除务工收入之外，还有分红及土地流转收入。2019 年，食用菌发展至 13.33 公顷，带动脱贫户就业 110 户，实现务工收入 690560 元。加上其他产业的带动，全村全年的务工支出达 260 余万元，用工人次达到 3 万余人次，建档立卡脱贫户户均分红 432.61 元。

脆红李种植 铺溪村种植脆红李 33.33 公顷。前期通过“长短结合”方式，让村民在地里套种豆类作物，保证脆红李正常生长的同时，让村民在产业见效前有一定收入。

新产业培育 2017 年后，铺溪村因地制宜发展苗木苗圃、辣椒、茶叶等产业，力图培育村集体新的经济增长点。截至 2021 年末，铺溪村建有蔬菜基地 26.67 公顷、食用菌产业 13.33 公顷、脆红李 33.33 公顷。

村民生活

村民收入 铺溪村村民的经济收入主要有：出售农产品、家畜家禽养殖、外出务工、财政补贴、集体经济务工收入及分红、其他非农收入、工资及退休金等。

主要支出 铺溪村村民的经济支出主要有：日常生活、教育、房屋及维修、交通出行、通信、子女婚嫁以及其他支出。各项支出项目与马桑坪自然村相同。

家庭称谓 曾祖叫“祖祖”，爷爷叫“公”，奶奶叫“婆”；爸爸叫“爹”，妈妈叫“娘”，伯父叫“爷爷”，叔父叫“叔叔”，姑姑叫“孃孃”；兄长叫“哥哥”，弟弟叫“兄弟”；外公叫“嘎公”，外婆叫“嘎婆”；舅父叫“舅爷”，舅妈叫“舅娘”，大姨叫“姨妈”，小姨叫“姨孃”；表兄弟姐妹叫“老表”；岳父叫“亲爷”，岳母叫“亲妈”；岳祖父叫“亲公”，岳祖母叫“亲婆”等。

教　育 自明初起，特别是清朝以后村民接受教育的地方是书院，也叫学馆或私塾，清光绪三十一年（1905）改称学堂，受教育者主要是进入学馆或私塾学习，由当时的一些秀才或者相当于秀才级别的文化人执教，课程内容主要是四书五经等，目标是应付科举考试以求取功名而光宗耀祖。其间，全村产生很多优秀学子，其中监生1人、附生15人、增生6人、廪生8人、举人1人。

民国初期，铺溪村办国学改称学校，设小学、中学。小学分初小和高小，初小四年，高小三年。中学不分初、高中，学制四年，称为"旧制"。1924年以后，中学分初中、高中，学制各三年，称为"新制"。其间，铺溪村共有省立农林师范毕业生1名、省立测量学校毕业生1名、高中生2名。

中华人民共和国成立后，贯彻毛泽东主席"穷国办大教育"的教育思想，从扫盲学校着手，成立铺溪小学，校址在村东头文昌阁。20世纪70年代初，在官庄小岭上修建一栋木质校舍，从此，铺溪学校以河为界分成南北两部分，南岸称"官庄学校"，北岸称"铺溪学校"。20世纪70年代后期，各区增设高中，各村增设初中。20世纪90年代，铺溪小学迁并到官庄中心学校。

截至2021年末，全村人口中接受教育人数达95%以上，其中小学毕业95%、初中毕业47%、高中（中等职业教育）以上毕业25%、大专及以上毕业14%、研究生3人。全村有教授1人、国家公职人员51人。

医　疗　1975年，红星生产大队按上级统一部署，建立农村合作医疗制度，设立红星生产大队卫生室。1981年，实施家庭联产承包责任制后，红星生产大队卫生室名存实亡。1994年，按全县统一部署，重建铺溪村卫生室。2000年，按全县统一部署，铺溪村开始实施新型农村合作医疗制度。

社会保障　2012年，按全县统一部署，铺溪村开始实施实行个人缴费、集体补助和政府补贴相结合的新型农村社会养老保险制度。

风土人情

传统农具　铺溪村传统农具与全县其他村寨基本一致，主要有以下一些：

水　车　20世纪铺溪一带常用的灌溉工具，水车看似简单，实际制作过程繁琐。它的主要部件有：4米长的车脚2对、车板凳1对、轴承1根，两头各打孔6 ~ 8个，辐60根，车条20根，车筒9个，筏则30个，车筒1匹，筒根2根。

打好车后还要备木桩若干，打在河中的拦水坝称为"整堰"，直至水位升到足够带动水车为止。

连　杆　铺溪一带常用的脱粒工具，用途是打豆子和抖菜籽。连杆制作简单，用茶树条扭好，夹住一根轴用竹丝交叉缠绕，后用一根3米长的金竹夹住横轴即可使用。

石　磨　铺溪石磨以前是家家必备的主要食品加工工具，石磨由特种砂石精雕细凿而成，尺寸讲究，是一种对石匠技术要求较高的工艺。它分上下两扇，上扇有进料口，旁边打个孔上磨把手。下扇可连着磨槽一体做，中间开小孔上磨心，上下磨合部分开八卦齿，下扇顺上扇反，刻错推不出来，磨子做好放磨架上，配上磨搭钩套上绳索便可操作，有些地方不用磨搭钩，配弯柄手动旋转。

春　碓　铺溪常用的食物粉碎工具，构造比较简单、找个石匠打个碓窝放地里即可，主要用于舂海椒面、粑粑面，舂谷子成米等，在碓窝旁边栽两个带叉木桩做个碓脑壳，打两节孔、头上一个朝下，中间一个横着，穿一根木棍，头上孔里栽个杵，杵头是钢铁所制。一套工具就成，再配个碓房，保持干净即可。

传统工艺　铺溪村传统工艺主要有传统榨油、古法纺花、古法织布等。

传统榨油　20 世纪 60—70 年代以前，铺溪村吃油都靠榨打，加工对象是油菜籽和油茶籽，加工工具一般是 1 个村庄配 1 个。榨机制作简单，但它取材讲究，需要一根直径 0.6 ~ 0.7 米的大木头，一般用枫香木打破，取 4 米长的一段枫香木用凿子抠成模型，配若干个打油尖，1 个大棒头，还要用竹子编一个油箍。

安榨机之处须有大铁锅炒菜籽，炒热后用棕包好，置于榨油机内，用打油尖开打，油从榨机下小孔流出，用盆接住，装瓶封好即可。

古法纺花　古法纺花工艺复杂，有脱籽机、弹花机、纺线机等。将新采棉花晒干，经脱籽机脱籽，再用弹弓将皮棉弹蓬松，经手工制成棉条，然后用纺线机将棉条拉成纱线，即制成织土布原料。

古法织布　中华人民共和国成立前，铺溪村每家均有织布机，织布供全家使用。20 世纪 60 年代，工业生产布匹流行，织布机才逐渐退出历史舞台。

古法织布：将棉纱固定在织布机机杼上，分两排上下交替称为经线；梭子带线左右移动称为纬线。成品布一般约 40 厘米宽。

铺溪传统美食　铺溪村传统美食品种较多，主要有以下一些：

石灰粑　一种历史悠久的传统食品，制作方法是用石磨将玉米糁磨成浆倒入锅中加热，加入石灰水搅拌至熟透，装进盆中冷却即可，用大米制作的叫米豆腐。夏天吃一碗凉拌石灰粑，清凉解暑，充饥止渴。

绿豆粉　配料为大米、绿豆，也可用四季豆、蚕豆等替代绿豆，按比例加水浸泡后磨成浆，在大铁锅上烙成 2 毫米厚的圆形薄皮，卷起来切成丝即可，它的最佳调料是肉哨子加葱及辣椒酱，饥肠辘辘时烫上一碗，香辣过瘾。

酒汤粑　将糯米大米按比例混合加水浸泡后，用石磨磨成浆装入布袋吊起滤水（故称之“吊浆粑”），存放于陶瓷罐中，也可把泡过的米晒干后用碓舂成粉末，还要煮一罐米酒备用，食用时将吊浆粑搓成圆形状，放入开水中煮熟后加一碗甜酒，香甜软糯、入口爽滑的汤圆就可以直接上桌。

酸汤豆腐　先把黄豆泡好，在石磨上用二八分水慢慢磨，磨好的浆放铁锅中烧热后倒进布袋过滤，滤好的豆浆继续烧开后，用蔬菜自然发酵的酸汤点化搅匀，豆浆慢慢凝结成豆花，再装进模型框内，洁白如玉、豆香浓郁的酸汤豆腐制作完成。

香药菜　别名魔芋豆腐，制作过程与石灰粑相似，是“三高”（高血脂、高血糖和高血压）人群的最佳食品和菜肴。

神仙豆腐　以纯野生食材“神仙叶”制作，“神仙叶”属忍冬科六道木属、叶片翠绿厚实，有特殊香味。摘来神仙叶以开水消毒后捣碎，置于纱布内挤压出汁，又将干净灶膛灰制成的碱水加入，搅拌均匀放置1小时凝固后，切成丝条放碗内配上蒜、辣椒，暑热天吃消暑解渴，降血压。

蒿菜粑　粑制作方法很多，铺溪村常用方法是将蒿菜晒干打碎，与煮好的糯米饭一起打成糕粑即可，吃起来软绵清香，很有嚼头；也可将生蒿菜捣烂挤水，放入糯米面和与蒸熟后切成条小炒，色香味俱全。

清明菜粑　与蒿菜粑制方法差不多，口感略微不一样。

水腌菜　名字带水其实很干，是将晒干的青菜叶切成烟丝状，装进密封的罐里倒立于装水的钵中，三五天换一次水，2个月后取出香气扑鼻，凉拌或小炒都是一道开胃下饭的佳肴。

蕹　菜　这道菜制作技艺已濒临失传，据说是将青菜晒干扎把用石头压在木桶底部，撒一些香料，倒进冷开水将菜淹没盖好待半年后取出，异香扑鼻，闻之食欲大开，素有天下第一凉菜美称，适合病后初愈者开胃健脾食用。

灌辣椒　将个大匀称的牛角红辣椒去籽，用糯米粉填进去，装进卤水罐内，两三个月后取出蒸或用熟菜油小炒，香辣软糯，品相喜人。

臭豆腐　铺溪臭豆腐实际是毛豆腐，将豆腐切颗撒盐，用特制的稻草灰包裹后置常温下等待它长出白毛，食用时洗尽草木灰，那味道真叫一个绝。

酥肉果　铺溪驰名美食，将上好麦面与桐子灰碱水反复搅拌到不沾棍子即可，然后拧成小果放油锅炸熟透，干吃、水煮均可，是不错的上好零食。

凉拌烧茄子　将茄子烧熟，用蒜蓉、糊辣椒、酱油凉拌，清香辛辣，下饭佳品。

豆豆粑　用吊浆粑捏薄，包上煮熟的红饭豆蒸或油炸，香脆味美又营养

血米粑　杀过年猪时，将糯米与猪血和匀后上甑蒸熟，放置一段时间食用时再上甑蒸熟，切片装盘，散发一股奇特的醇香味。

腌鸭蛋　把洗净的鸭蛋放入陶瓷罐中加盐注入冷开水，等到蛋黄变红色即可。

腊肉猪脚　雅俗共赏的传统农家美食，将冬至后的新鲜猪脚裹上食盐，烤至焦黄带红，脱水保存，食用时把皮烧焦刮掉洗净斩成小节，放小锅内用文火炖一小时，至筷子能穿透皮肉即可，不加任何调料，也非常好吃。

蕨果团　铺溪境内盛产蕨菜，过去遇灾年全民挖蕨菜，把蕨菜根拿来洗净捣烂，加水搅拌过滤沉淀滤干水后即成为新鲜的蕨粉。做蕨果团时要先把油汤调好，放进新鲜蕨粉不停

搅拌至熟透捞起，像切蛋糕一样食用，蕨香浓郁，味美可口，

端午角角粑 别名“粽子”“粽粑”。端午节前，摘大量粽粑叶，用糯米包成一长三短的角角粑为铺溪村特有的包法。

狗椒子香肠 将红色狗椒子采回备用，到冬天灌香肠时，将干椒子粉碎加盐与瘦肉匀和灌入肠中，炕干脱水存放，食用时取一节洗净蒸熟切片装盘，闻之香透肺腑。

茴香豆粉蒸肉 取少许茴香豆与糯米一起粉碎，加入食盐后与新鲜五花肉片均匀混合后装碗蒸熟复盘，入口即化，满口生香。

椿菜炒腊肉 这是一道季节美味菜肴、搭配十分合拍，两种香味完美融合，令人胃口大开。

凉拌折耳根 学名鱼腥草，外省有而不食，唯西南人钟情之，铺溪喜凉拌，取之洗净切节，与糊辣椒、生蒜、酱油拌匀即食，有清热解毒功效，止咳化痰。

苞谷粑 取当地产苞谷（玉米）脱粒，用石磨磨成浆后用适量苏打粉和匀，用桐子叶包成个数蒸熟即食，或用油炸，营养丰富。

传统村落保护

村寨布局 铺溪村位于铺溪河西岸，地处于凤凰山和狮子硥两山之间，整个村只有两个地势较为平整的小坝区，村庄居于一片龙头形的宽阔地带，背靠国荣乡云台山麓，前临凤凰山，坐西北面东南，四面环山，铺溪河自西向东环绕寨前。有龙凤呈祥之意，风水前朱雀（凤凰山）、后玄武（篾篾岩）、左青龙（马头山）、右白虎（白虎岩）格局。东南有龟蛇二山锁住水口，形态逼真；西南有大坡顶拔地而起直插蓝天，登顶环视 15 千米视线无遮挡，寨中一小山曰龙宝，旁边有三人合抱之大树，更显得村寨的古老。

铺溪村四面青山环抱，三面绿水环绕，铺溪河由西向东直下龙川河注入乌江，村寨四周森林茂密，古树参天。寨中古树共 20 余棵。整个村寨以曲折古石巷将其分为 4 个部分，

铺溪村古巷道（县住房和城乡建设局 提供）

铺溪村传统民居（县档案馆 提供）

铺溪村村寨布局（局部）（县住房和城乡建设局　提供）

为 4 个村民小组的基本界线。村中古巷曲折，由许多“之”字形组合而成，是前人为防御入侵者而设置的路障，均为弯道设计，转角处均为直角，是专为防御外敌入侵而设计的，名为“杀口”（意为抵御外敌入侵而设计的狙击口）。巷道路面陡坡路段原为梯步，由毛石构成。

由于铺溪村在凤凰山和狮子砣两座山间的小夹沟里，整个村寨依山而建，房屋布局密集，纵横交错，疏密有致。村落肌理清晰，格局完整，其轮廓与所在的地形、地貌、山水等自然风光和谐统一，具有较高的历史价值和审美价值。

传统民居建筑特色　铺溪侗族传统村落民居以传统风格木质楼房为主，类型有三柱二瓜和五柱四瓜 2 种，据说起源以三柱为先、五柱为后，故有“三柱为大”的说法。但由于后人的需求以建五柱为主。20 世纪末，两层楼房逐渐兴起，但依旧保持传统特色。截至 2021 年末，全村存有各类木结构青瓦房 300 余幢，形制为正房与转角楼，厢房配对，多数为清末建造。形制以五柱六瓜正房配五柱二瓜或三柱二瓜转角楼厢房为主，其中具有独特工艺水平的吊脚转角楼 80 余幢，保存状况较好。穿斗式木结构悬山青瓦屋面建筑是铺溪冯姓侗寨别具一格的建筑特色，正房、转角楼等大小建筑均为穿斗式木结构青瓦房。

铺溪村传统建筑众多，传统建筑占村庄建筑总面积达到 85% 以上。截至 2021 年末，保存完好的百年以上古老木屋有 20 余栋。古屋以四合院为主，传统古民居一般由下正房、书房、偏吊脚楼和对天吊脚楼构成，其形制、结构、风格以及其蕴涵的民俗文化具有独特的韵味。

铺溪侗族建房流程 铺溪侗族建房流程大致有选地、备料、木匠开工、加工、拍扇、祭祀、掩煞、立柱、上梁、抛梁粑、装修等环节。

选 地 主人家先选择地块，再找“堪舆师”定方位朝向，一般要根据主人生辰八字来定。之后看建房日期，选择竖柱时间。

备 料 通过合法程序到自家山中或别人山中购买砍伐梁木等建房所需材料。

木匠开工 又叫“发木”，即掌墨师通过传统方式进行祭祀，请鲁班师进入现场护佑。

加 工 根据掌墨师设计的尺寸，通过一人或多人分工合作加工。

拍 扇 就是将加工好的柱子、穿方等组合成多个排列。

祭 祀 在竖柱前一天晚上掌墨师要祭拜祖师爷和祖师娘，以求保佑平安。

掩 煞 次日凌晨竖柱之前，掌墨师要用雄鸡进行“掩煞避凶”祭祀，以求竖柱时吉祥平安。

立 柱 即将多个排列支撑起来，再用开间的穿料将其构建成一个整体，房屋雏形基本完成。

上 梁 是将房顶之栋梁送上房顶的一个重要环节，要点梁、呼木（用雄鸡行祭，同时送吉语）。上梁时，东西两端安排好人手，等到掌墨师开梁口之后，便用绳索套住两端，再等到掌墨师用雄鸡行“呼木点梁”祭祀并送吉语后，听掌墨师一声号令，双方相互比赛，哪边梁先上去就获胜。

抛梁粑 就是用球形或者方体状的米粑或者糖果之类的东西从房顶上抛下，象征主人家新居落成后天赐年年吉祥如意、岁岁五谷丰登。抛梁过程中，东山是木匠的领地，西山是主人家请来的“先生”，“呼木点梁”祭祀后，双方开始送吉祥话竞赛，哪一边说得多则获胜，然后将抛梁粑抛下便宣告全部程序结束。

装 修 即请木匠用木方、木板对房子进行全面、精细包装修饰。包装修饰成功后整栋民居即完成。

被列入第二批中国传统村落名录 2013 年 8 月 26 日，住房和城乡建设部、文化部、财政部等联合发布第二批列入中国传统村落名录的村落名单，石阡县甘溪乡铺溪村被列入。

传统民居保护举措 2013 年 8 月，铺溪侗族传统村落被列入第二批中国传统村落保护名录之后，铺溪村委会制定传统民居保护相关规定。如严禁将传统民居翻修砖房，如需翻新只能翻新成木房，并且与传统建筑风格相吻合；对具有传统风格及具有文物价值的雕刻、用具及建筑设施等严加保护，对典型院落实施重点保护，并在必要时加大力度对其进行修缮等。

传统村落保护举措 2013 年 8 月，铺溪侗族传统村落被列入第二批中国传统村落保护名录后，地方政府对传统村落保护提出严格要求，铺溪村委会发文，以甘宝（甘溪乡至聚凤乡宝龙村）公路为界，对传统村落中心区域实施重点保护，公路沿线以北严禁修砖房，需要翻修或新建，均需严格履行建房申请程序，村委会以木房为准把关批复，不听劝告者后果自负。木房均要求尽可能与传统特色保持一致；对地面上的硬件设施如有传统特色的不能清除或覆盖；要求新建现代化房屋尽可能往村落后山扩展；道路铺设均采用清一色青石板铺就，以彰显浓郁的传统民居色彩。2021 年，甘溪乡人民政府提出佛顶山西线旅游建设规划设想，省、市、县、乡各级相关部门再次对铺溪侗族传统村落保护问题进行检查指导，并提出更严格的要求。铺溪村委会再次强调，铺溪侗族传统村落中心区域内严禁修建现代风格的楼房，保证传统村落核心区域传统建筑风格的完整性。

编制传统村落保护发展规划　2016 年 5 月，有关部门对铺溪传统村落进行建档，对村域环境分析描述及其图片，传统村落选址与格局描述，传统村落选址与格局分析及图片，传统建筑基本信息、分布、测绘、照片，历史环境要素基本信息、要素分布图，古树名木，重要历史环境要素测绘图，非物质文化遗产代表性项目、照片录音或录像册页，其他非物质文化项目、照片、录音或录像册页、古书籍，村落人居环境现状及其他材料等 9 条 33 款，进行系统登记建档。在此基础上，有关部门制定《贵州省铜仁市石阡县甘溪乡铺溪村传统村落保护发展规划（2014—2030 年）》，分 8 章，即总则、村落特征分析与价值评估、保护对象、保护范围划定、保护与整治、保护项目及实施规划、传统村落发展、规划实施保障等进行具体规划。

传统村落保护项目实施　2015 年，甘溪乡铺溪被石阡县列入 2015 年度传统村落保护项目实施单位，获国家下拨项目资金 140 万元，按规定实施系列传统村落保护项目建设。

2018 年，传统村落消防设施项目得以实施并如期完成，整个村落安装消火栓 20 个。

截至 2021 年末，铺溪村利用国家下拨资金，安装建设村寨消防和污水处理等设备设施，并制定管理制度措施。设立 3 个垃圾固定投放点，垃圾车定期进行运输处理。对古树、传统民居一一登记造册并实施挂牌管理。

古迹胜景

文昌阁遗址　文昌阁位于村寨东头小岭上，原建年代不详，重建于清道光二十九年（1849），主阁为两层三间，上层为阁楼。右边有陪房两间，前面有对天房 3 间，左边有木仓 1 个。下层供奉着文昌帝君等神位供人们参拜，上层阁楼供奉着 4 个“四宝将军”脸谱供族人敬仰。阁楼有大门 4 扇，雕刻精美，刻有“万国来朝”字样。中华人民共和国成立后，文昌阁被作为铺溪小学校舍。直到 20 世纪 90 年代，铺溪小学迁徙到官庄中心学校后被拆除，仅留遗址。

举人桅子　清光绪十一年（1885）所立，20 世纪 60 年代拆除，挪作他用。

冯氏祠堂遗址　冯氏祠堂始建于清光绪十五年（1889），原址于龙田湾湾，后于清末、民国初年迁于小铺溪，海拔534米。祠堂由柏木构成，为一层5间翘檐形制，中三间每间开间约4米，两山略小约3米，为天、地楼结构，磉凳为三层石磉，上层为直径39厘米、高12厘米石鼓，中层直径略小，为15厘米高六轮石柱，下层为10厘米高方座。中华人民共和国成立后拆迁至文昌阁坎下，作为红星生产大队办公室，并用于铺溪小学校舍。后成危房而拆除，仅存遗址。

铺溪诸屯遗址 据有关宗谱记载，清咸丰五年（1855），贵州大乱，土匪横行，对老百姓进行肆意烧房、杀戮、抢劫、绑架等活动，地方政府无力管制，人民生命朝不保夕。各村寨各姓氏纷纷筑屯避祸保命，在此期间铺溪冯姓也修筑大小10余处屯，其中规模较大的有3处。

大坡顶屯 位于村落前面铺溪河南岸大坡顶山顶上，海拔830米，清咸丰十年（1860）冬附生冯立庠承首修建，大坡顶屯位置险要，基垣牢固，易守难攻，是当年绝佳避险场所。1999年，县电信局于屯中修建移动通信基站，大坡顶屯被毁。

簸簸屯 位于铺溪后山顶，因形似簸簸而得名。建于清咸丰十一年（1861）正月，是全村保存最完好的古屯堡。

马颈坳屯 位于村落东北面马颈坳上，原建年代不详，为清同治二年（1863）冬附生冯立庠组织重修，此屯垣墉坚固，实赖冯立庠督修之功。惜于20世纪50年代将石料拆作他用。后村民在此开荒种庄稼。

观音庙遗址 位于干堰沟龙颈坪河北岸上，海拔574米，具体修建年代不详，观音像居于一天然岩阡内，依一天然岩浆石上塑就。塑像前寺庙基础尚存，长约8米、宽约4米。据先辈相传，这里曾经香火鼎盛，如赶集一般。但村里80～90岁的老人均未见过庙是啥样，也未听其前辈讲过，可见其年代之久远。截至2021年末，仅存观音坐莲塑像。

古　墓 铺溪村有多座古墓，其中最有名的是明振威将军王鸾墓。

王鸾墓 王鸾，明振威将军，王氏迁黔始祖，官庄土司。墓在村东侧铺溪河对岸200米龟山上，建制恢宏，为石阡县著名的明代古墓，坐南向北，占地面积30平方米，墓室依山开凿，共两室，室外建墓门，竖墓碑。墓碑高2.5米，高出山丘顶0.5米。是石阡县境内发现的唯一有墓室、建墓门、竖墓碑较完整的明代墓葬。此墓为王鸾夫妇合葬墓，墓主王鸾，陕西人，明洪武三年（1370年）征黔，被当朝敕封振威将军，摄石阡土司职。此墓承载着墓主生平及当时社会现状的重要历史信息，为研究明代丧葬习俗和墓葬形制、结构提供重要实物依据。此墓主人为余庆县及黄平县王姓苗族祖先。每年清明节期间，两地王姓家族都有数千人来此祭拜。

冯应魁墓 冯应魁，明初南京人，奉命平蛮来黔，铺溪冯姓迁黔二世祖，铺溪“悄悄年”祭祀起源者，葬于甘溪陈姓对门群宝山半坡，地名曰“壁上挂灯”。

冯万才墓 冯万才，冯姓迁黔四世祖，由甘溪迁铺溪，为冯氏族人迁居铺溪之始祖，

葬于槲树坪与通草坪之间的官坟山，海拔720米，墓冢直径约667厘米，其棺椁葬于天然冠状石岭中间而成墓，原称“冠坟”，后讹为“官坟”。

冯德长墓　冯德长，清道光年间铺溪村冯氏家族族长，清咸丰十年（1860）与妻陈氏合葬于铺溪河对门姜家坡。

冯翰先墓　清光绪十一年（1885）举人，就拣选知县职、应授文林郎，墓在龙田湾湾。

古　井　全村有常年不干涸的古水井6口，井水冬暖夏凉，清澈甘甜，取来即食，是过去村民的生活用水。

螃蟹井　位于村落前水井坎，因左右各有1眼，形似螃蟹双眼而得名。据传，此井至少有600年历史。20世纪50年代，为保证村民饮水将西边井进行扩建，1990年2月，扩为双井。原有1座古苗族人祖坟于2井中间，20世纪50年代开塘时废除。

深溪村古井（县档案馆　提供）

堰塘水井　位于村落之堰塘，始建于明代，原为1眼小井，20世纪50年代扩修成一眼大井。1990年2月，扩为双井。此井水质优良，是村落里传统烤酒必需之水源。

古渡口遗址　历史上，铺溪河铺溪村段有多个渡口，留下了多处渡口遗址。

湾滩渡口遗址　又称过河处，宽80米，位于村落西湾滩，海拔554米，历代均以此渡口为主，仅冬季搭木桥以助渡。2021年初，建成拱水坝1座，解决村民渡河难题。

窑孔渡口遗址　位于村落前窑孔连接小铺溪之渡口，海拔536米，自古都以此渡为主，冬季则搭木桥以助渡。1978年，红星生产大队在渡口上方约100米处修建钢索桥1座，桥面为并列四绳上铺木板构成，左右各有缆绳1根用铁丝连成护栏。1986年，铺溪人行便桥建成后不久即拆除，仅存留有桥头堡。

大河口渡口遗址　位于村落前大河口两水交汇处，海拔534米，是连接铺溪村与官庄之渡口。渡口宽约100米，为交通要塞。当地曾多次组织修建过大型木桥，皆因水流太汹涌而失败。20世纪60年代当地组织搭桥，桥以木桩作支架（俗称桥桩），铺4米×0.2米×0.05米木板，每年九月初一搭桥，次年三月初一拆桥。1986年，铺溪村委会采取上级拨款加自筹资金的办法，于渡口上游约300米处建成长70米、宽2米的六跨的人行便桥1座，命名为铺溪桥。后铺溪桥在1997年特大洪水中被冲毁。

桥梁亭榭　铺溪村最有名的桥梁是安靖桥，亭榭主要有福安亭。

安靖桥　即大河口人行便桥，又名风雨桥，位于村落前大河口渡口下游约50米处。南

铺溪村安靖桥（勾昆　摄）

北横跨铺溪河，为宽 2 米、长约 100 米的四跨混凝土桥梁。2016 年，由铜仁市交通道路运输局承建。年内，通过竣工验收，投入使用。2017 年，在桥面建成高 4.5 米、宽 2 米、长 75 米的木质桥廊，命名“安靖桥（风雨桥）”。南北两端分别悬挂对联。

湾滩拱水坝　位于湾滩渡口，海拔 554 米。2021 年 2 月，县农业农村局承建，长约 80 米 20 孔、宽 3 米，由毛石混凝土构成，解决村民渡河难的问题，又恰似横笛卧河中，加上潺潺流水浑若天籁，美妙无比。

福安亭　位于村落前红墙路口，海拔 539 米，长 10 米、宽 3.3 米、高 4 米，建于 2015 年，原为鱼塘组部分村民自发组织修建的休闲场所，2017 年铺溪村委将其地面铺成大理石地板，命名曰“福安亭”，并悬挂对联一副。联云：“铺旺人兴福满村，溪清渔丰安民心”。

山峰形胜　铺溪村坐落于佛顶山与云台山之间，山峰众多，景色秀丽。

后　山　海拔 767 米，山势自东向西绵延，有狮状小山体十三座，再得北面九峰相衬，故有“九岭十三狮”的说法。

大坡顶　位于村落南，海拔 830 米，南面数十米悬崖绝壁，北面为陡峻之林地，犹如天然屏风矗立在村前，山顶有清咸丰年间所建古屯堡遗址。建有手机通信基站于顶端。遇雨季，山顶久雾不散则雨将续至，雾速散尽则晴将至，可谓“晴雨表”。

凤凰山　又称“小凤凰山”，位于佛顶山支脉凤凰山主峰之北麓，村落与之隔河遥遥相对，海拔 1300 米，因三峰相连形似“凤凰展翅”，故而得名“凤凰山”。

八人轿　又称“八人抬轿”，位于老林白果坪后，海拔 1039 米，因中间的山峰四周有 8 座山峦相衬形似八人抬轿而得名，山顶三面悬崖绝壁，唯有一道通其中，真是有“一夫当关，万夫莫开”之势。清咸丰年间匪患猖獗时，冯姓族人曾踞此而躲匪患。

狮子砣　坐落于周家湾（周姓初来寄居处）旁，海拔 640 米，形似“雄狮卧岗”而得名，也有人称老寿星。悬崖峭壁，气势恢宏。上半部不长草，岩石裸露，岩质坚硬，不适合石材加工。整山状如人形，有头有脸，五官俱全，竖鼻横口，栩栩如生；远观如将军正襟危坐，气质超然，果敢刚毅；近看似皇帝坐朝，君临天下。相传若山上自然落石，村中便会有人考中功名。

马颈坳　位于村落后，海拔 670 米，形似马之颈部而得名，马之头在村落里，尾在桅子坪，鞍在天堂坡，形态逼真，为村落自然形胜之一。

蛇　山　位于村落东面铺溪河岸上官庄坝，山体自西向东南延伸约 500 米至官庄刘姓村民屋后，与龟山相隔 100 米相峙，形似一长蛇而得名。

龟　山　位于村落东面河岸上官庄，因形似一只乌龟而得名。龟山、蛇山、狮山、马颈坳与凤凰山为铺溪五景，曾有铺溪文人对联以赞之，联云：“门前龟蛇锁河口，屋后狮马引凤凰”。

石山坡　位于村落中央，海拔 580 米，山形呈圆锥状，整体由岩石构成，西面为缓坡林地，东面为水平石板构成的斜坡，人可徒手步行至山顶，亦可由上自下滑行至山脚，曾是 1961—1979 年出生的村民童年游玩场所。因铺溪地形似一侧卧之龙头状：上颚在冒庄坡旁学堂砣砣，下颚在堆子，中间低洼部分恰似龙口，故称“龙田湾湾”。又因“石山坡”恰似位于龙头之眼部，故形象地称之为“龙眼”。

向天龙山与龙田（龙田湾湾）　即铺溪龙田湾湾。因铺溪侗寨地形神似一翻身钻地龙龙头，村前一湾稻田恰似龙口而得名“龙田”，又称“龙田湾湾”。相传，一位大师发现有两条龙结伴往西而行，大师欲看其究竟，便尾随跟踪而来，来到铺溪后山之长沟，发现二龙却分道扬镳，一条龙欲腾空上天，因玉帝疑其欺天，遂派雷神击之，其上唇被击毁而被定格于此，即形成铺溪向天龙山。另一条龙则钻地奔向铺溪河，刚侧身钻出山体亦被玉帝定格于此，上唇即文昌阁所处之小岭，下唇即寨前堆子，石山坡即龙之眼。故有“一条龙上天，一条龙钻地”的说法。一湾稻田正处于龙之上下两唇之间龙口里，故称“龙田”，或叫“龙田湾湾”。

古　树　铺溪村古树茂密，截至 2021 年末，铺溪村共有百年古树 20 余棵。有名贵树种榉木、红檬子、枫树、檀木等，其中红檬子在晚春开满树白花，给人以初春的感觉。檀木若发芽早冒，则后期雨水稀少；若发芽晚冒，则后期雨水旺盛，多年亦然，当地人称之为“气象树”。

狮子砣古枫　位于狮子山东面枫香湾，高约 70 米，青翠葱茏，与狮子山融为一体，天然合璧，蔚为壮观。

石山坡古枫　高 60 余米，粗二人围半，枝繁叶茂、苍翠葱茏，是县林业局挂牌保护的古树之一。

古榉木　位于村落中央石山坡西面，与古枫相距 30 米，高约 50 米，粗二人围半，曾有数拨人来此欲将其收购砍伐，均遭拒。

古皂荚树　共 2 棵，均位于村落水井坎外边河坎上，高约 50 米，粗近 3 人围。在过去洗涤用品匮乏的年代所结果实为洗涤佳品。其中，下面 1 棵呈驼腰状，即铺溪历史上有名的“驼腰树”，与“螃蟹井”并称铺溪村最有名的 2 处古迹。

望水檀　位于村落前，共存有 4 棵，高约 50 米，粗二人围，春汛前形如枯树。洪水暴发后慢慢发芽，等到叶茂时预示洪水将尽，当地人称之为气象树，故名“望水檀”。

金弹子　位于铺溪球场外边河坎上，共 2 棵，高约 40 米，粗均二人围，为珍稀植物，曾有数拨人意欲收购后砍伐，均遭拒绝。

古沙桃树　位于村落后山野猫洞住宅旁，海拔 630 米，高约 50 米，粗二人围，高大挺拔，苍翠繁茂。

油桐王　位于村落后山狮子砤岩脚，高约 20 米，胸围 42 厘米，可谓油桐之最。

红六军团甘溪遭遇战与甘溪红军烈士陵园　1934 年 9 月，担负中央红军长征先遣队任务的红六军团 9700 余人，在中共中央代表任弼时、军团长萧克、政委王震等率领下，突破湘军、桂军敌军的重重封锁，到达贵州瓮安草塘准备西渡乌江时，接到中央军委命令，改变

2016 年 8 月，位于羊东坳的甘溪红军烈士陵园（郭永忠　摄）

行动路线，到黔东与红三军会合，创建革命根据地。国民党军队察觉红军意图，调动湘军、桂军、黔军 24 个团兵力，在红军必经之地石阡区域形成三面合围之势，企图将红六军团一举歼灭。10 月 7 日，红六军团先头部队进入石阡县甘溪，与有备而来的优势国民党军队遭遇，陷入重围。红六军团军事机关和政治机关分别驻扎在红岩村和铺溪村。红军战士在甘溪及附近地区与敌激战 10 余日。在红 51 团、红 52 团的掩护下，10 月中旬，红六军团先头部队和主力部队先后突破国民党军队包围圈。

甘溪遭遇战由于敌众我寡，地形不利，特别是国民党军队先期到达，并集结重兵布下口袋阵，而红六军团不明敌情，于猝不及防的情况下仓促应战，先后被国民党军队截为数段，战士伤亡惨重。铺溪村与甘溪村交界处的羊东坳是甘溪遭遇战主战场之一，红六军团在这里遭受重创。著名军旅作家王树增在长篇纪实文学《长征》中记述道：“二连的官兵终于用血肉之躯在敌人的冲击线上撕开了一条裂缝般的生路。四十九团与五十团的官兵混杂在一起，从这道裂缝间向南去。他们不知道，前面一个叫羊东坳的山涧会成为他们的死亡之地。羊东坳山深涧狭，只有一条很窄的水槽从那里通过。退下来的红军士兵拥挤在一起走上水槽，很快，木制的水槽断了。红军在水槽断裂的那个瞬间听到了迎面两百米处桂军阵地上响起的机枪射击声。桂军将数挺机枪聚集在一起，射出的子弹被狭窄的山涧挤压得异常迅疾而锋利，红军即刻出现大量伤亡，倒下的人重重叠叠地摞在了一起。到第二天战斗结束时，当地四百多位农民用了整整一天的时间，才把这条山涧里的红军的尸体全部掩埋掉。”最终，拼死一战后，红六军团粉碎国民党军队功毕于一役、在甘溪乡全歼红六军团的企图，近 3000 名红军冲出重围，在印江县与红三军会师。

为纪念在甘溪遭遇战中英勇牺牲的红军烈士，1967 年，石阡县人民政府在甘溪人民公社革命委员会所在地以东约 1.5 千米的红星生产大队（后更名铺溪村）与中心生产大队（后更名甘溪村）交界处之羊东坳修建占地 300 余平方米的红军烈士陵园。甘溪红军烈士纪念碑塔基一面依山，三面以料石垒砌，高约 5 米，长约 50 米，基面为草坪，四周植树。草坪中心砌宝塔形状正方形三级石阶碑座，碑为长方体，高 7 米，碑文为“甘溪死难烈士永垂不朽”。当地群众自 20 世纪 70 年代起，每年春节、清明都会自发到纪念碑处焚烧香纸，敬献供品，缅怀红军烈士。

1981 年，甘溪红军烈士陵园被列入石阡县重点文物保护单位。20 世纪 80 年代，石阡县人民政府对甘溪红军烈士纪念碑进行修整重建，重建后的甘溪红军烈士纪念碑高 19.34 米。萧克（原红六军团军团长、开国上将）、周仁杰（时名周球保，开国中将）、李贞（开国少将）等原红六军团指战员专程到甘溪凭吊先烈。1984 年秋，原红六军团军团长、开国上将萧克为甘溪红军烈士纪念碑题词“甘溪死难烈士永垂不朽”“牺牲决胜勇当长征先遣队，浩气长存信是中华好男儿”。甘溪红军烈士陵园为省级爱国主义教育基地。

2015 年，甘溪侗族仡佬族乡人民政府在甘溪村龙骨山重新修建 2000 平方米的甘溪红军烈士陵园。作为红六军团甘溪遭遇战主战场，每年仍有不少“铁杆”军史爱好者从国内各地到甘溪村与铺溪村交界的羊东坳凭吊烈士。

传统文化

冯氏侗族“悄悄年”祭祀 又称“铺溪冯姓悄悄年”。是铺溪村冯姓侗族及其全部支系共同代代相传的特殊习俗，在每年除夕前一日举行，已有600余年历史。

明洪武初期，其迁黔始祖冯必亮（字子英，南京应天府上元县人，系明腰玉八台总兵）奉朝廷之命赴贵州平蛮，随行的有长子冯应魁、次子冯应成、三子冯应时，入黔后冯必亮即命三子分别带兵与苗兵决战。其长子冯应魁在率兵跟苗兵作战过程中来到贺公仙山，因不熟悉地形及不习惯山地战，被苗兵伏击失利，官兵死伤无数，苗兵追赶甚急，冯应魁眼看难以脱逃，便急中生智，急忙拉4具阵亡士兵的尸体将自己身体完全盖住并祈祷：若保佑得我全活，将令子孙代代鼎敬祭拜。最后果然躲过敌军追击。之后父子四人会合于思南县大宝四角山神仙庙安营整顿，因形势需要，冯必亮之次子冯应成往云南，三子冯应时回江南原籍，仅长子冯应魁随父留居贵州，随后冯应魁又将其母蒋氏亦接来遂安家于此。定居于此后，他不忘与自己无血缘关系且不知其姓名的4位死者的救命之恩，为表达自己的感激之情，决定采用除夕过“悄悄年”方式祭拜之，而且确立4位死者在他心中的尊贵地位，甚至将“将军”之头衔让以4人，尊奉其为“四宝将军”并立牌位进行祭祀，且嘱子孙后代永以为祭，遂产生经久不衰的“铺溪冯姓悄悄年”。

冯姓子孙为感激“四宝将军”的救祖之恩德，永遵祖训，家家户户神龛（香火）世代供奉“四宝将军”神牌，600余年始终如一。

铺溪村冯氏侗族“悄悄年”祭祀之“躲兵”场景（县住房和城乡建设局 提供）

“躲兵”是冯姓“悄悄年”祭祀的一个重要环节。当初，冯应魁确定在每年岁终晦日（即除夕夜）用清净过年方式来纪念4位救命恩人时，为避免发出声响，影响“悄悄年”祭祀，嘱其家人全部离家外出，并将鸡鸭犬鹅等易发出声响的动物带出去，找一个僻静之所躲藏起来（目的是让冯姓子子孙孙永远铭记先祖身处危难时刻的不易，懂得居安思危）。只留主祭一人在家，备好八仙桌，设置4个席位、4道香案，准备4个刀头肉、4副碗筷及敬茶敬酒，并打赤脚献祭。祭祀完毕，外出之人方可回家，阖家团圆吃年夜饭。外出之人名曰“躲兵”。“躲兵”及祭祀时间约2小时，过去均以点香计时，3炷香或1炷长香（约在18至20时）。

之前冯姓祭“四宝将军”是在除夕夜，至清朝某年，除夕夜他姓放鞭炮干扰冯姓进行“悄悄年”祭祀，两姓因此发生严重争执。冯氏与对方对簿公堂，经过调解，思南府印江县县官判冯姓先他姓一日行“悄悄年”祭祀，这就是农历腊月二十九（月小二十八）铺溪村冯氏行“悄悄年”祭祀来历。

2007年5月，石阡县“悄悄年”祭祀习俗被列为贵州省第二批省级非物质文化遗产代表性项目，并被命名为“冯姓悄悄年——中国式感恩节”。

玩龙灯，送龙宝　石阡县以毛龙著称，铺溪毛龙更是石阡毛龙的佼佼者。以前未生有男孩家庭，可求龙灯送宝，待贺元宵结束，行授宝礼，此时说的祝词是送宝龙句子，礼毕，由灯主将龙口宝取下交给主人，并说吉祥辞，主人跪下接住许愿后，将龙宝请进堂屋挂于东侧，添烛勿使熄灭。

之后玩灯人将灯吹熄，手持灯把抖三下将毛龙移出带到灯堂放好，等待来年生下男婴，还愿又称“缴宝”，到宝儿年满12岁时由受宝人恳请当年头人请办此年毛龙，并赞助经费，玩灯人便带上毛龙，领着宝儿，把他家亲戚走一遍，也可帮别人开财门，亲戚们都要给宝儿挂红。回来本村打完寨后，作还宝仪式主人将堂上龙宝取下，头人持住念念还愿口诀，将宝在香火面烧了，“缴宝”仪式结束，正月十六日下河化灯，历时13年的送缴宝仪式落下帷幕。

《冯氏族谱》　清道光年间（1821—1850），冯姓族人、附生冯定元与族中先达辈曾修有族谱，因咸丰之乱，盗贼蜂起，故而东奔西走致原谱无存，如是历经40余年，以致族中事迹历久难详，修谱在即。清光绪十五年（1889），由附生冯光兴（派名立学、清附生）与其侄儿、举人冯翰先（派名明鉴，字藻皆，号绮山）商议共同组织修订族谱，二人合作新修铺溪冯姓及其支系繁衍的《冯氏族谱》，是年末，族谱修成。1922年，由举人冯翰先再次主持增修《冯氏族谱》。所述世系包括铺溪、葛宋以及由此外迁其

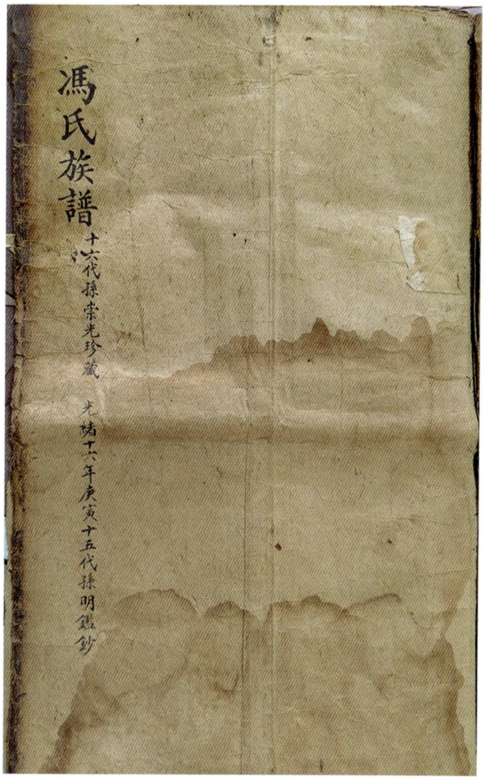

铺溪村《冯氏族谱》（冯井儒　摄）

他县、乡（镇）的冯姓族人，主要记述冯姓迁黔始祖冯必亮（明腰玉八台总兵，南京应天府上元县人）于明朝洪武年间奉朝廷之命率三子冯应魁、冯应成、冯应时领兵到黔平乱，乱平后与其长子冯应魁定居贵州后生息繁衍之经历及开创发展的奋斗历程，以及鼎敬祭拜“四宝将军”的感恩事迹。将冯姓一至十七世之历代详情悉数录入（十七世后待加修），于是年2月初增修之谱遂成，随命族中文人缮写多本分藏。

艺文杂记

安靖桥对联

铺卧蟠龙唤神狮仙骏护古寨清静，溪引凤凰招金龟银蛇渡乡邻平安。

水清溪美览胜奇观佛顶，人杰地灵流声美誉石阡。

万峰苍翠扫眉黛，一桥风雨锁烟霞。

福安亭对联

铺旺人兴福满村，溪清鱼丰安民心

颂景联

门前龟蛇锁河口，屋后狮马引凤凰。

冯姓腊月二十九（小月二十八）“悄悄年”祭祀来历

铺溪“悄悄年”从明朝初年起一直都是在岁终除夕祭祀“四宝将军”，均得到大多数邻近他姓之尊重，未曾受到任何干扰。相传清朝某年，因官庄刘姓与冯姓产生隔阂，在除夕冯姓祭祀“四宝将军”时段故意放铁炮干扰。事后冯姓族人集体去官庄追究，进而双方大打出手，刘姓寡不敌众而闹出人命，将冯姓控告到思南府印江县，县官考虑到时间冲突，为防之后类似事情再次发生，便进行调解，劝冯姓先他姓一日行“悄悄年”祭祀，并永以此为例。故有“月大二十九、月小二十八”过悄悄年的惯例，从此邻里他姓不敢再行干扰。

大人坟与凤凰山的传说

凤凰山，山峰名，位于石阡县南部甘溪侗族仡佬族乡、坪山镇交界处，系佛顶山主峰之一，山顶海拔1627米。

很久以前，在佛顶山下的晒溪有个大财主姓杨，杨家共有888间房屋（现有上杨家关和下杨家关为证）和财宝。杨财主有了这么多的房屋财宝仍不满足，还想子孙后代能够当官，挖空心思总想挑选一块风水宝地待自己百年归世后作为坟地保佑后人。于是花了许多钱财恭恭敬敬地请了当地一位有名的“风水”先生，在寨子东南面的山麓名叫大人坟的地方相中一穴墓地。

不几年，杨财主一命归西，其家人只得乞请为其看地的“风水”先生前来为其做法事安葬。待到下葬之日，风水先生一再嘱咐打井之人，不可深挖，下葬之时，须等到鲤鱼上树、有戴铁帽之人经过方可。

那些帮忙打井的人挖了一阵，便挖到了一处石板，就按照“风水”先生的吩咐停了下来。待得那些抬棺之人来到坟地，大家左等右等，都不见鲤鱼上树现象出现和戴铁帽的人走过。大家纷纷怀疑是否会发生这种事情。又等了好一会儿，还是没有发生，他们没有耐心等待下去，一个个迫不及待地围在石板周围，齐心协力用劲掀开了大石板。突然从石板底下飞出了一只五彩斑斓的凤凰，在阳光下浑身像披上了一层金子闪闪发光。它径直往山里飞去，停歇在山顶上，双眼凝望着它刚离开的地方——大人坟。那只凤凰在山顶上足足停歇了三天三夜。三天后，凤凰不见了，目睹这一过程的老百姓对那只神奇的凤凰念念不忘，就将凤凰盘旋过的地方叫凤凰山，沿袭至今。

（董孝渊、赵恒等）

人 物

冯应魁　冯姓家族迁黔二世祖，生卒年不详，明洪武年间随父领兵来黔平乱屯军戍边而定居此地，“铺溪冯姓悄悄年”祭祀起源人，铺溪村落创始人。

冯万才　冯应魁之孙，生卒年不详，铺溪村落的继承和发展人。

冯时清（1740—1829）　派名世荣，石阡府学增生，被《石阡县志》列为乡贤。《冯氏族谱》记载云：生平严正自持，学问淹通，四方之士多出其门，石阡府授殷象贤赠匾额云：“学优养粹”，凯井友人、四川知县李廷勋赠匾额云：“为国之琛”。1919 年，石阡县重修县志，列冯时清为乡贤德行门，云：“冯时清，乾隆时增生，居家孝友，持己端方，笃念师资，裁成后进，身为乡里表率者五十余年。”

冯翰先（1855—1930）　原名继先，后更名翰先，派名明鉴，号绮山，字藻皆，清光绪举人，冯时清之曾孙。同治十年（1871）辛未十月，刘学台科试取入石阡府学第四名附生，光绪四年戊寅张学台岁试增生，光绪七年（1881）辛巳五月，林学台岁试一等第一名廪生，光绪十年（1884）甲申四月杨学台拟取乙酉科第二名拔贡，光绪十一年（1885）乙酉本省乡试中式第四十七名举人。光绪十八年（1892）壬辰进京会试，就拣选知县职，授文林郎。1918 年入石阡县任教兼任县修志局纂修，参与编纂《石阡县志》。1922 年续修《冯氏族谱》等事。平生以教书育人为己任，光明磊落，不图名利，其间四方之士多出其门下，名播乡里。

冯开禹　侗族，1958 年 8 月生，中共党员，理学学士，三级教授，安顺市第三批市管专家，安顺学院教学名师、学术带头人，安顺学院资源与环境工程学院原院长，2018 年 8 月退休。曾获安顺地区优秀教师（1997 年）、曾宪梓教育基金三等奖（1999 年）、贵州省第八届高等学校优秀教学成果三等奖（2014 年），安顺学院优秀党员、优秀党务工作者等。2017 年被安顺市人大常委会聘为地方立法咨询专家，2018 年，被安顺市人民政府聘为政府重大行政决策咨询论证专家。

冯　冈　1973 年 12 月生，侗族，原籍石阡县甘溪仡佬族侗族乡铺溪村，1996 年 9 月参加工作，2003 年 1 月入党，省委党校研究生学历。2016 年 3 月，任铜仁市交通运输局党组成员、市道路运输局局长。2019 年 1 月，任铜仁市交通运输局党组成员、副县级干部。

人物名录　中越边境自卫反击战参战人员　陈志强、冯景余、冯开智

县级非物质文化遗产代表性项目“悄悄年”祭祀代表性传承人　冯井儒（已故）

获得硕士学历人员　冯运林　南昌大学麻醉专业

冯运鱼　华北水利水电大学地质工程专业

吴佳美　华北水利水电大学地质工程专业

钟灵毓秀深溪村

深溪村是石阡县距离县城最远的行政村，山高坡陡，交通滞后，但自诩牂牁故地后代的深溪村人深信高山深溪挡不住他们追逐梦想的脚步。一代代的深溪人在各自的领域里努力耕耘，创造着属于自己的精彩，丰富着村落的历史。

基本村情

行政区划 河坝镇深溪村辖蒋家坝、深溪、杨家寨3个自然村寨10个村民小组。截至2021年末，面积7.66平方千米，耕地面积109.67公顷。

村名由来 杨家寨，明朝时叫宋家湾；野鸡山，明朝时叫黄泥堡。因村中溪流四时流淌，阻断隔溪而居，相距仅1千米的长岭岗、野鸡山2寨一脉亲支之间往来交流，故起名“深溪”。

历史沿革 深溪村在唐朝属夷州迎仙里，元世祖至元六年（1269），属葛彰葛商长官司；明洪武元年（1368），属葛彰葛商长官司；清康熙四十三年（1704），属在城里；1916年，属本庄区；1938年，属第四区；1942年，属乐回乡管辖。1943年，属永和乡管辖。1950年，属第三区。1953年，建永和乡，属永和乡管辖。1958年，成立永和人民公社，为永和公社蒋平生产大队。是年末，永和公社撤销，并入回龙管理区，归回龙管理区管辖；1962年，撤销回龙管理区，复设永和人民公社，为永和公社蒋平生产大队；1966年，永和人民公社蒋平生产大队更名为永和人民公社光明生产大队。1985年，实施政社分离改革，为永和乡深溪村；1992年，撤销河坝、高王、永和3个乡，改设河坝场仡佬族侗族乡，为河坝场仡佬族侗族乡深溪村；2004年6月，石阡县开展撤并行政村工作，深溪村与小江村、中宅村、黎家坪村合并为永和村；2010年，石阡县开展行政村调整工作，重新设置河坝场仡佬族侗族乡深溪村；2016年1月，撤销河坝场仡佬族侗族乡，改设河坝镇，为河坝镇深溪村。

河坝镇深溪村山水风光（勾昆　摄）

自然环境

地理位置　石阡县河坝镇深溪村地处石阡县西南部，距河坝镇人民政府驻地 20 千米，是距离石阡县城最远的乡村。深溪村与遵义市余庆县大乌江镇新场村接壤，“一街分两县”是全省一道独特的人文景观。深溪村文化、民风民俗与余庆县更为接近。

地形地貌　深溪村地处偏远山区，山高谷深，村落所处地形地貌为山间盆地，地势平坦。东有乐回江挡道，南有白家山把关，西与龙溪接壤，北有乌江阻隔。属典型的喀斯特地貌。

森林资源　全村自然环境较好，白家山、爬坪的原始森林郁郁葱葱。寨前村边溪水四时流淌，房上林间小鸟到处鸣啾。山泉汩汩，空气清新，景色宜人。

气　候　深溪村属亚热带季风性湿润气候，多年平均气温 18.8℃，1 月平均气温 9.8℃，7 月平均气温 29.7℃。生长期年平均 289 天。无霜期年平均 300 天。年平均日照时数 1228.6 小时。年平均降水量 1080.6 毫米。

土壤水质　深溪村土质多为油沙地质，饮用水和地表水均呈弱碱性。

河流沟渠　深溪河源于杨家寨长岭岗，1.5 千米长，从深溪寨前田坝中自东向西流过，注入坑马洞，长年不断。

族群族源

人口民族 截至2021年末，深溪村人口1564人；民族以汉族为主，其次是侗族、仡佬族、土家族。

主要姓氏 截至2021年末，深溪村村民姓氏主要是任、黄、王3大姓。其余姓氏还有张、杨、姜、宁、陈、卢、董、安、赵、刘、许、田、谢、李、谯、彭、丁、冉、吴等。

基础设施建设

道　路 1972年，永和公社光明生产大队开通公路。是年从石阡县城出发，经白沙、本庄、河坝、龙溪到永和公社所在地永和公社光明生产大队石板丫公路里程120千米。截至2021年末，深溪村公路实现通村公路、通组公路、入户路及产业路全部硬化。

电　力 2017年，村中主要干道均安装太阳能路灯；截至2021年末，深溪村全面完成农村电网改造。

供　水 截至2021年末，深溪村接通自来水。

通　信 截至2021年末，4G无线通信网络覆盖深溪村。

村域经济

主要农作物 深溪村传统农作物大季主要是稻谷、玉米、红苕、土豆、大豆，其次是高粱、小米、芝麻。小季有油茶、小麦、大麦、荞子。蔬菜主要有白菜、莲花白、萝卜、菠菜、辣椒、南瓜、黄瓜、豇豆、豌豆、四季豆、巴山豆、绿豆、茄子、牛皮菜、莴苣菜、莴笋、韭菜、旱菜、天仙米、青菜、生菜。调料类有葱、蒜、姜、芹菜、芫荽、茴香、八角、木江子、巴木香、狗肉香、山柰。现代产业有烤烟、高笋。水果有五月桃（已绝种）、血桃（已绝种）、毛桃、杂交桃、四川李、筒壳李、玉皇李、鸡血李、京麦李、杂交李、枇杷、柿子、板栗、黄把梨、青皮梨、核桃、枣子、石榴、拐枣。

农耕生产方式 主要为牛耕、人工种植。进入21世纪以后，引进机耕、稻谷收割机、采茶机、除草机、猪菜机、抽水机、扎草机、喷雾器等。

养殖生产方式 深溪村养殖牲畜主要有猪、牛、羊、鸡、鸭、鹅、狗，多数人家还养猫。养殖方式由传统的圈养逐步过渡为放养（猪），牛则由放养改为圈养。规模由小到大，牛饲养目的由耕犁改为食用。狗则由放养变为圈养，长岭岗黄永喜狗场的20余条狗就是圈养。长岭岗任海的200余头黑山猪为放养，簸箕山猪场的500余头猪则是圈养，爬坪的200余头牛也是圈养。

产业发展　截至2021年末，全村共有茶叶基地20公顷，茶叶加工厂1个，精品水果基地1个、10公顷，人工湖（休闲、观光、淡水养殖）1个、4.13公顷，茭白（高笋）基地1个、4公顷，烤烟基地13.33公顷，优质水稻基地10公顷，西瓜基地10公顷，小麦基地26.67公顷，大米加工机械1套。

养殖业　有任海黑山猪养殖场1个，年出栏量200余头，配套种植玉米、红薯6.67公顷，为石阡县科学技术协会黑山猪养殖科普示范基地，注册“夜郎印把黑山猪”商标；簸箕山猪场（任廷华、任廷付、王松、王明全）1个，年出栏生猪500头；爬坪王兴富牛场1个，牛存栏量20余头。

淡水养殖　2017年，投入资金30万元，开挖面积4.13公顷的人工湖，投放鱼苗1500余千克。

乡村振兴　2019年5月，深溪村被中共贵州省委农村工作暨实施乡村振兴战略领导小组办公室列为“贵州省‘十县百乡千村’乡村振兴示范工程示范村”。

村民生活

村民收入　深溪村村民的经济收入主要有：出售农产品、家畜家禽养殖、外出务工、财政补贴、集体经济务工收入及分红、其他非农收入、工资及退休金等。

20世纪90年代以后，全村青壮年劳动力均到省内外大中城市，进入工厂、工地、矿山、公司等处务工获取劳务收入。全村青壮年基本外出打工，甚至包括一些50～60岁的老人。有的去江浙沿海一带，有的去西北、华北诸省，工种砖工、模工不论，从外墙到室内装修无不涉及。寒来暑往，风霜雨雪，咸菜馒头，艰苦度日。艰辛付出带来深溪村的巨变，一座座楼房拔地而起，一辆辆轿车驶入。

主要支出　深溪村村民的经济支出主要有：日常生活、教育、房屋及维修、交通出行、通信、子女婚嫁以及其他支出。各项支出内容与马桑坪自然村相同。

教　育　中华人民共和国成立前，永和乡办私塾的颇多，但规模最大的是蒋家坝与余庆县罗家寨交界的大寺庙私塾。其庙占地数公顷，地势平坦，庙宇雄伟，香烟袅袅，钟声洪亮。清晨正午，书声琅琅。中华人民共和国成立后，拆庙建校于蒋家坝上，名为“永和小学”。1976年，建光明大队学校（五年制完全小学）于深溪香树坳。同时杨家寨、深溪都办有一年级教学点，1981年光明大队学校停办，深溪教学点1982年停办，杨家寨教学点历任教师为黄家富、张武海、黄永军、黄永戌、王忠华、黄达友、黄江、黄永东、黄明，2009年停办。深溪教学点历任教师为任达军、任永双、任明远、杨桂、王德顺、王德新、安云海，1982年停办。其中，1979年统考（小学升初中，语文老师黄家金，数学老师田景云）升学人数为光明小学21人，天明小学和黎明小学共19人，语文科居本庄区第一。是年，黄家金出席全县表彰大会。

永和小学前身是大寺庙私塾。1952 年，拆庙建校于蒋家坝街旁。1978 年，迁至石板丫，附设初中部。2013 年，永和小学学生宿舍楼建成投入使用。2017 年，利用澳门红十字会和苏州青少年基金会捐款 80 万元修建新校区。是年 9 月，永和小学迁至簸箕山窝凼田新校区。

医　疗　1975 年，光明生产大队按上级统一部署，建立农村合作医疗制度，设立光明生产大队卫生室。1981 年，实施家庭联产承包责任制后，光明生产大队卫生室名存实亡。1994 年，按全县统一部署，重建深溪村卫生室。2000 年，按全县统一部署，深溪村开始实施新型农村合作医疗制度。

社会保障　2012 年，按全县统一部署，深溪村开始实施实行个人缴费、集体补助和政府补贴相结合的新型农村社会养老保险制度。

风土人情

语　言　深溪村地处夜郎腹地，近几百年受中原文化的影响，口音既无前饰，又无后缀，吐音清脆明亮，回声清楚，表意准确，是标准的石阡方言。如稍有变化，便是标准的普通话。

石阡话与普通话差别对比表

表 2

石阡话	普通话
妈 mā	妈 mā
骂 mà	麻 má
马 má	马 mǎ
麻 mǎ	骂 mà

石阡方言发音规律总结如下：

第一声音调不变，第二声变第四声，第四声变第三声，第三声变第二声。除第一声外这样记：二四、四三、三二。

服　饰　深溪村村民主要是汉族、仡佬族、土家族。至中华人民共和国成立初期，深溪村村民服饰与汉族有明显区别：成年男子穿裤子、中衣，包白色帕子，成年妇女包青色丝帕或白色帕子。成年男子穿对襟排扣，成年妇女穿侧身排扣。无论男女，裤腰部分都是白色。若是暑热天气，成年男子还穿短筒中衣。袜子都是棉布所做，较为牢实，有的还加个溜跟。若是富足人家，蚊帐也是黑色的。

饮　食　深溪村由于少数民族居多，各民族长期饮食文化相互渗透，形成复杂的饮食文化。大米历来是主食。用甑子蒸食最平常不过，做稀饭也可，做成米粉、粑粑亦可。糯米制作花样最多，可以做成糍粑、粽子、油炸粑、甜锅巴、吊颈粑、茴香粑、椒叶粑、小鱼粑、笼屉粑、泡粑、虫虫粑、花粑粑、糖麻元、米花、米线，还可制作甜米酒。玉米既可磨成各种规格颗粒、面，制作食物，也可将整粒加工成食物。此外还可做成烧苞谷，若是烤成苞谷酒，更让人兴奋。红苕，可以生吃也可熟食，可制成红苕干、红苕饭、红苕酒、红苕粑、红苕面、红苕饼、红苕粉、红苕片、烧红苕、烤红苕、油炸红苕，变化多端。马铃薯（洋芋）既是主食，也是蔬菜，主食主要是洋芋饭、烤洋芋和烧洋芋；做菜时，人们可做成洋芋面、洋芋个个、洋芋汤、洋芋粉、洋芋片、洋芋糊、洋芋锅巴、红烧洋芋、麻辣洋芋、洋芋丝、干洋芋片、卤洋芋。洋芋最大优点是可跻身于各类火锅、炒菜。

大豆被尊为“蔬菜之王”。除干豆粒、豆豉外，大豆被磨成粉后，可制成豆腐脑、豆腐乳、豆汁、豆腐片、豆腐坨、豆花、豆腐汤、豆腐条、豆腐皮、豆腐果、豆腐渣、麻辣豆腐、鸡爪豆腐、麻婆豆腐、油炸黄豆、豆芽、毛豆角、青豆、卤黄豆，就连霉豆腐也深受人们的喜爱。

逢过节或闲暇之余，制作“粑”调节胃口。诸如糍粑、角角粑、泡粑、油炸粑、提子粑、面油粑、汤粑、油炸粑、辣椒粑、滚团粑、抛粱粑、苞谷粑、红苕粑、荞粑、小米粑、虫虫粑、高粱粑、蕨粑。

把过剩食物进行腌制，以满足人们反季节需求：腊肉、香肠、酸鱼、风干鸡、风干鸭、风干牛肉，泡白菜，泡萝卜、泡辣椒、泡豇豆、泡大蒜、泡榨菜、泡茄子、水盐菜、泡萝卜叶、泡姜片、泡黄瓜、泡莴笋、泡竹笋、酸辣椒、酸豇豆、酸四季豆、酸大蒜、酸笋片、酸蕨苔、酸菌片、暴腌菜、酸茄子。其中，以泡辣椒最为有名，河坝镇泡辣椒采用当地种植的上等辣椒腌制，生产过程严格按照传统工艺进行，使用矿泉水、精盐、白酒、大蒜、花椒等多种原料制作而成，香味扑鼻，色泽红润，口感鲜脆可口。泡辣椒还具有健胃消食、祛风散寒、解毒祛虫、活血行水等多种功效，富含维生素 C、维生素 E 等，是非常营养的佐食佳品。

火锅是深溪村村民常见的烹调方式，如刨汤肉、炖猪脚杆、牛肉火锅、羊肉火锅、田螺火锅、老母鸡火锅、老鸭汤、龙凤汤、野猪肉火锅、兔子火锅、山羊火锅、黄鳝火锅、贝壳火锅、石蚌火锅、枞木菌火锅、三堂菌火锅……

炒菜是每家每户每天必需的家务流程。口味轻重，火候掌控，全凭厨师把握。炒、煸、爆、焯，得心应手，蒸、煮、烹、调，运用自如。

最具特色的深溪村食物是神仙豆腐。做法为：将一种叫观音柴的叶子洗净捣碎，滤出浆汁，与草灰充分搅拌，静放 1 小时便可食用。为增加口感，静放时放入冰箱，准备好辣椒调料。此外，桑叶也可制作神仙豆腐。

节庆习俗　深溪村（含余庆县周边地域）受夜郎文化影响，节庆时间与其他地区汉族相差甚远。

春　节　腊月三十（月小为二十九），其他地区汉族称为“大年”，深溪村则称“小年”。

正月十四　深溪村村民把正月十四称为“大年”。谚曰：“三十夜的火，十四夜的灯。”

清　明　一般在公历4月4—6日。这天人们会纪念祖先，打扫坟墓，或祭奠亡灵。给亲人的坟墓“挂亲”。如是女客（女儿或姐妹），亲纸腰间还要加上一圈红纸。“挂亲”时间不固定，谚曰：“勤人前十天，懒人后十天。”不管前后，这“亲纸”还得挂。因为人们认为祖坟亲纸多少象征子孙兴旺与否。对清明的情怀，黄家金诗曰：“自古游子多欠孝，梦里坟前亲纸飘。”

月　半　其他地区汉族的“七月半”时间是农历七月十四或十五，深溪村及周边地域是农历七月十二。旧时若有人此时从深溪村4天步行到石阡县城，那么这人4天都在过“月半”。

冬　至　时值农历十二月二十一至二十三。这天白昼时间相等，气候进入一年中最冷时节。以前“冬至”后逢“壬”开始“数九”，现在从“冬至”日就开始“数九”。人们习惯上在“数九”天开始吃狗肉以御寒。谚曰：“夏至至短，冬至至长。”意为从“夏至”日起，天气一天比一天短，从“冬至”日起，天气一天比一天长。

除此之外，人们重视的节气有春节、元宵节、端午、中秋，但凡遇上喜庆之事，是要祝贺纪念的。

酒　席　深溪村酒席主要有结婚酒、满月酒、寿酒、建房酒、升学酒、死人酒。

结婚酒　人们是大办特办的。

满月酒　人称“讨茶”，一般仅限于第一胎。

寿　酒　一般限于60岁以上。不年年办，逢整10岁办一次，规模不一定大，涉及范围不一定广。

建房酒　人生难建几次房。若是新建房舍（正房）或商品房则要邀请嘉宾。

升学宴（谢师宴）　十年寒窗，一旦高考录取，至亲好友也要设宴庆贺。

死人酒　老人百年归世，要大办特办，尽管“黄泉路上无老少”，可未成年人意外死亡是不操办的。

生活禁忌　孝子戴着孝帕或穿着孝衣不能进入他人家门。

月嫂不吃辛辣食物，不能沾冷水，不准吃凉食。

若有老人亡故，其子孙当年可结婚，否则要3年后才可操办。

成年女性若身上不干净，不准进入他人家门。

不准在别家无故哭啼。

成年女性忌讳跨越男人的扁担、腿脚、身体。

传统村落保护

村寨布局　村落整体依山而建，背山面水，民居有序地排列在大园子山、徐家银山和

深溪村村寨布局（局部）（县住房和城乡建设局　提供）

对门岭山腰之间。村前随坡就势辟有梯田，中间建有鱼塘，道路纵横交错，房前屋后长有各种古树，全村森林覆盖率较高，水资源丰富。房屋布局随山势呈阶梯状分布，疏密有致、层次感强，整个村落民居、树木、稻田、山水自然风光和谐统一，与地形、地貌有机结合，肌理清晰，格局完整。

传统民居风格　深溪村传统民居以五柱四瓜木房为主，厢房以三柱二瓜为主，猪牛圈一般为三柱二瓜。富足人家的猪牛圈还带有吊脚楼（也称“耍子楼”），粮仓也为三柱二瓜。深溪村的古村落多为典型四合院。四合院结构为正房三间，三间外两旁是厢房（或“楼子”），正前方是“龙门”，“龙门”两旁分别是小屋，或关猪关牛，或堆放杂物，或是粮仓。大户人家在四合院正前方还设有龙门，深溪寨共有 2 处（均已朽坏）。截至 2021 年末，村民住房多为木房，占整体房舍的 75%。

深溪村传统民居（县住房和城乡建设局　提供）

深溪村老屋下常有坚固的街沿坎。这些石坎不仅坚固，且镶有优美图案，包括一些过道。老屋每根柱子下都有一个坚固石墩，石墩都是珍贵的艺术品。

一些殷实人家正房两旁的“楼子”，过道还带个“耍子”。不光风格迥异，且有画龙点睛之妙。截至 2021 年末，此类“耍子楼”在杨家寨仍有多处。

被列入第四批中国传统村落名录 2016 年 12 月 9 日，住房和城乡建设部、文化部、国家文物局、财政部、国土资源部、农业部、国家旅游局联合发布第四批列入中国传统村落名录的村落名单，石阡县河坝镇深溪村被列入。

建立保护传统村落制度 为保护深溪村原始风貌，保持传统特色，深溪村出台传统村落系列保护措施：

提倡用电、用气，杜绝柴灶，保护森林。

禁止修砖房，使木房比率保持在 75% 以上。

禁止硬化庭院、道路。

禁止使用塑料品和化学剂，杜绝麻辣小吃。

深溪村（尤其是杨家寨）在外工作安家者甚多，他们的老屋长时间未得到通风、修缮，急需进行妥善管理。于是村委会采取政府和个人共同出资的办法，对房上腐朽的檩条、瓦皮、楼幅，该换则换。对毁坏的瓦块，该添补则添补，使这些老屋经风雨而不损其原貌。

传统村落保护项目实施 2017 年，河坝镇 2017 年度石阡县河坝镇深溪村野鸡山组和长岭岗组农村环境综合整治项目（深溪村传统村落保护项目）获中央专项资金 300 万元，按规定实施传统村落保护项目建设。

2019 年，长岑岗、野鸡山 2 个组完成排污工程建设。全村各组都有垃圾堆放点，并及时处理垃圾。

截至 2021 年末，村内已安装微型消防设施，增设垃圾箱。村内古树、传统住宅均造册挂牌保护，并出台相应管理措施。杨家寨村民小组完善排污措施，完善消防设施。蒋家坝村民小组已建成数千米的防洪渠。杨家寨村民小组在庙湾沟处补栽 5 年的风水树（以红豆杉、桂花为主），并以个人自愿集资方式筹款，在公路两旁栽种名贵树木。

古迹名木

杨家寨黄家坟 据说 200 余年前，深溪村宋家湾（杨家寨）有一个人名叫黄国风，家资殷实。有一次，他到河坝四寨老丈人家去收银子。因为银子太多，就用晒谷席铺放在地上。其情景真是银光闪闪，豪气逼人，目击者形容为“晒银子”。人说钱财过多，遭人忌恨。一个漆黑的夜晚，强盗入室抢劫金银，混战中，黄国风夫妇双双亡命。

多年以前，黄国风根据“风水”先生所看方位，在村边修造一处墓山，坐南朝北。自家亲人百年归世后皆可入葬，因黄国风离世时此工程尚未完工，黄国风夫妇只好安葬于故

河坝镇深溪村杨家寨黄家坟古墓（勾昆 摄）

居旁（坟塘）。直到其子黄应发老死，才入葬黄家坟。为防备后人盗掘，同时修建4座假墓，共5个墓冢。墓冢区呈半圆形，上一排2座墓冢，下一排3座墓冢。整个半圆形墓地直径约25米，墓冢间有宽阔过道，过道全是细錾青石，墓后留有空旷空地。墓前有更加空旷的青石平台。墓冢后方半圆，围有青石围墙。虽经数百年风雨，仍然岿然不动。

墓前为一片水田，与前山相间20米。为承接龙脉，主人挖田筑“风水”桥，使“龙脉”承接一气。桥高3米、长20米、宽2.5米，既可行人，亦可过水灌溉。桥两端各有一棵千年古杉，4人可合抱。1972年砍伐时，树心早空，内有阴杉，高过人头。因黄家坟名气大，此地便更名为“黄家坟”。

文明地（字库塔） 文明地（字库塔）位于深溪村中部良田中间，占地20平方米，上刻有“斯文在兹岁知府，大化号令修盛世”对联，品相完整。据村民介绍，以前文明地（字库塔）周围一带是水塘。180余年前，在字库塔的位置，一夜之间突然出现1个硝洞，水塘里的水几乎漏完。当时这被当地村民视为是一种不祥预兆，清道光十九年（1839），深溪村任氏族人集资修建文明地（字库塔）。自古以来，中华民族先人对文字就有特殊情感，认为文字是“古圣贤心迹”。到宋代便形成“敬天惜字”的独特习俗。焚烧字纸就变得非常慎重，不但有专门礼仪，还建有专门的场所和设施，深溪村文明地（字库塔）高约3米，上书“文明地”三字，但村民仍习惯称之为“字库塔”。

文明地（字库塔）两边有2座拱桥，三者形成一条直线，桥是弯弓，塔是箭，体现当地村民对文化的一种敬畏。

贞节牌坊 在深溪村中，有一座基本保存完好的任氏家族贞节牌坊，建于道光二十四年（1844），贞节牌坊位于寨门前，占地80平方米，为石质、四柱式牌坊，为褒奖任氏守节四十余载而建。牌坊写着“任德裔之母倪氏节孝坊”几个大字，据深溪村村民介绍，倪氏结婚3年便守寡，无子嗣，未改嫁，从旁支过继任德裔，之后任德裔出征战死沙场，倪氏还是守着这个“家”。当朝皇帝知道她的事迹后，便下令给她立贞节牌坊，表彰她一生恪守贞节、坚贞不渝的精神。由于年代久远，牌坊上的字迹已经模糊不清，隐约看得见“矢志坚贞”的字样。之后，深溪村任姓族人娶媳妇、嫁女儿都要到牌坊下面祭奠。

河坝镇深溪村古石拱桥（勾昆　摄）

杨家寨古石拱桥　深溪村杨家寨分长岭岗、野鸡山（古时叫黄泥堡），樱桃坪、石板沟4个自然村寨。其中，以长岭岗、野鸡山二寨为主体。二寨皆为一脉亲支。两寨隔溪而居，相距1千米。由于溪水四时流淌，阻碍往来。清末黄应发出巨资在2寨之间修建1座石桥。石桥用料全在白家山山脚开采。当时采石的、运石的、修桥的工匠聚集一起，规模宏大，场景热烈，常年百十人喧闹，整日叮当作响。工匠们先搭木架，后砌石块。虽历百年，然坚固如初。

为增强石桥稳定性，灰浆采用生石灰和熟糯米调和。为增大雨季洪水期间过水量，全桥造型为独拱。为增添大桥的美感，减轻桥的重量，工匠们在大拱两肩各开一个小拱，使得优美的山水风光与人为的弧形石桥完美融为一体。

拱桥长25米，高6米，宽3.6米。因两岸都属滑坡地带，在修建大桥的同时，两岸都修造近200米笔直石梯，超过寨沿。当年此石桥建设规模在整个永和乡均称一绝。

杨家寨古碾房遗址　杨家寨地处高山，在缺乏动力加工粮食的古代，水车碾房是加工粮食的必备设备，从清朝中叶到中华人民共和国成立初期，杨家寨共有碾房四处，第一处在宁庆云，主人是黄大用，清末卖给黄开恒；第二处在王家田，主人是王大美；第三处在余井，主人是黄大进。这三处碾房相隔不到500米，时间跨度却长达200余年。第四处碾房在石板沟的简沟。杨家寨四处碾房均设在深溪河边，使用自上而下的流水水能作为动能，转动水车，牵引大磨，在当年是杨家寨村民加工粮食不可或缺的机械。后由于电动打米机的引入，先后被拆除，仅留遗址。

河坝镇深溪村红豆杉古树（勾昆　摄）

杨家寨庙湾沟古树群　白家山北麓，杨家寨前有水沟名为庙湾沟，水沟东、西两侧各有1座小山，隔溪相望，2座山之上均有古树100余株，均为合抱之木，香柏树居多，松树、枫香树、冬青树、杉树、榉木树间之，高16 ~ 20米，树干光滑修直，青苔累累，树冠茂密，虬枝互伸，高低不一，劲风一吹，吱吱作响。深秋时节，满树榛果，树上的松鼠采集，洒落地面的人群捡拾。庙湾沟古树群被视为杨家寨风水树，数百年来无人砍伐，但随着时间流逝，成活的古树越来越少。截至 2021 年末，杨家寨庙湾沟、青杠林仍有红豆杉、青杠树等树龄上百年的古树 80 余株。

传统文化

永和杨家寨爆革蚤篝火晚会 在贵州石阡县永和（深溪村）杨家寨，每年正月十四晚饭后都要举行一场独特的大型篝火晚会——爆革蚤晚会。

相传 150 余年前，杨家寨黄泥堡（后更名野鸡山）有一位富甲一方的慈善家。尽管他家资殷实，可从不嫌弃穷人，凡是过往的乞丐，都能得到他一家人施舍。他的善举一传十，十传百，方圆数百里都知道杨家寨有一位大善人。久而久之，乞丐上门乞讨络绎不绝。

有一年正月十四过大年，前去乞讨的乞丐达 200 ~ 300 人，他们吃过施舍的年夜饭后，天色尚早，就都聚集在门前的田坎上，相互捉跳蚤往别人身上甩。打闹一番后，有人找来干树枝，烧起篝火，有人取来爆革蚤丫枝，放在火上一烧，形成噼噼啪啪的鞭炮声，热闹极了。后来有人提议，为感恩大善人一家的善举，从此就形成一年一度的（正月十四傍晚）爆革蚤篝火晚会，大家把事先准备的爆革蚤树枝堆放在寨前燃烧。一边燃烧，一边呼喊“爆革蚤，爆革蚤，爆到对门 ×× 家床上去咬……”

杨家寨是一个古地名，而今已是近 200 户人家的自然村。其中，90% 为黄姓，且为一脉亲支，因寨前为一田坝，坝中一溪，两支族人隔溪而居，相距 1 千米。每年燃烧爆革蚤的时候，人们总觉得有点单调，于是在燃烧爆革蚤的同时，加一些喊词，既增添乐趣，又不伤大雅。在活动中，参加的人数越来越多，情绪越来越激昂，喊词越来越丰富，场景不亚于田径赛事、欢庆节日，交流亲情，每每到深夜才尽兴而归。

这些喊词，略举例子：

爆革蚤，爆革蚤，爆到对门 ×× 家去咬，老公拿起撮箕（簸箕）撮，老婆拿起扫把扫。

爆革蚤，爆革蚤，爆到对门 ×× 家去咬，咬到白天心意乱，咬到晚上睡不着。

爆革蚤，爆革蚤，爆到对门 ×× 家去咬，咬到脸上有血印，咬到背上起青包。

爆革蚤，爆革蚤，爆到对门 ×× 家去咬，老公天天咬衣领，老婆夜夜咬裤脚。

爆革蚤，爆革蚤，爆到对门 ×× 家去咬，这边咬得起串串，那边咬得起条条。

爆革蚤，爆革蚤，爆到对门 ×× 家去咬，老婆咬得睡不着，老公咬得吃不饱。

爆革蚤，爆革蚤，而今时代已变好，衣物床单随时换，感谢党的好领导。

爆革蚤，爆革蚤，虱子跳蚤无处找，衣食无忧生百病，心中思念爆革蚤。

杨家寨《当兵歌》 民国时期，年年抓兵，百姓苦不堪言。被抓之人要辞别亲人，情感难分，话语哽咽，如泣如诉。于是人们把这种情景编成歌调，名为《当兵歌》。中华人民共和国成立初期，黄大治经常传唱，时间一长，学会唱这首歌的人还不少。

杨家寨《当兵歌》

黄家久、黄永富、黄永贵共同整理

1=C 4/4

6 3 6·6 5 | 53 2 2– | 6 3 6·6 5 | 35 2 2– |

正 月 当 兵 雾 沉 沉， 我 去 当 兵 点 功 名。

二 月 当 兵 百 花 香， 我 去 当 兵 点 刀 抢。

三 月 当 兵 辞 别 公， 我 去 当 兵 逞 英 雄。

四 月 当 兵 辞 别 婆， 我 去 当 兵 无 话 说。

五 月 当 兵 辞 别 父， 我 去 当 兵 将 军 做。

六 月 当 兵 辞 别 妈， 我 去 当 兵 战 马 跨。

七 月 当 后 辞 别 妻， 我 去 当 兵 耐 烦 些。

八 月 当 兵 辞 别 哥， 我 去 当 兵 苦 难 多。

九 月 当 兵 辞 别 嫂， 我 去 当 兵 命 不 巧。

十 月 当 兵 辞 别 弟， 我 去 当 兵 笑 嘻 嘻。

冬 月 当 兵 辞 别 妹， 我 去 当 兵 好 惭 愧。

腊 月 当 兵 雪 茫 茫， 我 去 当 兵 好 凄 凉。

2 3 2 1 2 3 2 | 2 1 6 – – | 1 3 2 1 3 3 2 |

家 有 三 兄 抽 一 个（太 平 年）， 家 有 五 兄 抽 二 人

长 刀 点 得 千 千 万（太 平 年）， 短 刀 点 得 万 万 千

饿 的 点 得 两 边 倒（太 平 年）， 伤 的 点 得 倒 栽 葱

少 煮 饭 来 少 烧 火（太 平 年）， 少 薅 秧 来 少 锄 禾

只 愿 双 老 平 安 过（太 平 年）， 只 为 儿 孙 享 福 禄

上 场 喝 杯 鸡 血 酒（太 平 年）， 回 家 戴 朵 大 红 花

早 早 关 门 早 早 睡（太 平 年）， 莫 与 他 人 论 是 非

家 中 无 水 有 哥 挑（太 平 年）， 家 中 无 柴 有 哥 拖

养 儿 育 女 是 正 份（太 平 年）， 下 行 悌 来 上 行 孝

早 上 起 来 攻 书 文（太 平 年）， 夜 晚 自 省 亲 命 语

伏 天 太 阳 比 蛇 毒（太 平 年）， 菜 饭 生 熟 防 野 味

冰 天 雪 地 无 火 烤（太 平 年）， 饥 肠 辘 辘 无 炊 粮

1　2　6　－　－‖

（年　太　平）。

（年　太　平）。

（年　太　平）。

（年　太　平）。

（年　太　平）。

（年　太　平）。

（年　太　平）。

（年　太　平）。

（年　太　平）。

（年　太　平）。

（年　太　平）。

（年　太　平）。

从《当兵歌》的曲谱与歌词中，不难看出几大特点：合辙押韵，朗朗上口，富于音乐美，且各段押韵，情真意切；富于人情味；具有浓烈的期盼平安幸福之意；面对残酷的兵役，百姓很是无奈。

在当时背景下，真有一些替人当兵的人，这种人一旦接了别人钱财，便顶替别人名额，“入伍”出发。半途中，一有机会，就溜之大吉。这种人称为“兵油子”。黄家金的父亲（黄大国）就“当”过3次这样的“兵”。不过，如果在湖南省长沙市逃脱，在没有地图、没有指南针，不熟路径的情况下，一个农民要回到贵州偏僻的乡村，可不是一件简单的事。当然，一旦逃脱，概不追究。

鼓　乐　鼓乐是深溪村村民日常生活中各种仪式都离不开的伴奏乐器，在深溪村鼓乐保存得较好，有一批功底扎实的艺人，常见鼓乐调子有《一炷香》《扑灯蛾》《倒挂刺》《水波浪》《过街调》《小锣鼓》等20余个。

体育娱乐　深溪村传统体育娱乐项目有点母猪窝、抓羊尾巴、五马棋、打三棋、六子棋、牛角棋、裤裆棋等。

点母猪窝　每人三个窝，两边的窝中五个“猪仔”，中间的窝中只有一个“母猪”，两人或多人参与，获多为胜。抛石子、抛七子，抛五子（口诀：一登科、二登科、三登科、四登科、五登科、七登科、七上背、八落凼，九落窝，十上背，打灯科）。

抓羊尾巴　若干小伙伴站成一列，并紧抓前一人背后的衣角，“羊头”随时警惕抓“羊尾巴”的人，“羊头”后边的“羊尾巴”随时跟“羊头”的人不断变换阵势，往往出其不意。一时间“羊尾巴”常常大惊大叫，场面热烈，欢愉无限。

丢帕子　若干小伙伴围成一圈，面向圈内。丢帕子的人拿一块近似于帕子的布物，悄然绕圈子一周，将手中的“帕子”丢在某人的背上，被“丢”帕子的人接着又按前一个人的做法悄悄地“丢”。如丢帕子的人与当场被所在位置的人发现，丢帕子的人则当场被罚。不过圈内所有的人的心那都是“悬”起的，既担心自己背上被扔了帕子不能及时发现，不时转身或回头张望；又担心自己一旦被罚丢帕子在别人身后被发现，那紧张感无异于在薄冰上行走。

坐跷跷板　中间一个支点，放上一块木板或一根木棒，一端坐一个人，这端坐下，同时那端翘上空中。当那端坐下时，这端又翘向空中。这样重复交换，实现乐趣。这种游戏不仅孩子喜欢玩，成年人也喜欢玩。

抵腰力　二人游戏。体力大致相当的两人，共用一根扁担或较粗实的木棍，利用腰部的力量进行较劲。较劲时双方自然是气运丹田，重心下移。有技巧的不纯粹是“抵”，还要把对方翘起来，使对方失去重心，从而达到获胜目的，这种游戏不需宽阔的场地，也不需要长时间的准备，即兴可战。

翻三寸　单人游戏。在有人的时候，自己来了兴致或想在别人面前表现一下自己的一点能耐，便主动表现这一游戏。翻三寸时用一根扁担或一根刀把大小的木棍，手紧握扁担或木棍，扁担或木棍一端着地，手握处离地三寸。头朝下，头部从手与棍之间的夹角迅速通过。此游戏可独自表演，也可多人比赛。

丢沙包　两人或多人游戏。

抓“强盗”　多人游戏。众人围成一圈，每人用布条蒙上眼睛。游戏时，娃娃头念念有词：“点子点，梅花脸，君子路过，小人蒙眼。”一边念，一边摸头（一字一人，按顺序），最后一字落在谁的头上，谁就是“强盗”。

捉迷藏　两人或多人游戏。一人找，多人藏。躲藏者在规定区域（不能越界）隐藏好之后，要告知“开始”，然后找藏人逐一将躲藏者找出。如是找藏人的人始终无法找到躲藏者，就宣告服输，高声喊道：“猫猫出来打三板。”

艺文杂记

谜　语　20 世纪 90 年代以前，没有电灯，读物、玩具都缺乏。一到晚上，人们就围着火坑，借助火光一起猜谜语，不但趣味十足，而且情趣高雅。

弟兄七八个，围着柱子坐，大家一分手，衣服就撕破。（大蒜）

人人都说冷水冰，它比冷水冰三分。不信让它出门看，天气越冷越精神。（清鼻涕）

一家五兄弟，有高也有低。干活讲互动，永远不分离。（手指头）

耳朵像蒲扇，身子像小山，鼻子长又长，帮人把活干。（大象）

身披花棉袄，唱歌呱呱叫，田间捉害虫，丰收立功劳。（青蛙）

尾巴一根钉，眼睛两粒豆。有翅没有毛，有脚不会走。（蜻蜓）

年纪并不大，胡子一大把。无论见到谁，开口就喊妈。（山羊）

一个游泳家，说话顶呱呱。小时有尾没有脚，大时有脚没尾巴。（青蛙）

有头无颈，有眼无眉。无脚能走，有翅难飞。（鱼）

嘴像小铲子，脚像小扇子，走路左右摇，不是摆架子。（鸭）

一个老头，一袋黑豆。一边行走，一边遗漏。（山头）

一把刀，水里漂，有眼睛，没眉毛。（鱼）

有个大娘，背个大筐，剪刀两把，筷子四双。（螃蟹）

有个小姑娘，穿件花衣裳。你若惹到它，顺手就一枪。（马蜂）

小时穿黑衣，大时换白袍，自造一间屋，里面好睡觉。（蚕）

远看芝麻撒地，近看黑驴运米，不怕山高坡陡，就怕热锅烫铁。（蚂蚁）

上肢下肢都是手，有时爬来有时走，走时就像一个人，爬时就像一条狗。（猴）

一身毛，尾巴翘。不会走，只会跳。（麻雀）

一口咬住牛尾巴。（告）

一个勾勾挑两个兜兜。（小）

拿不出手。（合）

加倍才算多。（夕）

一口咬去多半截。（夕）

八九不离十。（杂）

两人站立不齐，一人比之有余（俞），做事无人知晓，追查脸红心虚。（偷）

远看峨眉山不在，西边女子快回来。眼看大口包小口，一只小脚中间来。（我要回去）

你走它也走，你来它也来。白天看不见，晚上才出来。（影子）

一对白鹅，飞到床脚，晚上睡觉，白天干活。（鞋子）

走路一条腿，说话先喝水。睡觉要戴帽，行动只靠嘴。（钢笔）

一个老头生得怪，长长胡须满脑袋。外套脱下七八件，黄色珍珠一排排。（玉米）

泥里来，火里烧，有青有红像块糕。（砖）

紫红树，紫红花，紫红袋里装芝麻。（茄子）

高高瘦瘦小姑娘，随时转向太阳光，近看黄脸生麻子，远闻味道真是香。（向日葵）

闲的时候站着，忙的时候横着。身上没衣裤，两头钉纽扣。（扁担）

走起路来印梅花，从早到晚守着家。看见生人就想咬，看见主人摇尾巴。（狗）

妈妈好像一长杆，儿子活像一酒坛。妈妈走路要打伞，儿吹喇叭朝天喊。（南瓜）

弟弟长，哥哥短，两人赛跑大家看，弟弟跑了十二圈，哥哥一圈才跑完。（钟表）

红口袋，绿口袋。有人怕，有人爱。（辣椒）

小时青青腹中空，大时头发蓬蓬松。姐姐撑船不离它，哥哥钓鱼手中拿。（竹子）

半截青，半截红，半截实来半截空。半截长在地面上，半截长在土当中。（葱）

童　谣　类似儿歌，在精神生活极为匮乏的旧时代，人们创作的童谣既有音乐美，又具文学性。每当小儿睡意来临，大人哼上几句，小儿会立即进入梦乡。抑或少儿相聚，人们有感于儿时话题，信手拈来，也不乏童趣。

排排坐，吃个个。个个香，吃干姜。干姜辣，吃水娃。水娃扁扁，我家娃儿添锅铲。

月亮光光，姊妹烧香。姊妹瞌睡，要找八妹。八妹仔仔，要找盘海（螃蟹）。盘海脚多，要到桥坡。桥坡酸臭，要找三舅。三舅活多，要找罗哥。罗哥偷懒，我家娃儿添锅铲。

摇啊摇，摇啊摇，摇到外婆桥。外婆叫我小宝宝，糖一包，果一包，少吃滋味多，多吃滋味少。

有位爷爷他姓顾，上街打醋又买布。买了布，打了醋，回头看见鹰抓兔。放下布，搁下醋，上前去抓鹰和兔。飞了鹰，跑了兔。结果兔跑打翻醋，醋瓶打翻湿了布。

小老鼠，搬鸡蛋。鸡蛋太大怎么办？一只老鼠地上躺，紧紧抱住大鸡蛋。一只老鼠拉尾巴，拉呀拉呀拉回家。

小兔子乖乖，把门儿开开。不开不开我不开，妈妈没回来，谁来也不开。小兔子乖乖，把门儿开开。就开就开我就开，妈妈回来了，我就把门开。

小燕子，真灵巧，身上带把小剪刀。上天剪云朵，下河剪水波。剪根树枝当枕头，剪块泥巴搭窝窝。

一九二九不出手，三九四九冻猪狗。五九六九看新柳。七九六十三，路上行人略出汗。九九八十一，庄稼老汉把田犁。

通过以上例子，可以看出童谣有以下一些共性：具有音乐美（押韵，琅琅上口），趣味浓烈，故事情节简单。

民　歌　多指山歌，在旧时代，人们没有话筒音响，没有电影录像的环境里，又要把人们精神世界的丰富情感宣泄出来，于是寄情于山歌。因为山歌回响于山坡沟壑之间，或砍柴，或放牛，或割草，直抒胸臆，情感浓烈，无所顾忌（忌讳同姓姐妹）。

略举几例，加以说明。

这山望见那山高，那山有棵好葡萄，心想摘颗葡萄吃，人又矮来树又高。（黄家勋）

大田栽秧行对行，那头就是嫂大娘。白天相见望两眼，晚上睡起想断肠。（黄家勋）

对门山上好风光，山上有位好姑娘。等我回家把媒请，妹妹尝回饼包糖。（黄家勋）

五月端午水茫茫，妹到沟边洗衣裳。小心捶到手拇指，害我泪滴心发凉。（黄家勋）

今早太阳暖洋洋，吃了早饭好赶场。妹妹送我帕一张，我送妹妹诗八行。

乖乖小妹你莫笑，今天我把石头拗。哪天我把媒人请，让你开心坐花轿。

通过以上例子，可以看出，民歌（山歌）具有几大特点：押韵（顺口）；语言生动形象；情感浓烈；趣味十足。

传　说　深溪村传说颇多，只因年代久远，无文字记载，人们口口相传，极具人文价值。

神行太保黄大训　民国时期，黄大训妻子病重，急需到石阡城内买药。黄大训天一亮就从永和出发，经梯子岩、过白沙，翻二塘，在石阡城里买了药当天又赶回家。人们不要忘记，在当时不通公路的背景下，这一去一来足足有220千米旱路。因《水浒传》里有“神行太保戴宗”一人。日行八百里，极具传奇色彩。人们于是用“神行太保”来形容黄大训。

打虎英雄黄学财　民国初期，黄学财到河坝吃酒，主人家客气，临走时，送黄学财一碗扣肉。行到瓮岩坪后的综杆桥处，猛然发现一只猛虎，人虎对峙，人不敢跑，虎也不近不远跟着，黄学财急中生智，将碗中肉片隔几步丢一片，隔几步又丢一片。行至桦槁林，篮中肉尽，猛虎追赶如初。这一碗扣肉怎能填饱猛虎的饥腹？黄学财急了，凭借他高大的身躯与猛虎一搏生死。快到一碗水处，黄花财停下脚步。说时迟，那时快，黄学财猛地把竹篮往猛虎头上一扣，骑上虎背便是一阵的拳脚。经过一番搏斗，老虎已死，黄学财也筋疲力尽。突然一阵风吹，虎尾好像在动，黄学财又是一阵拳打脚踢。黄学财元气完全耗尽。尽管如此，黄学财决定将猛虎扛回家。扛至高石坎，满眼金星，放下死虎，呼喊家人送水来喝。家人送来一桶米酒兑的凉水。黄学财喝完一桶凉水，或过多，或过快，或过累，没走几步，便猝死半途。家人便将其埋于大土（存有坟墓）。

黄学财抱牛洗澡　民国初期，国民党随时抓兵。因黄学财家有七弟兄，按“家有五兄抽二人”的说法，他家中必定抽出2个兵员，大一点的哥兄已结婚生子，黄学财是老六，且未婚。一天，抓兵的看到黄学财在一个名叫下坊的地方犁田。犁完田，便把水牛抱到河中清洗。洗完又把水牛抱到河坎上。这一细节，让抓兵的在河岸上看得仔仔细细。个个目瞪口呆，心想：这种人，还敢抓？抓兵的只好灰溜溜地走了。

武秀才黄学炳　清末，杨家寨出了个武秀才，名叫黄学炳。虽然俸禄不多，可也是一个军官。整个家院，楼房林立，院坝宽敞，人称“大院子”。附近的武林高手时常相聚于此，一时间从早到晚枪棒林立，操练之声不绝于耳，操练器械，比比皆是。曾有一木凳，重150千克，黄学炳能单手挥舞自如。铁链缠身，黄学炳运气即断。十几人的棍棒，无法近身。远近劫匪，闻之而色变。

黄学炳不仅武艺高强，而且极具正义感。当年族人黄家生的祖上家境极为殷实，丐帮长期讨食，就像讨酒安席一样，实为无法。主人找到黄学炳，黄学炳就去找丐帮论理，说：“人家不是不拿饭给你们吃，拿给你们吃胀死了找什么麻烦！走不走，你们再不走，我就去搬兵来收拾你们。”第二天，这些乞丐再也没有来了。

栽秧神手黄家玉　黄家玉曾在永和乡政府做统计员，后来任杨家寨生产队队长。他不仅在群众中具有很高的威望，而且是一个样样俱全的生产能手。尤其是栽秧的速度快得神奇，人称“栽秧神手”。

当年的永和公社书记谭贞培听说黄家玉的栽秧速度，便到杨家寨黄家玉栽秧的田间观赏。只听得黄家玉指分秧入，手势模糊，“嗖嗖嗖”的栽秧声不绝于耳。太阳快下山了，黄家玉也收工了。仔细一算，他当天栽的面积有 5.33 公顷，而且是他自己扯秧子。按正常劳动量计算，1 个劳力 1 天可栽 0.53 公顷秧，这天他就相当于 10 个劳力。

黄家玉栽秧不仅出手快，而且栽的质量非常好，窝距行距整齐划一，就像用尺子量了似的。黄家玉对各种田块总是胸有成竹，对于大田他“杀笔杆子”，对于弯弯田他就栽“顺田弯”。

黄家玉的栽秧速度在整个永和公社首屈一指，成为公认的插秧能手。

笑点“坑马洞”　坑马洞，位于石阡府葛彰司（今河坝镇）深溪村。

明万历年间，石阡府葛彰司（今河坝场仡佬族侗族乡）深溪村出了一个有学问的人，名叫谭梅岭，曾在云南姚安府当过官。当他还在京城的时候，播州（今遵义）杨应龙根基雄厚，想当“西南王”，养兵囤粮，蠢蠢欲动，附近州县皆属于杨氏的势力范围。

有一天皇帝把谭梅岭叫来，要他画一张家乡的地图，以壮观瞻。实际上是想考察谭梅岭的政治立场。

谭梅岭吃了一惊，莫非皇上怀疑自己与播州杨氏有什么瓜葛？于是草草画了一张图呈了上去。

皇上展开一看，画工精美，但画中景象似曾相识，于是把脸一沉，吼道：“大胆谭梅岭，假画欺朕，该当何罪！”

谭梅岭说：“不敢！”

皇上说：“你分明画的是江南风光，洞庭山水嘛！”

谭梅岭说：“是的，臣以为，凡大江以南，皆是臣的家乡啊！”

皇上说：“不行，重画。”

谭梅岭很快又画了一张呈上去，皇上觉得比前一张画得更好，但还是吼了起来：“这张画分明是岭南风光，漓江山水嘛！桂林山水甲天下，谁人不知？而你贵州，天无三日晴，地无三里平，能有这么好的风光吗？如再以假画欺朕，两罪俱罚！”

话已经说到这个份上，谭梅岭只得如实作画了。他画了“古牂牁郡城”，西临乌江，其余三面俱为高山大岭。山岭外沿多为悬崖峭壁，河谷深切；内沿峰序列，山上重山，风光极为俏丽。有乐回江从“城门”峡流入，形成河坝场谷地十里平川，绕印把山入峡谷为深溪，由水口注入乌江；有岩门河，乐泉灌注本庄谷地，从葛商渡注入乌江，其地素称沃壤……

万历皇帝哈哈大笑，提起御笔，点了下去说：“这才是真画嘛！”

由于用力稍猛，僵硬的笔尖把宣纸戳穿，皇帝信口掩饰说：“何得这里落过洞才好。”谭梅岭心里发笑，随口答应：“是应该落个洞才好。”

经皇上御笔一点，金口一封，可不得了，蒋家坝上果然落了一个大坑。这个深坑，人们称之为“坑马洞”。

人们真要感激这位皇上呢，原来每年山洪暴发，水漫深溪坝和蒋家坝，几天几夜消不完，影响田中禾苗的成长，自从有了坑马洞，不再有水患之灾了，所以人们都说“是应该落个洞才好！”

（蔡正国收集整理）

王守成做骡子斋　民国初期，蒋家坝王守成的家境殷实。曾横行乡里。一天，王守成的骡子放到了天郎张石林家麦地里。张石林非常生气，顺手捡起一块石块向那骡子砸去，说来也巧，那石块正中骡子眉心，当即死在地里。

王守成知道后不依不饶。要求张家把骡子当成老人一样安葬，而且还要做 7 天的道场。于是张家连同亲戚执旗扛幡，披麻戴孝，跪地哭喊“骡孃孃”。

永和骡子斋，情节恶劣，当地一绝。

开明绅士王乡长　王乡长，姓王名操。民国末期，王操任永和乡长，由于从前与共产党有所接触，又知书达理，对解放军的剿匪大力支持，解放时已调往石阡县人民法院工作。由于王家内部矛盾，有人诬告他“通匪”，将他押至河坝河沙滩上审判并进行枪决，王操心中不服，欲挣脱逃跑。审判长王忠信拔出手枪使之当即毙命。当时县人民法院通讯员骑马带着“王操不能杀”的命令还在筲箕湾时，河坝沙滩上的枪声已响。

于是王操成了一个冤魂。

奇特的深溪字库塔　字库塔位于石阡县河坝场仡佬族侗族乡深溪村坝上，塔高五米，至今保存完好。逢年过节，当地百姓都要到字库塔边焚香烧纸，祈求平安。因为它还承载着一段历史传说。明末清初，伴随着改土归流政策的不断推进，河坝场一带的土司治理也逐步被纳入流官治理的序列。掌握着生杀大权的流官来到河坝场后，随即对当地进行残酷统治，只要老百姓稍有一点风吹草动的异常现象发生，不问青红皂白，即刻就被斩杀。不仅如此，流官还四处查找当地的风水宝穴，以求打乱当地风水，来制止仁人志士的出现，从而进一步防止土司和居民反抗作乱。他找到深溪的风水宝穴坑马洞之后，将马鞭掷入洞中，破坏了当地风水。从此深溪一带鸡不叫、狗不咬，人心惶惶。流官越发严厉地统治当地，土司以及老百姓的性命更是朝不保夕，达到了“小儿啼哭听流官之名即止”的地步。

当地百姓渴求改变这种不人道的统治，可又不敢违背禁令到坑马洞中销毁马鞭。于是私下商议，白天照常种地耕作不露声色，晚上则悄悄聚集在深溪坝上修建字库塔，以消解坑马洞风水被破坏的影响。

字库塔断断续续地花了三年的时间才建成，其间就有很多百姓因为修塔耽误了给流官做事而被流官砍了头，老乡们就把他们的头寻回来埋在字库塔旁的土堆里。

字库塔建成一年多后，流官才知道这件事。他来到字库塔旁准备详细查看，谁知突然头晕起来，流官命令随从着手挖垮字库塔。在挖掘过程中，随从居然在塔的周围挖出了一百多颗人头，流官被这种景象吓得生起病来，塔还没挖倒，他自己反而病死了。

后来上任的流官一提到此事就不寒而栗，再也不敢到周边来扰民了，随意斩杀百姓的事件也就慢慢减少了。随着时间的推移，安居乐业的百姓也没有多少人记得坑马洞里面的马鞭了。

中华人民共和国成立初期，曾有一群盗墓贼跑到坑马洞，妄图寻找马鞭，结果在洞中当场吓死了两个人，后来就再也没有人敢进洞寻找马鞭了。

（黄英、肖磊收集整理）

石阡最大红豆杉

黄家金

黔中藏奇树。一寨旁生一红豆杉，秋结红果，略大于豆，

味似荔枝。夜间观之，灵光熠熠。其干二人合抱，挺拔参天，三丈内无一旁枝。其上繁枝四撑，如状夫筋骨。其冠婆娑，浓荫无比。其梢高入云端，展望千里之外，问叹鸿鹄既怀大志，为何因春秋热寒而去来？其根深扎土层，以吸地之灵气，招枝则风至，渗汗而雨临。其树虽多周折，然已经八百年风霜。饱浴数世纪日月，如今更显风刮不惊、雨泼不惧之气。

可怜树下灌木丛生，牵牵扯扯，勾勾连连。遇东风而西倾，临霜雪则东塌。常忌豆杉采光之风采，暗怀吸尽土肥枯死他物之居心。更笑旁有藤萝，缘树攀爬，攀至腰间，俯视丛林，忘形高呼：吾亦高矣！

其树高直，古怪珍稀。不与丛林为伍，不以世俗为习，人称怪树。凡古今奇才怪志者，皆可以怪树自诩。其树生于黔中何处？作者故居是也。

荫蔽四方的桂花树

黄家金

人说英雄失意思故乡。作为在外谋事的我，不知什么原因，每到心神宁静的时候，就自然想到老家的桂花树。

小时候，陌生的人们问我家在哪里，当我回答是“杨家寨”时，对方的脸上立即显出羡慕的神情。当我进一步答出“桂花树”时，对方的脸上便增添几分异样的神情。

我们都感谢祖上选择“杨家寨”这个地方定居。这里青山环绕，风水极好，人丁兴旺，远近闻名。不知是哪一辈祖上，在我家的宅院边栽了一棵桂花树。几百年的阳光雨露使这棵桂花离地便分为合抱大的三个丫。这桂花树形态极好，树梢不过三丈，可树冠极丰，构成了

十丈见方的浓荫，树下有三处长长的台阶。通向我家庭院的石阶有九级，就是这种九级石成了我们全寨放牛娃的乐园。岁月的冲刷，使每节石阶都那么光滑，那么平整。要是夏天，每一节石阶便是一张难得的凉床。正午时分，烈日当空，割草是不恰当的，砍柴是不情愿的，放牛也是不明智的。于是，全寨的娃娃聚集在桂花树下，五马棋、六子棋、打三棋、牛角棋、抛五子、抛七子，各喜其好，各展其能。一时间，每一节石阶就是一个竞技场。清静时，我也拉拉二胡，吹吹笛子。其实，这九级石阶也不仅是我们娃娃的乐园。早饭时分，邻近的一些大人，也端着饭碗来到桂花树下，凑凑热闹。外向一点的，还把自己碗里的菜夹送一点给别人，好让别人也分享一点美味。人们一边吃饭，一边说笑，仿佛咽到肚里的不仅仅是可口的饭菜。

中秋时节，只要你向我们杨家寨走去，哪怕隔三五里远，就有一股桂花的香味向你飘来。伫立桂花树下，闻闻那香喷喷的味道，看看那金灿灿的树冠，仿佛有怀玄奘受封之感，有飘吴刚酌酒之香，有赏嫦娥奔月之美。最热闹的还是中秋之夜；人们散坐在桂花树下，有揣板栗的，也有捧花生的，还有揣葵花的，生熟不论，多少不一，每个人都有一份礼物。这些礼物似乎在证明各家的收获。人们话题颇多，因触而发，饶有兴趣，可就是不谈李白的“对影成三人”，也不谈苏轼的“把酒问青天”。尽兴地玩耍，人们都要半夜才散去。

离桂花树五丈远的地方有我家一棵两人合抱的红豆杉。中秋时节，正赶上红豆初熟。红光熠熠的红豆杉与邻近的金光灿烂的桂花树相映成趣。在我家庭院里，一边尝着甜腻的红豆，一边闻着浓烈的桂花，人就沉浸在幸福之中。陶潜爱菊花，唐人爱牡丹，周君爱莲叶，是因为这些花草各赋寓意。其实桂花不光赋有高雅的寓意，更有实实在在的生活价值。朋友，当你在丰盛的食品中挑选那黏黏的桂花糕品的时候，当你在月明风清的夜晚呷桂花茶的时候，当你在静静的夜晚情趣盎然地卧在桂花枕上的时候，当你闻着桌上清新淡雅的桂花枝的时候，你的感觉又是如何呢?

志高天地阔，心静花草香。前些年，我们寨中到外面参加工作的真不少，成了远近闻名的“妇女生产队”。近些年，寨上考取的大学生一批又一批，就连在部、厅谋事的也有。近年来，我又探到了汉语幽默的胜景。所有这些，恐怕都得益于这棵茂盛的桂花树，得益于祖上的惠泽。

今年的中秋阴雨绵绵，心中好想念老家朗月下的桂花树。

收养之恩——撒下爱的种子

编者按：大山深处的孝女——肖飞，作为贵州省石阡县的一位普通农民，却用十年时间续写着一件件孝老爱亲的事迹，感动着石阡、感动着铜仁、感动着贵州、感动着中国。2016 年 12 月 12 日，作为第一届“全国文明家庭”代表，她在北京受到了表彰。人们都在赞叹，一位大山里的姑娘，却有颗金子一样的心。原来她从小被收养，养育之恩——在她心中撒下爱的种子。

2月28日，石阡县河坝镇普兴村。黄灿灿的油菜花在小龙河畔静静绽放，吐露出春的气息。

早晨，春寒料峭。肖守义又犯病了，咳嗽不止。女儿肖飞见状，顾不得送两个年幼的孩子上学，连忙用电动车载着他朝河坝镇卫生院驶去。

在医院安顿好肖守义，请护士悉心照料老人后，肖飞就赶紧回家了，家里还有6位老人等着她照顾，其中4位患有智力障碍。

沉甸甸的生活重担，压得这个质朴的农村妇女难有片刻休息。

躺在病床上的肖守义满脸皱褶，望着身材瘦小、脸色蜡黄的女儿，年过古稀的他忍不住老泪纵横。

一桩桩往事，又一次涌上肖守义心头。

28年前，河坝镇高王村的肖守义收养肖飞时，她出世仅3天。

当时年过五旬的肖守义夫妇无子女，望着襁褓中的肖飞，小脸通红，甚是可爱，不由得满心欢喜，决意将她视如己出抚养成人。

"我8岁时上山放牛，养母潘昌英还要将我从山上背回家，家里有一颗糖也要留给我吃。"至今，肖飞依旧难忘儿时养父母对她的种种关怀。

然而，肖守义夫妇可以给肖飞无微不至的关怀，却无法给她一个安宁的成长环境。肖飞打小便在非议中长大，乡邻们时常议论她并非肖守义夫妇亲生。

随着时间流逝，流言也越来越多。肖飞懂事后，忍不住问肖守义自己的身世。

"当时很害怕知道自己的身世后，养父养母不再对我好了。"知道自己并非肖守义夫妇亲生后，肖飞变得有些不安。

可是，对肖守义夫妇而言，肖飞早已与亲生无异，对她依旧关怀备至，这让肖飞极其感动。

肖飞曾因一场大病，昏迷不醒，潘昌英背着她翻山越岭箭也似的朝着集镇奔去。"这个孩子已经没救了，不用再背回去了。"医生的一番话让潘昌英近乎崩溃。

潘昌英舍不得肖飞，她含着泪将昏迷的肖飞背回家，和肖守义日夜守护。邻居们知道后，都劝肖守义夫妇别再坚持了，反正不是自己亲生的。

肖守义夫妇不为所动，为了守护肖飞茶饭不思，日夜为肖飞祈祷。为此，不少人都笑他们太傻。一连几天几夜，在他们的悉心照顾下，肖飞竟奇迹般地醒了过来。

大病初醒，看着为了守护自己而面容憔悴的养父养母，一颗爱的种子就此在肖飞的心里种下。

（原载于2017年3月9日《贵州日报》）

人　物

黄家凡（1942—1999）　仡佬族，永和小学教师，擅长雕刻。雕刻图章不用卡子，不打草稿，只要对方说出名字，三五分钟便可成事。字体有楷书、宋体、隶体三种，客户各取所需，运用自如。字体大方，美丽可观，艺术性强，当年上龙溪下河坝，甚至包括本庄、瓮溪等这些赶场地，他都逢场必赶，奔波劳碌。1995 年，余庆县公安局专门请他到县公安局长期刻章（当时还未出现电脑刻章）。余庆县公安局要求全县以前的公章全部作废，马上到黄家凡处重新雕刻。黄家凡雕刻技法在湄潭、余庆、思南、石阡各县无人可比，可谓一绝。

黄家维　深溪村杨家寨长岭岗组人，仡佬族，1947 年生，余庆高中毕业后任永和小学教师，后任永和食品站站长。黄家维生育四男二女，黄家维对其子女极为严格，个个发奋读书，人人成才。

黄家金　1958 年生，本庄中学语文老师，语言幽默风趣，课堂教学手段灵活多变。教学效果特别好，因性情耿直，人称“怪人”。黄家金对珠算研究颇有造诣。潜心研究总结石阡话与普通话变化规律，喜文学创作，作品多见于网络。

黄　胜　1970年出生，黄家维之子，铜仁市人民医院党委书记，中共党员，眼科主任医师，贵州省人民政府特殊津贴专家，贵州省医学会眼科分会常委，铜仁市眼科分会主任委员。兼任《国际眼科杂志》等 8 家杂志副主编、编委。被中华人民共和国国务院评为“全国先进工作者”，被卫生部、人力资源和社会保障部、国家中医药管理局评为“全国卫生系统先进工作者”，获贵州省总工会五一劳动奖章，被共青团贵州省委评为“贵州省十大杰出青年”，获“贵州省五四奖章”，获“贵州省优秀科技工作者”称号，获贵州省医学科技奖 7 项，获铜仁市科学技术最高奖，铜仁市科技进步奖一等奖 4 项、二等奖 6 项、三等奖 2 项，出版专著 2 部。承担国家、省、市科技基金等科研课题 21 项，发表学术论文 157 篇（其中核心期刊 47 篇）。当选贵州省青年联合会第七届、第八届、第九届委员，当选中共铜仁市第一届、第二届党代表，铜仁市第一届人大代表。当选中共贵州省第十届、第十一届、第十二届党代表。

黄永光　1976 年生，黄家维之子，1999 年毕业于贵州工业大学（后并入贵州大学）发酵工程专业，主修白酒酿造，毕业后分配到贵州省轻工科研所工作。现为贵州省轻工业科学研究所高级工程师、贵州省白酒专家、贵州省白酒评委、贵州省酿酒工业协会副秘书长、硕士生导师、江南大学发酵工程专业在读博士（主要研究方向：酱香型白酒功能微生物、功能酶、酱香型白酒群体微生物发酵工艺优化、酱香型白酒特征风味研究、白酒行业发展产业政策、贵州白酒产业发展政策与规划等研究），兼任江南大学白酒工艺学授课教师、国家轻工行业职业技能培训高级考评员及授课教师。

黄永金　1984 年生，黄家凡之子。5 岁开始读书，13 岁进入铜仁地区第一中学，16 岁考入北京林业大学。2004 年，任职于工业和信息化部。2018 年，到北京航空航天大学任教，后任北京航空航天大学出版社执行社长。

肖　飞　女，1989 年生，长期悉心照顾赡养养父、养母、公公、婆婆、叔叔、婶婶、伯伯 7 位身体不好的老人，以及自己的 2 个孩子。曾获贵州省道德模范、贵州省三八红旗手称号。2016 年，肖飞家庭被评为第一届全国文明家庭。2017 年 11 月，获第六届全国道德模范提名奖。2018 年 3 月 3 日，入选 2017 年度全国三八红旗手。

黄永德　1960 年生，1978 年入伍，1979 年参加中越边境自卫反击战。1979 年，入大连陆军学院学习。1990—1993 年，连续 4 年荣立三等功。

人物名录　清咸丰年间进士　任文清

抗美援朝战争参战人员　任贞培（已故）　杨锡昌（已故）　王守德（已故）

1962 年参与攻打金门战斗　黄　进（已故）

中越边境自卫反击战参战人员　张文学　黄永德　黄家进

获“光荣在党 50 年”纪念章人员　刘承德　黄明友　任永双　安元正

古木珍禽大鸡公

从定居大鸡公那一天起，大鸡公村村民世代勉力耕作，即使中间经历了“（1925 年）腊月三十来破屯，屯上杀死 50 余人”的吉屯被破之大难，仍在这片土地上顽强生活，创造出房屋与森林古树有机融合、珍禽与人和睦同居的传统村落。

基本村情

行政区划 五德镇大鸡公村下辖张家边、长干岭、鸟子山、大湾岩、柏杨山、大石板6个自然村、4个村民小组，全村面积7.9平方千米。

村名由来 大鸡公村原名“构皮寨”。传说清朝前期，构皮寨、小鸡公2村各有1个小型集镇，由于建制原因必须裁撤一处，但无法取舍。最后以在鸡拔坎斗鸡，败者撤掉集镇之方式裁定裁撤集镇，小鸡公村的公鸡小巧，但动作灵敏，斗败大鸡公村送去的大公鸡，大鸡公村、小鸡公村由此得名。

村寨沿革 清乾隆七年（1742）五月，贵州裁分守贵东道，石阡府改称归粮储道兼管，时石阡府分设七里，构皮寨属七里之苗半里，却归属松江府管辖。

1916年，石阡县奉省政府令将全县划分为6个区，大鸡公村归属小鸡公区。

1943年，石阡县实行新县制，废除区级组织及联保，设置乡（镇）保甲，大鸡公村属五德乡管辖。

1950年2月8日，石阡县人民政府成立，将民国时期18个乡（镇）划分为3个区，区设区公所，大鸡公村属二区五德乡所辖。

1958年，全县推行人民公社制，实行政社合一管理体制，大鸡公村改称石阡县五德区五德人民公社大鸡公生产大队管理委员会。

1984年，根据中共贵州省委、贵州省人民政府《贯彻中共中央 国务院〈关于实行政社分开，建立乡政府的通知〉的意见》，五德区五德人民

五德镇大鸡公村全景（县住房和城乡建设局　提供）

公社大鸡公生产大队改为五德区五德乡大鸡公行政村。

1992年3月7日，根据省人民政府文件批复，石阡县实施建镇并乡撤区工作，撤销五德乡、地印乡、尧寨乡，合并成立五德镇，五德镇下辖大鸡公等21个行政村，其中大鸡公村辖柏杨山、大石板、鸟子山与张家边4个村民小组。

2003年1月，根据中共石阡县委文件精神，五德镇开展合并行政村工作，将21个行政村合并为7个行政村、1个社区，其中小鸡公村、大鸡公村、尖坡村、红溪屯村合并为小鸡公村。

2010年12月，石阡县完成建制村调整，将原来全县87个行政村、5个社区调整为302个行政村、8个社区。重新设立大鸡公村，辖柏杨山、大石板、鸟子山与张家边4个村民小组。

自然环境

地理位置　位于五德镇镇所东南方向，东至小鸡公村，南接岑巩县，西邻李家园村，北靠红溪屯村。距镇人民政府所在地5.8千米，距县城40千米。

地形地貌　大鸡公村属典型的喀斯特地貌，平均海拔880米。

气　候　大鸡公村处于黔西北地块，属亚热带湿润季风气候。在气候区上，属于黔西北副热带温暖湿润气候区，由于海拔较高，纬度较低和受东南风影响，雨量充沛，气候温暖湿润，空气清新，气温变化小，年平均气温约 16.8℃，年均降水量 1121 毫米，年平均日照时数 1232.9 小时，无霜期约 303 天，冬无严寒、夏少酷暑、春秋温凉。

山涧溪流 在大鸡公村大石板村民小组西北山脚，有一条自西北而流的山涧溪流，为石阡县鸳鸯湖的上游水流分支，并无固定名称。溪流水源水质优良，两岸植被覆盖。河沟生态保护良好，河沟中鱼虾、泥鳅、河蟹、水草等水生动植物丰富。大鸡公村自建村以后，梯田、耕地依托山势、沿河沟两岸而开垦种植。一年四季河沟鲜有干涸，两岸农田开凿水渠引水灌溉庄稼。庄稼生长有保障。

早年，在河沟岸边建有磨坊、石磨、水车供村民研磨稻谷等。

自然资源 大鸡公村绿色植被覆盖率高达 80%，以柏木、枞木和杉木为主，林中生长有各种奇珍异兽。

族群族源

人口民族 大鸡公村共有人口 173 户、715 人，主要居民有仡佬族、侗族、苗族。

主要姓氏 全村村民姓氏有唐、李、勾、赵、柴、张、谢、陈、刘、吴、黄、鲁、顾、梁等。

主要姓氏溯源 根据祖上传说和历史记载，明洪武二年（1369），天下初定。朱元璋派 30 万大军远征西南，历时数月平定云贵，洪武皇帝龙心大悦，令征伐云贵的将士携家眷就地定居云贵地区。之后唐、李、勾、柴、张 5 大姓氏先后落户构皮寨，延续至今。

据《大李氏族谱》记载，李氏族人为原江西南昌太守正堂后裔，明洪武二年八月十五日因征南屯民，从南昌府丰城县十字街迁徙入黔，首居镇远府属都坪左溪数代，宗人李尚文妻亡，携子迁入客楼石榴坝居住 3 年，狩猎时发现大鸡公一带土质肥沃，地域宽广，遂迁入此地，以 6 两白银买下此地，与唐姓插牌划地，指手为界，初入年代已不可考。原为汉族，1984 年申报并被政府认定为仡佬族。存于大鸡公村李氏宗祠的《大李氏族谱》序言记载，盖闻万物本于天，世人本祖木之有根，水有源也，想我先祖国统一居住江西中祠堂南府太守正常后仕于丰城县十字街，明洪武二年八月十五同祖分派迁分贵州，路过溪石榴夏至此境，大鸡公落叶。

基础设施建设

公　路 2000 年，铜仁地委组织部扶贫队在大鸡公村投资改造村级道路，并为部分村民安装沼气池。2002 年，铜仁地区交通局实施大鸡公村通村道路改造建设。2017 年，国家投资将村内原来的主干道石砂路面更换成水泥路面，将村内所有分支小路段的部分损坏路段更换为水泥和鹅卵石路面。2018 年，国家投资，在村内道路主要路段安装太阳能路灯。

电　力　1996 年，五德镇集资 80 万元，架设 10 千伏输电线 18.6 千米，低压线 18.6 千米，新安装变压器 36 台，大鸡公村通电。2002 年，国家投资 220 万元，在五德镇吴家大土修建 1 座 35 千伏变电站。当年建成投入使用，包括大鸡公村在内的五德镇农村并入国家电网。

自来水　村寨因地制宜，饮水皆为山涧水，水池引流山涧清泉，常年不涸。截至 2021 年末，全村并未安装自来水。

通　信　截至 2021 年末，手机通信 4G 通信信号覆盖大鸡公村。

村域经济

概　况　大鸡公村共有耕地面积 145.67 公顷，其中水田面积 50.07 公顷、旱地面积 95.6 公顷。全村主要从事养殖业、种植业，以水稻、玉米、马铃薯、红薯作为粮食作物，每户均饲养有牛羊鸡畜。经济作物主要有茶叶、油茶，副业有捡拾桐树籽等。

产业结构调整　20 世纪 80 年代以后，全村种植业从“以粮食为中心”调整为以种植玉米、烤烟、油茶为主，2013 年，石阡苔茶声名远扬，价格持续看涨，全村响应国家“退耕还林”政策，增加茶叶种植面积。2018 年以后，大鸡公村大力培育以石阡苔茶、辣椒、红叶石楠和黄桃种植等市场看好的经济作物与时鲜水果、蔬菜种植产业。

养殖业　截至 2021 年末，全村有高兴养殖场、石阡县邦前肉牛养殖场 2 个养殖场，主要养殖跑山羊、牛，收入 10 万 ~ 20 万元 / 年。

村民生活

村民收入　大鸡公村村民的经济收入主要有：出售农产品、家畜家禽养殖、外出务工、财政补贴、集体经济务工收入及分红、其他非农收入、工资及退休金等。

主要支出　大鸡公村村民的经济支出主要有：日常生活、教育、房屋及维修、交通出行、通信、子女婚嫁以及其他支出。各项支出内容与马桑坪自然村相同。

教　育　1997 年，由省人民政府办公厅、贵州师范大学、希望工程共同合资建成建立大鸡公希望小学。2001 年 3 月，五德镇撤销大鸡公希望小学，学生到五德小学就读。

医　疗　1975 年，大鸡公生产大队按上级统一部署，建立农村合作医疗制度，设立大鸡公生产大队卫生室。1981 年，实施家庭联产承包责任制后，大鸡公生产大队卫生室名存实亡。1994 年，按全县统一部署，重建大鸡公村卫生室。2000 年，按全县统一部署，大鸡公村开始实施新型农村合作医疗制度。

社会保障　2012 年，按全县统一部署，大鸡公村开始实施实行个人缴费、集体补助和政府补贴相结合的新型农村社会养老保险制度。

风土民情

饮食习惯 大鸡公村村民主食为大米；副食为南瓜、玉米、四季豆、红薯、洋芋（马铃薯）；餐具主要有筷子、瓷碗、盘等；烹饪工具为土灶、铁锅、三脚架、火盆、顶盥、耳锅等；烹饪习惯和汉族饮食习惯并无大异。

酒席佳肴 大鸡公村酒席讲究“十一盘一汤”，即肉类、菜类共有十一盘，加一盘最后上的菜汤（一般有菌类、肉类、白菜、白豆腐）；更有好客人家，菜肴配置更好；“四大房”分别为菜房、饭房、酒房、茶房；各自安排人手、分工合作，负责菜、饭、酒、茶的制作和招待任务。

民族服饰 20世纪80年代以前，老一辈服装多用当地自制的侗布制成，色调以青、蓝、白、紫为主。男子多穿右衽无领的短衣，或包大头巾，有的头留顶发。妇女上身有大襟无领盘扣上衣，也有的衣长至膝，下穿百褶裙或管裤，多束腰带、绑裹腿，衣襟、衣滚等处绣有花纹，年长的一辈有裹脚等。妇女、幼儿多梳盘发包头，喜爱佩戴银等饰品。之后20世纪80年代改革开放以后，侗族、仡佬族与汉族文化融合，服饰穿着和汉族并无差别，延续至今。

岁时节庆 大鸡公村岁时节庆跟五德镇其他村寨基本一致。

正月十五 玩灯，小孩“偷菜”——“偷菜”前几天一般主人家为防止被偷，会把家里的粪水挑去浇菜，“上亮（烧狗屁股）”祈求来年身体健康。

农历二月初二 土地神生日，做土地会。

农历三月初三 吃蒿子粑粑，叫“蒿子节”。

过　社 做社饭，祈愿丰收。

清　明 扫墓，做清明粑，祭祀祖先。

立　夏 煮鸡蛋吃，是二十四节气中的第7个节气，夏季的第一个节气，交节时在公历5月5—7日。

端　午 吃粽子，出嫁女性回娘家一起过节。

月　半 也叫中元节，俗称“月半”，每家于农历七月十四举行祭祖节，用新收割的稻米等祭供，向祖先报告秋收收成。

中　秋 农历八月十五，赏月、吃月饼、玩花灯。

重　阳 农历九月初九，子女为家中老人做饭，晚辈借此种方式向长辈表达敬意。

除　夕 送灶神。

生活禁忌 大鸡公村生活禁忌与五德镇其他村寨基本一致。

交　春 初一、初二女子不能去他人家串门。

祭　祀　小年也就是拜灶火爷，目的是祈求神明保佑，让来年顺顺利利。祭灶只能是男性。除“大年”“小年”外，比如祭祖等，女性都不参与。

传统农具　截至2021年末，大鸡公村还保留有谷斗、风畚、石磨、竹筛、竹筐等多种传统农具。

谷　斗　是一种用来收割稻谷的农用木制工具，成长方体，长约3米、宽2米、高约1米，重50～60千克。它由四块边墙、底板和两根比较粗壮、呈船形的木方组成，在内侧的短边还加有几块打板，以防止在长期使用过程中磨损，即使磨损后也方便更换，在四个角的上部各有1个“耳朵”，方便在推拉时有支撑点，由于一般搭斗都是在水田或比较潮湿的田地里使用，所以搭斗底部的两根船形的木头一般都采用比较轻巧耐潮湿的沙树（灰叶杉木）木材制作而成。

风　畚　即“吹谷机”，是用来把稻谷和谷皮、杂质分离的一种古老农具。

晒谷席子　是一种晒晾稻谷用的席子；每到收获的季节，村民们都会用编织好的席子铺在地上。

石　磨　是用来碾压谷类作物加工成粉末或液浆状物体的工具，用两块圆石凿成，下为基座，上为转磨。

铧　口　用耕牛作为动力，犁田翻土，前有置于牛背的牵引木，需要一人扶持前进，是重要的生产工具。

传统村落保护

村寨布局　作为以仡佬族为主的多民族杂居村寨，大鸡公村布局沿袭仡佬族“依山而建，择险而居”的选址原则，选址常考虑背靠大山，正面开阔；地势险要，四周兼有耕地，讲究环境、方位的选择与配置。由于地势起伏较大，大鸡公村寨根据地形地势依山而筑，顺应地势，逐级而升。四周群山葱郁，呈环抱之势。各种林木遍布四周，古树梯田错落有致，恬静自然。村内道路、巷道曲折蜿蜒，各类建筑顺沿等高线分布，依地形高差产生高低错落的层次变化，勾勒出优美自然的天际轮廓线。大鸡公村四周森林茂密，古树参天，整个村落完全融入周边自然环境中，如一幅山水画般静寂、清幽。一条蜿蜒的水泥路从中贯通

伍德镇大鸡公村传统建筑（县住房和城乡建设局　提供）

伍德镇大鸡公村古巷道（县住房和城乡建设局　提供）

全村寨，村民建筑分布在道路两侧，以“之”字形主干道为主线，串联全村。村内建筑为石阡县侗族原生态民居建筑群，保存较好。

传统民居建筑特色　大鸡公村传统民居建筑有七柱六瓜、五柱四瓜、三柱二瓜等木架瓦盖平房，少数富裕人家建四合院，两边立厢房，正中立大房。多建有翘角楼以避风雨。房屋的排列和阶梯的安设，均用奇数，忌用偶数。下房之侧增添厢房，楼上住儿女，楼下饲养禽畜，筑土墙围院，各守自家边界。截至 2021 年末，大鸡公村中古式老木屋有 10 余栋，以四合院居多，由正房、书房、偏房角楼、对天吊脚楼构成，保存完好，景观独特。

被列入第五批中国传统村落名录　2019 年 6 月 6 日，按照《住房和城乡建设部办公厅关于做好第五批中国传统村落调查推荐工作的通知》，住房和城乡建设部、文化和旅游部、国家文物局、财政部、自然资源部、农业农村部联合发布第五批列入中国传统村落名录的村落名单，石阡县五德镇大鸡公村被列入。

传统村落保护措施　截至 2021 年末，村内安装微型消防设施，增设垃圾箱。村内古树、传统民居均造册挂牌保护，并每年举行消防演练。

古迹胜景

李氏宗祠遗址 大鸡公李氏宗祠位于大鸡公大石板田坝中，建于光绪二十六年（1900）孟冬月中旬，李氏宗祠占地140余平方米，木房周围用土砖砌垒，再用白石灰粉刷，屋内左右两侧有碑文记载李氏族谱，右边为顾氏家族谱。1958—1961年，李氏宗祠作为大鸡公公社社员食堂，其间，部分墙砖被毁，其余完好。1983年，李氏家族筹集资金对李氏宗祠进行维修。截至2021年末，由于年久失修，李氏宗祠已坍塌。

唐姓营屯碑遗址 1925年1月23日（除夕），岑巩注溪匪首罗矮子（人称“矮子营长”），带匪众50余人到大鸡公村抢劫，全村人躲进吉营屯避难，匪徒最终攻破营屯，杀死唐、李、张三姓50余人，抢走1名张姓女子。村民李廷登身中9刀，躺在地上装死幸免一死。唐姓立碑记述，云“腊月三十来破屯，屯上杀死50余人”字样，碑已损坏，仅余遗址。

古树珍禽 大鸡公村西口有4棵白香树，村民称为“白鹅树”，每到夏秋回暖之际，会有成群结队的黄嘴白鹭鸟到这4棵白香树上筑巢、产蛋、孵化幼鸟，等天气变冷，幼鸟身体发育成熟后，就又开始迁徙到其他地方。年复一年，周而复始。

此外村中还有1棵上百年的红豆杉、1棵上百年的核桃树及枫香树等古树。

古　井 村内存有古井数口，井水清冽甘甜，截至2021年末，仍正常使用。并于井边放置若干小碗，供过路口渴者取水饮用。

大鸡公村古井（县住房和城乡建设局　提供）

凉风坳 介于城东南五德镇大鸡公村与地印村、岑巩县之间。属大鸡公村李家园村民小组。因其夏季常吹拂凉风，风凉气爽，故而得名凉风坳。这里是跨越山岭高处的要隘，中间有块平地，坳长89.01米，宽43.43米，海拔1185.6米。此地为村民来往的交通要塞。

传统文化

玩龙灯 每逢春节等重大节日，村民都会玩龙灯，前来观看者甚众。

唱山歌 山歌集民间打油诗、歌谣谚语、韵文、音乐于一体，是一种用精练、生动、形象、古老、简朴的原生态方式，表达本土文化的语言艺术：歌颂各族人民团结，以人为本构建和谐社会，爱土地爱劳动，歌唱大自然建设家园，向往美好爱情、美好未来的精神文明史。主要以劳动歌、情歌、敬酒歌等为其内容。以男女青年坐对情歌、集体唱对山歌的方式，

伍德镇大鸡公村傩戏艺人正在排练（县住房和城乡建设局 提供）

凭嗓音高调和记忆力、语言表达能力，即兴发挥、见景生景、托物达意，对歌就叫“花歌”，演唱编成册子的歌就叫“排歌”。

傩 戏 大鸡公村傩戏历经数百年，保留较好，地域特色较为突出，从演出形式、剧目、唱腔、面具、服饰、道具等各方面，均保存完好。大鸡公村傩戏拥有固定的观众群体，故数百年不衰。

薅草锣鼓 薅草锣鼓是流传在石阡县民间的一种山歌，由于演唱时用锣鼓伴奏，故名“薅草锣鼓”，又称为“打闹歌”。它源于先秦时期击鼓祭祀田祖及田猎的习俗，在农耕生产快速发展的汉代，薅草锣鼓得到较快发展。唐宋时期发展缓慢，主要采用鼓和笛伴奏。明清时期渐趋成熟，演唱形式多样，伴奏乐器采用鼓和锣。近代以后，薅草锣鼓演唱内容丰富、形式多样、功能性强，形成独具地域特色的民歌样式。2015 年 2 月，石阡薅草锣鼓被列入贵州省第四批省级非物质文化遗产代表性项目名录。薅草锣鼓在大鸡公村流行较为广泛。

艺文杂记

地理先生李华山封桥传说

相传民国时期，大鸡公村有一位有名的地理先生李华山，眼看大鸡公村李氏家庭日渐衰败，知道与隔山相望的元式坡老鹰岩有关（鹰克鸡）。于是，他想方设法与时任岑巩县客楼区区长娄献廷（元式坡老寨子人）认亲，不久两人便以“老庚”相称，感情甚好。一天，李华山随娄献廷到娄家玩耍，受到娄区长热情款待，两人游山玩水，来到老鹰岩脚下，李华山借故说道：“原来是个圆，亏星点斗在两边，有贵无富，须修桥连成圆，富也有，贵也有。”建议娄区长积德修桥，娄区长高兴之余，满口答应，李华山见计谋成功，进一步要求桥建成时，自己要参加踩桥仪式，娄区长毫无防范，便答应下来。

大桥完工之日，娄区长邀请亲朋好友来祝贺，李华山也有备而来，李华山端着罗盘举行踩桥封龙仪式，站在桥头一边走一边说：“金锁桥，银锁桥，一锁锁住老鹰脚，千年万年打不脱，自从我走过后，大小鸡公得安乐。”娄区长自知上当，便边追边骂：“放狗屁！”李华山边跑边说：“就是放狗屁也要管一百年。”他一口气跑回大鸡公村。

从此，大鸡公村村民生活日渐兴旺。

长安营遭匪抢

长安营位于石阡县五德镇大鸡公村张家边组背面的一座山上。四周悬崖峭壁，居高临下，俯视整个大鸡公村，村寨、田园阡陌尽收眼底。屯的两边分南北各有一条小路由东南向西北顺山势逶迤向上延伸入营屯。

长安营又名“长安岭”，因山势由东南向西北延伸，形如一条长龙卧在村寨之中，故有“长杆岭”之说。清朝末年民国初年，因军阀混战，民不聊生，地方土豪与土匪狼狈为奸，处处抢劫，百姓生活在水深火热之中。为避匪抢，居住在大鸡公一带的村民在长安岭的山顶上修筑石墙卡门，建造营屯。该营屯地势险要，工事牢固，故称“长安营”，是能长期安营扎寨的意思。

清初大鸡公设场市于构皮寨（后大石板村民组），有一条从石阡经枫香、旧思坳、下桃子园、大寨、许家沟、点军坪、构皮寨、庵塘坡、客楼乡的古驿道。构皮寨是个小集市，商人来往的客栈，一个时期属松桃府管辖。

1924 年 7 月的一天晚上，当地一青年人李连发因家贫，于屯外搭三窝杈草棚准备结婚，村民中许多年轻人便出屯为李连发搭草棚办喜事，屯营里只驻扎了 75 人，李连发的新娘子也在其中。不料消息被土匪得知。在岑巩县有一匪首，当地人称“矮子营长”，他联合岑巩县注溪罗家山匪首罗树青，聚集 100 余名匪徒夜劫长安营。土匪利用晚上屯营里村民熟睡的时候，把整个营屯围得水泄不通，三更时分土匪发起进攻，一时枪炮声大作，屯营里的人此刻全沸腾起来，很快进行还击。由于营屯四周系条石砌成，土匪攻不进去，便到村庄的农户家中扛来木梯和大小桌子等，准备翻墙入屯。手握长矛大刀的屯中老百姓奋起抵抗，一个名叫李春芳的大力士在屯中组织 4 人将一口棺材举起从围墙上甩翻棺材顺墙外翻滚下去，砸、压死匪徒 8 人。此时天刚亮，矮子营长见久攻不下，令号兵吹号收兵。屯中的李兴邦从射口处用火铳将距屯 200 余米的号兵击毙，匪首矮子营长捶胸顿足，命令匪徒再次拼命猛攻长安营。屯中村民奋力抵抗，多次打退土匪进攻，打死土匪 20 余人。由于寡不敌众，屯内多数是老人、小孩和妇女，屯营最后被攻破，部分村民突围也没有成功。屯营里有 73 人被土匪杀害，屯主李民魁也未躲过此劫难。李庭松（李春景之伯父）一家死去 9 人。一时间整个营屯遍地尸首、血流成河……

张玉兰和李庭登是屯中 2 个幸存者。李庭登（李春贤之父）属孤儿，当年 14 岁，在砍杀中，他机灵地跳进了一个粪坑中，并顺手拉过来几具尸体盖在自己的身上，隐蔽起来。一匪徒用杆子（梭镖）在掩盖的尸体上捅了几下，未见动弹才走开。

匪徒攻破屯营，在营屯的粮仓转角处发现一年方 20 的女子，该女子就是新婚娘子张金兰。张金兰手握杆子宁死不屈，面对众匪她咬牙怒目厉声道：“杀！杀！杀！”

土匪小头目罗树青定眼一看，是个“三寸金莲”，高声吼道：“刀下留人，抓活的……”话音刚落，五六个匪徒一拥而上抓住了那美女。这时厚颜无耻的匪首罗树青对匪徒们说：“弟兄们，今天我什么也不要，抢走的钱物、猪、牛、羊、鸡、鸭、粮食全部给弟兄们，这人嘛……

请给我带回去做老婆。”就这样张金兰被匪徒们抢走了。

这大家闺秀张金兰被抢去后，被迫与匪首罗树青成亲，张金兰不依不饶，几次想脱离虎口，几次自杀都没有成功。说来也怪，张金兰被匪首罗树青抢走强行做了老婆，不管张金兰怎么样，罗树青都没有杀她，十多年终无生育。

解放后，罗树青病死。张金兰改嫁到龙田镇双马头的吴应成家，并生下一男二女，至此才过上幸福的生活。

长安营，一个美好的屯营，却深深地烙下血腥与杀戮的历史印迹。

（李春贤口述　杨大国整理）

薅草锣鼓“唱词”

上工号　上工号是打薅草锣鼓开工时由歌郎（鼓手）作开场白的“朗诵词”，朗诵后配角鸣锣，锣响表示上工薅草，其余 10 人闻锣入队，听鼓锄草。“上工词”不分长短，内容大同小异，只要符合情节即可。

歌郎调：“嘿——口号口号——随口就到；口才口才，随口就来，三步楼台，听我歌郎说出来，太阳出来红彤彤，将军骑马我骑龙，将军骑马打天下，我歌郎骑马管长工，不管钱多与钱少，大家都要打冲锋。”

鼓手诵：“嘿——口号口号——随口就到；口才口才，随口就来，那太阳出来照西山，俩公媳妇去挖蒜，媳妇扛着锄头走，公公后面捡蒜瓣，不管他蒜瓣不蒜瓣，打号锣鼓吃早饭，体弱多病薅边边，年轻力壮薅中间，大家都奉主人请，看看哪个薅上前。”

歌郎诵：“天晴大日头，落雨水长流，人从桥上过，水往桥下流，太阳当空照，也有雨淋头，大家努力薅，任它汗水流。”

歌郎诵：“豆子开花角对角，我歌郎要把口号说：有家公公是个大脚板，媳妇是个崽崽脚，媳妇想与公公比，心大脚小奈不活呀！”

上工词　上工词是在打薅草锣鼓的活动中一边敲锣打鼓一边演唱的一种唱词，（调子）上工词同样不分长短，只求内容丰富，号召力强，有风趣和韵味，一般都是单字组成句式，有三字一句、五字一句、七字一句，在演唱时都用共同的谱，同中有别，其韵首韵尾都相同，也可伴锣鼓声稍慢稍快，时重时轻，或由歌郎自然调节，现就常唱的上工词举例如下：

歌郎唱：“太阳已上山呀！黄花朵朵开呀！黄花那开得好呀！才到那花园来呀！——黄阳花、白阳花、花阳花易开哈——咦哈咦哈——哈哈哈咦——正是小郎上工时呀哈哈咦哈哈呀！”

鼓手唱：“太阳来得早呀，活路那来得迟，来到那工地上哟，薅呀么薅得好呀，主人看到了吗，笑得乐哈哈呀！”

歌郎唱：“太阳才出的土呀，主家就打锣鼓，煮的是大米饭呀，加上那菜豆腐、老的吃了像罗汉，小的吃得像水牯，哈哈咦咦哈哈。”

催工词　催工词是在连续薅草的过程中，个别做工跟不上队伍时，鼓手有意来鼓动落后者的唱词叫作“催工词”。

你快点薅——快点薅——别拿锄头撑懒腰，青杠锄把撑断了，明天又拿什么薅呀哈哈咦哈哈——

你大锄薅——哟，使劲地薅——，三锄并两锄薅过来呀哈——咦哈咦哈，哈咿呀哈哈——

午休词　午休词是中午快吃饭时歌郎和鼓手的唱词：

鼓手唱：“要吃那午饭呀！才做那么时活呀！午时的饭呀！未时的活，蜂子在朝王正午的时——哈咦哈咦哈——哈哈咦——哈咿呀哈哈——”

歌郎喊口号，说：“一根光棍五尺五，插在贵州府，前头挑的大米饭，后头挑的渣豆腐，老了吃了像罗汉，小的吃了像水牯，管他水牯不水牯，放下鼓锣吃少午（晌午）。”

情词调　“情词调”是在打薅草锣鼓时用以调节人们劳动情绪的一种趣词，由于有情词，就是一本正经的老太婆也会被歌郎有趣的唱词逗得捧腹大笑，唱情词不受时间限制，想唱就唱。

歌郎唱：“六月就是六月大哟！六月那太阳热呀！太阳大、太阳热，青色帕子勒两勒，灯笼裤脚折两折，打扮情妹来薅草，不是打扮来送客哟——哈——咦哈咦哈——哈哈咦，哈咿呀哈哈——”

歌郎唱：“我歌郎穷——歌郎穷，扣子烂了又无铜，洗脸就用耳马巴子，抹汗就用裤带勒哟——哈——咦——哈咦哈，哈咿呀哈——”

歌郎唱：“二人下荆州，好买那黄洋梳，将钱买一把呀！拿给妹梳头，梳头哟打扮，打扮情妹送茶来哟哈哈咦哈哈咦哈哈——”

锣一提，鼓一擢，听我歌郎说口号，口号口号，随口就到；口才口才，听我新郎说出来：长把沙刀钩又钩，听我说个弯八头，这边一笼麻，那边一笼麻、媳妇背笆篓，公公扛挝挝，公公如不扛呀！媳妇要学公公学业骑麻（齐麻）哟哈哈咦哈哈——

鼓手唱：“张打的铁，李打的铁，打把剪刀送姐姐，你别嫌，你别嫌，哥哥打得好多钱，送给你情妹绣花鞋哟——哈哈咦哈——哈哈哈——”

收工调　一张桌子四个角，抬上去，角合角，抬下来，脚对脚，黄牛打架角钗角，水牛打架角接角，鸭子打架脚拐脚，公鸡打架脚蹬脚，母鸡打架啄老壳，男人打架用光棍，女人打架抓老壳，管她抓不抓老壳，打号锣鼓放了活。

太阳落了土呀！活路也差不多，大人 100 钱 1 个哟，小的得 55 呀，看来是不合理呀，你长大又来补，哈哈咦哈——咦哈咦哈——长大么又来补——呀！哈——咿呀哈哈哈——

人　物

勾成昌　1948年出生，原籍石阡县五德镇大鸡公村，在贵州省贵阳监狱工作，1996年3月，被司法部、人事部授予全国司法行政系统“英雄模范”称号。

人物名录　中越边境自卫反击战参战人员　李茂云

四川省黑水剿匪受伤人员　李茂龙　李茂兴

获得“光荣在党50年”纪念章人员　张定仟　杨光芬（女）　王平忠　李华开　李春美（女）　李茂权　李茂恒（去世）　李春美　张定仔　杨光芬（女）　李华开　王平忠（女）

获得硕士及以上学位人员　勾帮睿（女，浙江大学农学硕士）

绿树掩映周家村

阳光照射在绿树掩映的村寨中，树上的鸟儿在欢快地歌唱，不远处茶园里茶树随风摇曳，人与自然和谐共生，人与人和睦相处，勤奋劳动，乐观生活，这就是周家村。

基本村情

行政区划　国荣乡周家村辖7个村民小组，全村土地面积39平方千米。全村实有耕地573.8公顷，人均0.52公顷。陈家寨自然村为周家村第五、六村民小组。

地名来源　周家村因最早居住于此的居民姓周而得名。陈家寨自然村为周家村核心区，陈家寨原名小水寨，后因小水寨居民多为陈氏家族，后周边村寨村民均将小水寨称为“陈家寨”，久而久之，“陈家寨”取代“小水寨”，成为村寨名称。

村寨沿革　1914年，葛容（含周家村）由思南县划归石阡县管理，分属石阡县第五区四、五团，周家村陈家寨属石阡县第五区四团。

1936年，置葛容联保，周家村属葛容联保。

1943年，置葛容乡，辖葛容及葛宋、楼上、高桥、石榴寨、鹅山、坪旺等地，共7保、81甲，周家村属高桥保管辖。

1950年2月8日，石阡县人民政府成立，周家村属第三区管辖。1953年，分置书田乡，周家村属白沙区书田乡管辖。1956年，重新设置书田乡，周家村属书田乡管辖。

1958年，书田乡改书田管理区，周家村属书田管理区管辖。

1962年，书田管理区改为书田人民公社，周家村改为书田人民公社新华生产大队管理委员会。

1974年，书田人民公社新华生产大队与华丰生产大队合并为周家村生

国荣乡周家寨村陈家寨自然村全景（县住房和城乡建设局 提供）

产大队。

1985年，书田人民公社改为书田乡，书田人民公社周家村生产大队改为周家村，陈家寨自然村为周家村第五、六村民小组。

1992年，撤销书田乡，并入国荣乡，周家村属国荣乡管辖。

2003年，国荣乡14个行政村合并为4个村，周家村与罗家寨村、寨根村合并为寨根村。

2010年12月，石阡县完成建制村调整，将原来全县87个行政村、5个社区调整为302个行政村、8个社区。重新设立周家村，下辖7个村民小组，陈家寨自然村为周家村第五、六村民小组。

自然环境

地理位置 周家村位于国荣乡南部，距离乡人民政府所在地7千米。

地形地貌 周家村属典型的喀斯特地貌，海拔较高。高山环绕，村寨东面为江家山，下面一条小溪流到石阡大河，北面有仙人街大山，西面为云台山黄泥老丫口，水源长年不断，自然生态环境优美。

气　候 周家村处于黔东北地块，属亚热带湿润季风气候。在气候区上，属于黔北副热带温暖湿润气候区，由于海拔较高，纬度较低和受东南风影响，气候温和、雨量充沛，气候温暖湿润，水热条件好，空气清新，气温变化小，年均气温16℃，冬无严寒、夏少酷暑、春秋温凉。

族群族源

人口民族 截至2021年末，周家村共有239户、1097人。陈家寨自然村（上寨、下寨2个村民小组）共80余户、300余人。村民多为汉族。

村寨姓氏溯源 陈家寨自然村为周家村核心区，全村共有陈、张、周、冯、刘等姓氏居民居住。陈氏先祖从江西都司港经四川、贵州印江，于明天启元年（1621）迁徙至小水寨定居。截至2021年末，历400余年。清康熙十九年（1680），张氏先祖迁居至小水寨定居。其余周、冯、刘等姓氏村民均为20世纪之后迁至此居住。

基础设施建设

道　路 20世纪90年代，周家村修通公路。2009年，县交通局、县扶贫开发办公室等单位筹措资金10余万元，组织村民投入劳力，大干100天，将国荣乡到汤家沟、国荣乡到玉家沟、国荣乡到土地湾、县城经中坝镇太平至土地湾的4条断头公路变为以周家村为中心的联网路。使周家村群众到县城距离缩短约30千米，方便周家村及周边冯家山等22个村民小组4000余人出行。

水电通信 截至2021年末，周家村各村民小组均实施农村电网改造，全村接通自来水，手机通信4G信号全覆盖。

县域经济

主要产业 国荣乡周家村粮食作物主要种植水稻、玉米、马铃薯、红薯，经济作物主要种植茶叶、黄桃，并大力发展食用菌产业与茶叶产业。养殖有牛、猪、鸡、鸭，以圈养为主。

国荣乡周家村陈家寨自然村茶园风光（勾昆　摄）

生产方式 主要是人力单独劳动，耕牛、犁耙为主要生产工具。农忙时大家邻里互帮互助，但以个体劳动为主。

“以短养长”产业发展模式 2018年起，周家村依托村级集体经济专业合作社为载体，推动全村形成“一长两短，以短养长”的产业发展模式，2个短效产业为南瓜与辣椒，长效产业为石阡苔茶，共有盛产茶园53.33公顷、幼龄茶园33.33公顷。

村民生活

村民收入 周家村村民的经济收入主要有：出售农产品、家畜家禽养殖、外出务工、财政补贴、集体经济务工收入及分红、其他非农收入、工资及退休金等。

20世纪90年代以后，外出打工是周家村村民获取现金收入的主要来源。2021年，全村外出劳务人员450余人，获取劳务收入200余万元。

主要支出 周家村村民的经济支出主要有：日常生活、教育、房屋及维修、交通出行、通信、子女婚嫁以及其他支出。各项支出内容与马桑坪自然村相同。

教　育 20世纪80年代，建立周家村小学，2014年撤并村小学，全村小学生在国荣小学就读。截至2021年末，全村共有在读大学生7人，在读硕士研究生1人。

医　疗 1975年，新华生产大队按上级统一部署，建立农村合作医疗制度，设立新华生产大队卫生室。1981年，实施家庭联产承包责任制后，新华生产大队卫生室名存实亡。1994年，按全县统一部署，重建周家村卫生室。2000年，按全县统一部署，周家村开始实施新型农村合作医疗制度。

社会保障 2012年，按全县统一部署，周家村开始实施实行个人缴费、集体补助和政府补贴相结合的新型农村社会养老保险制度。

风土人情

饮食习惯 周家村村民以大米为主食，兼食小麦、玉米、红薯、洋芋（马铃薯）与其他豆类。菜肴喜食酸、辣，肉食以猪肉为主。

服　饰 陈家寨村民女性已经许多年不自己加工缝制衣物，均为有需求时购买成品服装穿着，服饰与其他地区汉族完全一致。

家庭构成 主要由祖、父、子、孙组成家庭，也有个别户与外祖等组成家庭的。家庭以父亲为全家核心，母亲为次位，对外交往等事务以男性为主，母亲着重于家庭内部事务。凡家庭大事由父母协商并征求其他家庭成员意见后确定。

亲属称谓 父亲称“爹”，母亲称“妈”，祖辈称“公”“婆”，外公称“嘎公”，外婆称“嘎婆”，母亲的兄弟称“舅爷”。

家庭房屋居住原则 无论房屋宽窄，从古至今周家村村民均按辈分安排居住房屋，祖辈、父辈、孙辈各居一室。

家庭财产继承原则 一般均为子承父业，女儿不参与家庭财产分割，对无子嗣者，其家庭财产按“上房无人归下房”原则处理。

节庆风俗 周家村节庆风俗与国荣乡其他村寨基本一致。

过年（春节） 腊月三十（小月二十九）为“大年”，正月十四为“小年”。腊月三十（小月二十九）晚12点要放鞭炮，开门迎财神进家。正月初一、初二要给自家祖坟烧纸，放鞭炮，走亲访友，互相拜年。正月初一女人不串门，不扫地，污水不往外倒，不准说不吉利的话。

“七月半” 周家村在农历七月十三过“七月半”，村民比较重视“七月半”，一般人家都要购买新鲜猪肉，杀鸡、杀鸭，操办丰盛宴席，给祖宗写袱包，当天晚饭前，将做好的酒、菜、饭供桌上，烧纸钱祭祖，一家人再吃饭喝酒。饭后将给老祖宗的袱包烧化后再用纸将灰包好，放在人畜不易碰到的地方。

腊月二十四 这天晚上要送灶王君上天。

二月初一祭拜树神 每年二月初一，周家村村民都会不约而同地带着各种祭祀用品到古树下，祭拜树神，祈福新的一年全家人平平安安。

婚姻禁忌 周家村核心区陈家寨自然村村民无论什么姓氏，均禁止互通婚姻。

传统村落保护

村寨布局 周家村三面环山，对面为耕地，响水河自山而下，流经村旁，村寨依山傍水，房屋依山而建，随坡就势，自上而下随山势呈梯状排列。村前就流水辟有梯田，方便灌溉。整个村庄整体呈带状集中分布，错落有致。公路通至村内并与邻村相连，分户道路均已硬化。村庄开敞、明亮、四周青山绿树，环境宜人。村落以自然山势布局，空间结构灵活多样，整个村寨房屋布局密集，纵横交错，掩映在大片松柏古树之间，与地形、地貌、山水等自然风光和谐统一。

周家村陈家寨自然村传统民居（勾昆摄）

传统民居特色 周家村虽为汉族为主的村寨，其传统建筑民居汲取周边侗族建筑的优点，适应当地的气候条件，就地取材，以杉木、松木、柚木及少部分杂木建造木结构房屋。早前以三柱二瓜为主，五

周家村村寨布局局部（县住房和城乡建设局　提供）

柱四瓜建筑为正房，正房前两侧或一侧建翘角的吊脚楼，亦称“厢房”或“楼子”，中间为院坝，形成三合院式的建筑特点。周家村厢房多为一楼一底，下层住人，楼上堆放杂物。

被列入第五批中国传统村落名录　2019 年 6 月 6 日，按照《住房和城乡建设部办公厅关于做好第五批中国传统村落调查推荐工作的通知》，住房和城乡建设部、文化和旅游部、国家文物局、财政部、自然资源部、农业农村部联合发布第五批列入中国传统村落名录的村落名单，石阡县国荣乡周家村被列入。

保护措施　截至 2021 年末，周家村利用国家下拨资金，建立村寨消防和污水处理等设备设施，对古树一一登记造册并实施挂牌管理。对村中传统房屋进行普查并登记造册，出台一系列传统村落保护措施。

2022 年 7 月，周家村传统村落集中连片示范区集聚区建设工程开工典礼举行。

古迹胜景

禄井塘　传说禄井塘水原来并不是水塘，而是水量较大、水流湍急的一条河流，一旦涨大水，其下面的良田就被冲毁，后来一个道士仙人到此得知此事后，急村民之所急，使用法力，用大铁锅将河流封住，致使河水分流到大关口、岩门口、冷水溪等处，才使这一带村民得到安定，粮食收成有保障。

青龙嘴 随着禄井塘河水的断流，响水河水量大大减少，河里的龙活动范围大大减小，龙就现身于村寨北侧，形成青龙嘴。

老鹰岩 传说老鹰岩原来是一只红色的凤凰，飞翔于双山岭间，与响水河距离很近，留有“龙吟响水河，凤翔双山岭”龙飞凤舞之说，后来龙现身响水河随之流向远方，凤凰就定居于山间，就留下老鹰岩、大风洞、冷饭井。大风洞据说就是凤凰的肛门，有“吃在冷饭井，屙在大风洞”之说。传说因周家村村民每年都会在老鹰岩祭祖拜天神，后来神仙被他们的虔诚所感动，在战乱非常时期，神仙下凡，在老鹰岩山洞内存放食物，周家村村民可进洞觅食，维持生活。

狮子开丫口 本身为云台山一支脉，山泥土是黄色，形状酷似一只扑地的黄狮子，这只黄狮子的前面还有2个小石山包，因此人们称之为“狮子开丫口”，久而久之，简化为“丫口”。

文昌阁（陈氏祠堂） 文昌阁（陈氏祠堂）始建于明代。为周家村陈家寨陈氏村民共同祭拜陈氏祖先的场所。每年冬至，陈家寨陈氏村民都要带上食物，去祭拜先祖。并以捡瓦维修文昌阁（陈氏祠堂）的方式表达对陈氏先祖的敬意。截至2021年末，文昌阁（陈氏祠堂）仍保存完好。

古　树 陈家寨自然村环境优美，村中房前屋后、道路边上生长有树龄达100年以上的黄梨木、榉木、檬子树、椿树等古树30余棵。其中，最老的古树树龄达300余年。

传统文化

国荣乡周家村道路旁的指路碑（勾昆　摄）

指路牌 周家村地处交通要地，路上立有许多的形状不同、材质（木质或石碑）不同的指路牌，为不熟悉道路的路人指明道路方向。也有人家为家中孩子立指路碑。立指路牌时，要以大公鸡、香纸、敬酒、敬茶、敬烟等物祭祀，请风水先生作法事，表明立指路牌的夫妻平素心怀善念，祈求上天特别的眷顾，保佑其孩子顺利长大，长命百岁。

拜寄古树 陈家寨古树较多，当地村民选择村中树龄较长，年代久远、枝繁叶茂的古树（如黄梨木树），将自己孩子拜寄给古树，希望孩子像古树一样常青、长命百岁。拜寄古树时，要选定吉日，请一个德高望重者为主持，父母将孩子带到古树下，供上刀头肉、敬酒、粑粑、豆腐、香烛、纸钱，焚烧香烛纸钱，把事先准备好的寄拜帖贴在树干上，以红布条系于树干上。从此以后，每年到相应的节气，拜寄人家都要带着孩子到树下焚香化纸，向古树献祭，祈求古树保佑孩子新的一年顺顺利利，平安长大。

花灯、茶灯 周家村陈家寨主要产业为种茶，因此早年花灯、茶灯活动开展较为普及。近年，花灯、茶灯已经失传。

“虫虫灯” 早先在每年农历六月间，周家村陈家寨村民都要玩“虫虫灯”，玩“虫虫灯”由各寨寨主牵头，邀约众乡亲，家家户户筹钱助米，购买香钱草纸，安排熟练艺人扎灯浇蜡、舂斋粑、磨豆腐、杀猪宰羊，如同节庆一般，全寨男女老幼办得热火朝天。

陈家寨自然村村民把自己孩子“过继”给古树，为古树挂红，并定时领孩子到树下祭拜（勾昆 摄）

“虫虫灯”以鸡灯为主，由木棍、竹块、皮纸 3 种材料扎成，其“虫虫灯”式样为 1 只大公鸡，扎鸡灯有大有小，也可多可少，无规定性模式，一般引头鸡身长 1.5 米，身高约 1 米，鸡羽毛用各种不同染色涂成，鸡要扎得鲜活灵敏，形象逼真，才能扬正驱邪。在鸡灯下腹中间串上一根长约 2 米的木棒（或竹竿）作为舞灯手把，方便在室外和路途中玩灯时操作舞动。

舞动“虫虫灯”出行前应备足香钱纸草，点燃好鸡灯内的蜡烛，并烧上一沓纸钱。玩“虫虫灯”主要是在田土路埂上穿行舞动，大家随着鸡灯的舞动边舞边喊：“鸡捉虫啰”“喂嗬”的口号。要求口号整齐，声音洪亮，舞灯人气势振奋，声音越大越好，这样才能惊动虫王爷，为百姓拯灾救难。

每舞到一处都要插一炷香，烧上一沓纸钱。“虫虫灯”出行舞完所有地方后，最后集中在村寨庙宇处，摆上牙盘、米饭、斋粑、豆腐、酒茶，请师傅（道师）到庙殿里禀奏虫王神，农村俗称“禀虫王灯”法术，焚烧香钱纸草和所扎的鸡灯，烧掉道师为禀奏时所制作的“虫王精”，超度虫王神回归神位，拯救民众于虫害之中。

“虫虫灯”是国荣乡侗族流传已久的一种民间求神祭神活动。百姓为驱逐麦田庄稼病虫及自然灾害，而敬仰神灵，祈请虫王神保佑，组织近邻村寨人们求神玩灯，以致驱虫消灾，求得五谷丰登。玩“虫虫灯”的时节，一般是在麦田庄稼遭受大面积虫灾的年度夏季进行。

一般玩“虫虫灯”主要在白天晴日进行。凡是参与筹钱玩灯的人家，所有田园土块都必须舞到，如果参与村寨和人户多，涉及的出灯面积太广，可按自然村寨分头分片进行。

玩“虫虫灯”人数最少不得少于 5 人，多者不限。

“虫虫灯”主要在国荣乡、甘溪仡佬乡侗族乡侗族村寨间流行，20 世纪 60—70 年代，书田公社周家村生产大队（国荣乡周家村）、甘溪公社红星生产大队（甘溪仡佬族侗族乡铺溪村）等部分侗族村寨仍流传“虫虫灯”。

20 世纪 90 年代后，随着全村外出打工的人越来越多，国荣乡周家村玩“虫虫灯”的人越来越少。

棒棰龙 每年正月初一至十五，周家村村民也玩龙灯，他们玩的是“棒棰龙”，又名“响子龙”“鸡尾龙”。《石阡县民族志》根据民间“金角老龙”传说，定其名为“角老龙”。

“棒棰龙”其特点是龙头很大，造型美观，其龙头前额高耸如峰，浓眉大眼，额书一“王”字，龙角粗而且直，龙口大张，红唇白牙，内含龙宝及龙舌，下唇以长麻为胡须，龙腮以彩色纸美画，并缀以金色的“鼓钉泡”；龙颈有四对鸡尾高翘，故有“鸡尾龙”之称。还有一支由两行鸡尾中反翘起来的“凤尾”，顶嘴有一圆圈，两面书有“日”“月”字样。另从龙鼻内伸出两支龙须，直达于龙颈部，近代有的装上手电筒为龙眼，光芒四射，更显其龙的雄壮威武。龙头直径约 2 米，重 15 ~ 20 千克。内燃明烛多支。

龙头以黄色“龙布衣”连接各“龙洞”及“龙尾”。“龙洞”篾编纸糊为棒棰形，很像造木房时用于拍打房架的大棒棰，因其棰拍打房架时发出很大响声，俗称“响子棰”，故其龙又有“响子龙”之称。龙洞呈圆长形，直径约 0.3 米，长约 0.6 米，下装灯把，内燃明烛 2 支，龙尾如鱼尾形。从龙头至龙尾，有七洞的、九洞的、十一洞的。这样一条大龙，玩起来只能游来游去供人观赏，并作小弧形舞动。

县内各村中的“棒棰龙”编制也讲究龙头造型，与县城一带龙头大体相似。但龙头形体小而紧凑，没有高翘的“日”“月”凤尾，以便于舞动为宜。

棒棰龙舞法基本是以龙宝带领龙头，牵动龙身，作上下左右翻滚，头上尾下可以舞成 2 ~ 3 个“滚子”。有的能上桌子舞，上板凳舞。而最讲究舞龙的，有国荣乡周家村、北塔乡雷屯村（后更名泉都街道雷屯村）的绕茶关、蛇形、洋鼓老、桐木湾等，来朝村的赵家湾、牛塘坳、洋溪村的罗家寨等龙灯，能表演多种形式的舞龙。如赵家湾舞龙的“十样景”是：

鲤鱼打挺 龙在起舞前一般先要贴近地面旋上一周；此时舞龙宝的人即倒在地上，翻滚着舞宝，引导龙头在后面追逐。一周以后，舞宝人一跃而起，展开舞龙。

天鹅抱蛋 舞宝人在下面弯腰舞逗，使龙宝及龙头贴近地面一跳一跳地抖动，配合默契，以有别于一般的舞龙。

倒挂金钩 舞宝人在舞动龙灯过程中，突然骑在另一人的肩上舞，随即向后倾倒，双脚夹住其人颈部，头朝下舞动龙灯。

仙人坐轿 舞宝人站在另二人的手腕上舞宝引龙。

观音坐莲：舞宝人在舞的过程中，突然双腿夹住舞龙头的人腰部；舞二洞的夹住三洞的，以下类推，而且不停地舞龙。

苦竹盘根 舞宝人与舞龙头的人面对面、脚勾脚地舞，以下类推，不停地舞。

犀牛望月 舞宝人与舞龙头的人背靠背、头枕肩、仰面朝天舞龙，以下各洞同样组合不停地舞。

膝上栽葱　舞龙头的和舞三洞、五洞的人站在舞二洞的、四洞的、六洞的人的大腿上继续舞龙。

克麻（青蛙）晒肚　舞宝人和舞二、四、六洞的人倒在地上，仰面朝天；舞龙头的和舞三、五、七洞的人一只脚踩在克麻（倒地之人）的肚子上，继续不断舞龙。

螺蛳旋顶　龙舞上一张大桌，舞一阵后，龙身将龙头裹在中心，然后散开。

人物名录

获“光荣在党50年”纪念章人员　陈良明　周正坤

抗美援朝战争参战人员　张汝银（已故）　张汝河（已故）　张汝奎　冯榜富

中越边境自卫反击战参战人员　陈良明　陈贤文　周正坤　陈永红

石阡县传统村落志

SHIQIANXIAN CHUANTONGCUNLUOZHI

淳朴包容克麻场

80 余年前，出于淳朴包容的善良本性，克麻场村大土坪村民小组村民的父辈冒着生命危险收留失散红军人员。80 余年过去，克麻场村村民淳朴包容的本性没有变，各族村民仍然在这土地上和睦相处，以诚相待。

基本村情

行政区划 石阡县龙井仡佬族侗族乡克麻场村面积 15.7 平方千米，下辖土桥、街上、屯上、瓦房、尧湾、大土坪、钟家、泡桐堖、桐子湾、水洞共 10 个村民小组。

龙井仡佬族侗族乡克麻场村大土坪村民小组全景（县住房和城乡建设局　提供）

龙井乡克麻场村克麻岩石（勾昆　摄）

村名由来　因当地是个赶场（赶集）的集市，附近山上一块石头形状酷似“克麻叶”（车前草），却没有眼睛，因而叫“瞎麻场”，后来更名为“克麻场”。另一说法为，当地方言“克麻”为“蛤蟆”之意，当地有一块神石形状似蛤蟆，连接着整个山坳的岩石，古有严氏一族在此设置石头门，严氏官人回乡途经石头门偶遇一先生，先生告知此地乃宝地有仙人居住，“佛天朝佛，有龙埋多年，每年六月十九日，霞光照射，飞龙在天，上天入地，为留古记于此”，故名“克麻”。

村寨沿革　1914年，克麻场村为第九区四、五团管辖。1936年，置龙井联保，辖克麻场村。1942年，克麻场村属永盘乡管辖。

1950年，克麻场村属第一区所辖。1953年，克麻场村属龙井乡所辖。1956年，龙井、北坪、瓮琴3个乡合并成立龙井乡，克麻场村属龙塘区龙井乡管辖。1962年，为龙塘区龙井人民公社坪丰生产大队。1984年，改为龙井乡克麻场村。1992年，改为龙井仡佬族侗族乡克麻场村。2004年，全县撤并行政村工作结束，将克麻场村等10个村合并成立克麻场村；2010年，全县调整行政村工作结合，龙井仡佬族侗族乡重新设立克麻场等10个行政村，克麻场村下辖大土坪等10个村民小组。

自然环境

地理位置　克麻场村位于石阡县西北部，为龙井仡佬族侗族乡人民政府所在地，距石阡县城19千米。

地形地貌　克麻场村属典型的喀斯特地貌。全村地势起伏较大，有观牛洞、硝洞等喀斯特地貌溶洞与4个山坳。

气　候　克麻场村多年平均气温15℃，1月平均气温5℃，7月平均气温25℃。年平均降水量1150毫米。无霜期年平均250天。

族群族源

人　口　截至2021年末，克麻场村共有户籍人口506户、1735人。

民　族　截至2021年末，克麻场村村民主要为仡佬族、侗族。

主要姓氏 克麻场村主要姓氏有严氏、梁氏、吴氏、付氏、钟氏。

主要姓氏溯源 明洪武年间，严氏一姓由江西省到克麻场村居住，为当地最早居民，以种植玉米、荞子、高粱，烧炭、砍柴卖为生。以“指手划界”的方式确定村寨土地范围。老人去世后，就葬在边界上，以此明确村界。截至2021年末，还有多座传统古墓葬，可惜族谱已经失散。

清咸丰年间，吴姓由湖南永州府迁徙到克麻场村居住，至2020年历7代。陈姓则从重庆迁入。

基础设施建设

道　路 截至2021年末，克麻场村修通通组公路，道路硬化。村内道路也已硬化。

电　力 截至2021年末，克麻场村实施农村电网改造；村中主要道路安装太阳能路灯。

自来水 截至2021年末，克麻场村各个村民小组接通自来水。

通　信 截至2021年末，4G通信网络覆盖克麻场村各个村民小组。

村域经济

克麻场村精品葡萄种植（勾昆　摄）

产业发展 克麻场村产业主要有中药材、茶叶、水果种植等，其中种植中药材黄精4.67公顷，共计投入48万元；有成林茶园66.67公顷。

特色产业培育 2016年以后，在脱贫攻坚战中，在抓好传统主导产业的同时，克麻场村发展精品水果（葡萄）种植。

村民生活

村民收入 克麻场村村民的经济收入主要有：出售农产品、家畜家禽养殖、外出务工、财政补贴、集体经济务工收入及分红、其他非农收入、工资及退休金等。

主要支出 克麻场村村民的经济支出主要有：日常生活、教育、房屋及维修、交通出行、通信、子女婚嫁以及其他支出。各项支出内容与马桑坪自然村相同。

医　疗 1975年，坪丰生产大队按上级统一部署，建立农村合作医疗制度，设立坪丰生产大队卫生室，负责坪丰生产大队下辖各个生产队基本医疗保健工作。1981年，实施家庭联产承包责任制后，坪丰生产大队卫生室名存实亡。1994 年，按全县统一部署，重建克麻场村卫生室，负责全村各个村民小组基本医疗保健工作。2000 年，按全县统一部署，克麻场村开始实施新型农村合作医疗制度。

社会保障 2012 年，按全县统一部署，克麻场村开始实施实行个人缴费、集体补助和政府补贴相结合的新型农村社会养老保险制度。

风土人情

饮食习惯 克麻场村主食以大米为主，兼食玉米、红薯等杂粮。菜肴嗜辣、酸，喜食洋芋（马铃薯）。

衣　着 克麻场村各民族衣着穿戴均与汉族一致，并无差别。即使各种民族节日，也无人专门穿着传统民族服装。

“鸡卦酒” 原是杀鸡后用鸡股骨占卜求吉利。“鸡卦”谐音“吉利的卦”，进入 21 世纪以后，克麻场村已不再按原始的“神判”那种形式去细细研究、察看鸡股骨上的纹样以判断此门婚事是吉是凶，而是把所有订婚酒宴席统统称吃“鸡（吉）卦酒”。

赶　场 克麻场村为龙井仡佬族侗族乡人民政府驻地，为龙井仡佬族侗族乡最大的集镇，克麻场赶场日子为每月农历的初一、初六、初十、十六、二十、二十六、三十，主要交易农副产品。

仡佬族吃虫节 每年的农历六月初二，是仡佬族的“吃虫节”。这一天，克麻场村仡佬族同胞每家饭桌上都摆着几盘别样风味的菜——油炸蝗虫、腌酸蚂蚱、甜炒蝶蛹、烧炒蚜米泥鳅等。

克麻场村仡佬族“吃虫节”当天的“虫”菜肴　（县住房和城乡建设局　提供）

传统村落保护

村寨布局 克麻场村始建于明天启年间，严氏始迁祖为避闽乱，从江西徙居至克麻场，建宅于克麻场，依山定居。村寨周围森林茂密，古树参天，依山就势，房屋顺山势而筑，整个村寨布局有序，呈阶梯状排列，房屋建筑错落有致，房屋坐向统一，整个村落呈圆形分布。寨中多曲折古道巷四通八达，将村寨分为几个部分，全村可分为东宅、西宅和麻溪园三地段，各设祠堂，并在村口建立严氏大宗。依“文房四宝”布局建设村落。村子东西两边，各有一条小溪缓缓流淌，整个村寨生态较好，房屋、道路与树木相映成趣，有机结合为一体。若站在山顶眺望，就像系在村腰上的两条绿色的绸带呈 U 形，四周环山良田美景尽收眼底。

民居建筑风格 克麻场村传统民居建筑为穿斗式木结构青瓦房。形制为正房与厢房配对，以五柱六瓜正房配五柱二瓜或三柱二瓜厢房为主。底层饲养或堆放杂物为主，二层是主要生活层有宽廊、火塘、小卧室。顶层通常为堆放粮食或杂物的阁楼，也有人家根据自己需要在顶层设置隔间做卧室。

克麻场村传统民居建房习俗 木匠自小跟师傅学艺，不仅要学木匠手艺，还要学各种建房祭祀流程与祭祀所用的吉语，只有被师傅封过之后，才能出师带队接木活。无论石阡县仡佬族、侗族及其他民族，建房都忌讳犯“木马杀”“斧头杀”“鲁班杀”与“倒架杀”，建房前要找人看架马、竖柱、祭祀、上梁的日子。木工师傅架马前要用香纸、刀头肉、酒祭祀鲁班祖师并安慰主人家，特别是求鲁班师护佑主人家怀孕女性、母猪、母牛均不出意外。之后师傅进场，发墨、起高（计算房屋高度与进深），神龛与财门的位置（神龛与财门相对，神龛永远要比财门高 8 分）。竖房的前一天要砍梁，师傅拿着红布、刀头肉、酒、香纸等在山上祭祀鲁班先师和山神土地，师傅送吉语：“伏以，兹木兹木，生在何处，长在何方，生在峨眉山上，长在昆仑山场，何人见你长，何人见你生，露水苗苗见你长，钎木二公见你生，

克麻场村村寨布局（局部）（县住房和城乡建设局　提供）

张郎过路不敢砍，李郎过路不敢量，只有鲁班神通大，砍来主家做栋梁，大斧砍了三个月，小斧砍了半年春，锯了头，锯了尖，锯了两头要中间，斧头一路路成行，光一光，放毫光，金丝黑线弹中梁，鲁班弟子封过后，拿来主家做栋梁。”之后才开始砍梁，且梁木只能向山上倒，还不能有人从倒地的梁木上跨过。起梁之日，不能犯“鲁班杀”，先要在新房堂屋位置以1壶酒、2盘猪肉、2盘豆腐、2盘糍粑、2盘水果糖、猪头猪尾和1双新布鞋（布鞋是送师傅的）祭祀鲁班先师和五方龙神，祭祀师傅送完吉语之后，正式起梁，抛梁粑。起梁工序完成后，奉迎神龛，开财门，之后就进入房屋内部装修阶段。此时在新房门外师傅还要举行“开花立主”仪式，送吉语：“门外开花立主，古老先人、商山大庙、佤山小庙、三王土地、国王父母、三千洞神、五千洞祖、风伯雨师、岩王洞主、洪头和尚、花衣大法老师、山中妖精、树精、果木妖精、山妖精、水妖精、庙神，请得到、请不到，个个到场，有多分多，有少分少，交得清，交不清，交以流天万化。门外开花立主，古老先人，有刀砍伤、火烧伤、落水伤、铲压伤、炮打伤，不管一切伤亡，交以流天万化；有人敬拜的孤坟，无人敬拜的孤坟，五五二十五的孤坟，有多分多，有少分少。”至此，建房仪式结束。

大土坪村民小组传统民居（勾昆　摄）

被列入第五批中国传统村落名录　2019年6月6日，住房和城乡建设部、文化和旅游部、国家文物局、财政部、自然资源部、农业农村部联合发布第五批列入中国传统村落名录的村落名单，石阡县龙井乡克麻场村被列入。

传统村落保护措施　克麻场村被列入第五批中国传统村落后，利用上级下拨资金70余万元实施中国传统村落消防基础设施及环保设施建设。

截至2021年末，村内安装微型消防设施与环保设施，并制定相关制度，增设垃圾箱。村内古树、传统民居均造册挂牌保护，并出台相关保护措施。

古迹胜景

古　树　截至2021年末，克麻场村各村民小组生长有名贵树种榉木、枫树、檀木等古树名木100余株，其中枫树在晚秋时节满树红叶，给人以秋高气爽的感觉；檀木若发芽早冒

克麻场村古树（县住房和城乡建设局　提供）

则后期雨水稀少，若发芽晚冒则后期雨水旺盛，多年亦然，当地人称为“气象树”。

观牛洞　观牛洞为溶洞，位于距离克麻场村 2.4 千米的大土坪村民小组，因洞中有钟乳石沉积物酷似牛而得名。

白岩洞　位于龙井乡克麻场南白岩脚下，有来自分水岭的柏杨寨沟水流入洞中。有上、下 2 个洞口，上洞如开窗，下洞宽阔险森。入内洞身宏阔，随水推进，洞厅一厅接着一厅。深约 3 千米。

硝　洞　硝洞位于距离克麻场村 2.4 千米的大土坪村民小组，相传大土坪村民小组先辈在此熬硝，故名“硝洞”。洞中泉水清冽，更为神奇的是，溶洞中钟乳石沉积物形成层次分明的沉积岩层，远远望去，酷似层次感分明的层层梯田逐级而下。

大山坳　大山坳位于距离克麻场村 2.4 千米的大土坪村民小组，大土坪村民小组村周围共有金盆坳、青杠坳、石板坳、枫香坳 4 大山坳，这 4 个山坳森林茂密，树木枝繁叶茂，野花争相开放，生机勃勃，春夏秋冬景色各有不同。

大土坪村民小组红军路　1934 年 10 月，毫不知情的红六军团在石阡县甘溪村陷入有备而来的桂军、湘军、黔军重重包围之中，在突围战斗过程中，部分红六军团战士经过克麻场村大土坪村民小组。红军所走过的这条路被当地人称为“红军路”，截至 2021 年末，大土坪村民小组红军路仍保存完好。大土坪村民小组保存有据说是当年红六军团红军战士使用过的马刀。

大土坪村民小组“烂皮窝”井（勾昆　摄）

“烂皮窝”井　据说 1934 年后，红六军团失散人员钟老壁（音）在克麻场村老鸦村（后更名为大土坪村民小组）居住多年，靠给村内农户打零工为生，1950 年，钟老壁参加老鸦村土改，并分得田、地，约 1960 年后失踪，据说是返回原籍老家，再无音讯。钟老壁平常穿着不修边幅，村民给他取绰号为“烂皮窝”。久而久之，其住房附近那口井也被叫作“烂皮窝”井，截至2021年末，“烂皮窝”井仍存在。

传统文化

毛龙灯 克麻场村仡佬族、侗族均酷爱耍毛龙灯，无论是毛龙灯制作及舞毛龙灯均有独到之处。尤其是民国时期，克麻场村毛龙灯在全县范围内都有一定名气，每年春节前后，当时的石阡县政府都会邀请克麻场村毛龙灯队到县城舞毛龙灯助兴。

每年正月初二开始编制龙灯，之后挑选吉日，举行开光点相仪式，封灯为神。正月初九出玉皇灯，白天晚上都玩，进屋，燃半堂12支燃烛，燃全堂则是36支燃竹，进屋开财门，参拜神灵，带走“五瘟”。有未生育儿子的人家开始偷“龙宝”，许“龙宝”愿，心愿得偿后，当孩子长到自己所许心愿的岁数时，就要杀猪，请人写文书，送“龙宝”还愿。

正月十五之后，就要化灯，送瘟神，要杀猪宰羊，所有参与玩龙灯的人在一起“打平伙”（聚餐）。

玩花灯 克麻场村仡佬族、侗族都唱花灯，克麻场村花灯有固定曲目，唱词及表演程序都较为规范。玩花灯讲究一个排灯，4个吊子灯，同样是为各家开财门，带走“五瘟”，玩花灯讲究各种规矩，一招一式都要按书上所记载展开。花灯上也有宝，那些家里无儿子的，也同样许愿“偷宝”，心愿得偿后同样要还愿。自从玩龙灯之后，克麻场村大土坪村民小组已经很长时间没有再玩花灯。

“哭妈妈娘”调 截至2021年末，克麻场村仡佬族、侗族女儿出嫁送亲仪式“哭妈妈娘”传统及“骂妈妈娘”调曲目保存较为完善。“哭妈妈娘”严格按照男方家所请先生看好的日子、方位进行，由女儿母亲先开声哭，哭自己辛辛苦苦将女儿养大与生活中对女儿的亏欠；然后女儿哭并未报答父母对自己的养育之恩就要远嫁，就这样一对一应。之后所有在场的亲戚从老到幼，然后是所有宾客一一哭到，被哭到者要送份子钱。以前因包办婚姻有的姑娘出嫁时心有不甘，在“哭妈妈娘”时，会借“哭妈妈娘”之机哭骂媒人，一吐自己心中不快；这种情况下媒人无论如何都必须要忍受，不能出声，任其骂消气，保证婚礼如期按程序完成。20世纪90年代以后，基本上都是自由恋爱，媒人从中牵线搭桥，较受尊重。

孝歌文化 截至2021年末，克麻场村仡佬族、侗族亲人亡故送葬仪式中孝歌文化习俗保存较为完好，孝歌曲目、唱词均有存留。

民族传统医药 截至2021年末，克麻场村民族传统医药保存较好，其中陈美珍、严尚来、李昌会3名民族传统医药医师较受患者欢迎。经痊愈患者推荐，上门求诊者络绎不绝。

陈美珍 2021年11月，陈美珍参加铜仁市中医药大会，被评为“铜仁市民间名中医”，为传统医药县级非物质文化遗产代表性项目代表性传承人。他擅长使用传统医药医治痛风、颈椎痛、肩周炎、腰椎痛等疾病，尤其擅长以土茯苓、黄柏、牛膝、忍冬藤等传统中药材治疗痛风。一年仅医治痛风就开出药方300余方，求诊者遍及广东省、湖南省、台湾地区、香港特别行政区和澳门特别行政区，网络年诊断量达170余方，并因“以中草药治疗痛风效果好”多次接受主流媒体采访报道。

严尚来　严尚来并未开诊所，继承其父小儿推拿技术的他通过中草药外加小儿推拿技术配合医治小儿厌食症，取得较好效果，年接诊量达200余人次；以传统医疗技术拔火罐、打灯火、抹桐油治疗成人伤风感冒等医院治疗效果不理想的患者，收费低廉，深受全村村民欢迎。

李昌会　李昌会主要从事民间接骨，年接诊量200余人次，患者经其治疗后恢复较快，患者疼痛感大为降低。

采茶歌和打田歌　克麻场村各民族村民族民间文化传承较好，尤其喜好唱山歌。早春三月，各民族村民大清早唱着采茶歌去摘清明茶，四月时分穿着自己编织的茅草鞋，唱着富有当地特色的打田歌去犁田，完美地将每日劳作与唱山歌抒情有机结合起来。

艺文杂记

龙王根生

龙王唐朝修得道，太宗年间封为神。
家住中央大门内，父姓敖来母姓丁。
一母所生五弟兄，五个弟兄各有名。
单表龙王五儿子，八月十五子时生。
因我错行风和雨，违反天条不容情。
斩龙台上将我斩，我怨唐王不守信。
唐王殿上显威灵，三魂七魄遨地府。
只因弱母求儿子，许下口愿才玩灯。
昆仑山上一竹林，砍它下来扎龙灯。
一林竹子全砍尽，精挑细选十二根。
砍竹要问妣三姐，划竹要问寸三娘。
张郎师傅来破竹，李郎师傅来扎成。
扎得龙腰长八尺，八方人民得安宁。
扎得龙宝高四寸，四方八面得太平。
扎得龙角朝天长，得见天子官万民。
扎得龙尾两边分，保得人民最清洁。
五色纸张来裱起，开光点相封为神。

前头打爆吴太子，后头完尾尾告真。

王君相来老排灯，三元三品作正明。

唐王赐它青锋剑，唐王封它为真神。

石笋沟传奇 流传几千年的石笋沟地名，顾名思义即是石头像竹笋似的生长在山沟里，这里的石笋传说是古时候涨洪水朝天，洪水淹到南天门，王母娘娘得知，急忙取下头上的金钗在南天门乱凿乱划，乱凿则成山洞，乱划则成渊谷，洪水顺着渊谷流入山洞而消失，待洪水消尽，大地变成了奇山异景，奇形壮观的石笋屹立在青沙坡、段家石窖，面积 10 余亩，石笋的周边有四季长涌的降龙洞泉水，有夏季凉爽风扇似的凉风洞，有古人进洞取石膏，藏身躲匪的谭家大洞、红岩大洞，有传说求神借粮的连三洞，有雄伟壮观龙头似的青龙嘴，石笋沟地区奇景壮观，山清水秀，空气新鲜。

人 物

梁兴权（1959—1979） 烈士，石阡县龙塘区龙井人民公社坪丰生产大队大土坪生产队人。1979 年 2 月，随中国人民解放军某部参加中越边境自卫反击战。是年 3 月，光荣牺牲，被评为烈士。

郭建荣（1923—2001） 石阡县龙井仡佬族侗族乡克麻场村人，曾任石阡县工商行政管理局局长。

郭建林（1929—2013） 石阡县龙井仡佬族侗族乡克麻场村人，曾任石阡县公安局局长。

方门良 1965 年生，石阡县龙井仡佬族侗族乡克麻场村人，曾先后担任汤山镇党委副书记、五德镇人民政府镇长等职。1991 年 3 月，获省农业厅农业丰收计划“推广应用喷施宝植物细胞分裂素”示范项目三等奖。1997 年 1 月，获省农业厅农业丰收计划“石阡县 20 万亩水稻高产栽培技术推广”项目一等奖。1997 年 12 月，获省农业厅农业丰收计划“贵州省石阡县主要粮油作物高产高效综合配套技术推广”项目一等奖；1998 年 3 月，此项目获农业部农牧渔业“丰收奖”三等奖，方门良为项目第二完成人。1999 年 12 月，获省农业厅丰收计划“贵州省石阡县玉米地膜覆盖及配套增产技术”成果一等奖。

人物名录 获“光荣在党 50 年”纪念章人员 文莲芳（女） 钟易龙 严尚兴 严光庭 严光亮 付云忠 付尔斌 席龙发 吴斯华

铜仁市民间名中医 陈美珍

石阡县传统村落志

SHIQIANXIAN CHUANTONGCUNLUOZHI

山有嘉木高塘村

高塘村村民相信万物有灵，在一年又一年周而复始的辛勤劳作中，他们小心翼翼地呵护着周边的古树、古井、池塘、土地。久而久之，这样的小心翼翼逐渐成为他们世代相传的为人处世准则，也成就了数百年来高塘村良好的生态环境与和睦相处的邻里关系。

基本村情

行政区划 高塘村属石阡县青阳苗族仡佬族侗族乡，全村面积 8 平方千米，辖 7 个村民小组。

村名由来 据祖辈传说，高塘村村民祖先初到此处居住时，并无村名称呼，祖先们都以种地喂牛养家，在居住地附近有一口很大的水塘，一年四季不干涸。塘中有一个小山包，无论水塘里的水如何上涨，小山包还是那样大。孩子们整天都把水牛放在水塘中洗澡，牛洗澡后，就在那小山包上待着，不吃任何青草，但奇怪的是，所有牛都长得很壮实。因六畜兴旺、人发财兴，祖先就把这个村寨取名为“养牛塘”（现在的下塘自然村）。旁边另一个自然村附近也有一个很大的水塘，中间有一个小石山包，像鱼脊浮在水面上一样，无论水塘里的水如何上涨，鱼脊似的小石山包也总是浮在水面上，祖先就把村寨取名为“养鱼塘”（现在的中塘自然村、上塘自然村）。后来因村寨所在地海拔较高，取原“养牛塘”“养鱼塘”2 个自然村的“塘”字，村名定名为“高塘”（中间曾一度更名为“高坪”）。

村寨沿革 1917 年，属第二区所辖。1943 年，置石固乡，养牛塘村属石固乡所辖，为石固乡第七村。

1950 年，属第二区所辖。1952 年，石固乡第七村改属五德区青阳乡所辖，更名为养牛塘村。1958 年，全县推行人民公社制，实行政社合一管理体制，养牛塘村改称石阡县五德区青阳人民公社高塘生产大队管理委员会。1984 年，根据中共贵州省委、贵州省人民政府《贯彻中共中央 国务院〈关于

远眺高塘村（县住房和城乡建设局　提供）

实行政社分开，建立乡政府的通知〉的意见》，五德区青阳人民公社高塘生产大队改为五德区青阳乡高坪行政村。1992 年，石阡县开展撤区并乡建镇工作，成立石阡县直辖的青阳苗族仡佬族侗族乡，五德区青阳苗族仡佬族侗族乡高坪行政村改名为青阳苗族仡佬族侗族乡高坪村。2004 年 6 月，石阡县完成撤并行政村工作，高坪村与冷家榜、路溪合并为兴丰村。2010 年 12 月，石阡县完成行政村调整工作，重新设置高塘村，以原高坪村所辖 7 个村民小组为管辖范围。

自然环境

地理位置　高塘村位于石阡县东部青阳苗族仡佬族侗族乡北部，与石固仡佬族侗族乡革新村为邻，距青阳苗族仡佬族侗族乡人民政府所在地 5 千米，距县城 52 千米。

地形地貌　高塘村属典型的岩溶地貌，境内山峦起伏，沟谷纵横，海拔 1100 米，境内有多个溶洞。

气　候　高塘村属中亚热带季风湿润气候区，无霜期长，雨量充沛，年降雨量约 1300

毫米，平均气温 13.6℃。有高海拔、低纬度、寡日照、多云雾，白昼气温落差较大、森林覆盖率高的特点。

族群族源

人口民族 全村常住人口 601 人，户籍人口 898 人，主要民族为仡佬族、侗族。

主要姓氏溯源 高塘村村民主要姓氏为席姓、胡姓、代姓，还有吴、毛姓等。席姓、胡姓、侗族代姓原籍江西省，明朝洪武年间，贵州地区匪患猖獗，祖先奉旨领兵到贵州剿匪，到达高塘村，看到此地山清水秀、风景优美，遂选址定居于此。

基础设施建设

道　路 1992 年，高塘村修通通村公路，村寨建一条环形公路环绕整个村寨。2014 年，高塘村环形公路已实施硬化工程。2018 年，实施脱贫攻坚道路基础设施建设，全村修通通往各个村民小组公路，并实施村寨道路硬化。

电　力 1981 年，青阳苗族仡佬族侗族乡自建小型电站竣工投入使用，高塘村通电，但仅在每天 18—24 时按时通电，供照明用；2003 年，高塘村接入全县电网。2018 年，实施脱贫攻坚道路基础设施建设，全村主要干道安装太阳能路灯。

自来水 未建自来水之前，村民要么到 300 米外的溶洞口挑泉水吃，要么到村中古井挑井水吃。2015 年，村内修通自来水，建小蓄水池 5 口，可满足全村村民及牲畜饮用。

通　信 截至 2021 年末，4G 通信网络覆盖高塘村。

村域经济

主要产业 高塘村种植业以种植烤烟、茶叶为主，养殖业以肉牛、肉羊养殖为主。

农业产业结构调整 2000 年后，高塘村大力发展水蜜桃、核桃等经济林果种植。之后，随着石阡苔茶价格持续上涨，青阳苗族仡佬族侗族乡在高塘村建立茶产业基地，通过“企业＋合作社＋农户”，重点发展苔茶、“黄金芽”2 个茶叶品种种植，新植茶园 123.33 公顷，其中石阡苔茶 100 公顷、黄金芽 23.33 公顷。全村大面积推广种植“黄金芽”（因茶叶冲泡开后呈悦人眼目的金黄色而得名）品种茶叶。2019 年，青阳苗族仡佬族侗族乡以产业结构调整为重点，规划建设以高塘村为核心，辐射带动茶园、凉林、坪厂等村寨的 533.33 公顷茶叶产业园区发展规划。截至 2021 年末，规划建设任务实施完成。

高塘村“黄金芽”生态茶 2019 年，高塘村引进“黄金芽”茶叶品种，高塘村所种植“黄金芽”茶叶属于光照敏感型茶叶品种，喜高海拔、寡日照、多云雾、无污染的自然环境，系黄色系变异绿茶新品种。因品种稀缺、培植难度大、管护成本高而被业界誉为“茶中大熊猫”。经检测，“黄金芽”品种茶叶氨基酸含量比传统绿茶高 6 个百分点，“黄金芽”茶叶市场价格达 2000 ~ 3000 元 / 千克。

和普通茶叶相比，黄金芽的管理要求更严苛，高塘村在“黄金芽”茶叶种植过程中，坚持不打农药、不使用除草剂、不施化肥，全部使用农家肥和有机肥，全程绿色管控，确保所生产“黄金芽”品种达到“明黄、亮黄、纯黄”的“三黄”标准。2021 年，高塘村黄金芽核心基地投入使用 3 台喷雾无人机、3 台旋耕机、5 台割草机等先进的农业生产机械，工作效率提高近 3 倍。

天麻种植 2021 年，高塘村引进贵州省和信农业开发有限公司，持续发展天麻种植。截至 2021 年末，高塘村天麻种植基地共种植天麻 6.67 公顷。

新产业培育 截至 2021 年末，高塘村核桃仍在房前屋后种植，还种植有辣椒等适合当地种植的时鲜蔬菜。近年来，高塘村又持续发展林下经济、稻田养蛙等新产业。

高塘村黄金芽茶叶基地（勾昆 摄）

村民生活

村民收入 高塘村村民的经济收入主要有：出售农产品、家畜家禽养殖、外出务工、财政补贴、集体经济务工收入及分红、其他非农收入、工资及退休金等。

主要支出 高塘村村民的经济支出主要有：日常生活、教育、房屋及维修、交通出行、通信、子女婚嫁以及其他支出。各项支出内容与马桑坪自然村相同。

教 育 1949年之前，石固乡第七村村民孩子读书均由村民出粮油，请私塾先生来教书，主要教的是《三字经》“人之初性本善”等古文，私塾先生为胡朝栋。中华人民共和国成立后，就由生产队以评工分方式请老师在村里的私人家中授课，学生们自己带桌子、板凳，除采用贵州省教育厅指定的统一教材教学外，还教学生“东方红，太阳升，中国出了个毛泽东，他为人民谋幸福，他是人民大救星”等经典革命歌曲或文章，时任教师有贺中立、席运洪。1972 年，时任支书黄文斗决定在林老壳兴建高塘村小学，时任教师为上山下乡知识青年田树军、杜会群（女）、董华群（女）3 名老师。1975 年，上山下乡期满，3 名知识青年返回县城后，高坪生产大队又请吴云清、吴和刚、黄文兴、陈万民 4 名老师任教。1980 年，实行教师考试合格上岗制度，录用胡定华、胡定锋、代仁轮、代文光任教。1995 年，时任支书吴儒军决定将学校搬到烂泥山，教师吴云成、吴云州、代金杉、席龙乾。2000 年，使用正式教师任教，分别有胡泽立、胡万武、孙应州、商学武、欧天银（女）在高塘村小学任教。2011 年，高塘村小学得到县人民检察院副检察长胡定钦的支持，通过招商引资，引入石阡县爱心人士杨茂芳捐助资金 58 万元。时任村支书胡定锋、村委会主任吴雅钦等人决定实施高塘村小学整体搬迁工程，将高塘村小学从烂泥山搬迁到下寨组对门坡地，占地面积 0.2 公顷，修建较为宽敞明亮的教学楼，教师李洪义、罗明福、吴云成。2019 年 9 月，按照上级统一部署，高塘村小学迁并至青阳苗族仡佬族侗族乡中心小学。

医 疗 民国时期，石固乡第七村村民看病是由当地土医生用草药治病，伤寒主要用生姜、茶叶治疗。消炎用黄柏、三颗针、杜仲等中草药治疗，还有各种草药可治疗各种疾病。

中华人民共和国成立后，主要用中西医结合方法治病。1975 年，高塘生产大队按上级统一部署，建立农村合作医疗制度，设立高塘生产大队卫生室。村里有席家其、吴和情 2 名医生，村民若生病，就上门去请 2 人看病。2 人经常为小孩治病，效果很好。其间，2 名医生经常上山采药，以备急用。1985—2006 年，由吴和情任村医，负责高坪村村民看病。2000 年，实行新型农村合作医疗制度后，村民们医疗更有保障。2007 年，得到上级支持，修建高塘村卫生室，时任村医吴维钦。

社会保障 2012 年，按全县统一部署，高塘村开始实施实行个人缴费、集体补助和政府补贴相结合的新型农村社会养老保险制度。

风土人情

春节习俗 腊月要杀年猪，杀年猪前先要请风水先生看日子，要敬天地菩萨、四官大神（专管猪、牛、羊饲养的神灵）。杀年猪后，要请亲朋好友吃刨汤肉，腌制腊肉。还要打糍粑、磨绿豆粉。

腊月二十三以三树长钱、三炷香、三杯敬茶送灶神上天庭，希望灶神上天多报好的，小孩平时不懂事，敲打灶台，不要见怪。

除夕当天中午，要煮好猪头、猪尾，敬天地菩萨。

煮年夜饭时，要煮12盅米，寓意来年12个月每个月都丰衣足食。

年夜饭要先敬祖宗，然后才坐下开席。吃年夜饭不能汤泡饭。

除夕夜，阖家团圆吃完年夜饭后，要将三树长钱、三炷香投进火塘焚烧，祭拜火神，希望来年小孩子不会被火烫伤、烧伤，平平安安长大。

然后要以一炷香、一树长钱，敬门神、屋檐童子。

之后要敬拜树神，拿酒、肉“喂”神树，在长得较高大的古树上砍一条口，把肉塞进去，酒倒进去，然后最后用红纸把刀口封住。

趁天未黑，要拿三杯香、三树长钱、一点儿饭、菜、菜汤，到十字路口，敬孤魂野鬼，祈求孤魂野鬼来年不要骚扰自己一家人生活。

当晚不超过当晚十二点，要以三树长钱、三炷香、三杯敬茶接灶神回家。

除夕当晚，要看气候，若有星星，则意味来年有冰雹；若没有星星，则意味来年没有冰雹等自然灾害。

正月初一天还未亮，早早起床，洗漱完毕（洗漱后的水当天不能往外倒，意味着破财）以后，要以12炷香、12树长钱、12杯敬茶（闰月为13炷香、13树长钱、13杯敬茶）开财门，迎财神；空手出家，抱一抱柴进家，寓意全年全家财源滚滚。

然后到古井旁，以3炷香、3树长钱，祭拜水府三官，之后挑1担水回家，寓意全年全家水长流。

正月初一若刮风，则意味着全年猪价格会上涨；正月十五若刮风，则意味着全年牛价格会上涨。

其他节日风俗 高塘村其他节日还有立春、端午、中元节等。

春 社 全家人要吃“社饭”，即用野菜煮肉吃，追忆先祖在初高塘安家时艰苦创业的不易。

立 春 要以3炷香、3树长钱、3杯敬茶与爆竹接春，高叫：新春到来，一年四季如春。当日女性不能乱串门。

端 午 要吃粽子，接外嫁的孃孃等女性亲属回家过节。旧时，这一天为地主家做活的长工放假 1 天。

中元节　农历七月十一至十四，祭祖先，旧时，这一天为地主家做活的长工放假 1 天。

高塘村民俗文化活动　2008 年，为丰富村民文化生活，传承保护优秀民族传统文化，高塘村举办第一届高塘村民俗文化活动。主要活动内容有花灯、薅草锣鼓等形式多样的文艺演出，活动充分调动村民参与的热情，踊跃报名参加各种文艺活动，活动全面展现高塘村的传统文化底蕴，充分展现高塘村村民对美好生活的向往。

2019 年 1 月，青山村举行“感党恩 · 战贫困暨高塘村第二届民俗文化活动”（胡定峰　提供）

2019 年 1 月，由青阳苗族仡佬族侗族乡高塘村脱贫攻坚队主办的“感党恩战贫困暨高塘村第二届民俗文化活动”举行，主要活动内容有花灯、薅草锣鼓及形式多样的文艺演出。村民踊跃报名参加各种文艺活动，通过自创的文艺节目，集中展示高塘村村民在党和政府的领导下，凭自己辛勤劳动脱贫致富的坚定信心和全村脱贫攻坚所取得的巨大成就。

传统村落保护

村寨布局　高塘村依山傍水，依山势而建，四周群山葱郁，各种林木遍布村寨四周，古木参天，村在林中，林在村中，自然生态良好，村寨前方为耕地，耕地、水田、古树、民居错落有致，形成依山就势、集中连片、随地势逐渐展开，与周边环境高度融合为一的侗族传统村落。村落较完好地保持着仡佬族、侗族、苗族原生态的传统建筑特色。

传统民居建筑风格　高塘自然村传统民居均为老式木瓦房，系侗族传统建筑风格，即三柱二瓜木房，翘角的吊脚楼。住房风格统一，房屋多数用木料建造，以五柱六瓜木质结构为正房，每栋房屋为 3 间，两边住人，中堂祭祖先灵魂及红白喜事通用。两侧修建三柱二瓜一吊脚木质结构翘角的吊脚楼为厢房，厢房一般用于堆放粮食、物品和安置客房。正房、厢房和围墙形成侗族四合院。

竖新屋　侗族房屋进深讲究尾数带 8，如 1 丈 8 尺 8 寸（大 8）、1 丈 8 尺零 8 分、1 丈 6 尺 8 寸（小 8），中柱 1 丈 8 尺 8 寸为“大 8”，1 丈 8 尺零 8 分（以上计量单位丈、尺、寸、分均为“鲁班尺”计量）为“小 8”。

高塘村村民对竖新屋非常讲究。从选屋场、平屋场、备料、看日子、发墨、夹磉、排扇、祭鲁班、竖屋、上梁诸多程序，都大有讲究。

高塘村房屋布局（勾昆　摄）

选屋场　决定建房后，主人先到村寨周围寻找适合建房的地方，叫“选屋场”。屋场要选在向阳、干燥、依山傍水及柴、水方便处。一般根据阴阳五行和当家人生辰八字定屋场，讲究后山厚实，左右不虚，前朱雀、后玄武、左青龙、右白虎，后有来龙、前有去脉等。选屋场时要请人看“龙脉”，房屋朝向依地势而定，或坐北朝南，或坐西朝东。

平屋场　“平屋场”就是开挖平整选好的屋场。先请人看破土动工的黄道吉日，举行开工仪式。主人家备好刀头肉、酒水、纸、火香、烛，按时辰祭祀祖先神灵，以求平安吉祥。然后请一位德高望重的长者或主人家本人率先挖一锄，或由看地的人挖第一锄，帮忙者必须是有经验、劳力强、“福德双修”的人。平屋场规模大小视房屋规模而定，立房以前必须平整好。

备　料　就是在立屋之前备好所有需要的木料和石料（磉磉岩）、瓦等。大梁、小梁均必须由外婆家送，挑选梁木要选择周边林木茂盛之处，由木匠师傅提大公鸡、香火祭祀、献吉语后，开始“伐青山”，梁木只能往高处倒，倒下的梁木绝对不能有人从上面跨过。

看日子　动工前，主人家先请人看好建房各道工序的日子，并把它们全部写在红纸上交给主人家。主人家严格按照所定日期按步骤进行。

“发墨”开工仪式　根据风水先生所看日子，由木匠师傅主持“发墨”开工仪式，祭奠祖师爷鲁班，镇邪煞，求开工顺利，不会影响排扇。

夹　磉　在立屋的前两天，按照预先定好的向子把所有的磉磉岩放好，并打好水平，

高塘村三合院传统建筑（县住房和城乡建设局　提供）

把所有的地脚枋全部放在磉磉岩上，并用木桩（圆木一打两开，一头削尖）两两相对挨到地脚枋打进地下，每块地脚打 2 ～ 3 对木桩，然后用篾把木桩上面捆紧，把地脚枋夹住固定在磉墩岩上，叫“夹磉”。夹磉主要是防止立扇时，地脚枋移动。

排　扇　“排扇”在竖屋的头天下午进行。所有帮忙的人在木匠师傅的指点下，将制作好的屋柱、瓜子、枋片、挑手在新屋场内一扇一扇地串起来，形成 4 扇整体。排扇时，东头中堂的地脚枋俗称“散架”，要由木匠师傅安装。

立新房　按看好的日子，一般是晚上 12 点钟过后开始准备立新房，寨邻及亲戚朋友来帮忙立房子，一起祭拜鲁班祖师爷。主人家请木匠、岩匠、“风水”先生和帮忙的人及前来贺喜的客人们一起吃一餐丰盛的宴席——“鲁班饭”，感谢鲁班恩赐新房。总管此时就要安排好各种工作，要用有油耐烧的松树柴块点亮立新房现场。由木匠师傅在新屋场中堂处用鸡公、刀头肉、酒碗、香纸、蜡烛祭拜鲁班祖师爷。时辰到，鲁班弟子开始请鲁班祖师爷，“请祖师到此，封尽，扎马”，吉语为：“弟子抬头看青天，现请师傅在眼前，有请师太、师祖、师公 ×××名。”然后鲁班弟子开始用大红公鸡演杀，吉语为：“伏以，此鸡原是非凡鸡，是王母西天带来的，头戴凤凰花冠子，身穿五色六毛衣，别人拿去无用处，弟子拿来做演杀鸡”。鲁班弟子演杀鸡后就发锤，声音要洪亮，大声念吉语：“金锤一响动天门，惊动上界八洞神，上不打天，下不打地，单打东方青衣导师，南方红衣教师，西方秃头和尚，北方赤脚蛮师，中央五号血师，要站远站，要看远看，看弟子功夫圆满，钱财飘散。”“封尽”“扎马”“演杀”“发锤”，总体意思是不出安全事故、百事大吉。紧接着总管大声喊道：“准备好各种工具！”即羊叉、金带绳、木棰等，木匠师傅开始念立房吉语：“也不早来也不迟，正是主家立房时，文官出来拉金带，武官出来送建杆，众位亲朋齐用力，立起华堂万万春！起！”大伙跟着喊“起！”齐心协力把第一柱立起来。之后每立一柱都要等木匠师傅说完吉语才立，气氛十分热烈，还要放火炮，一般天亮新房就立好了。帮忙的就开始上檩子，合力钉传皮，到午时开始上大梁，上大梁吉语为：“此梁此梁生在何处，长在何方？生在西眉山上，长在昆仑山场，是何物赐你生，是何物赐你长，是日月二宫照你生，是露水茫茫催你长，张郎过路不敢砍，李郎路过不敢量，只有鲁班弟子神通大，砍来主家做大梁，二十人砍倒，四十人拉进马场，大锯锯了头，小锯锯了巅，锯了两头要中间，消锄一过，鱼鳞欠欠，开山一过，路路成行，推刨一过，放出万星毫光，墨线一过，正点中梁。”意思是木听鲁班言，此时正成为主人家新房大梁。开梁口时，由主人家儿子跪着用衣兜接住木渣，并用红布包好，置于中堂中柱碗口中的梁木下，师傅边凿边赠吉语：“头开梁口四四方，层层银子动仓装；二开梁口四只角，祝贺主家顺畅又满福。”之后包梁。在梁木中间凿一个洞（或凿一个槽），然后将朱砂银子嵌进梁木里，意为避邪发财，再用红布蒙住，在四角用古铜钱或硬币钉上。最后上梁，上梁为竖屋的高潮，此前，主人家在堂屋中央八仙桌上放好 1 壶酒、2 盘猪肉、2 盘豆腐、2 盘糍粑、2 盘水果糖和 1 双新布鞋（布鞋是谢木匠师傅的），木匠师傅面对梁木大声念吉语，然后升梁。由屋架上的人分别从两头抛下拴扯梁木的绳子（称为“金带”），木匠师傅和二师傅分别在东、西两头接过绳子，把梁木拴好，主人家亲戚一起动手，一边至少 6 人分别在东、西两侧协助升梁，比赛哪边先升梁上去。然后木匠师傅和二师傅站立在屋架上，将梁木放入中柱碗口中安放稳妥，最后进行“抛梁粑”仪式。上梁以后，就开始上檩子、钉椽脚，上瓦盖瓦。最后，主人家在新屋里摆竖屋酒，酬谢“风水”先生、师傅、帮忙者及至亲好友。至亲要送木质对联，分别悬挂于房前或中堂。

布置中堂　竖屋子后，就要布置中堂，要求中堂方方正正，像一颗印一样，安置神龛（高约 3 米），恭请观音菩萨、先师、文昌帝君、灶王夫君、四官大神入驻，接受祭祀。

开财门　将整栋房子装修好后就要装财门，财门与神龛相对，财门大落叶必须比神龛低 8 分，装财门也要请先生事先看好日子，主要是看门头才好钉财门，钉财门和开财门是同一时间，一般选在鸡叫时候，鲁班弟子照样要用大红公鸡“演杀”“请师”“封尽”“发锤”，跟立新房时一样，然后就钉财门，钉财门吉语为：“也不早来也不迟，正是主家钉门时，左边钉起一锭金，四代儿孙坐北京。右边钉起一锭银，子子孙孙坐朝廷，自从弟子钉门后，荣华富贵万万春。”

此时门外三位大星（老寿星、财北星、文曲星）早已到场，在门外一齐喊道：“开门！开门！”门内师傅当即发问：“门外来的何人？口口声声喊开门，若是凡人不得进，除非仙家下凡尘。”门三星外回答：“门外来的是老寿星、财北星、文曲星，三星下凡来到此，特与主家开财门。”

门内师傅此时是绝对不会开门的，还要继续问三星的根生（由来），师傅问：“请问三星是从天上来还是地下来？是从山路来还是水路来？”三星答：“天上也来，地下也来，山路也来，水路也来。”

师傅又问：“你从天上来，天有多高？地下来，地有多厚？从山路来路有多少弯，水路来水有多少滩？”三星回答：“云雾层层不见弯，波浪滚滚不见滩。”师傅又问道：“请问三星头戴什么帽？身穿什么衣？脚踏什么鞋？”鲁班师傅要追问很多关于三星的根生由来，三星继续回答，回答完后，三星反过来要问鲁班师傅的根生由来了，问：“鲁班是何年何月何日何时生？鲁班几岁进学堂？鲁班造门有多高？财门是何木所造？门闩有多长？”鲁班师傅一一作答。

天要亮了，要开门了，鲁班师傅说吉语去开门：“也不迟来也不早，正是主家开门时，左手开门金鸡叫，右手开门凤凰声，两扇财门大大开，迎请三星送财来。”

此时门已打开，三星手里端着事先准备好的元宝等物品进门，口里念着吉语：“左脚进门生贵子，右脚进门贵子生”等，主家早就备好火炮燃放，表示欢迎三星送财来，随后亲戚朋友就前前后后来到主人家送上各种礼物，主家已经备好酒席请客一天。更有讲究的是，亲朋吃完酒席辞别主人回家时一定不能说“多谢！”

房　门　侗族传统民居各扇门也大有讲究，英雄门和兄弟门大小一样，而归门（女儿门）与后门均为上窄下宽。

被列入第五批中国传统村落名录　2019 年 6 月 6 日，按照《住房和城乡建设部办公厅关于做好第五批中国传统村落调查推荐工作的通知》，住房和城乡建设部、文化和旅游部、国家文物局、财政部、自然资源部、农业农村部联合发布第五批列入中国传统村落名录的村落名单，石阡县青阳苗族仡佬族侗族乡高塘村被列入。

传统村落保护措施　截至 2021 年末，村内安装微型消防设施，增设垃圾箱。村内古树、传统住宅均造册挂牌保护，并出台相应管理措施。

2022 年 6 月 1 日，石阡县城乡建设工程设计院有限公司工作人员到青阳苗族仡佬族侗族乡高塘村规划中国传统村落保护项目。8 月 30 日，县文化和旅游局工作人员到青阳苗族仡佬族侗族乡高塘村指导中国传统村落非物质文化遗产传承工作。

古树胜境

古　井　高塘自然村有多口古水井，其中一口岩洞水井的水质特别优良，喝进肚内，四肢筋骨轻松，精神爽快，解除疲劳，减少疾病，健康长寿。即使修通自来水后，还有村民专门驾车到这儿拉水回家饮用。据先辈传说：此口水井原来可以借出碗筷，借出粮食，救助贫困村民，但由于有的人不讲信用，借真还假，后来就再也借不到。此外，村中另外一口古水井据说会抢新娘，迎亲队伍绝不能往这口古水井前经过，得绕着走。

高塘村古井（勾昆　摄）

珍稀古树　高塘村先民定居此处后，不断在住房四周栽种独特的珍稀树种，几百年延续下来，全村存留下来的古树较多，形成环绕全村四周的古树群。其中，一棵为香果树，树身庞大，枝叶茂盛，据说是世界最大的古香果树之一。一棵为玉兰树，树身特大，树形独特，1 年 2 次开花，花香引来无数游客观赏。还有一棵为杉木，树身直径 1.1 米，也是当地少见的杉树，在秋后落下遍地的金黄色杉木叶，满眼金黄，村民用背篓去装，捡来生火，当地人称之为“落钱树”。截至 2021 年末，全村共有 36 棵珍稀古树。

溶洞景观　高塘村溶洞较多，有逍遥洞、卤门潮洞、观音庙洞与洞弯弯等。

逍遥洞　在高塘村所有溶洞中，逍遥洞较为独特。在山腰中有一个山洞，一个洞口进出，洞内分为上下两层，上层洞长 5 千米，洞里有水池，还有大量天然形成的钟乳石花、钟乳石

高塘村古树群（县住房和城乡建设局　提供）

柱，千姿百态；下层洞长 3.2 千米，洞内有地下河流，洞里面冬暖夏凉，真有人间仙境的感觉。清朝末年至民国时期，黔北地区匪患流行，一有匪患消息，高塘村所有村民扶老携幼，隐藏于洞中，可容纳 600 余人，洞内空气、水源充足，可在洞内做饭，若存足粮食，可长期在洞内生活，确保匪患期间全村村民生命财产安全，因此取名为“逍遥洞”。

观音庙洞　距离逍遥洞不远，还有一个溶洞叫观音庙洞，宽 5 米，高 6 米，长约 8 米，清朝时期，村民在里面建有观音和罗汉神像，之后村民们每年过年和大年初一都祭拜并在石壁上雕刻神位框，定时祭拜，保佑身体健康长命百岁，多子多福，六畜兴旺。一些心愿得偿的村民带上红绸、香火、祭品，到观音庙洞还愿，因此观音庙洞周边常年挂满红绸。

硝　洞　在青阳乡高塘村排山坳北侧，洞口朝东，因旧时产土硝得名的洞穴。

烂泥山　又名大岭，位于高塘村，山脉长 1553.08 米，宽 674.61 米，海拔 1316.21 米。因地势较高，山岭较长，故名大岭。

传统文化

高塘村村民排练花灯（县住房和城乡建设局　提供）

花　灯　高塘村侗族玩花灯习俗代代相传，玩花灯时间主要集中在农历正月初一至十八，其中正月十五是正灯。玩灯人员主要是男性，分旦角和丑角。旦角是男扮女装，身穿袍裙、头戴金钗、手拿宝扇，实行古装打扮，2 人领台、2 人后跳、3 人奏乐、4 人演唱、5 人换烛、6 人举灯，众人观赏。灯的数量为 5 ~ 7 盏，以排灯、关刀灯为主，排灯用于设立神位，关刀灯用于斩妖除邪（高塘村不要龙灯，因为关刀灯就是专门对付恶龙的），多唱十二采茶娘子调，玩灯时首先要给主人家开财门，参拜神灵，再送吉语歌，给主人家带走“五瘟”（天瘟、地瘟、人瘟、猪瘟、牛瘟）。

由于以前农村生活不富裕，为节约制作花灯的不必要开销，很久以来，高塘村正月初一至十八的花灯均是与邻近的芹星村结盟共同玩灯，每个村负责编制 1 年的花灯制作费用及人工投入，互相到对方村寨耍灯，既增进邻村间友谊，活跃玩灯气氛，又有效降低玩灯成本，此习俗就一直延续下来。

薅草锣鼓舞　石阡薅草锣鼓舞为省级非物质文化遗产代表性项目，在高塘村保存较为完好，保存下来的曲目较多。如催工号“赶忙薅，赶忙薅，莫拿锄头撑懒腰，你要把锄头撑断了，我看你拿哪样薅！”

打响庆 打响庆是村民家逢红白喜事或重大宴庆时的一种聚众式文化娱乐方式，打响庆器材主要有生铜材质制作的大铜锣、马锣、包包锣和钹。

传统迎亲打响庆 传统迎亲打响庆乐队由4人组成，每人负责敲响一种器材，马锣引路，其他随后跟上，听起来十分清晰响亮，欢快流畅，富有节奏感。4人按不同曲目旋律、节奏分工，配合默契，完成曲目表演。传统迎亲打响声音依次为：当当叉叉、当叉叉波、当当哐、当叉叉波、当当哐、当叉叉波、当当哐、当当哐当哐当哐、当叉叉波、当当哐、当叉叉波、当当哐、当当哐当哐当哐。

此轮打击至此结束，接着又是新一轮击打。（“当”为马锣声，“叉”为铜钹声，“波”为包包锣声，“哐”为大铜锣声）。

玩花灯打响庆 玩花灯打响庆乐队由3人组成，1人打马锣，1人打铜钹，1人打铜锣。首先打“点水雀”，声音为：当叉叉、当叉叉、当叉当叉当叉叉、当叉当叉当叉叉、当当叉当叉当叉、当当叉当叉当叉、叉当叉当叉当叉、叉叉当叉叉。

接着再打“懒龙翻身”，声音为：叉叉当、叉叉哐、叉叉当当、叉叉哐哐、叉叉哐、叉当叉当哐、叉叉当叉哐。然后接着第二轮击打。

侗族刺绣 以前侗族姑娘从五六岁时起，母亲就向她们传授刺绣技艺，年复一年，从不间断。侗族刺绣分为衣饰绣、绘画绣、剪纸绣等几种，侗族刺绣具有造型精巧、结构严谨、线条流畅、形象逼真、色彩浓厚的特点。侗族刺绣取材范围广泛，有取材于花草、树木的，也有取材于飞禽走兽的，如龙凤、鸳鸯、孔雀、蝴蝶。图案活灵活现、栩栩如生。高塘村侗族妇女原来也精于刺绣，高塘村侗族妇女绣品主要有童帽、童衣、童裤、荷包、烟袋、头巾、围裙、腰带、鞋垫、绣花鞋、背带等，除保证全家穿用外，还可拿到市场上交换钱粮，补贴家用。20世纪90年代以后，侗族传统服装被市场上标准化生产的成衣替代，刺绣技术逐渐被人淡忘，随着高塘村当年精于刺绣的绣娘们逐渐老去，其技艺无人传承，高塘村侗族刺绣已经不复当年的辉煌，侗族刺绣技艺在高塘村濒临失传。

艺文杂记

童语（童谣） 童语是老一辈教小孩说话、熟悉生活的一个有效手段，也叫“童谣”，到夏秋季节，父母或爷爷奶奶，抱着自己家儿女或孙子孙女，傍晚在外面乘凉，看着天上的月亮和星星，很自然地教起孩子唱童语（童谣）。高塘村流传下来的童语（童谣）很多，如：

大月亮

大月亮小月亮，

哥哥起来学木匠，
嫂嫂起来纳鞋底，
婆婆起来舂糯米，
娃娃闻到糯米香，
办起粑粑接满孃，
满孃不吃婆家饭，
要吃河沟头的腌鸭蛋。

月亮光光

月亮光光，打火烧香，
烧的哪里，烧的案上，
案上打鼓，拜祭老虎，
老虎塞牙，拜祭克麻（青蛙），
克麻钻草，一棒打倒，
打得十二个蛋，
明早上拿做早饭。

妹去哪里来

妹去哪里来？打草来！
草呢？着（被）牛吃了！
牛呢？着猫咬了！
猫呢？钻洞了！
洞呢？垮了！
沙呢？挑了！
打瞎猫！

谜　语　20 世纪 80 年代以前，高塘村村民有猜谜语的习惯，大人常说谜语给小孩猜，意思是让小孩们动脑筋，学会思考。老一辈村民最喜欢说谜语给一大群小孩猜，看谁反应最快，猜得最准。如：

远望一匹马，
近看无尾巴，
屙屎草堆大，
屙尿敬菩萨。

谜底为当时村民用来榨茶油或菜籽油的工具，叫“榨”。

点点物件好口才，
各州府县都去来，
大官小员都见过，
皇帝头上也要来。
谜底为当时村民用来剃头发的工具“剃刀”。

先修石字街，
后修古楼台，
活路（活计）不用做，
米饭自己来。
谜底为当时村民用来碾米的工具“水碾房”。

穿起裤子睡，
脱了裤子行，
走了几多弯拐路，
考问几多明白人。
谜底为毛笔。

人　物

胡定钦　1969年生，侗族，大学学历，中共党员。先后担任石阡县人民检察院副检察长，中共松桃苗族自治县县委常委、纪委书记，中共万山区委常委、纪委书记、监委主任等职，热心家乡公益事业，为原高塘村小学建设等多个高塘村项目协调争取资金。

人物名录　获“光荣在党50年”纪念章人员　杨宗贵　吴儒军　吴和权　吴云仲

石阡县传统村落志

SHIQIANXIAN CHUANTONGCUNLUOZHI

熬鱼头上红岩村

红岩村民小组坐落于熬鱼头之上。在清朝中晚期动荡的年代，红岩村出现廉政爱民、舍身护国的忠臣蔡锷、蔡汝钧父子与在生死关头用生命守护主人小孩的义仆天香，先辈的光辉人格不断激励着红岩村民小组的村民们，在平凡的日子中勤谨生活、修身养性，磨砺自己的品德。

石阡县传统村落志

基本村情

行政区划 红岩村民小组隶属于石阡县甘溪仡佬族侗族乡铺溪村，面积2.6平方千米。

地名由来 红岩地名开始叫“代溪”，再改为“旱米田”，后来有人在大土砍头岩发现一种似岩非岩、似土非土的矿物质，呈红色，此后村名即改为“红岩”。

村寨沿革 明永乐十一年（1413）后，属石阡长官司治地。

清初，属石阡长官司治地。清中后期办理插花后属思南府印江县茅坝图治地。

1914年，据贵州省政府令，石阡县与凤冈、湄潭、镇远、思南等邻县划拨插花地段。原属印江县的红岩村并入石阡县，红岩村为第五区六团所辖。1936年，石阡县置第五区甘溪联保，红岩村为甘溪联保所辖。1938年，红岩村属石阡县第三区所辖。1943年，置甘溪乡，辖甘溪场、红岩、晒溪、铺溪、杨家关、马扶堰、滥泥山、廖亭河、通草坪、窖口，共6保、58甲。红岩村为甘溪场保所辖。

1950年2月8日，石阡县人民政府成立，红岩村民小组属第三区。1953年，红岩村属中坝区甘溪乡所辖。1958年，甘溪乡改为甘溪管理区，红岩村属甘溪管理区所辖。1962年，甘溪人民公社成立，红岩村更名为甘溪人民公社红星生产大队委员会红岩生产队。

1985年，甘溪人民公社红星生产大队委员会红岩生产队更名为甘溪

甘溪仡佬族侗族乡铺溪村红岩村民小组全貌（县住房和城乡建设局　提供）

乡铺溪村红岩村民小组。1992 年，撤销甘溪乡，成立甘溪仡佬族侗族乡，甘溪乡铺溪村红岩村民小组更名为甘溪仡佬族侗族乡铺溪村红岩村民小组。2004 年 6 月，全县撤并行政村工作结束，甘溪仡佬族侗族乡将 9 个行政村合并为 4 个行政村，将铺溪村、晒溪村合并为铺溪村，红岩村民小组隶属铺溪村。2010 年 12 月，石阡县完成建制村调整，将原来全县 87 个行政村、5 个社区调整为 302 个行政村、8 个社区。重新设立铺溪村与晒溪村，红岩村民小组隶属铺溪村。

自然环境

地理位置　红岩村民小组位于甘溪仡佬族侗族乡境西部，距离石阡县 20 余千米处，距离甘溪仡佬族侗族乡人民政府约 3.5 千米。

地形地貌　红岩村民小组境内山峦起伏，沟谷纵横，属典型的喀斯特地貌。环境优美，依山向水，风景宜人，村寨所在山脉蜿蜒起伏，被古人称为“熬鱼”，红岩村民小组就建在熬鱼头上。

河　流　铺溪河为红岩村民小组境内最大河流，属乌江水系，发源于白沙镇，途经各票、地袍进入铺溪再流经红岩，有香根河、晒溪河、铜锣洞河等支流入注，然后注入荞溪河。

海拔 500 ~ 530 米，河水清澈、水产繁多，一路风光秀丽。

气　候　红岩村民小组属亚热带季风气候，四季分明，夏季炎热多雨，冬季温和少雨。全年平均气温在 16℃，平均年降水量 800 ~ 1500 毫米，降水季节分配主要是夏雨最多，春雨次之，秋雨更少，冬雨最少。无霜期年平均 260 天，最长达 264 天。气候温和宜人，冬无严寒、夏无酷暑。

族群族源

人口民族　截至 2021 年末，红岩共有农户 45 户，人口 190 人（其中女性 81 人），除 2 户冯姓及代姓为侗族外，其余均姓蔡，均属仡佬族。面积 2.6 平方千米。

主要姓氏来源　蔡姓为红岩村民小组大姓，迁黔始祖源于江西，明朝时因来黔经商，先住黔南，后来到石阡县，在石阡县购有多处产业，最后来到红岩，安居乐业，繁衍后代。

1920 年，蔡其怀整理家族事务，特别对蔡氏祠堂钱粮收进付出严格清查，聘请沿河县木坪村冯姓一家看管料理蔡氏祠堂事务。中华人民共和国成立后，红岩村民小组进行土改时，就将蔡氏祠堂分给冯家，自此冯家便在红岩村民小组安家落户。

红岩蔡氏家规　耕读为本、忠寿传家，自强不息、士农工商、各尽其职。

基础设施建设

公　路　1973 年，中坝公社与甘溪公社、扶堰公社抽调劳力修通由中坝经铺溪至扶堰全长 25.4 千米的乡村公路，为等外公路，1974 年末通车。之后多次改修扩建，并实施道路硬化。

2004 年，县交通局在红岩村民小组梯子岩建起一座石拱桥，桥长 60 米，宽度为 35 米，方便两岸民众往来。

电　力　1974 年，甘溪人民公社建成 1 万千瓦的甘溪大川洞电站，红岩村民小组通电。21 世纪后，实施农村电网改造工程。2017 年，铺溪村实施铜仁市专项基金项目村寨户外亮化工程，在村寨主要路段安装太阳能路灯。2018 年，工程完工。

自来水　红岩村民小组未修自来水前饮水一直是直接喝河水，2006 年 12 月，铺溪村投工集资修建自来水。2007 年春，全村接通自来水。2015 年，自筹资金在村寨后坡上建起 1 个 40 ~ 50 立方米的水池，之后无论天晴下雨饮水都更有保障。

通　信　1999 年，县电信局在铺溪村大坡顶屯中修移动通信基站，移动信号覆盖红岩村民小组。截至 2021 年末，4G 通信网络全部覆盖红岩村民小组。

村域经济

生产方式 红岩村民小组使用牛耕田，主要种植稻谷、玉米、小麦等。村民勤劳耕地，日出而作，日落而息。如遇春耕抢水打田栽种季节，村民都要夜以继日地劳作，生怕误了庄稼生长时节。

养殖方面，饲养牛用于耕地，饲养猪解决一年生活用油，饲养鸡、鸭补贴家庭用度，羊喂得不多，总体上牲畜饲养都不成规模。

入秋后就是农闲，具有木工、瓦工等一技之长者外出做工赚钱，家里生活由家庭主妇负责。年末，外出工匠回家过年，一家老小其乐融融，年复一年，周而复始。

产业发展 截至 2021 年末，红岩村民小组主要产业有蔬菜种植、食用菌栽培及脆红李种植。

村民生活

村民收入 红岩村村民的经济收入主要有：出售农产品、家畜家禽养殖、外出务工、财政补贴、集体经济务工收入及分红、其他非农收入、工资及退休金等。

主要支出 红岩村村民的经济支出主要有：日常生活、教育、房屋及维修、交通出行、通信、子女婚嫁以及其他支出。各项支出内容与马桑坪自然村相同。

家庭关系 家庭关系红岩村民小组讲究长幼有序，辈高年长为尊，不得逾越。在家庭成员中（以一家三代为例），祖父、祖母地位最高，职权最大，他们是全家生活的策划者。他们的儿子儿媳与成人的孙辈负责劳作，维持全家人的生活。

教　育 20 世纪 70 年代初，在官庄小岭上修建一栋木质校舍，从此，铺溪学校以河为界分成南北两部分，南岸称官庄学校，北岸称铺溪学校。20 世纪 70 年代后期，各区增设高中，各村增设初中。20 世纪 90 年代，铺溪小学迁并到官庄中心学校。

医　疗 1975 年，红星生产大队按上级统一部署，建立农村合作医疗制度，设立红星生产大队卫生室，由红星生产大队卫生室负责红岩生产队社员基础卫生医疗工作。1981 年，实施家庭联产承包责任制后，红星生产大队卫生室名存实亡。1994 年，按全县统一部署，重建铺溪村卫生室，由铺溪村卫生室负责红岩村民小组村民基础卫生医疗工作。2000 年，按全县统一部署，红岩村民小组开始实施新型农村合作医疗制度。

社会保障 2012 年，按全县统一部署，红岩村民小组开始实施实行个人缴费、集体补助和政府补贴相结合的新型农村社会养老保险制度。

风土人情

饮食习惯 红岩村民小组无论是仡佬族同胞还是侗族同胞，主食均为大米，兼食玉米、红薯等杂粮，菜肴嗜辣、酸。

传统小吃 红岩村民小组各种传统小吃跟县境内其他村寨基本一致。

米豆腐 用石磨将大米磨成浆倒入锅中加热加入石灰水搅拌至熟透装进盆中冷却即可。夏天吃一碗凉拌米豆腐，清凉解暑，充饥止渴。

绿豆粉 将大米、绿豆按比例加水浸泡后磨成浆，在铁锅上烙成2毫米厚的圆形薄皮，卷起来切成丝煮食即可，它的最佳调料是肉哨子加葱及辣椒酱，吃起来十分解馋。

汤　圆 将糯米大米按比例混合加水浸泡后用石磨磨成浆装入布袋吊起来滤水后，将粉搓成圆形状，放入开水中煮熟，就是香甜软糯入口爽滑的汤圆。

传统工艺 红岩村民小组传统工艺主要有古法纺花、传统织布。

红岩村民小组保存完好的石磨（县住房和城乡建设局　提供）

古法纺花 古法纺花工艺复杂，使用机械有脱籽机、弹花机、纺线机等。将新采棉花晒干，经脱籽机脱籽，再用弹弓将皮棉弹蓬松，经手工弄成棉条，然后用纺线机将棉条拉成纱线，制成织土布原料。

传统织布 中华人民共和国成立前，红岩村民小组每家都备有织布机，织布供全家人缝制衣、裤。20世纪60年代以后，织布机逐渐退出历史舞台。

用传统织布机织布时，要先将棉纱固定在机杼上，分两排上下交替称为经线；梭子带线左右移动称为绑线。成品布一般一尺二寸（40厘米）宽。

传统生产工具 截至2021年末，红岩村民小组还保留有石磨、连杆、舂碓、铧口、石磨、风耧等各种传统生产工具，其中石磨、连杆、舂碓使用率较高。

传统村落保护

村寨布局 红岩村坐落于红岩之上，面向荞溪河，所处地势较高，周围环境一览无余。依山傍水，村内传统民居顺山势逐级而下，房屋分片集中，呈梯次排列，层次感较强。寨中古道古巷交错相通，全为鹅卵石铺设。村内道路四通八达，在铺溪河边辟有稻田，水源丰富，村寨四周森林茂密，古树参天。森林、民居、耕地有机结合，环境宜人。

传统民居特色 红岩村民小组传统村落民居与铺溪村基本一致，以传统风格木质楼房

红岩村民小组村寨布局（县住房和城乡建设局　提供）

为主，类型有三柱二瓜和五柱四瓜两种，早先以三柱二瓜为主，后来因为家庭居住需要，逐渐以五柱四瓜为主。截至2021年末，村中百年以上老式古木屋有20余栋，以四合院居多，由下正房、书房、偏吊脚楼、对天吊脚楼构成，基本保存完好。村寨后山有民国年间为躲避土匪，族人自行修筑的兵屯。寨中古道古巷交错相通，全为鹅卵石铺设。

被列入第五批中国传统村落名录　2019年6月6日，按照《住房和城乡建设部办公厅关于做好第五批中国传统村落调查推荐工作的通知》，住房和城乡建设部、文化和旅游部、国家文物局、财政部、自然资源部、农业农村部联合发布第五批列入中国传统村落名录的村落名单，石阡县甘溪乡铺溪村红岩组被列入。

传统村落保护措施　2018年，利用国家中国传统村落资金10万元，建设消防管、消防池、消火栓，保障村寨的防火安全。在修建400米的消防道基础上，修建约500米的鹅卵石步道，增设护栏。是年，为改善全村人居环境，政府出资安装排污管，修建1座污水处理池。

截至2021年末，村内安装微型消防设施，增设垃圾箱。村内古树、传统住宅均造册挂牌保护，并出台相应管理措施。

红岩村民小组传统民居建筑（县住房和城乡建设局　提供）

古迹名胜

蔡氏宗祠遗址　19 世纪中期，红岩村蔡氏第九位世祖蔡钧（蔡文宅）主持修建蔡姓祠堂。1920 年，蔡氏祠堂年久失修，破败坍塌，蔡其怀领头维修祠堂，修复好，并另修一道门。1950 年，中华人民共和国成立后，红岩村民小组进行土改时，将蔡氏祠堂分给冯氏家人居住。后蔡氏宗祠年久失修，仅剩遗址。

红岩屯遗址　19 世纪中期，红岩村第九位世祖蔡钧（蔡文宅）为红岩族人安全考虑，组织族人集资修建红岩屯，以防匪徒抢劫。村寨后山有民国年间为躲避土匪，族人自行修筑的兵屯，碉堡等。

甘溪战役红军临时指挥部（观音阁）遗址　1934 年 10 月初，担负中央红军长征先遣队任务的红六军团，在中央代表、军政委员会主席任弼时，军团长萧克，政委王震等率领下，一路征战，10 月 7 日，进入石阡甘溪的红六军团先头部队与敌发生遭遇战，陷入重围。红军战士英勇顽强在甘溪及附近地区与敌激战十余日。在红 51 团、红 52 团的掩护下，红六军团先头部队和主力部队在 10 月中旬先后突破了敌人的包围圈。甘溪遭遇战由于地形不利，特别是敌人先期到达，布下口袋阵，而红六军团不明敌情，仓促投入战斗，先后被敌截为数段，战士伤亡惨重。甘溪红军战斗遗址从甘溪集镇一直延伸至羊东坳、坟坡、群保山、大水沟、老莱土、白虎山一带，战线长约 5 千米，红六军团临时指挥部设在红岩村民小组的观音阁（已损毁）。

古　树　红岩村民小组生态良好，截至 2021 年末，有铺溪河边枫香树等多棵古树。

天生桥　在甘溪乡老苏坪田坝中。平地有石，中穿圆孔其形如桥，故得名，可供观赏。

传统文化

龙灯制作技艺　龙灯制作技艺为红岩村民小组非物质文化遗产传承项目之一，据上一辈老人讲，红岩村民小组一位名叫蔡其壮的老人。在红岩村民小组文昌阁一面墙上发现画的一条龙形象逼真、栩栩如生。蔡其壮回到家中，还是忘不了那条龙，经过反复地思考琢磨，之后他砍来竹子，将竹子划成 0.3 ~ 1 厘米的小丝条，然后把它捆绑在一起，由三个部分组成，即龙头、龙身、龙尾。编出龙骨，头有嘴、龙角、耳、鼻、眼、冠子、龙须，然后用五颜六色的纸巾做彩装，真正变成一条栩栩如生的龙，舞起来一试，还真是一条活灵活现的真龙呀，大家看后都赞不绝口，一致表示，以后就应该用它来庆祝春节。经过几辈人的努力，慢慢改进，龙灯看上去更显得威猛、霸气、雄壮，特别是在夜晚用烛点亮，真好像是从天空中降下来的真龙，场面非常壮观。

红岩村民小组非物质文化遗产代表性项目龙灯制作已历 4 辈人。截至 2021 年末，全村还会编制龙灯的有 4 人，他们分别是蔡恩升（85 岁）、蔡承财（80 岁）、蔡恩锐（72 岁）、蔡大德（53岁）。在编制龙灯过程中，除头灯、尾灯由专人负责外，其余家族中众人能干什么就干什么，例如龙身部分所有活就是大伙的事，几个部分组装的时候特别热闹，所有人都出来观看，都会搭把手帮忙。

耍龙灯 耍龙灯之前要请先生开光点烛，请龙神烧钱化纸后，大家心目中的龙灯才真正出现。然后开始舞龙，为各家开财门，祭拜神灵，带走“五瘟”。应没有男孩的家庭要求，为其家庭举行送“龙宝”仪式。

艺文杂记

龙王的根生

家住东边大海内，祖籍原是姓鳌人。
父亲有名鳌定国，柳氏夫人是母亲。
一母所生五弟兄，五人弟兄各有名。
大哥鳌光坐东海，报效观音救黎民。
三哥鳌洁坐西海，他在西方把雨降。
四哥鳌炳坐北海，他在北海滴水救人命。
五弟鳌云年纪小，八河议镇封我身。
如今就把龙宫造，风、雪、云、雨由我行。
我因错行风和雨，违反天条不容情。
斩龙台上将我斩，我怨唐王不守信。
唐王殿上显威灵，三魂七魄遨地府。
地戚指他去取经，叫他快到西天去。
佛爷面前取经文，取得经书第七卷。
超度唐王得超生，唐王见我神通大。
封我五海龙王神，每逢新年元宵节。
家家户户望龙灯，开光点像封为神。
甲子年间栽竹子，丙寅年间长成竹。
西眉山上栽竹子，巧手匠人编龙灯。
砍竹要问摇三姐，破篾要问寸三娘。
张郎师傅把竹扎，李郎师傅竹编成。
尉迟老将扎龙尾，彩画龙头是魏徵。
全身骨节三百六，毫毛三万零六千。
全身编成十二丈，节节相通窍上纲。

五色颜料彩画起，活灵活现现原神。
王巫相把牌灯扎，三元三品座中火。
开光点像来封赠，元宵会上显威灵。

开财门

元宵会上显威灵，毫光闪闪到凡间。
家家户户开财门，春开财门大生产。
夏开财门添人丁，秋开财门进五谷。
冬开财门进金银，四季财门我王开。
左手推门金鸡叫，右手开门凤凰鸣。
左脚进门家平安，右脚进门参拜神。
参拜神来参拜神，参拜主家众神灵。
参拜神后参拜人，参拜老人福如海。
参拜小的取功名，神人我王已参拜。
临别之时带五瘟，各种瘟神我王带。
天下良民享平安，如今我王辞别后。
主家人发家也兴。

人　物

蔡　锷（1827—1863），字朗轩，历任安徽望江、苏城、英山、太湖、凤台等县知县，疾恶爱民政声很好，在凤台县殉难，入安徽名臣祠。

蔡汝钧（？—1863），字小舒（文昭），蔡锷之子，少读书，恒以忠孝自励，其父在安徽任职，钧随父征战有功。据传18岁就任营长之职，凤台城被攻陷，锷挺身御贼被贼重伤后晕倒在地，汝钧扑在父亲身上用己身保住父命，实为忠孝楷模。

蔡　钧（1823—1887），字甄有（蔡文宅），为红岩村民小组第九位世祖，清同治十一年（1872）在余庆县任训道之职，主持修建蔡姓祠堂。他为红岩族人安全考虑，还组织族人集资修建红岩屯，以防匪徒抢劫。秉性光明磊落，好锄强扶弱，怜悯困穷，晚年以“诚”字自勉，在余庆县、黎平县等处训导。

天　香（？—1862）　不知其姓氏，清同治元年（1862），红岩屯被匪徒围困。作为奴婢，天香背着主人之小孩（被铣）在后山悬崖壁失足坠崖，为保护主人小孩，她于将落地之时奋力将背负的小孩朝上，己身在下，落地自己不幸殉难，而小孩安然无恙。

石阡县传统村落婚丧生育习俗

婚丧嫁娶、生育儿女均是人生（家庭）不能马虎的大事，隆重的仪式不可或缺。在千百年的生活实践中，石阡县22个中国传统村落互相借鉴学习，融合交流，形成一整套基本相同的婚丧生育传统礼仪习俗。

传统婚嫁程序

石阡县 22 个中国传统村落传统婚嫁习俗讲究名正言顺，一般要经过提亲、定亲、讨庚、迎娶、回门等程序。每一个环节都非常讲究。

媒　人　在石阡县各民族传统婚礼中，除较为特殊的“娃娃亲”“开老亲（血统亲）”外，均是由男方家聘请媒人，由男方母亲带两封糖和一块猪肉到媒人家，请媒人帮自己儿子去提亲或帮忙介绍一个适合的姑娘。媒人通过多方了解、深思熟虑后，认为这门亲事可为，就应承下来。媒人一旦答应帮忙，就必须好事做到头，在中间与双方家长反复沟通交流，想方设法促成婚姻。正如“哭妈妈娘调”中所唱的：“（媒婆）毛坡走成大路，石板踏成猪槽。”

提　亲　俗称“问口信”。媒人第一次到男方中意的女孩家里，要带糖食茶点等礼物（有的地方不带），仡族称“提篮子”，其他民族称“开口茶”，主要是在闲谈中试探女方父母的态度。女方父母明白来意后，媒人便主动介绍男方的品貌、年龄、家庭等情况。如果女方家既不拒绝收礼，也不表态，说明还要再考虑，媒人就需要反复登门撮合。女方父母经过一段时间的侧面了解和考虑，并征得姑娘本人意见后，才放话给媒人。

媒人得信后便通知男方，准备正式问口信。正式问口信时，男方家要备好 1.5 ~ 2.5 千克猪肉等“三色礼”，请媒人转送女方家，猪肉为长条形，半肥半瘦，俗称为“条方”。女方家如果同意婚事，则收下礼物，当天就用“条方”肉招待客人。

相　亲　在媒人撮合下，男女双方约定时间，就近到县城或某乡场（赶场天）见面（如果双方是熟人，这个程序就免了）。到相亲那天，男女双方要穿上新衣服——特别是姑娘要打扮得花枝招展，人见人爱。双方母亲分别邀请七姑八姨带上儿子（女儿）一同前往，帮助考察。男方看人不仅要看姑娘长相，还要看丈母娘的言谈举止、为人处世等情况。俗话说："买牛要买尾巴长，看人要看丈母娘。"女方不仅要看男方的人才相貌，还要了解其家庭经济条件。在双方看过人之后，如果女方不同意，则以"女儿尚小，还要等几年"等话语搪塞、推辞。忌讳直接对男方说不同意。若女方答应，则由男方在附近餐馆里请大家吃午饭，大家边吃边谈，增进了解。过去，在看人时，为使女方看得上。遇到男方长相不好时，有的人家还会让长相较好的其他兄弟冒名顶替他去"相亲"，称为"打样"。

经过一段时间的了解，双方对 2 人结亲都有共识后，由媒人与两家商量，择吉日定亲。

定　亲（定庚）　定亲（定庚）是两个家族联姻的重要程序，比较隆重。定亲当天，男方要备好酒、肉、糖果、红粑、衣料及香、纸、烛、鞭炮等物品，由媒人领着男青年和亲友 10 余人到女方家。女方家要燃放鞭炮，为女儿举行定亲宴宴请宾朋，向亲朋好友正式宣布两人的婚事。

定亲之后，在亲朋好友心目中，小伙子正式取得姑爷资格，姑娘也成为别人家的儿媳妇，逢年过节或遇一方家红白喜事，两个人都必须把自己当作对方家庭的一分子。两家人正式成为亲戚，经常互相走动来往，在生活和生产上互相关心帮助。

讨　庚　订婚后，过一年半载，男方托媒人登门到女方家求姑娘的生辰八字，以便请先生合八字推算婚期。开始女方父母都会以姑娘年纪还小或时间太仓促为理由推辞。一方面因为讨庚就意味着婚期临近，父母舍不得姑娘过早离开；另一方面推辞一下也才能显出自己女儿的珍贵，不能轻易地将女儿嫁出去。所以要等媒人三番五次登门请求之后，女方父母才会勉为其难地同意。征得女方家同意后，男方用一张红纸折成书信形状（折成两折或三折），而上写"鸾凤和鸣"或"天作之合"，里面按男左女右，左边写着小伙子的生辰八字（包括出生年、月、日、时及属相），交给媒人带到女方家，讨取姑娘的生辰八字，"讨庚"，又叫"送帖子"。女方家则将姑娘的生辰八字手书于庚帖的右边，然后交给媒人带回男方家；有的地方则要将庚帖放在堂屋的八仙桌上，烧香化纸，点烛鸣炮祭祖后，再将庚帖交给媒人带回男方家。接到姑娘的生辰八字后，男方立即请八字先生合"八字"，择吉日成婚。择吉日包括何时哭嫁（哭嫁的方位）、何时梳头、何时出阁、何时出门迎亲、何时拜堂、何时入洞房等，都要事先写在红纸上，再托媒人送到女方家，俗称"报日子"，女方若无异议，婚期就确定下来。婚期一般多定在农历九、十月间农忙过后，一方面秋收后双方家庭钱、粮较为充裕，另一方面亲朋好友也才有时间来帮忙或喝喜酒。

"过　礼"　婚期临近，媒人将女方家准备的彩礼告诉男方家，男方于婚期前 2 天，请亲友及媒人将所备彩礼送往女方家，即"过礼"，礼物一般是约 60 千克猪肉、30 千克白酒、衣料 8 套及红鸡蛋 12 个（寓意圆圆满满）等物送往女方家，供女方办酒席用。另备“节礼”数份，送给女方的至亲——舅舅、姨孃、叔叔、伯伯等长辈。每份“节礼”包括猪肉 1 千克、糕点 2 封、红粑 4 ～ 6 个。“过礼”的人必须当日返回。

花园酒 “过礼”的第二天，即姑娘出阁的头天，女方家要办出阁宴，俗称“花园酒”。所有亲朋好友和同院子的人都要带上礼物、礼金前来祝贺赴宴喝酒。20 世纪 70 年代以前，姑爷、姐夫一般是一家送一口箱子。女方家要把所有嫁妆——高柜、矮柜、条桌、碗柜、桌、椅、板凳、火盆架、锅、碗、瓢、盆及被条、床单、帐子等陈列于堂前，以示主人家陪嫁丰富，没有亏待自己的女儿。随后摆酒席宴请所有亲朋好友。晚上，在堂屋中间摆几张八仙桌，四周摆上板凳。新嫁娘和歌师围坐在一起。由歌师开歌场唱“伴嫁歌”，寨子里爱唱歌的人均可参加。大家你一首、我一首轮流着唱，其余人伴唱。唱到夜间 11 点左右，唱累了，主人安排吃伴嫁油茶宵夜。

截至 2021 年末，青阳苗族仡佬族侗族乡青山村仍保留着当年娶新娘用的花轿（县住房和城乡建设局　提供）

迎娶新娘 女方办“花园酒”这一天，男方按时辰派迎亲队伍抬着花轿（20 世纪 90 年代以后用汽车）到女方家迎亲。女方送亲队伍由新娘的男送亲客（亲兄弟、叔伯）、女送亲客（姐妹、姑妈、姨娘）等组成，少则 6 ～ 8 人，多则 10 余人。

新娘一般天亮前出阁，寓意越走越光明。上轿时要让新娘背上一块辟邪的铜镜。过去新娘上轿后，押轿客要把轿门锁住，谨防不测。迎亲吉时到后，唢呐、金锣、马锣、钹齐鸣，燃放鞭炮，迎亲队伍、送亲队伍一起上路。

“回喜神” 新媳妇到婆家后，要“回喜神”（土家族叫“回车马”），即把一路上带来的和各人家里死得不好的阴魂、鬼怪等赶回去，“回喜神”首先要准备好“三片茅草，一只公鸡、一把杀猪刀”三样东西，等到新娘快走进新郎家院子时，“姜太公”就高高举起准备好的三样东西面向新娘念着咒语，装着杀气腾腾的样子，把新娘带在身边的魔鬼驱赶回转，使新娘进入婆家之后，再无魔鬼缠身，一生好运。

拜　堂 花轿和嫁妆在院坝摆好，等大家把嫁妆搬进新房，由男方专门邀请的“交亲婆”（必须是父母双全，有儿有女，能说会道并精通礼仪的妇女）带着新郎来到花轿边，打开轿门，新郎亲手扶着新娘走出轿门，“交亲婆”为新娘打着“窝窝伞”，扶送新娘步入堂屋。先给祖宗烧纸、作揖，然后举行“拜堂”仪式，“拜堂”仪式非常隆重。神龛上点一对龙凤蜡烛，三炷祝寿大香，八仙桌上摆放供品，桌前地上铺一床晒席，晒席上铺红色新铺盖，俗称“拜席”。新郎、新娘披红挂彩，男左女右，双双站在拜席上。司仪先生大声喊道：“一拜天地！”夫妻二人一起面对大门外作揖。再喊：“二拜高堂！”夫妻俩转过身来对着端坐在堂屋上方的父母作揖。三喊：“夫妻对拜！”夫妻俩又面对面地相互作揖。礼毕，鸣炮，锣鼓、唢呐齐奏。新人由“交亲婆”引入新房。

入洞房　新郎新嫁娘进入洞房，过去有“谁先坐床，今后由谁当家”的说法，因此新郎、新娘会争抢先坐床。房内事先铺设新床，将煮熟的红蛋藏于床的四角之下以备小孩去摸，俗称“摸红蛋”。并将枣子、花生、桂圆撒在床上，寓意“早生贵子”，让小孩们去抢食。新娘的“盖头帕”由新郎以 挑置床上，并梳头行香礼。交拜时，新郎新嫁娘须“吃红饭”喝“交杯酒”，旁观者也可偷、抢食，并以食此饭、饮此酒之人为有福之人。接着送亲客进入新房祝贺。稍后，新嫁娘脱下露水衣，换上盛装与新郎一起给客人敬酒。

宴请宾客　男方娶亲，从新嫁娘进屋算起，要大宴宾客 3 日，场面极为隆重。新嫁娘进屋的头一天，亲戚朋友多带米、钱等礼物前去贺喜。

次日为“正酒”。宴饮时，女方至亲（男、女送亲客）分别坐上位，称“上八位”，是为“皇客”。男方亦以叔、伯、姑、舅两侧相陪，是为“坐堂客”。为使“皇客”吃得高兴，喝得舒服，一般都要专门请能说会道、酒量大的人作陪。

闹新房　当新郎新娘拜堂之后，当天晚上都要闹洞房，闹洞房时亲朋好友、堂公叔伯、哥兄老弟都不分辈分，统称“八人弟兄”，念着吉语，走进洞房，例如念“一进新房喜洋洋，新房屋内象牙床，红罗帐子来挂起，绸子被条摆中央，这头摆起鸳鸯枕，那头摆起枕鸳鸯，自从闹过洞房后，早早生个状元郎”。吉语念得新娘心情舒畅，新娘都把从娘家带来的糖果食品摆在桌上，之后“八人兄弟”轮流送吉语，吉语说得越多越好，新娘越高兴。闹新房时，人们往往出一些刁钻节目戏谑为难新郎新娘。如新郎新娘同时咬一颗糖。又如“过独木桥”新郎新娘站在板凳上想法到达另一端，意为新郎新娘身体零距离接触。再如“背茅斯板”意为新郎新娘身体亲密接触，极具童真趣味。还有猜谜语，极富情趣。人们认为，闹过洞房后，新娘子就能早生贵子。

“回　门”　也称作“归宁”，或是“回娘家”，是结婚后新人们第一次回娘家探望亲人。新郎新娘以夫妻身份回新娘家探望新娘父母，是新婚的最后一个环节。新郎拜会新娘父母的意义重大，既是表达对新娘家人的感谢，改口叫岳父岳母为“爸爸”“妈妈”，也是让父母看到自己女儿婚姻幸福放心将女儿交给新郎。

结婚后的回门时间很重要，男女方家距离近的一般是结婚后的第三天，距离远的一般是第八天或第九天；新人回门穿着需要好看一些，新娘不能穿婚礼时的嫁衣回门，新郎要穿着得体些，在婚后第一次回门给新娘父母留下好印象。回门时新娘走在前面，而返还新郎家时，新郎走在前面，且回门路线与迎亲路线保持一致。

回门当天，新娘与新郎不能同房住宿，新娘当天一定要回到新郎家，不能在娘家过夜，因为无论什么民族，全县22个中国传统村落均有新婚一个月内新房不能空房的风俗。

离　婚　20世纪80年代以前，石阡县22个中国传统村落也有离婚的夫妻，但很少见，离异后几乎没有复婚的夫妻。男女双方离异后，一般都各自再婚（外人无权干涉）。

婚姻禁忌　订婚、结婚的日子均讲究良辰吉日，尽量避开父母生辰，父母的生辰一般子女都会为他们庆祝贺寿，若选在同一时期内举办婚宴，即所谓“红红相冲”，会有一方的运气受损。避开“三娘煞”，“三娘煞”是民间结婚择日所忌讳的日子，农历每月的初三、初七、十三、十八、二十二和二十七均不宜结婚。

婚期还要避开农历的三、七、九月，因为这三个月分别适逢“清明”“盂兰”和“重公”，都属于中国传统的“鬼节”，不宜办喜事。避免属相冲突：选定的结婚吉日最好不要和新郎、新娘的属相有冲突。“正不娶，腊不定”，即正月不娶亲，腊月不定亲。

婚礼当天禁忌：婚礼当天最好不要扇扇子，扇和“散”同音，而且只用于夏天，一到秋天就会被抛之不用，有绝情之意，所以婚礼当天不管多热，最好都不要扇扇子。新人进出家门的时候，不可脚踏门槛，一定要跨过去，以免不吉利。新娘离开娘家时必须哭，新娘离家时哭，一方面是对家人的不舍，另一方面新娘哭得越厉害，有旺娘家财运的意思。

姑姑和嫂子不能随同接亲，姑谐音“孤”，嫂谐音“扫”，都是不太吉利的词汇，所以新人在挑选接亲人员时，最好不要选择新人的姑姑和嫂子。新人最好不要吃喜饼，婚礼当天的喜饼一般都是给宾客食用的，新郎新娘不能吃，否则寓意着吃掉自己的福气。最好提前准备一些补充能量的小零食，饿了可以垫垫肚子。当天准备的物品最好都是双数，俗话说，“好事成双”。

新郎新娘禁忌：新娘礼服忌有口袋。婚房布置婚床后，一直至结婚夜前，新郎忌一个人睡在婚床上，如果一定要睡的话，需要找1名属龙的男童一起睡。

回门时不要在娘家过夜，通常婚后的第三天，新婚夫妇要回娘家，正式参拜女方的父母，以示尊重。拜访之后当天新人必须返回夫家，因为旧时有结婚1个月内新房不能空的说法。

婚鞋禁忌：忌不包脚，传统婚礼讲究“圆满”，而包脚的婚鞋代表着“有头有尾”，即寓意婚姻生活幸福美满，家庭和睦。忌穿旧鞋，结婚当天，新人最好从头到脚都穿戴新的，图个喜庆和吉利，也寓意着新的开始。颜色不能灰暗，传统婚礼最讲究喜庆和热闹，所以各项婚品都会选择比较亮丽的颜色。而比较灰暗的颜色，尤其是黑色，不太适合中式婚礼。

生育习俗

“有　喜”　妇女怀孕俗称“有喜”，孕妇在生活和生产方面受到全家人关照爱护：有意识增加食品营养，不再做体力劳动。家有孕妇，都要保持清静，不请木匠、石匠等到家里敲敲打打或做噪声比较大的活计。不能随便拆修孕妇居住的房间，不搬家或搬动大型家具，忌在孕妇房里钉钉子。

孕妇禁忌 妇女怀孕期间禁忌较多，如孕妇禁食生姜和兔肉等，禁说脏话和淫秽语言；孕妇忌讳做针线活、动剪刀或其他尖锐的东西，不吃螃蟹，不吃兔肉，不观看月食、月晕，忌参加喜宴、丧礼；不能进入新婚夫妇洞房；不能从小孩身上跨过；忌讳在娘家分娩。

“坐月子” 妇女产后休养，叫“坐月子”。“月子”里产妇任务主要是休息调养身体和喂养婴儿。产妇生产后三天内不能下床，孩子没满月前不得出门。“坐月子”期间，产妇一般不用劳作，不能摸冷水，怕落下“月子”病，多由婆家小姑子或妯娌们伺候。第三日，产妇要喝肘子骨做的“全汤”，以滋补身子和催奶。“坐月子”满 30 天叫“满小月”，此时才可以接触冷水，洗热水澡；满 40 天叫“满大月”，才可以正常出门、做事。

“坐月子”禁忌 “坐月子”期间，产妇禁忌很多，忌食生冷辛辣等食物，否则会“回奶”；忌外人进入产妇居室。产妇生产后，家人大多在产妇房间门口悬挂一红布条，以防外人贸然进入。

报　喜 小孩出生后，要给孩子祝福，俗称“讨茶”，生男孩叫“弄璋”，生女孩叫“弄瓦”。生小孩后 3 天，女婿要执“手信”（又称为“人情”，即礼物）到外婆家报喜，生男孩到外婆家报喜时，送公鸡并在鸡头上戴个宝。生女孩到外婆家报喜时，送母鸡并在鸡头上戴朵花，以便外家知道是男女，此外无论生男生女，还要带 1 罐甜酒。丈母娘家准备好鸡、鸡蛋、糯米等交给女婿带回去。

“祝米酒（打三朝）” 娘家接到喜讯后，立即通知亲朋好友前去祝贺吃祝米酒。从小孩出生到第十五天（有的地方要重新看日子，但必须在月内举行），娘家人领着众亲友拖儿带女，挑着鸡蛋、大米，上放孩子穿的衣、帽、鞋、袜及钱等礼品前去祝贺。娘家拿的礼品比其他人要多得多，除准备孩子穿的衣、帽、鞋、袜、鸡、鸡蛋之外，还要送背带、巴片（背孩子用的背围）、披风、褥子，甜酒（以“花园酒”时装酒的罐子装）、红粑及其他礼品。进门前亲友先放爆竹报信，主人听到爆竹响，马上放爆竹迎接；进门后，主人则以甜酒煮鸡蛋招待宾客，俗称“讨茶”，由外公或舅爷给小孩取名字。主人摆 3 天酒宴招待宾客，第 3 天早饭后散客，故又称“打三朝”。

满月酒 小孩出生后未满月不能抱出门，孩子满月时要设宴招待亲朋好友，设满月酒，为小孩剃去胎毛，寓意去除污秽，小孩从此后健康成长。满月当日产妇要背着孩子推磨，寓意孩子之后走路稳健，不会晕，身体强壮。

传统丧葬习俗

石阡县 22 个中国传统村落各民族同胞均十分重视丧事，“死者为大”，将丧事视为天大的事。据说在民国时期，家有亡人，无论是抓夫、收税、抓捕犯人，都要等丧事办完再说。石阡县传统丧葬仪式有多道程序，要做道场、烧灵屋、唱夜歌等等，还要用白纸写对联，民间办丧事也俗称“白喜事”。人去世之后家人进行隆重的丧葬仪式，不但是对死者的尊重，对生者也有利。

送　终　当老人生命垂危之时，老人的子女等直系亲属守护在其身边，准备听取遗言，直到亲人去世，称为“送终”。送终是一件很重要的事，能为老人送终表明子女尽到最后的孝心，未能为老人送终常常成为人们一生中一大憾事。

在老人临危之时，家人要将其从卧房移到正庭中临时铺设的板床上，板床在较窄的地方就用临时卸下的门板做成。夭折的人，家人虽不会将其移入正庭，但也会将其移至床前地上。如果死者之上还有长辈健在，死时也不移入正庭。

报　丧　老人离世后，要立即鸣放鞭炮。将逝者遗体移至堂屋，趁遗体肌肉、关节还不僵硬的时候，为其清洁身体。孝子在门上张贴讣告，将老人何时寿终正寝，何时承服家奠，何时扶柩安葬等事宜告知亲朋好友，并派人到主要亲戚好友家报丧。报丧的孝子要穿孝服戴孝帽，到别人家不能进门，当有人来迎接时，无论长幼都要叩首。接报后，亲戚好友带礼物或现金来吊唁。家人要围在死者尸体旁边恸哭，人未死时通常禁止哭泣。

入　殓　死者在入棺前要为之整容，如剃头、刮脸、换发、擦洗身、穿寿衣等，然后再用白绸（有的地方也用纸钱）掩面。为死者穿衣时，不能将眼泪滴到死者身上。在死者死后的 24 小时内，要由专人选择好时刻，正式将尸体移入棺中，入棺时，死者一般是头朝里而脚朝外。然后请先生“开路”，做法事，让亡人顺利进入阴间。做法事时，孝男孝女披麻戴孝守候在灵堂边，法事结束后，亡人才能装殓入棺，丧家女儿、媳妇及亲戚才能开口大哭。装殓入棺时，头朝里脚朝外，并用纸钱把垫正，有多少儿女要盖多少床阴被，盖阴被只能是单数（死者所穿衣服也必须是单数），若是子女成双，则要多盖 1 床阴被。待做完法事，亲友瞻仰遗容后方能盖棺。开始唱孝歌，唱老人一生经历的苦难。在大家唱丧歌的同时，“阴阳”先生在灵堂内列挂神像，将东西南北中牌位立于棺前，开始做道场。入夜，灵堂内便鼓钹齐鸣，“阴阳”先生执钹在前，边走边击，口中念念有词，长子手执“引魂幡”，次子双手端“灵牌”，其余孝子贤孙各执“夺丧棒”，披麻戴孝紧随其后，绕棺转圈，间或揖拜，一日数次，叫“转绕棺”。丧期，封纸钱于纸包内，上书死者及至亲（亡故者）姓名，旁书子、女婿、孙子、侄子等送者姓名，叫“封包”。之后，道士宣读祭文，追述死者一生功过。

守　灵　死者家人在老人死后到正式放入棺材期间，要昼夜轮流守护在死者铺侧以示服孝，这叫作“守铺”。死者入棺之后，家人守护睡卧在棺旁，叫“守灵”，也叫“困棺材”，守灵表达对逝者尊重之情。

搁　棺　因为要选择吉地安葬死者，因此，可能要停棺在家，称为“搁棺”或“停棺”。“搁棺”一般要搁七天，有的甚至搁棺十几天甚至几个月。如今讲究“入土为安”，无论什么民族，一般都不看日子，第二天由“阴阳”先生带领丧家、掘墓人上山踏勘，确定墓地；墓地确定后，即安排掘墓人挖墓穴。第三天抬棺送葬。即使搁棺，时间也不会太长。

居　丧　居丧是指死者家人后辈自死者断气时起服丧。亡人的晚辈要披麻戴孝，男子不穿华丽的衣服，穿草鞋（21 世纪后已不常见）；妇女则要取下身上所有的装饰品，脱下彩色衣服。

嫁出去女儿必须为死去的父母樘猪羊祭（要送猪、羊、灵房、花圈、老被、纸式、帐布），女婿要佩戴腰孝。儿子要为死去的父母亲准备棺材、衣服、鞋、袜及安葬用的海马、朱砂、水银，以及葬礼期间招待客人的费用和道士所用的一切必需品。

男女各依其与死者关系的远近，穿孝服，戴孝帽。孝子在居丧期间（一般为 1 月或 100 日）不能理发，不能同房，不能会晤亲友。参加宴会、进寺庙等。尤其是在安葬之前，这些习俗必须严守，否则就会不吉利。

吊　唁　吊唁时，其礼数、方式由与死者关系的远近而决定。死者子女在接到讯息以后，首先要哭悼，然后问明死因，尽一切努力尽快上路奔丧。临到家时要“望乡而哭”，出嫁的女儿，有的甚至一路哭着来。到家后，先要在灵前跪叩，哭悼，直到有人安慰才停止。逝者的亲朋友邻虽不至于和孝子一样悲痛，但也要尽量表现得比较哀痛一些。亲友前往吊唁的时候，孝子要迎接陪同。比较亲近的亲友，一般要在灵前正式举哀哭悼，直至有人劝慰。如果是关系一般的亲友，只要在灵前烧化几张纸钱即可。

2022 年 8 月 29 日，花桥镇凯镇村施场自然村村民举行葬礼，向前往送礼的吊唁亲友赠送象征长命百岁的“长命碗”（勾昆　摄）

亲友前往吊唁时，一般都要携带礼品或礼金。礼金用黄色、蓝色签封好。礼品有匾额，挽联，挽幛、香烛、纸钱等。若亡人是 80 岁以上年纪寿终，丧家在收取礼金、礼品时，要给吊唁的亲友送“长命碗”，祝愿亲友能长命百岁。

“接　三”　人死 3 天后，家人要为他请僧众念经礼忏或者“放焰口”。相对于神来说，是迎接死者；相对于死者亲友，是送别死者。因此，这个仪式叫“迎三”，也叫“送三”。送三时要用纸扎一些车马，以供死者上路时使用。

“放焰口”　是“接三”中最重要的礼俗。据说“焰口”就是饿鬼，在地狱受苦受难。民间举行仪式，摆放三宝。焰口有佛教的《瑜伽焰口》比较常用，还有道教的《缸罐焰口》。在丧葬礼仪中还有做道场的，其作用与放焰口类似，这种道场常由僧人、道士一起做。“放焰口”和做道场如今已不多见。

出　殡　出殡即“出山”，出殡要先请人选择吉日吉时，叫作“开殃榜”（但近年来讲究逝者入土为安，一般都不看日子，直接第三天下葬）。出殡之前，先要辞灵。先装“馅食罐”，把最后一次祭奠的饭食装在瓷罐里。出殡时，由大媳妇抱着，最后埋在棺材前头。然后是“扫材”，即把棺材头抬起，孝子放些铜钱在棺下，然后用新扫帚、簸箕扫棺盖上的浮土，倒在炕席底下，取“捎财起棺”的意思。石阡县22个中国传统村落出殡时均时兴“雄鸡骑棺”之习俗，即出殡起棺之前，要将一只大公鸡绑在棺材龙杠上，用雄鸡骑棺除驱邪避凶外，含有“人丁兴旺，官上加官”之意。

到达墓地后，再次整理基坑，把随葬的馅食罐，长明灯放在墓坑壁上龛内，扫去脚印，然后将棺木徐徐放下，由人用罗盘仪校正方向，由丧主铲土掩棺，并堆土成坟堆。

垒　坟　下葬3天后，至亲再到坟地，祭坟垒泥，烧纸封（上写四方地址，向山神鬼灵买安身之地），谓之“复山”或“买山”。过后是则七日一奠，烧七七四十九天为止。届百期小祥大祥，烧去抬棺柩。

丧事禁忌　孝子不能到别人家中，猫也不能进屋，孝子不能吃甑子蒸的饭。

去吊唁的亲戚朋友不能穿喜庆的服装（红色），不能在葬礼上嬉笑玩耍——除“哭丧”歌声和丧事打响乐器音响外，不得有任何音乐、歌声、笑声。

丧事期间，孝子孝女伙食上要求米饭比平常要煮硬一点（叫“刚丧饭”），菜特别是肉必须要做成坨坨肉。丧事宴席禁用豆腐做食材。

怀孕和来月经的女性不能触摸死者或死者的东西。

死者的衣服不能有金属类的东西和打结的衣服一同放在棺材内。

一般丧事，在家停尸时间都不长，但忌正午时分出殡。

办理丧事期间不能扫地。

丧葬之后三日，孝子不串门。

家中有老人过世，3年内不能接待灯（龙灯、花灯）、不贴红对联、不办喜事、不包粽子，不能孵化鸡鸭，寓意守孝3年。

丧事礼金不能补送。

参考文献

《贵州传统村落》第一册，贵州省住房和城乡建设厅编，中国建筑工业出版社 2016 年 1 月

《贵州传统村落》第二册，贵州省住房和城乡建设厅编，中国建筑工业出版社 2016 年 12 月

《石阡县志》，贵州省石阡县地方志编纂委员会，贵州人民出版社 1992 年 12 月

《石阡县志》，贵州省石阡县地方志编纂委员会，方志出版社 2015 年 11 月

《膴膴楼上》，周正文著，光明日报出版社 2019 年 6 月

《铜仁民风民俗》，唐锦和编著，团结出版社 2021 年 12 月

编纂始末

根据 2022 年 3 月印发的《贵州省地方志编纂委员会办公室关于印发〈贵州传统村落志〉篇目的通知》精神和铜仁市地方志办传统村落编纂工作的安排部署，2022 年 5 月，石阡县档案馆（地方志办）、石阡县住房和城乡建设局联合成立《石阡县传统村落志》编辑部，正式启动《石阡县传统村落志》编纂工作。

2022 年 6 月，石阡县档案馆（地方志办）对涉及《石阡县传统村落志》的 11 个乡（镇）22 个中国传统村落资料提供人员进行了为期 3 天的业务培训，详细讲解《石阡县传统村落志》的编纂大纲要求，使之具体了解需要提供的文字资料、图片规范和要求，以及志书编纂体例及注意事项等。

2022 年 6—8 月，《石阡县传统村落志》编辑部组织编修人员先后多次到省、市档案馆，县档案馆、县文化和旅游局等部门查阅资料，查找筛选有用信息，并深入传统村落中走访群众，征集记录传统村落变迁亲历者的口述及相关第一手材料的文字资料、文章等。至 8 月下旬，共收集各类资料（含文字、图片等）1523 份，近 70 万字。

2022 年 9 月，《石阡县传统村落志》编辑部对所收集资料分类归纳整理，并进行初步编纂，形成约 38 万字的资料长编。在此基础上，于 10 月再次深入 11 个乡（镇）22 个中国传统村落先后进行了两轮的实地走访，组织知晓传统村寨发展历史的人士进行座谈采访，搜集核实编纂资料，并实地拍摄村寨图片，补充资料，丰富内容，查缺补漏，完善条目，进一步进行文字加工润色。11 月 23 日，形成 23.1 万字的《石阡传统村落志》意见稿，提交编辑部进行内部审读，并提出意见建议。12 月上旬，根据编辑部内部审读意见建议，进一步修订完善补充编纂内容，形成《石阡传统村落志》第一稿，报送铜仁市地方志办初审，并邀请郭永忠等 3 人对《石阡传统村落志》第一稿进行认真审读。

2023 年 3 月，根据铜仁市地方志办及审读专家的反馈意见，编辑部组织人员再次走访传统村落资料提供人员，就存在疑问的事件进行反复求证，调整书稿结构，补充完善条目，对相关史实进行再次甄别核实，确保史实真实性，并对全书文字进行全面审读修改，使文字叙述更加规范、通顺、流畅。为全县 22 个中国传统村落群众留住乡愁做出了应有的贡献。

至 2023 年 8 月中旬，形成 26.9 万字的《石阡县传统村落志》县级初审稿，并报铜仁市地方志办审校，由其对书稿编纂体例、入志材料选择标准、相关史实真实性、行文叙述是否规范等方面进行把关审读。2023 年 9 月，综合初审意见建议，再次补充资料，进行最后总纂修订。2023 年 10 月下旬，形成 29.6 万字的《石阡县传统村落志》县级终审稿，正式提交

《石阡县传统村落志》编纂委员会终审，并根据终审修订意见进行补充完善。11 月，编纂形成约 30 万字的《石阡县传统村落志》，正式提交出版社进行出版。

《石阡县传统村落志》的编纂得到铜仁市地方志办，中共石阡县委、县人民政府及各部门、11 个乡（镇）、22 个村委会（村民小组）的鼎力支持，得到全县许多热心人士的无私帮助，在此谨向他们表示衷心感谢。由于编者水平有限，加之时间仓促，书中纰漏之处在所难免，希望广大读者不吝指正，我们将在后续的修订中加以更正改进。

《石阡县传统村落志》编纂委员会

2023 年 12 月

石阡县传统村落志

SHIQIANXIAN CHUANTONGCUNLUOZHI